LA ESPAÑA REAL 8

Germán Belmonte Machado

LA ESPAÑA REAL 8

Primera edición, 2024

ISBN: 978-84-19991-42-3
Depósito Legal: MU 222-2024

CRÓNICA, OPINIÓN Y DENUNCIA

Con la edición del libro 7 sobre la España real pensaba yo dar por terminada esta serie de siete libros pero como estos siete libros tratan sobre crónica opinión y denuncia pero como el tema es infinito, y a mi, me entretiene y me relaja, y cada día ay temas nuevos a denunciar, he decidido seguir con estos escritos, y comenzar a escribir el libro número ocho de esta serie, y sobre todo, para esta nueva generación que ahora son niños como mis vis, nietos, y los que vengan después; para que si algún lejano día leen estos escritos tengan una versión mas sobre los hechos de esta época de ahora que les haga reflexionar.

Terminaba yo el libro número 7 con estas dos opiniones mías que dicen así. La clase media Española junto con la clase obrera, no saben valorar lo que tienen, y los políticos que nos gobiernan no son competentes, y no saben, gestionar nuestro agraciado y grandioso País; veamos la segunda opinión. Esta tercera semana del mes de marzo de este 2022, una gran parte de la población está protestando por las grandes subidas de los precios en todos los artículos de consumo; y a raíz de este gran problema con tantas subidas de los carburantes; tanto los transportistas, como los productores del campo, de cuyos productos, como las hortalizas, las legumbres, y la fruta, como de la carne, y los productos lácteos, de los cuales dependemos todos los consumidores. Pues bien, esta tercera semana del mes de marzo la gran mayoría de los productores y los transportistas ante tan penosa situación a causa de todos los aumentos en los precios han llegado al colmo de su paciencia, y ante la desesperada situación, sea han declarado en huelga; a causa de esta muy justificada huelga como siempre suele suceder sea producido algún que otro encontronazo a causa de los nervios, y de la situación entre algunos transportistas, unos que siguen la huelga, y otros que quieren seguir trabajando; los primeros que son autónomos de pequeñas empresas familiares, y los otros que trabajan para grandes empresas de transportes; o sea, problemas que debieran de estar solucionados desde hace mucho tiempo como tantas otra cosas normales en nuestro País, y que por las cuales, estamos aún enganchados en el penúltimo vagón del tren de la Unión Europea; pues bien, así la situación, el fullero presidente del gobierno, y la ministra de transporte se han negado a recibir a la delegación de los transportistas, con el argumento de que tan solo son un pequeño grupo liderados por la extrema derecha, mientras que es bien sabido que, los huelguistas ni mucho menos son un pequeño grupo, sino que son ni mas ni menos que el 90 por ciento de los camioneros compuesto de pequeños y medianos autónomos que están parados sus camiones en casi toda España; y todos ellos a la vez que sus protestas está afirmando que, son trabajadores de todas las ideologías, que tan solo quieren poder seguir trabajando, para poder llevar el pan a sus casas, y que esta huelgo, no tiene nada que ver con la política; y no quieren verse obligados al igual que otros muchos autónomos a verse obligados a cerrar sus empresas, y todo esto ocurre en España al igual que en otra muchas cosas, porque como decía yo al final del libro que acabo de terminar, la España Real 7 este gobierno, es incapaz, por incompetente e irresponsable, de gestionar nuestro País.

Este gobierno incompetente y mal gestor, aparte de esto, y de fullero y mentiroso a la vez que improvisador, ya que no tiene nada de previsor, además de todo esto y mucho mas, también tiene mala fe, ya que cada vez que algo va mal le hecha las culpas a los de mas, como ahora ante esta mala situación, acusa de culpables a la extrema derecha sin tener pruebas, acusando a los transportistas de tratarse de un pequeño grupo de perturbadores, provocadores y maleantes. Y digo yo, ¿si son tan solo un pequeño grupo de perturbadores, porque el gobierno ha movilizado a 28 mil miembros de la policía y de la guardia civil? ¿No son, demasiados policías para controlar a un pequeño grupo de camioneros? Además y como siempre, de nada malo que ocurra, el presidente del gobierno de nada es culpable, pues como ya he dicho, la culpa de todo siempre es de los demás. En este caso de las continuas subidas de todos los artículos de consumo, aparte de los carburantes como la gasolina, el gasoil, y la luz, mas los cereales tanto de consumo humano, como los de los piensos para los animales; este incompetente, y mal gestor presidente del gobierno de España nos dice que la causa de todo es debido a la guerra en Ucrania, producida a causa de la salvaje invasión rusa; con lo cual nos quiere decir, ¿Qué España no puede subsistir sin los cereales que compramos a Ucrania? Cuando nuestro País, reúne muchas mas ventajas agrícolas que la gran mayoría de otros muchos Países; otra cosa muy distinta es, no saber o no querer saber gestionarlas al igual que todo lo demás. Y en lo tocante a la criminal, loca, e irracional invasión de Rusia a Ucrania, también quiero dar mi opinión, pero ante debo seguir, insistiendo en la irresponsabilidad, e incompetencia política, y la cobardía del presidente del gobierno de España que de nuevo nos ha demostrado su falta de dignidad, pues antes ya en varias ocasiones se humillo ante los separatistas Catalanes, como también se humillo ante los amigos y defensores de los terroristas Vascos, y ayer mismo, sea rendido y humillado ante el déspota Rey de Marruecos a cambio de no sé qué, aunque sea lo que sea, un presidente de un gobierno Democrático, jamás debe humillarse ante un déspota sin sentimientos que permite que muchos de sus conciudadanos pierdan la vida en el mar por querer llegar a las costas europeas, mientras que él el Rey de Marruecos, es una de las personas mas ricas del Mundo. Por otra parte este nuestro irresponsable presidente, al haber llegado a no sé qué clase de pacto con Marruecos, ha podido ofender al gobierno de Argelia, que es el País que nos abastece del gas que se consume en España, gracias al cual marchan todos los negocios de producción de nuestro País; y esperemos que este negocio hecho con Marruecos , no afecte en nada las relaciones y los envíos del gas Argelino a España, pues como es bien sabido, Argelia no tiene relaciones con Marruecos, y España lo que haya acordado con marruecos, lo ha hecho a espaldas de Argelia, y como déspota que es el presidente de nuestro gobierno, también ha despreciado los partidos de la oposición al no explicar en el parlamento la clase de negocio que iba a hacer con Marruecos; pero cambiemos de tema.

Este mes de Marzo del 2022 está siendo terrible mente peligroso en muchos sentidos para nuestro País, pues a causa de tantas subidas en los precios en todos los artículos de consumo y empezando por los carburantes han decidido dejar de trabajar los camioneros, con lo cual se paraliza toda clase de productos, a los camioneros se les han sumado los ganaderos también por los insoportables precios del gasoil y de la luz, y por la falta de los cereales con que se alimenta el ganado, ganado que produce carne y lácteos, y que se me encoje el corazón cuando veo por televisión derramar miles de litros de leche en la tierra. También a causa del precio de los carburantes los pescadores han amarrado las flotas pesqueras en sus puertos, a todos estos paros también se han sumado hasta las ambulancias, y casi todo lo que rueda, y está para atender al servicio público de la población en toda España; y todo esto, a causa de los precios tanto de los combustibles a motor por un lado, y por el otro el del campo y la ganadería por falta de los cereales de pienso para los animales que recibimos de Ucrania; este gran País que está sufriendo una infernal y criminar invasión por parte de Rusia.

Además de todo esto que tanto nos está afectando en este mes de Marzo de este 2022, hace, un par de días el presidente del gobierno, como ya he dicho sea humillado como un lacayo al déspota Rey de Marruecos; ignoro, por qué y los motivos que están relacionados con el problema del Sahara Occidental, pero lo que si se, es que depende mucho del gas que nos viene de Argelia, y precisa mente Argelia y Marruecos son enemigos y a pesar der dos Países Islamistas. Como ya creo haber dicho al principio de estas primeras páginas de este mi último libro de LA ESPAÑA REAL 8, es muy posible que este pacto de España con Marruecos, quizás pueda poner en peligro el envío del gas Argelino a nuestro País, ya que como siempre, y cometiendo las mismas torpezas irresponsables de este fullero presidente del gobierno de España, a pactado con Marruecos negocios, sin antes consultar con Argelia, ni tampoco con los partidos de la oposición; cosas muy propias de un presidente Déspota, y engreído, que se siente por encima de todo, al mismo tiempo que, chulo, engreído, e irresponsable además de incompetente, que siempre va por detrás de que afectan a España, ya que es incapaz de, ser previsor para estar atento, y adelantarse para poder evitar en lo posible los problemas que pueden perjudicar al País y con ello, a los ciudadanos.

Veamos, como ya he señalado anterior mente, este mes de Marzo de 2022 se están produciendo muchos problemas, y el ultimo que se está produciendo es, el de los sacrificados camioneros, que este fullero presidente de nuestro gobierno y su cuadrilla de sátrapas no están sabiendo afrontar, por incapaces como su jefe, e incompetentes y esta, mas comprometidos con su ideología que con el pueblo, ya que como digo, este fullero presidente de nuestro gobierno de España, como siempre, al no ser previsor además de incompetente, siempre va por detrás. Pero veamos un poco el caso actual de los transportistas. Como ya sabemos un no pequeño grupo de transportistas pequeños autónomos hace ya doce días que tienen parados sus camiones, motivo, la gran subida del combustible que por lo visto, les acarrea perdidas, en vez de ganancias, que es, para lo que se trabaja. Ante este paro que, crea un grave problema en contra del buen funcionamiento del País, la ministra socialista del transporte en vez de llamar a los transportistas para intentar solucionar el problema, en vez de eso, va la ministra y los insulta y los desprecia alegando que son, un puñado de revoltosos desestabilizadores de la extrema derecha, pero ante este desprecio y acusación de mentiras, la respuesta de los transportistas a las estúpidas e insensatas acusaciones de la ministra, contra los autónomos pequeños transportistas que habían comenzado ese paro en forma de protesta, se les han unido, muchas mas pequeñas empresas de toda España. Así las cosas, la insensata ministra del transporte ha llamado a los representantes de las grandes empresas del transporte para dialogar y intentar llegar a acuerdos con ellos; y a partir de este encuentro entre la ministra y los grandes empresarios del transporte, y a partir yo aprendo cosas que ignoraba sobre el ramo del transporte; ya que resulta que, los llamados por la ministra a parlamentar según ella, son los asociados legales, y los pequeños autónomos que han comenzado este paro no son legales, porque según dicen estos pequeños autónomos no se sienten representados por los llamados representantes legales, ni por los sindicatos que los representa.

Siguiendo todo esto por la televisión aprendo que los representantes legales son las grandes empresas del transporte que tienen centenares de camiones respaldados por los sindicatos, Y los pequeños autónomos que no tienen flotas de camiones y muchos choferes asalariados, mientras que por la otra parte ¿los malos de la película? Por lo visto son los pequeños autónomos que están desligados de esas grandes empresas y de sus sindicatos, y sus motivos tendrán para no sentirse representados, ni por esos grandes empresarios, ni por los sindicatos; y he aquí, como siguen marchando las cosas en España. la ministra del transporte dialoga con los representantes de las grandes empresas del transporte y con los sindicatos y de esta reunión, los grandes empresarios sacan tajada, pues la ministra concede ciertas pequeñas ventajas, por aquello de que, quien no llora no mama, pero los que han llorado para poder mamar no han mamado que son los que comenzaron las protestas y los paros, y que en vez de darles de mamar para evitar que tengan perdidas en su trapajo, los han despreciado e insultado por parte de la ministra.

Como ya he dicho alguna vez, este gobierno nada previsor y solo improvisador, siempre llega tarde y mal, y ante tanta protesta general contra la ministra del transporte, esta, acaba de anunciar por la tele, diciendo que ella no tiene ningún problema para entablar un dialogo con los representantes de los pequeños autónomos transportistas; a lo que el líder de los autónomos y el líder de los pequeños autónomos, le exigió a la ministra, que primero de todo debía pedir perdón a los transportistas por las ofensas de esta cometidas contra ellos, cosa que por lo visto, así ocurrió antes de comenzar el dialogo, y que al final, no han llegado a un entendimiento, ya que estos transportistas pequeños autónomos que han rechazado las pequeñas ventajas ofrecidas y aceptadas por los grandes empresarios del transporte por carretera, pues según dicen los pequeños autónomos no se sienten representados por los grandes empresarios del transporte; y según pienso yo, todo este problema con las malas consecuencias que acarrea todo es a causa y por culpa del gobierno, por no ser capaz de prever, los problemas que afectan a la Nación, y que como siempre, este gobierno va por detrás de los posibles acontecimientos por su falta de previsión; y eso, es de ser, pésimos políticos, empezando por el presidente.

Para resumir e aprendido y deducido sobre este negocio del transporte por carretera está compuestos de grandes empresarios junto con los intermediarios y los sindicatos, y que según la ministra del transporte, son corporaciones legales, y aparte de estos, están los pequeños autónomos, con distintos y muchos mas problemas y muchas menos ventajas que no tienen que sufrir los grandes empresarios desde sus despachos, y sin tener que sufrir el duro trabajo de tener que estar muchas horas fuera de casa al volante de un camión. Reflexionando sobre todo esto, me a echo recordar las viejas películas Americanas que trataban de los problemas de los estibadores del puerto de Nueva York, y los de los transportistas, películas que nos mostraban como funcionaban estos negocios cuyos protagonistas eran por un lado los grandes empresarios o patrones, por otro lado los sindicatos, mas los intermediarios, y las mafias; y por el otro lado estaban, los que mas trabajaban y sufrían y peor pagados, los obreros estibadores del puerto, y los camioneros.

En tiempos pasados en nuestro País, el mundo laboral la clase obrera siempre lo ha pasado muy mal, pues tenían que soportar muchas humillaciones y humillaciones, por parte de los patrono y los caciques de turno, se trabajaba como esclavos y los sueldos miserables apenas si llegaban, tan solo para mal comer; pero en los tiempos en que vivimos hoy en el siglo XXI es bien distinto, las cosas son muy distintas, siguen habiendo muchos problemas en lo concerniente al mundo laboral; ahora por derecho, el trabajador es un obrero, y no un esclavo explotado y humillado y el empresario o patrón por mucho que algunos grupos los critiquen y los acusen de explotadores, ahora y en muchos casos muchos obreros se quejan y exigen sin merecerlo; como también en muchos casos, tiene el patrón muchos mas problemas que el obrero; y esto lo afirmo yo, un obrero que como tantos otro de mi generación, tuvimos que empezar a trabajar desde niños; pero dejemos aparcado este tema sobre lo laboral y continuemos con lo político y veamos el auge y la caída de un joven político, que pudo haber llegado a presidente del gobierno de España pero que no ha podido llegar por, su honradez y honestidad; veamos lo ocurrido que comenzó hace tres años y terminó antes de ayer 3 de Abril de 2022, ayer, y antes de ayer se celebró en Sevilla el congreso del partido popular, para presentar a España la caída del joven presidente del partido, y la presentación del nuevo presidente; el ya ex presidente fue proclamado como presidente hace tres años, y los mismos compañeros que lo votaron y lo eligieron como su líder, ahora, le han dado la espalda y lo han echado; motivos, no porque haya sido un presidente corrupto, ni déspota ni falto de honradez ni dignidad; sino por, todo lo contrario. Como ya dije en mi anterior libro número 7 de la España Real, este joven ya ex presidente del partido popular; después de haber sido derrotado el anterior presidente del gobierno Mariano Rajoy por una moción de censura del partido socialista y apoyado por todos los demás grupos de mercenarios y todos con el argumento de que el PP es un partido corrupto acusando a todo el partido por unos cuantos oportunistas busca fortunas dentro de la política; el caso es que, con todas las izquierdas junto con los separatistas Catalanes y los amigos y defensores de los terroristas de ETA, Mariano Rajoy con su gobierno fue derrocado; con esta amarga experiencia a prendida por el hasta ahora líder del partido popular, yo deduzco que al joven líder le afectó mucho la derrota de su partido, y muy posible mente cuando fue elegido presidente del partido se juró a sí mismo que, el, jamás toleraría un caso de corrupción dentro de su partido. El caso es que, hace unas semanas el joven ya ex presidente del partido, de alguna manera supo que, el hermano de la presidenta del partido popular de la comunidad de Madrid junto con un amigo han hecho negocios con China y las mascarillas y objetos de protección contra el corona virus destinados a la comunidad en donde la hermana es, la presidenta con lo cual, tanto el hermano como el amigo por lo visto han sacado una buena tajada de beneficios que posible mente son ilegales y con trampa. Ante este caso de posible favoritismo y de ganancia ilegal, por parte del hermano de la presidenta, el presidente del partido habló con ella ambos muy buenos amigos, y que el la había propuesto para candidata de la comunidad de Madrid, y que después y con muchos méritos en las elecciones auto más ella las gano y con mucha ventaja sobre todos los demás partidos de las izquierdas; pero este bien merecido triunfo de la joven ya presidenta de la comunidad de Madrid la mas importante de España, a ella, se le subió a la cabeza y se creyó, la Reina del lugar al verse alabada por la mayoría del pueblo de

Madrid, que por las calles, la gritaban, Ayuso presidenta, Ayuso presidenta, asta el punto que posible mente se vio, por encima de su presidente que ahora venía a preguntarla sobre los posibles negocio sucios de su hermano en la comunidad de Madrid. Ella se molestó mucho y lo negó todo aunque unos días después mostro en público una factura con unas ganancias de su hermano; el presidente del partido y amigo en defensa del partido simple mente le había pedido explicaciones o aclaraciones a ella, pero ella, se sintió muy ofendida y humillada, y hubo, una gran guerra verbal entre los dos, que acabó con la amistad a causa de esto casi todo el partido se inclinó en favor de la presidenta que había ganado ella sola a todas las izquierdas en la comunidad de Madrid, y por lo tanto, se había convertido en la heroína de la comunidad; la gente por la calle, la seguía gritando, Ayuso presidenta, Ayuso presidenta, refiriéndose, a presidenta del gobierno de España, con lo cual, ella, mas grande se sentía mientras que el presidente su amigo, se sentía mucho menos arropado por su partido, pues el todavía no había ganado ningunas elecciones generales y autónomas, mientras que ella era la gran vencedora en favor de ella, y del partido. Si las cosas, casi todo el partido a nivel Nacional pensaron que no se le podía reprochar nada a la gran vencedora mientras que el, había quedado muy mal por haberse atrevido a llamarle la atención a la gran vencedora mismo si este lo hizo para aclarar si el hermano de esta había cometido fraude en los negocios de las mascarillas con los proveedores Chinos. La gente del partido no quiso ver las sanas y sensatas explicaciones a la presidenta por parte del presidente del partido que creía hacer lo mejor y porque creía que tenía motivos, casi todos le dieron la espalda a su presidente que ellos mismos habían elegido, y le obligaron a dimitir de su cargo en el partido. Así pues, como ya he dicho antes, ayer, y antes de ayer, en Sevilla, se celebró el 20 congreso del partido, para despedir al joven presidente, y proclamar al nuevo presidente; y fue elegido nuevo presidente del partido al que hasta ahora ha sido el presidente de la comunidad autónoma de Galicia, otro gran ganador puesto que este nuevo presidente del PP, ha estado gobernando en su tierra durante cuatro legislaturas seguidas y ganadas por mayorías absolutas. En este congreso del PP, dieron su discurso todos los presidentes de las comunidades gobernadas por el PP, como lo son, la comunidad de Castilla y León, la de Andalucía, la región de Murcia, y la comunidad de Madrid y la Gallega del nuevo presidente; también dio su discurso el presidente saliente, y aplaudido, por todos los asistentes; o sea, los mismos que hace tres años lo eligieron hace tres años y hace un mes, lo desahuciaron, y ahora, lo aplauden sin ningún pudor. El joven ya ex presidente del partido durante su discurso de despedida en ningún momento empleo reproche alguno ni rencor, y se despidió como un caballero; el último en hablar, fue el recién elegido presidente del partido, ahora ya, a nivel Nacional, que dejara su tierra Gallega, en la que ha estado gobernando durante cuatro legislaturas con mayorías absolutas. Espero que sus paisanos Gallegos no le paguen con la misma moneda que le pagaron a la presidente de Andalucía, y como a Bono el ex presidente de Castilla la Mancha, ambos dos socialistas que estando gobernando en sus regiones, abandonaron a sus conciudadanos que habían confiado en ellos, tanto en ella, como en él, pero que tanto ella, como el, quisieron volar mas alto en el poder a nivel nacional, pero que tanto, la una, como el otro, pagaron su precio, ya que en las siguientes elecciones regionales en ambas dos regiones comenzó a gobernar el partido popular; supongo que este nuevo presidente del PP, habrá tenido en cuenta estos dos ejemplos sobre lo que puede ocurrir cuando un presidente regional deja a sus paisanos que confiaron en él, porque el, decidió también volar mas alto a nivel Nacional, y en las próximas elecciones regionales Gallegas y empiece a gobernar otro partido; entonces, el ya ahora presidente Nacional del PP habría defraudado a sus compatriotas que tanto, han confiado en él; esto, es algo que puede suceder, a lo que hay que agregar que, no es igual gobernar una comunidad autónoma, que una nación, no optante, al señor Núñez Feijoo. Siguiendo con esto, yo debo agregar mi impresión particular sobre el tema, y esta es que entre lo ocurrido con el gran triunfo de la presidenta de Madrid que ella sola venció a todas las izquierdas en Madrid, y la decisión de la gran mayoría del partido popular de proponer como nuevo presidente también gran triunfador en las urnas, y que entre la una, y el otro, le ha costado perder su cargo de presidente del PP, esto demuestra bien claro que, este partido al igual que los demás, le importa mucho mas los votos para poder ganar que, un líder serio, responsable, honesto y honrado. Con esto no quiero decir que los demás presidentes regionales actuales, o el ahora nuevo presidente Nacional del PP, pero aparte de todo esto, a mi, como espectador y en mi ignorancia, solo me queda decir que, un presidente de un partido limpio, honrado y honesto, sele a expulsado del partido, partido al que desde muy joven se había entregado en cuerpo y alma con las mas sanas intenciones, y así, lo ha demostrado en los tres años que ha sido el presidente del partido, y si tenía la ambición natural de algún día poder conseguir gobernar España, no era por oportunismo para sacar provecho particular, sino su única ambición, era intentar hacer de España un País mejor en todos los sentidos; pero al ser desahuciado por sus mismos compañeros, ha perdido la oportunidad de demostrarlo, y por lo tanto, ya no sabremos cómo se comportaría de posible presidente de la Nación para poder juzgarlo; por de pronto al joven aspirante muy distinto a todos los demás de los demás partidos sus mismos compañeros, le han frustrado sus sueños al arrebatarle injusta mente, su oportunidad.

Desde luego, que este líder político del PP y ahora desahuciado, por su propio partido, jamás hubiera sido en caso de llegar al poder, tan fullero, pretencioso, mentiroso, irresponsable e incompetente, como loes, el presidente actual socialista, pero sigamos con, la crónica, opinión y denuncia de estos escritos, de un ciudadano de a pie y medio analfabeto, pero observador, e interesado, por cómo se mueve nuestro País; y como vengo anunciando una de las tantas cosas que me llaman la atención aparte de la política, política de la que dependemos todos los ciudadanos, es el grado, o grados tan diversos y contradictorios en general de la mentalidad de nuestros conciudadanos; así pues voy a explicar otro caso reciente que me ha hecho llegar a entender la clase de mentalidad de muchas ilusas personas que viven fuera de la realidad de la vida, y que además de ilusas e insensatas, son, unas irresponsables.

Como es bien sabido por la gente sensata y responsable lo mejor que le puede ocurrir a un País, Es que haya trabajo, ya que habiendo trabajo muchos problemas tanto políticos como domésticos están solucionados, y esto, ya, es una gran ventaja tanto pare la Nación y las familias, pero veamos porque digo esto.

En nuestro País hay demasiados ilusos e ingenuos demagogos que son incapaces de ver la realidad de la vida con toda su complejidad en todos los sentidos, y en este caso me estoy refiriendo en los del no a la guerra, y a los animalistas, como a los que están, contra el consumo de la carne, y algunos otros grupos; pero veamos primero, a estos ilusos supuestos salva patrias que no quieren ver, la realidad de la vida con toda su crudeza, y piensan que es posible que nuestro Mundo, sea un remanso de Paz y hermandad entre todos los pueblos y las personas: Y digo esto a raíz de que según se dice, nuestro País, es el séptimo del Mundo en la fabricación y venta de armas de guerra: Ya sabemos por supuesto que, el Mundo estaría mucho mejor si estuvieran prohibidas toda clase de armas bélicas, pero en el Mundo real, esto es imposible, y forma parte de la realidad de la vida, realidad que no quieren ver, por su falta miras de estos grupos de ilusos supuestos salva Mundos.

Como es bien sabido, desde hace varias décadas, España vende armas de guerra a varios Países, porque aunque no quieran verlo ni aprobarlo, los negocios son los negocios y los negocios existen desde los

19

principios de la humanidad; y ahora, al igual que otros Países occidentales España le está mandando armas a Ucrania para que este pueblo pueda defenderse del salvajismo de la invasión de los ejércitos rusos. Si España fabrica y vende armas de guerra, cosa de la que estos ilusos están en contra ya que viven fuera de órbita real del mundo; si España no fabricara ni vendiera esas armas a esos Países compradores, esos Países compradores las se las comprarían a otros Países, los obreros Españoles que se ganan la vida en esas fábricas de armas, se quedarían sin trabajo; y como he dicho ates, el que haya trabajo en el País es lo mas importante para la buena macha tanto de los trabajadores como del País.

Terminaba yo el libro número 7 sobre la España Real, diciendo que la clase media de España junto con los trabajadores que tienen un empleo, no saben apreciar lo que tienen, y que encima, envidian a los mas pudientes, y que los gobernantes, no saben gestionar nuestro hermoso y grandioso País. Y hoy 8 de Abril de este 2022 acabo de ver en las noticias que, en este nuevo puente de vacaciones por semana santa, se esperan, mas de 14 millones de desplazamientos y como sabemos, la inmensa mayoría son de la clase media y trabajadores, y que todos tienen la fortuna y el derecho de disfrutar de estas fiestas, e insisto, no lo saben apreciar, porque al mismo tiempo, en la invadida Ucrania hay millones de desplazamientos y miles de muertos y quedando sus casas hospitales y escuelas arrasadas por los bombardeos que sepultan en vida aplastados por los escombros, cientos de madres con sus hijos en los sótanos de las habían sido viviendas en donde las familias Vivian en PAZ. Y esto nos puede ocurrir a nosotros como en cualquiera de otro Países, di no por una guerra en cualquier grandes catástrofes naturales como por ejemplo como ya creo haber dicho, por terremotos o volcanes como el reciente volcán de la isla de la palma, o riadas como tsunami, o como grades heladas o sequias prolongadas, donde los gobiernos se verán obligados a, racionar la poca comida y el agua, como de hecho, ya ha ocurrido otras veces, y esto, puede acarrear problemas muy graves para la sociedad, y ahora, nos es imposible imaginar, pero que puede ocurrir; y de ahí, que yo insista tanto, en que no sabemos apreciar lo que tenemos; y esto no es fantasía, porque es, pura realidad; realidad junto con otras realidades diarias, que estos ilusos supuestos salvadores no quieren ver, y que entre otras cosas que se pasan el día protestando e incordiando, tampoco están de acuerdo en que España fabrique armas, ni que las mande a Ucrania; y sin embargo todos estos grupos no tienen cojones para unirse todos y todas, presentarse en la frontera Rusa, y hacer un muro de contención humano, para intentar parar la barbarie de los mandatarios Rusos, o es que acaso, lo que no queréis, es ir contra los Rusos, porque no os vemos como en otras ocasiones salir en masa por las calles de los pueblos y ciudades con miles de pancartas que dicen, o decían, no a la guerra. Los ejércitos Occidentales no pueden intervenir en esta invasión injusta y salvaje en Ucrania para evitar una tercera guerra Mundial que pudiera llegar a ser una guerra nuclear, cuyas consecuencias serían nefastas para casi toda la humanidad; pero como ya creo haber dicho al principio de estas páginas, sobre este conflicto bélico, injusto y criminal hablaré mas adelante. Ahora , un solo apunte para los animalistas, esta clase de gente que quiere i respeta mas a los animales que a las personas, y los defensores de los lobos, les diré que, hay muchos animales salvajes depredadores que tan solo matan a otros animales tan solo para comer, cosa que los lobos cuando atacan, no les basta con solo para comer, pues son unos asesinos y matan por matar ya que cuando atacan al redil no les vasta matar a uno que es suficiente para saciar su necesidad de comer, pues matan a todos los animales que se les antoja has que se cansan y y al mismo tiempo, acosadas por el miedo y el trauma que sufren la mayoría de las hembras preñadas abortan; y sobre el otro gran grupo de personas supuestos purificados que rechazan el consumo de la carne, debieran de tener en cuenta que, la especie humana comenzó a desarrollarse y evolucionar a partir de cuándo comenzó a consumir carne, añadiéndola a su ancestral dieta de recolectores; pues el consumo de la carne fue esencial, para el desarrollo del cerebro de nuestros ante pasados vegetarianos; y esto, no lo digo yo, un ciudadano de a pie ignorante de tantas cosas y medio analfabeto; pues lo dice la ciencia gracias a sus estudios, y sus grandes descubrimientos, pues la ciencia es la única entidad descubridora de las auténticas verdades, y del descubrimiento de los grandes enigmas de los misterios, y por lo tanto tan solo los científicos son, los únicos hacedores de los milagros, tanto terrestres, como celestes. Luego, están también, los grupos de inmorales indecentes defensores y practicantes del nudismo, amparándose, en el argumento irracional anti ético e inmoral de que tiene derecho a practicar el nudismo, ya que esto, es lo natural de la persona porque venimos al Mundo desnudos, y por lo tanto, y según ellos, debiéramos ir en cueros al supuesto natural como las tribus del mato groso de la selva brasileña, en donde si, viven desnudos y al natural, pero, sencilla mente, porque no han evolucionado y siguen salvajadas, cuando el sentido de la vida es evolucionar con sus pros y sus contras, pero evolucionado, y civilizado, y es por eso, que salimos de la selva, aparte de esto esas tribus de las selvas que andan desnudos viven en un clima cálido todo el año; me gustaría saber, como andarían y vivirían estas personas partidarias del nudismo porque según ellas es lo natural, como irían pregunto, si vivieran en los Países del hiela, como Islandia, o Groenlandia y otros muchos Países, pues yode emigrante pasé ocho inviernos en Canadá, y por muy natural que sea el vivir desnudo al natural la gente va muy tapada. Y hablan de la cultura y la racionalidad de estos grupos y su sentido de la racionalidad y la libertad, también hay cada vez mas cantidad de gente libertina, inmoral, y sin pudor ni respeto ni vergüenza, que con su moderna y libertina mentalidad, y sin el menor pudor, dicen y practican que, tanto en el matrimonio como en la pareja, el matrimonio o la pareja son una cosa, y el sexo es otra cosa.

Como es bien sabido desde la prehistoria en general, la mujer, siempre ha estado sometida al hombre, y sin apenas derechos de ninguna clase, por lo tanto, el hombre siempre ha sido, el amo de la mujer, tanto si el barón, o macho, fuera este el padre, o bien hermano mayor, prometido como novio, y sobre todo el marido; y en lo que respecta, a nuestro País España, hasta el final del pasado siglo XX la mujer, no podía hacer nada, sin el consentimiento del marido, pero por fin y acabada la dictadura Franquista, y poco después con la llegada de la Democracia, la mujer por fin logró ser emancipada y libre de ella y de su destino; pero la mujer antes siempre sometida al hombre era tanta su sed de emancipación y libertad que, no ha sabido o no ha querido dosificar esa libertad; ya que en lo que llevamos se siglo XXI y desde las últimas décadas del siglo XX cada vez, se está perdiendo mas, el concepto de familia como tal, ya que hay mas matrimonios rotos y divorcios que, casamientos legales; y el antes supuesto sagrado matrimonio ya no es lo que fue; y no digo lo de sagrado por la relación del matrimonio hecho por la iglesia, sino sagrado por la unión entre los dos y compromiso de un hombre y una mujer que se unen en matrimonio para por ley natural y civilizada fundar, una familia cosa que significa mucho para ambos marido, y mujer, y del fruto de esa unión; pero como decía, en lo que llevamos desde la llegada de la Democracia para acá, este concepto de matrimonio y de familia cada vez, seba, perdiendo mas. Ahora en estos tiempos y cada vez mas la pareja está desplazando mas el concepto de familia, que viven como matrimonio pero sin ataduras, y cambian de pareja cuando se tercia, cada uno por su camino, y sin compromiso alguno por ambas partes, pues todas esas uniones temporales, tienen fecha de caducidad, al igual la tienen también cada vez mas los clásicos matrimonios; en estas condiciones modernas la mayoría de los hijos que vienen al Mundo conforme van creciendo, se crían desorientados, confusos y un tanto traumatizados cuando después de haber crecido y convivido con su padre biológico después, siguen conviviendo con otro hombre que no es su padre; con estos cambios tan frecuentes y tenidos por normales las personas en general se van acostumbrando, toman estas cosas como normales, ya que cada cual es libre y después de romper las ataduras que los tenían ligados; pero según mi criterio, esto no quiere decir que la sociedad esté marchando hacia una sociedad mas evolucionada, ni mas sana ni avanzada; ya que para mi, personal mente, y mi mentalidad de carroza troglodita como dice esta gente nueva, y no tan nueva que nos acusan las mentalidades de estos tiempos, sin experiencia, y sin ser capaces de reflexionar, para poder juzgar, y con los casos que acabo de exponer propios de una gran parte de nuestra sociedad que están demostrando que, no están marchando, hacia una evolución mas sana y avanzada, desde que entre otras cosas, el concepto de familia, convencidos, y convencidas, difundiendo, practicando y defendiendo que, la unión de la pareja y los compromisos matrimoniales rubricados ante testigos, mismo así, sobre todo gran parte de las mujeres, dicen muy convencidas que, el matrimonio es una cosa, y el sexo es otra cosa; lo cual quiere decir que, están unidos por conveniencias propias de cada uno, incluido hacer, vida en pareja o de matrimonio incluido todo lo que conlleva esa unión, pero en el caso del sexo se es libre de practicarlo con quien las plazca, y les apetezca; y eso para mi, un viejo carroza, posible mente de mentalidad troglodita, pero sana, en contra de lo que esta gente piensa, y practica no es propio de una sociedad evolucionada, sana, y avanzada, racional, y civilizada; sino mas bien mas propio de una sociedad libertina insensata, sin pudor, carente de moral y de la vergüenza que actúa con el impulso de los animales, y por lo tanto, carente de dignidad, y que degrada a la persona que se tiene por civilizada y la coloca como digo, a la altura de los animales. Sí, es muy lógico y natural a cualquier persona divertirse y practicar el sexo cuando lo desee y con quiera, pero siempre y cuando la persona no tenga compromiso alguno de pareja, o matrimonial. Como ya dije en alguno de estos libros míos, las personas al estar comprometidas, están obligadas a renunciar de algunas de sus libertades que antes de sus compromisos podían disfrutar, y al renunciar a adquirir compromiso con la otra persona está cumpliendo con su deber y su responsabilidad, como persona sensata, racional, y civilizada, pues la persona con moral, racional, y civilizada ha de tener siempre presente que, en cada momento de su vida algo tan esencial y necesario, tanto en la calle, como en la sociedad y en la familia, como lo es, la disciplina, el orden, y el respeto que equivalen a, la responsabilidad. A todo esto he de añadir que, cada día es menos frecuente predicar con el ejemplo, ya que muy pocas personas predican con él en todos los sectores de nuestra sociedad, y si yo escribo lo que acabo de escribir, es porque por respeto a mi honor y mi dignidad desde que tengo uso de razón cumplo con esas normas; y que estoy muy orgulloso, junto con haber cumplido siempre con las obligaciones de mi trabajo, aunque a pesar lo que yo siempre predico como lo son, la disciplina, el orden y el respeto me encuentro en el grupo de los que nuestras familias están rotas; pero mismo así, como digo, estoy muy orgulloso de mi largo recorrido y con la satisfacción y el orgullo, de tener, hijos, nietos y vis nietos, y además, sin ser escritor, desde que me jubilé a los 65 años he invertido mi tiempo en escribir 13 libros, 8 de ellos sobre la España Real aunque todavía estoy en el octavo que no lo terminaré, hasta que no vea a este gobierno de coalición socialista comunista claudicar que me alegraré tanto, como cuando se murió franco, pero de nuevo, sigamos non la actualidad de la política.

Ayer martes 19 de Abril de este 2022 en la comunidad autónoma de Castilla y León, se celebró la toma de posesión del presidente de dicha comunidad, que presidirá también un gobierno de coalición con la formación VOX siglas que ignoro lo que significan pero que pertenecen al partido de la extrema derecha, y ahora como era de esperar , este gobierno del partido popular de centro derecho al escoger como socios del gobierno a la extrema derecha, todas las izquierdas, y los separatistas catalanes y Vascos y sobre todo todos los componentes del gobierno de coalición socialista comunista de España, todos juntos sin excepción consideran a este partido de la extrema derecha, lo peor de España, y atacan y condenan con mucha mala leche, a este nuevo gobierno de coalición de las derechas de la comunidad de Castilla y León, aunque según pienso yo, es que en otras comunidades cunda el ejemplo. Como también digo yo y debiéramos de decir la gran mayoría de los Españoles sensatos, porque, aquí de nuevo tengo que repetir aquello de que este gobierno de España y todos los que lo siguen y atacan a las derechas, solo ven la paja en el ojo ajeno, pero no ven, la viga en el suyo; porque si la derecha, y la extrema derecha, son lo peor de España según todas las izquierdas, el gobierno de España está coaligado, compuesto, y sustentado y gobernando gracias a las izquierdas radicales comunistas, mas los separatistas de Cataluña, también por los separatistas Vascos amigos y defensores de los terroristas de ETA toda esa gente y grupos de mercenarios que pretenden romper España y que en el hemiciclo del congreso de los diputados gritan eufóricos…A nosotros, España nos importa una mierda; con todos estos hechos, esta gente en absoluto son los mas indicados para acusar a las derechas de que son lo peor de España, porque el cáncer de España son ellos; al menos ese partido de la extrema derecha respete la monarquía, y sobre todo defienden la unidad de España, cosas justas necesarias y sensatas que, las izquierdas odian y pretenden acabar con ellas.

Después de todo lo que acabo de decir, esto me da pie, para insistir de nuevo en lo ya dicho antes, en alguno de mis libros sobre la España Real. Desde hace muchos años y después de todo lo vivido, observado, y reflexionado, hace mucho tiempo legué a la conclusión, de que, tanto las ideologías políticas, como las religiones, junto con las supervisiones e incluso las lenguas, desestabilizan, dividen y enfrentan a los pueblos; y esto, por desgracia lo seguimos viviendo en nuestro País España en el siglo XXI, y seguirá existiendo, mientras que nuestra sociedad, no sea mas responsable en todos los sentidos y mas sensata, mas culta, racional y civilizada. Yo sigo insistiendo, si la sociedad Española en general reuniera y practicara como asignatura ciudadana esas condiciones esenciales tanto en la política, como, como fuera de ella, como lo son, la disciplina, el orden y el respeto, muchas de las cosas malas que suceden tan a menudo no sucederían, pero en general, nuestra sociedad, aparte de estar muy dividida a causa de las ideologías políticas y las diferencias regionales, entre otras cosas junto con las envidias tan extendidas en nuestro País, y en ver los defectos de los demás, pero no ver los nuestros, mas la falta de urbanismo, como la falta de responsabilidad de nuestras obligaciones y actos cotidianos, y cien cosas mas, pues aparte de todo esto y también en general, nuestra sociedad que se considera así mista tan lista, tan preparada y sabelotodo, es muy ignorante e ingenua; pero veamos, la última muestra. Esta cuarta semana de este mes de Abril de este 2022, está corriendo la noticia de que el Estado Español, desde 1915 a 1920 ha estado espiando a mas de sesenta líderes políticos separatistas Catalanes y Vascos; y mucha gente, tanto seguidores cono simpatizantes de estos grupos separatistas y todos aquellos y aquellas que siempre están en contra de que de alguna manera seamos controlados, no quieren ver, ni darse cuenta, de que a veces y por varios motivos y gobierne quien gobierne, el Estado y mismo en Democracia, no tiene mas remedio que poner los medios y la obligación de controlar para intentar averiguar y saber que parte de varios miembros de la población intentan, y actúan contra la estabilidad. Esta gran cantidad de líderes separatistas en estos días están muy ofendidos y reclaman explicaciones, pero no quieren entender que hay muchos motivos para que sean espiados y muchas razones, que ellos mismos han provocado, y esto son cosas del Estado que, mismo en una Democracia no pueden hacerse públicas, como tampoco pueden hacerse públicos algunos gastos de del fondo reservado del Estado, ya que hay gastos, que por varios motivos de peso, no pueden salir a la luz.

Me viene a la memoria que, hace 25 o 30 años con el gobierno socialista de Felipe González, un Vasco ministro del interior de dicho gobierno propuso colocar cámaras de vigilancia en lugares estratégicos de algunas ciudades, y casi todo el Mundo se puso en contra, pues aquello se entrometía según ellos en la privacidad de las personas, no querían entender que esas cámaras eran necesarias para las fuerzas del orden público, y son un medio de proteger a la gente de los que entorpecen y quebrantan las normas de la urbanidad atentando contra las cosas y las personas; además de que la persona normal y cumplidora de su civismo y limpia de cualquier clase de delito no debiera de importarle el que la filme una cámara de la que no tiene nada que temer y tener en cuenta que esas cámaras cada vez son mas necesarias para controlar el vandalismo en todas sus fases; y si en estos últimos años el estado y con quienes esté gobernando ha estado espiando tantas cosas, y a tantas personas, es porque esas personas han estado delinquiendo contra lo que sea, y tramando, y atentando, contra las instituciones del Estado y por lo tanto contra la estabilidad y la concordia de los Españoles; y esta gente que obra así, no se merece ninguna clase de apoyo por parte de la población sensata, racional, y civilizada. Pero por desgracia e insensatez siempre hay gente guiada por líderes fanáticos e insensatos que arrastran con ellos a necios insensatos ignorantes sin personalidad propia que son adoctrinados, y se convierten en peleles y marionetas de esos líderes, que nunca aportan nada bueno a la sociedad, sino todo lo contrario, y la historia tanto antigua como reciente está llena de ejemplos. A sí pues insisto, cualquier gobierno Democrático convencido tanto Internacional como Nacional en cualquier Estado Democrático, Republicano o Monárquico, por el bien de su País, tiene el derecho y el deber despear mismo dentro de su País, quienes a quienes consideren necesario; ya que la persona que esté limpia de sospecha, no debe temer nada, y por lo tanto no sentirse ofendida; y esto debieran saberlo y tenerlo presente, toda esa gente ingenua y aborregada, que defienden y siguen ciega mente a esos líderes supuestos salvadores que se a provechan de la ingenuidad de y de la ignorancia de estos adoctrinados, y engañados seguidores. Así pues que este caso del supuesto espionaje a los separatistas que en su fanatismo nacionalista pretenden romper España y que encima se sienten tan ofendidos, después de todos los delitos cometidos y que seguirá cometiendo pues según ellos, seguirán intentando romper España, que no esperen la satisfacción que reclaman al Estado Español y su gobierno porque tanto el Estado como el o los gobiernos de turno, tan solo han hecho que, cumplir con su obligación, como lo es vigilar por el medio que sea a quienes van sembrando el mal en la Nación, y en la sociedad; sociedad, que solo aspira a vivir en PAZ armonía y unida, ya que en una sociedad sensata racional y civilizada, lo mejor para todos es la unión que no la división. Y estos delincuentes separatistas que encima de que han delinquido se sienten ofendidos porque supuesta mente han sido espiados y reclaman explicaciones, ha de saber que en todos los Países Democráticos hay asuntos de Estado que son reservados y van marcados con la etiqueta de…TOP SECRET; a no sea que en este caso en concreto y con este fullero presidente del gobierno que tenemos, al verse amenazado con no apoyarle por los separatistas que lo auparon al gobierno, con tal de seguir en el poder este fullero presidente sea capaz de, traicionar al servicio de inteligencia Español y les cuente algo a los separatistas; de momento y que sepamos por las noticias les ha dado explicaciones a los separatistas, que no hadado ni en el congreso de los diputados, y al principal partido de la oposición; o sea que, este presidente del gobierno de España, sigue arrastrándose una vez mas, ante los enemigos de España; y aquí, no termina la cosa, pues acaba de salir la noticia de que la socialista Catalana y presidenta del congreso de los diputados, acaba de anunciar que, estos grupos separatistas enemigos de España incluido ese partido Vasco amigo y defensores de los terroristas de ETA, y que no hace mucho en el congreso de los diputados dijeron con muy mala fe, a nosotros España nos importa una mierda, estos, también van a tener derecho a participar en, los secretos oficiales del Estado Español, una incomprensible barbaridad que acaba de ser aprobada por este gobierno; con esta guinda en el envenenado pastel confeccionado por este gobierno y creo que la oposición tiene demasiados motivos para presentarle una moción de censura; y si por cualquier motivo o razón la oposición no está en condiciones de presentarla para intentar acabar con este gobierno e impedir que no pueda seguir junto a sus impresentables socios seguir pisoteando nuestro País, si la oposición, no está en condiciones de acabar con esto, el problema como tal, tiene la obligación de atajarlo la ciudadanía responsable y sensata que no este comprometida con ninguna ideología extrema radical. Esta gran parte de la ciudadanía que tan preparada está manejando las redes sociales de esta tan moderna tecnología con sus teléfonos móviles que no se desprenden de ello ni para mear, y junto con tabletas y sus portátiles y utilizarlos para algo de provecho por en el bien de nuestro País, esa tecnología podrían aprovecharla para hacer muchos contactos sanos y serios comunicarse unos con otros, para intentar entre muchos, llegar a un acuerdo o pacto cívico, como por ejemplo sacrificar los sábados por ejemplo, o algunos ratos de ocio, de botellones y fiestas, y emplear esos tiempos en, grandes manifestaciones pacíficas de protesta contra este gobierno, poniendo así, vuestro grano de arena para intentar derrocar a este gobierno y si lo conseguís, le habréis hecho, un gran servicio a nuestro País; ya que este gobierno, al estar en deuda con todos los grupos de mercenarios que le auparon al poder, les permite a los enemigos de España toda clase de insultos y humillaciones a España y la ciudadanía legal y sensata no sus barbaros actos vandálicos y con todo el desprecio entre otras muchas cosas, prender fuego a la bandera Española, a las fotos del Rey, y ultrajando nuestra Constitución; y todo esto, consentido por este gobierno de coalición socialista comunista de la extrema radical. Esto que estoy exponiendo mas propio de un sueño que de una realidad, de ahí que va a caer en papel mojado ya que se está demostrando que, la mayor parte de esta sociedad Española le trae sin cuidado, todo lo malo que está sucediendo en nuestro País, desde que este gobierno está gobernando, pero todo esto, en realidad, no le preocupa nada a gran parte de esta nueva y mal conducida sociedad, pues ponen mas interés y atención hacia ellos mismos y en el disfrute tanto individual, como en los grupos de amigos, con sus intereses en sus ocios, el futbol botellones y juergas, y en las fiestas, a las que se entregan mas que al trabajo; incluidas las fiestas religiosas que a pesar de tantas pruebas que existen que contradicen la veracidad sobre esas historias y fiestas religiosas de supuestos santos, como del mas protagonista de esas fiestas el hijo de Dios un Dios inventado por los hombres que quizás cuando se inventó sería necesario inventarlo pero que desde hace mucho tiempo, y menos aún hoy en día en el siglo XXI en una persona con sentido común, y racional no tiene razón de ser seguir creyendo en algo que no es verdad, y sin embargo hay todavía infinidad de gente adulta y de todas las edades que sigue creyendo y festejando esos cuentos de un hombre hijo de un supuesto Dios y sin decir nada sobre el pasado ni los progenitores de ese Dios, que hizo posible que una mujer humana trajera al Mundo un hijo sin haber sido concebido de barón pero todo esto, todavía la gente de ahora no lo reflexiona a pesar de toda tecnología moderna que tan bien manejan y como digo millones de adultos de todas las edades siguen celebrando los nacimientos vidas y muertes incluida la posible resurrección de todos esos personajes de la Biblia que son cuentos para niños antes de que estos tengan uso de razón, la pena es que estos millones de adultos de todas las edades de ahora, por como lo demuestran, tampoco tienen uso de razón. Pues demuestran no tener uso de razón toda esa gente que habiendo tantos problemas de toda índole en nuestro País problemas reales y que toda la población sensata tiene la obligación de movilizarse y manifestarse contra este gobierno tan incompetente, mal gestor, e irresponsable, y que por lo tanto mal está haciendo a nuestro País, y en vez de eso se unen a las fiestas de juergas y las fiestas tenidas por sagradas, se visten con atuendos de los tiempos Bíblicos y honran a los supuestos santos protagonistas de esas fiestas portando sobre sus hombros pesados lujosos tronos con imágenes de madera que representan a esos personajes mitológicos todos acompañados de miles y miles de personas que por su ignorancia, no se paran a pensar, meditar y reflexionar sobre él porque se sigue creyendo y celebrando las supuestas historias de esas imágenes de madera; porque acaso es natural y racional el que a la salida de la iglesia de una imagen de madera supuesta madre del hijo de un Dios que jamás ha existido cientos de jóvenes adultos como bandadas desbocadas intenta saltar una valla pegados unos a otros para intentar subir hasta el trono de virgen y poder besarla, e inclusive ponen en peligro a los niños pequeños subiéndolos en volandas para intentar conseguir que el niño, o la niña puedan llegar a tocar o poder besar, a figura de madera que los adultos consideran que es la madre de Jesús Cristo el hijo de Dios. Hubo 500 años antes de cristo en la India, un hombre real y muy bueno llamado Buda que cuando vio, la miseria y el hambre que sufría el pueblo dijo…Ocupémonos primero de las necesidades del pueblo, y después, nos ocuparemos del cielo. Y por qué digo yo todo esto que tantas personas no pueden aprobar, e incluso me maldecirán, pues sencilla mente porque en esta época en que vivimos están sucediendo en España muchas cosas muy graves en la política y ahora se están agravando mucho mas a causa de los espionajes por la irresponsabilidad, la incompetencia, y la pésima gestión de este gobierno, el peor gobierno desde la llegada de la Democracia. Pero sigamos plasmando para información de la próxima generación que está viniendo ahora, con mas cosas graves que están ocurriendo esta primavera de este 2022.

El pasado jueves 28 de Abril, se celebró un pleno, en el congreso de los diputados para intentar aprobar el decreto anti crisis, y que el gobierno ganó, por tan solo cuatro votos de diferencia, y partir de aquí, hemos de reseñar que esto, se podía haber hecho, de manera mas sensata, y con mas sentido común; pues como en otras ocasiones, el principal partido de la oposición el partido popular se ofreció a apoyar al gobierno a cambio de ciertos retoques a dicho proyecto, y de nuevo, aquí también el gobierno se negó, demostrando una vez mas que, este mal gestor gobierno, no está cuando hace falta unir acuerdos con la oposición, mismo, si estos posibles acuerdos son beneficiosos para el conjunto de la población; mientras que por el contrario, este gobierno sigue prefiriendo los apoyos con los grupos que lo apoyaron para conseguir llegar al poder, mismo si estos grupos como bien sabemos quieren y desean romper nuestro País, con los separatistas Catalanes que hace cuatro años faltaron a la Constitución proclamándose bajo firmas separados de España, y proclamando la Republica de Cataluña, y siguen diciendo que en el próximo momento que se les presente lo volverán a hacer, y junto a estos, este gobierno sigue contando con los apoyos también de, los amigos y defensores de los terroristas Vasco de la ETA, y se permiten decir desde el estrado del congreso de los diputados, a nosotros España nos importa una mierda. Y mismo así y con estas cartas credenciales, este gobierno aún los premia a todos ellos, otorgándoles el derecho a, participar en la comisión de los secretos oficiales del Estado español; y sabiendo este mal e irresponsable gobierno que, todos estos líderes de estos grupos anti España, por sus condiciones y sus hechos, no son nada de fiar; y mismo así, muchos periodistas nada neutrales y de tendencia de las izquierdas radicales apoyan y celebran el que estos grupos de indeseables anti Españoles, el gobierno les haya concedido ese inmerecido derecho, alegando que es mucho mejor que esa gente forme parte de esa comisión de los secretos oficiales del estado, a que estén fuera de ella, estos periodistas al no ser neutrales y que a cada momento está defendiendo a esas izquierdas radicales anti Españolas al no ser neutrales, no quieren ver que, todos los líderes de esos grupos son gente maligna, perturbadora y desestabilizadora; como tampoco quieren ver que desde la llegada de la Democracia, en la alternancia en los gobiernos de izquierdas y de centro derecha, estas segundas han gestionado mucho mejor los gobiernos de centro de centro derecha, que los del partido socialista de izquierdas, y no quieren ver esto, por su eteno odio y rencor hacia la derecha que en absoluto, no tiene nada qué ver con la derecha de Franco el Dictador; y mismo si ha habido corruptos oportunistas en este nuevo partido del centro derecha, como también los ha habido dentro del partido socialista, pero esto de la corrupción en los partidos es tema aparte. Pero digamos también que, es justo anotar que, en esta reciente votación para aprobar el decreto anti crisis, la socialista y ministra de las fuerzas armadas, en su intervención a atacado con la verdad a, los separatistas Catalanes, acusándoles de el rechazo de estos a la Constitución Española, de haberse proclamado separados de España, bajo juramento en el parlamento de Cataluña, como de haber proclamado la Republica Catalana, y de haber incitado a las vándalas, masas separatistas a destrozar e incendiar las calles, en varias ciudades, cortar las carreteras y paralizar el aeropuerto de Barcelona; ante esta verdades por parte de la ministra socialista, los separatistas Catalanes, los muy hipócritas y traidores, se han molestado mucho, y han pedido la dimisión de la ministra, pero como no ha sido dimitida, los separatistas han votado no, al decreto anti crisis; por cierto, que estas verdades acusatorias contra los separatistas de la ministra, tampoco le han gustado mucho a ciertos miembros del gobierno, porque pueden poner en peligro las próximas alianzas, aunque posible mente todo esto va a quedar en una simple anécdota; ya que a pesar de tanto enfado de los separatistas la cosa, no irá a peor, pues tanto a los separatistas como al gobierno les interesa mucho, estar de acuerdo entre ellos y apoyarse mutua mente, ya que ni a los unos, ni a los otro les interesa que las próximas elecciones generales las gane el partido popular; cosa que, por muy poco o nada que les guste antes o después llegará; y yo presiento, que mas bien, será antes, lo cual me alegrara mucho, tan solo, por ver la caída de este fullero presidente de este gobierno que tanto mal está haciendo a España tanto en el interior, como en el exterior, e incluso a su mismo partido socialista de España, y sigue haciendo mal mientras la sociedad Española, parece ser que sea vuelto masoquista, y que sea adaptado al avasallamiento y los perjuicios que sigue creando, este fullero presidente del gobierno de nuestro mal tratado País. Pero veamos otra ofensa contra los servicios secretos de España, y junto con ellos, a todos los españoles sensatos y con dignidad.

Ayer día 5 de mayo de este 2022 los separatistas Catalanes y vascos incluidos los amigos y defensores de los terroristas de ETA, después de haberse enterado de que varios de sus líderes habían sido espiados por el centro de inteligencia de España, al sentirse ofendidos y mismo a pesar de que se merecían ser espiados y controlados ya que tan solo ellos, son los culpables de sus grabes delitos contra el Estado español; mismo así, se atreven y exigido pedir explicaciones sin tener, ningún derecho a pedir, dichas explicaciones por parte de nadie, ya que si han sido espiados y por muchos motivos, en espiarlos de la manera que sea, forma parte del trabajo, y la obligación del trabajo de los defensores de la seguridad de nuestro País, pues los servicio de inteligencia que están al servicio de España, no van a arrastrase ante unos peligrosos delincuentes como lo está haciendo este presidente de nuestro gobierno, cosa que, no creo este sucediendo en ningún País civilizado; lo cual, sigue demostrando como en tantas otras cosas incomprensibles en nuestro País, España sigue siendo diferente, para vergüenza y mal, de nuestra sociedad. Con todo esto, el caso es que, por culpa de este fullero presidente de nuestro gobierno está humillando, a ciertas instituciones del Estado que se han visto obligadas a claudicar ante estos delincuentes líderes políticos que pretenden romper y dividir nuestro país, pues como digo, este 5 de mayo, la jefa de los servicios secretos de España, sea visto obligada a comparecer y dar explicaciones sobre los espionajes a estos delincuentes líderes políticos, jefa de los servicios secretos de España, que tan solo han hecho porque es su obligación, y do no deben dar cuentas, a nadie, y mucho menos a los delincuentes que han sido espiados con el fin de proteger a nuestro País; y esta humillación ha sido porque este fullero tramposo presidente del gobierno debido a que sigue estando en deuda con esos grupos de delincuentes contra el estado Español, como lo son, los comunistas de este gobierno de coalición, como los separatistas tanto Catalanes como Vascos, y el grupo También vasco amigos y defensores de los terroristas Vascos de ETA, y que ahora como parte del pago a este gobierno hacia con ellos que lo auparon al poder, forman parte también de la institución de los servicios secretos de España, que es como introducir al lobo entre las ovejas. Ya he dicho, y escrito en algunas páginas de estos 8 libros sobre la España Real que, mismo si el sistema Democrático está abierto a casi todo además de la libertad de expresión, al ser el sistema del pueblo y ara el pueblo; mismo así dentro de este vendito sistema juicioso y de libertad no cabe todo, porque por muchos motivos que la masa del pueblo desconocemos algunas cosas han de ser secretas y no se pueden, ni se deben divulgar al tratase de ser, tan solo de cosas exclusivas del Estado; y el pueblo llano las personas legales honestas y limpias al contrario que en una Dictadura nunca debemos temer nada cuando somos ciudadanos de un Estado Democrático, que esta, destinado y convencido, de que su misión es, proteger al pueblo; por lo tanto el pueblo legal y sano, nunca demos temer nada de estas instituciones autónomas y reservadas; pero si debemos temer, mismo en el sistema Democrático, cuando aparece un líder político muy ambicioso y con mucha sed de poder que para conseguirlo, es capaz de pactar con los enemigos de España, sin importarle nada el mal que hace al País en general, y lo peor es que en su ceguera de poder él está convencido de que está haciendo un bien, y si a esto, se le agrega los apoyos de todos sus seguidores que lo aúpan y lo aplauden porque lo único que les importa es, vencer al contrario, a causa de todos esos apoyos, el líder escariado se siente mas protegido y convencido, de que lo que hace está bien. Es por todo esto que, ninguna persona sensata y con cierto grado de sentido común, no puede aprobar que este presidente del gobierno de España, no tiene ningún derecho a que formen parte de la institución que se encarga de la delicada misión de manejar y controlar los secretos generales del Estado a unos líderes de distintas ideologías políticas atacan a las instituciones del Estado, y que pretenden romper España; pues esto lo ha permitido, este presidente del gobierno de España por la única y sola razón de pagarles una parte mas de la deuda que tiene contraída con esta gente.

Por todo esto, yo como digo y repito a la mayor parte de la sociedad Española, parece ser que, todas estas humillaciones, y tantos desprecios a España como a la sociedad Española les trae sin cuidado, y les importa bien poco, y sin embargo, ponen mas interés y alma, en sus equipos de futbol, y en sus distintos pasa tiempos de ocio, como fiestas y juergas o entretenimientos superfluos, sin pensar un poco, ni sentir en su interior que en los malos tiempos como lo son estos que estamos viviendo, cada ciudadano dentro de sus posibilidades, tiene la obligación de arromar el hombro para ayudar a su país, y para esto, no es necesario meterse en política, pues ya esplique antes los medios que cada ciudadano de bien y como persona responsable de sus obligaciones, para actuar protestando pacifica mente contra este gobierno, y sus socios los grupos que pretenden romper nuestro país; pero sigamos sumando.

Este Domingo 8 de Mayo de este 2022 tanto los separatistas de la comunidad autónoma de Cataluña como los de la comunidad vasca, y sobre todo el grupo de los Vascos amigos y defensores de los terroristas, todos ellos, estarán felices, porque ayer sábado día 7 de este mes de Mayo sean celebrado elecciones en Irlanda, y después de muchas décadas de terrorismo en este País, por primera vez han ganado las elecciones el partido político de los terroristas; esperemos que este triunfo después de todo lo vivido y aprendido durante tantas décadas de terrorismo y de tantas muertes injustas e innecesarias, sirva para el bien general al haber aprendido la lección del pasado reciente, impere la sensatez, y el sentido común, y conseguir verse unidos, protestantes y católicos, como Británicos, y anti Británicos, y por fin poder vivir en paz. Pero sigamos con el tema del espionaje de los casos en nuestro País, enlazada con la reciente visita, sumisa del presidente de España a Marruecos que al principio de estas páginas dejé a medio y quiero contar algo mas al respecto para que los posibles futuros lectores conozcan lo que está sucediendo en estos tiempos entra Marruecos, y nuestro País.

Desde el siglo IXX hasta la mitad del pasado siglo XX, España fue dueña del Sahara Occidental, territorio Saharaui situado al sur oeste de Marruecos. A la muerte del Dictador Franco a mediados del pasado siglo XX esta colonia Española quedó, libre e independizada se España; y esa población Saharaui quiso ser, una Nación independiente, pero Marruecos aspiraba a adueñarse de ese territorio ex Español, el ya entonces territorio libre del Sahara Occidental deseaba la protección de España, y desde la llegada de la Democracia a nuestro País nunca abandonó del todo a ese pueblo Saharaui, ya que varios lazos habían quedado unidos; incluso todos los veranos muchas familias Españolas acogían durante las vacaciones a muchos niños y niñas Saharaui, que eran muy felices fuera de las arenas del desierto y de sus haimas o sea sus casas de lona, y disfrutaban mucho de las comodidades de los hogares Españoles, también hay que señalar que este pueblo saharaui habla el Castellano; pero sigamos con Marruecos. Marruecos desde siempre y aún sigue empeñado en anexionarse este territorio del Sahara Occidental, mientras que estos Saharaui quieren ser independientes y desean ser apoyados por España, en estas condiciones estamos cuando este fullero, falso y mentiroso presidente del gobierno de España y no se sabe en qué condiciones sea presentado ante el déspota Rey de Marruecos, enseguida por la prensa hemos sabido que el de España en esta visita sea puesto de la parte de Marruecos a que ese País pueda anexionarse ese territorio del Sahara occidental; recordemos que una semanas antes, por razón humanitaria el jefe del centro Polisario o sea del pueblo del Sahara Occidental había ingresado en un hospital de la comunidad de la rioja para ser tratado del corona virus, y todo esto como digo, como un favor del gobierno de España, y a causa de esto, Marruecos retiró a su embajadora y rompió las relaciones España, al mismo tiempo Marruecos además, marruecos mando invadir a las ciudades de Ceuta y Malilla con varios miles de Marroquíes; y después de todo esto algunas semanas después, el presidente de nuestro gobierno va y se presenta ante la corte del déspota Rey de Marruecos y para recuperar la relaciones, traiciona al pueblo amigo del Sahara Occidental y se pone de parte del Rey de Marruecos; todo este movimiento de nuestro presidente arrastrándose ante el Rey de Marruecos, cuando tenía que ser al contrario, pues por el interés de Marruecos, son ellos, los que tenían que haber venido a España a pedir escusas, ya que fueron ellos los que rompieron las relaciones; y ordenaron invadir las ciudades Españolas de Ceuta y Melilla, pero como ya sabemos, en lo que concierne al honor y la dignidad nuestro presidente, CERO, a partir de, este acuerdo o sumisión de España a marruecos por ponerse España de parte de ellos en el problema de los Saharaui amigos de España, automática mente Argelia ha entrado en juego, y como ya dije en estas páginas lo que podría ocurrir pues parece que puede ocurrir, al poner

España en peligro el abastecimiento del gas Argelino del que nos abastecen los Argelinos, y la última noticia es que, por lo visto el gobierno Argelino a amenazado a España con cerrarle el grifo, pienso yo que esto posible mente no se haga, pero en todo caso, nuestro presidente con su incompetencia lo ha provocado; y por si todo esto fuera poco, nos acabamos de enterar los Españoles que, según los servicios secretos del Reino Unido, y de los Estados Unidos, 200 españoles importantes han sido pinchados sus teléfonos, y señalan a los Marroquíes como los responsables.

En este caso, tanto político como comercial al igual que en otros tantos casos parecidos, gestionados por nuestro gobierno bajo la responsabilidad del presidente; que cada cual, saque sus conclusiones; yo particular mente por mi parte, sobre este caso de Marruecos y el pueblo libre per encerrado en el desierto; pienso que al ser ambos pueblos tanto Marruecos como los Saharaui, hermanos con la misma cultura y religión y lengua, debieran de estar unidos y con autonomía y en PAZ, pues en la unión y la paz prosperan los pueblos, mientras que estando divididos hay muchas mas posibilidades por los motivos que sea, en que haya desacuerdos y rencillas e incluso confrontaciones; y para evitar todo esto los gobiernos de los pueblos civilizados tienen la obligación moral de, unirse entre ellos, en la unión Europea tenemos el ejemplo.

Pero volvamos de nuevo a nuestro País España, que ya, bastante tenemos con nuestros problemas, causados por algunos malos líderes políticos que a causa de sus fanáticas ideologías también siembran la, inestabilidad, la confrontación y las divisiones entre los ciudadanos ajenos a todas sus nocivas tramas tanto políticas como de intereses tanto particulares como de partido. Veamos, esta segunda semana de Mayo del 2022, acabamos de enterarnos el pueblo llano, que hace cuatro años mientras gobernaba en la comunidad autónoma de Cataluña, ese loco y

Germán Belmonte Machado

fanático separatista que se sublevó contra España, y tubo la loca osadía de proclamar bajo juramento rubricado la Republica Catalana, y ese mismo día, cuando vio lo que ve avecindaba por parte del Estado español, para huir de la justicia huyó como un prófugo cobarde escondido en el maletero de un coche a Bélgica, y allí, sigue dando guerra contra España el prófugo y desertor además de cobarde por no dar la cara como si la dieron todos compañeros separatistas; pues bien, dicho esto, como decía, acabamos de enterarnos que este sujeto fanático e insensato mientras preparaba ese Ru de estado contra España, estaba negociando sus perversas intenciones, con algunos agentes del gobierno Ruso, para que el gobierno ruso lo apoyara en su criminal proyecto de independizarse de España. Según los expertos en la materia, Rusia ofreció a ese prófugo ex presidente del gobierno autónomo de Cataluña, muchos millones de dólares, y diez mil soldados Rusos, mientras que, el prófugo ex presidente Catalán por su parte y apoyado por los suyos pondría en Cataluña el servicio militar obligatorio a todos los Catalanes, fueran esto separatistas o no, y también militarizar a los diez y siete mil policías autónomos de Cataluña. Pues bien, todo esto que hemos sabido ahora, supongo que lo sabría por mediación de los servicios de espionaje de España este gobierno que está gobernando; y ahora resulta que todos estos separatistas Catalanes se sienten muy ofendidos y exigen reparaciones cuando se han enterado de que han estado siendo espiados por los servicios secretos, pues bien, a pesar de todos los delitos cometidos y que por los cuales los servicios secretos no han tenido mas remedio que sentirse en la obligación natural de espiarles, mismo así estos delincuentes que han atentado contra el Estado Español, no se consideran culpables; pero sigamos con esta nueva estampa surrealista made in España, y esta segunda semana de este mes de Mayo, el presidente del gobierno de nuestro País ha visitado Barcelona, y de nuevo sea inclinado como un vasallo ante el presidente separatista catalán; y encima este muy ofendido por haber sido espiado, como ya sabemos le había exigido la cabeza de la jefa de los servicios secretos de España, cosa que hace unos días se cumplió, y ahora en esta visita le ha exigido al presidente del gobierno de España, otra cabeza, la de la ministra de la defensa; el tiempo mas bien próximo nos dirá, si el presidente del gobierno seguirá pagan otro plazo de la deuda que tiene contraída con los separatista, pero, el caso es que, la partida entre estos dos tahúres de la política Española sigue abierta, el uno presidente del gobierno de España, y el otro, el presidente separatista de la comunidad autónoma de Cataluña; hasta ahora, la partida la va ganando el separatista, el que también ha demostrado tener siempre un as en la manga, al igual que el presidente de España que ha utilizado la suya cuando le ha convenido, aunque ahora, y por todo lo que está sucediendo y la continua sumisión de nuestro presidente ante el separatista este, todavía lleva la ventaja, aprovechándose y sacando fruto debido a la deuda que el presidente del gobierno tiene contraída con él, mientras tanto, la partida sigue, entre este enemigo de España que sea propuesto dividirla, y que ha prometido, no cejar en su empeño y sigue retando y exigiendo cada vez mas derechos a su contrincante, mismo si este tiene la potestad y la ley de su parte para acabar de una vez, con las pretensiones delictivas, pero que el presidente del gobierno a pesar de poder hacerlo el ponerle remedio, y mismo de a ver visto que no sirve de nada la mesa de negociación y que por lo tanto es una pérdida de tiempo, todo esto, a este presidente socialista del gobierno le da igual, ya que todo su interés particular, es, el poder seguir gobernando; y porque como ya sabemos y a cada hecho que hace lo está demostrando, este presidente además de fullero y tramposo entre otras muchas mas cosas carece por completo de dignidad, y de honor; como también bien poco le importa el carecer de sensatez y de sentido común, además es incompetente e irresponsable, y por lo tanto no acto, para gobernar España; pero como siempre hay motivos que reprochar a este presidente, seguiremos mas adelante, aunque me da la impresión de que por poco tiempo; pues no sé si, por puro deseo mío, o porque el mismo está provocando su caída, pero mejor veamos una noticia salida ayer 15 de Mayo dicho por el presidente de comunidad Andaluza del partido popular, y que no me explico, y como ha tenido el valor o la osadía de dar esa noticia, ni en qué sentido, va dirigida a la población; y aquí de nuevo, yo por mi parte, he sentido vergüenza ajena; y la noticia es la siguiente. En Andalucía acaba de comenzar la campaña de la propaganda política de todos los partidos para las próximas elecciones regionales de esa gran comunidad autonómica, y en su primer discurso propagandístico el actual presidente de Andalucía del partido popular, en cierto momento ha dicho, la producción del campo y todo lo relacionado con ese trabajo se está produciendo gracias a los emigrantes; y dicho esto, este presidente del gobierno Andaluz y sabiendo muy bien que, en Andalucía es la región de España en donde hay mucha mas gente en el paro; y si la producción del campo y todo el trabajo que se mueve alrededor, se hace gracias a los emigrantes, es porque la mayoría de los Andaluces en el paro, no quieren trabajar; pero esta verdad, no la ha incluido el presidente Andaluz en su discurso; así pues, no entiendo por qué ni conque intención a puesto ese hecho en su discurso el presidente de Andalucía; ya que esta es una noticia muy negativa para esa hermosa y gran región, en donde aún se siente en general mas pasión por, la fiesta que por el trabajo; y yo como obrero desde niño, me duele y me avergüenza el que una gran parte de la población Española está mucho mas centrada por mentalidad, mucho mas en los derechos que en las obligaciones, y esto que debiera de avergonzarnos a todos, al tratar estos libros míos sobre la España real, me veo en la obligación de denunciarlo, agregando que todo obrero responsable y trabajador, no se dé por aludido y espero no se molestará por lo que digo, porque estoy seguro de que me entenderá, y pase la misma vergüenza que yo, como también siento vergüenza ajena como obrero de izquierdas desde que tuve uso de razón; pero no de estas izquierdas de ahora tan insensatas y radicales, que por su falta de sensatez, y de sentido común, escupen veneno por su lengua contra todo grupo o partido que, sea contrario a sus políticas e ideología; pero veamos otro ejemplo por ahora el mas reciente. Como es bien sabido, el Rey emérito, desde hace dos años está viviendo en un pueblo Árabe petrolero en donde por lo visto tiene muchos grandes y poderosos amigos, y dicho sea de paso, gracias a esa amistad con esos Árabes, entre otras Naciones, le concedieron a nuestro Rey, la construcción del tren Español de alta velocidad, que va de, Medina a la Macan obra que produjo mucho trabajo a las empresas Españolas y muchos beneficios incluido el Rey como intermediario, por lo visto, aparte de estos beneficios en favor del Rey, junto con los grandes regalos en efectivo recibidos por el rey de parte de sus amigos Árabes, y del cual también se aprovechó una busca fortunas amante del Rey; el caso es que el Rey no declaró todas sus ganancias a la hacienda pública Española a la que algún tiempo después tuvo que abonar mas de cinco millones de euros; a partir de ahí, según parece el Rey no está imputado por nada. Yo como estas cosas de los fraudes a la hacienda no entiendo no entiendo ni se verdadera mente si el Rey ha delinquido o no, pues solo puedo opinar de lo que si entiendo y que para mi, es delictivo y cobarde y que no puedo perdonar al Rey es que, haya traicionado y humillado a su esposa la Reina con otras mujeres; pues para mi, es, el mayor delito que ha cometido; sea como sea, el caso es que, las izquierdas radicales y los separatistas Catalanes y Vascos y algunos mas de otras regiones como por ejemplo los de la comunidad Valenciana y la Gallega que todos ellos odian y desprecian la Monarquía, como si en España hubiera alguna otra institución mejor que ofrecerle a los Españoles aunque ellos todos su idea y oferta para el pueblo es la Republica, mismo sabiendo toda esa gente que la Republica República, ya quedo bien demostrado que, los mandatarios Republicanos fueron tan incompetentes como el presidente socialista del gobierno que tenemos ahora; pero sigamos.

Esta cuarta semana del mes de Mayo de este 2022, después de dos años, el Rey emérito ha venido a España por unos días, para visitar a su familia y amigos e intentar participar en unas regatas en Galicia, su deporte favorito. Ante esta llegada del Rey emérito, todas las izquierdas y los separatistas no cesan de atacar al Rey y la Monarquía, y acusando al emérito de haber robado el dinero de los Españoles cosa que, no está demostrado que sea verdad, y agregan a las acusaciones que, en vez de venir a participar en unas regatas con todos sus amigos, lo que tenía que hacer es, presentarse ante la justicia para explicar la procedencia de su fortuna, y rendir cuentas; o sea como siempre suelen hacer esta gente juzga y condena a quienes no les gusta, antes de que condene la justicia y olvidándose además que, el emérito, no está imputado por nada; pero mismo así, delincuente o no, posible mente juzgado o no, tan solo el tiempo lo dirá, pero mientras tanto, las izquierdas radicales y los separatistas no para de atacar al emérito y a la Monarquía, y como siempre sin tener en cuenta que esta monarquía parlamentaria y moderna, es aprobada y defendida, por la gran mayoría de la población Española. Por otra parte, y aquí de nuevo se demuestra la falta de sensatez y de sentido común y el odio de toda esta gente que aún cree que vivimos en el siglo IXX perturbadora y desestabilizadora que con tanta saña atacan al emérito y a la Monarquía, y a dos los que no comulguen con su ideología radical de izquierdas, no dicen nada ni exigen lo mismo contra el ex presidente de la comunidad autónoma de Cataluña que está huido de la justicia Española, por haber cometido varios y muy graves delitos, como por ejemplo el hace saltado la constitución, haciendo un referéndum ilegal en Cataluña, y un golpe de Estado, y proclamar el y los suyos en el parlamento Catalán la Republica de Cataluña; estas izquierdas radicales Españolas y los seguidores de los separatistas no sola mente no exigen al prófugo huido lo que le exigen al Rey emérito, sino que al prófugo huido, lo siguen defendiendo, y apoyándolo; y es, tanta la maldad de toda esta gente y su desprecio y odio contra el Rey emérito y la Monarquía que en su insensatez, no alcanzan a ver que, todos esos grupos están ocupando todos ellos sus escaños en el congreso de los diputados gracias al Rey que fue, uno de los principales pilares para implantar la Democracia en nuestro País, y además de que al poco tiempo de ser implantada la Democracia en 1981 hubo un intento de golpe de Estado urdido por ciertos sectores de la guardia civil y del ejercito ambos de tendencia Fascista y el Rey ahora emérito hizo abortar aquel golpe de estado; así pues, repito una vez mas, por muchos supuestos delitos contra la hacienda pública de España que pudiera haber cometido el padre del joven y noble Rey actual, toda la población Española de bien y sensata, incluidos los separatistas y las izquierdas radicales, debieran de seguir agradecidas al Rey emérito, pues gracias a él todos incluidos ellos podemos seguir disfrutando de la Democracia; claro que como debiera saber todo el Mundo, la Democracia como tal, nunca ha formado parte de la ideología radical comunista, y anti sistema; dicho todo esto, volvamos un poco atrás y recodemos de nuevo como comenzó toda esta basura política producida por los nuevos líderes que, protagonizan la actual política Española a cargo de, las izquierdas radicales social comunista y los separatistas Catalanes y Vascos incluidos los amigos y defensores de los terroristas de ETA, o sea, todos esos grupos de políticos insensatos y fanáticos de sus ideologías que desprecian atacan tanto a la Monarquía, y que pretenden romper España; y así, comenzó la cosa.

Hace ya siete u ocho años con la aparición de algunos oportunistas nuevos partidos en plena crisis internacional, después de unas elecciones generales de estos partidos salieron nuevos diputados tanto de comunistas, como de centro y de derechas, y tos se presentaron con sus respectivos catecismos ideológicos que proponían acabar con los viejos partidos nacidos de la Democracia, a lo que cataloyaban como la casta, y que estos nuevos los reemplazarían para hacer una sociedad mas justa e igualitaria, y una España mejor. A partir de ahí, yo comencé a escribir estos libros sobre la España Real, y creo recordar que comencé diciendo que con la llegada de todos esos nuevos diputados, eso sí, muy estudiados y con sus títulos universitarios, pero muy ignorantes, además de muy consentidos, y muy mal criados, enseguida vi que, el congreso de los diputados se convertiría en un gallinero con peleas de representantes en las cortes de estos partidos, en todos estos años en vez de haberse estado dedicando a, trabajar al unísono en pro del bien de España y de los Españoles, sobretodo todos estos nuevos líderes parlamentarios, cada partido va por su lado, tan solo preocupado y defendiendo sus intereses particulares y de partido; y este poco honesto sistema de hacer política barata y casi tercer Mundista, ha creado en nuestro País, un germen maligno, que a su vez, ha creado, la aparición de epidemias políticas que ha afectado en la mayor parte para mal en perjuicio, de la mayor parte de la población española. En primer lugar, el primer virus maligno que apareció en la escena política Española fue el líder del supuesto grupo de los supuestos salvadores del pueblo predicando su catecismo de ideario comunista anti Constitucionalista, anti monarquía, anti capitalista, y anti sistema; incluido también, anti y en contra de los partidos que estuvieron gobernando en España desde la llegada de la Democracia a los que acusaban de ser la casta, o sea el moderado partido socialista, y el también moderado partido popular de centro derecha. Estos recién llegados de credo comunista que venían dispuestos a arreglar el mundo, con la mentalidad del pasado siglo XX, comenzaron su andadura política, anunciando que había que instalar una guillotina en la puerta del sol de Madrid, también nos dijeron sin el mínimo pudor ni sentido común ni sensatez que iban a prender fuego a las iglesias con los curas dentro como hicieron sus abuelos durante la guerra civil Española de 1936, a 1939; a continuación, como horda de vándalos intentaron tomar al asalto el congreso de los diputados; y entre otras tantas sandeces y según su catecismo político decían que los hijos no pertenecen a los padres, o sea que pertenecían al partido; este fue, la primera epidemia maligna política que comenzó a contagiar a cierta parte de la sociedad ignorante Española que se unió a este nuevo grupo político de credo comunista.

El segundo virus nocivo para nuestro País nacido de la rama vas tarda del partido socialista moderado fue el ambicioso tramposo y embustero, carente de escrúpulos e incompetente, o sea dos virus malignos de las izquierdas radicales, que se unieron inducidos mas, por llegar al poder que, por dedicarse a trabajar para lograr la estabilidad y la concordia entre los Españoles cosa que se había logrado en la transición cuando pasamos de la Dictadura Franquista a la Democracia; pero sigamos, este segundo virus y líder del nuevo partido socialista siguiendo con su estrategia de llegar al poder buscó los apoyos en el primer virus o sea el líder de catecismo comunista, y como ya he dicho que carecía de escrúpulos busco mas apoyos en los mercenarios separatistas Catalanes mismo sabiendo que, esto unos meses antes habían provocado un golpe de Estado en Cataluña, y habían declarado la Republica Catalana, y con su falta de escrúpulos también buscó y consiguió los apoyos del grupo Vasco amigo y defensores de los terroristas de ETA. Una vez unidas todas estas plagas malignas con las que el líder de los socialistas se empeñó en deudas con ellos, le puso una moción de censura al gobierno del PP y la arrebato el poder, y desde entonces, creo hace ya tres años y medio nos está gobernando hasta hoy Primavera del año 2022 en una España tan enfrentada como el tiempos pasados por culpa de estos nuevos virus malignos que han abierto las heridas de la guerra civil de hace mas de 80 años, heridas que ya habían sido curadas y cicatrizadas desde la llegada de la transición y la Democracia.

Desde la transición ya llevamos afortunada mente, mas de 40 años de Democracia avanzando, progresando desde nuestro ingreso en la Unión

Europea; entre divergencias entre normales entre los dos partidos que nos han estado gobernando, el partido socialista moderado, y el partido popular, con mas o menos armonía y con alguna que otra crisis que nos acosaba pero hemos ido avanzando sin mayores problemas de convivencia; pero alguien con un poco de sensatez puede asegurar y admitir que desde los últimos seis años con todo lo ocurrido en ese tiempo y con este gobierno y sus socios, en general, ¿España está mejor?.

Pero aparte de estas plagas malignas políticas, en nuestro País sigue habiendo otras plagas también creadas por el hombre y que estos líderes políticos de ahora, en los que los ciudadanos confiaron sus esperanzas, pero que muchos de estos líderes no han sabido, o no han querido educar desde las escuelas; como por ejemplo, enseñar, y a amar y el verdadero sentido de la Democracia, para así crear una mejor sociedad, y de ahí, que se esté abusando tanto, de la Democracia y de la libertad. Pero veamos, unos pocos ejemplos mas sobre estas plagas que están contaminando esta sociedad; sociedad, a la que los sucesivos gobiernos no han hecho nada por mejorar para ser mejor, y mas responsables ciudadanos de una sociedad mas cívica y mas racional. Llegado aquí, me veo obligado a repetir que, la base para crea una mejor sociedad de cualquier pueblo es, enseñar desde pequeños en la escuela, a comportarse en todos los actos de nuestras vidas teniendo como norma esencial, ejercer la disciplina, el orden, y el respeto, ya que todo esto conlleva a la responsabilidad; pero esto, que yo sepa, y que vemos a diario en tantos actos en nuestra sociedad no se percibe, por falta de la asignatura que debiera ser obligatoria en las escuelas; y esto, para mi, es una nueva clase de epidemia, y esta clase de epidemia, también conlleva que en estos tiempos que corren, y dese hace varias décadas, entre otras cosas, se presta mucha mas atención, mas cariño y entrega hacia las mascotas, que a los mayores; pues como es bien sabido se acoge en cas con gran placer y cariño a las mascotas, mientras que se desprenden de los abuelos y los confinan en residencias o asilos.

Otro caso que también se puede considerar epidemia de estas últimas décadas es, la gran cantidad de familias que se rompen a diario, dejando a los niños pequeños, confusos y desorientados al verse de pronto con un extraño como nuevo padre o nueva madre, y como una pelota de pingpong rebotar de un hogar a otro; la lita que yo considero que son nuevas epidemias malignas por el mal que crea es, inagotable en esta nueva sociedad; así pues insisto, desde la llegada de la tan esperada Democracia de la que se está abusando mucho debido al incontrolado abuso de la libertad, lo que por norma muchas personas mayores suponíamos que, en general la Democracia llegaba para hacer una mejor sociedad en todos los sentidos, a resultado que debido a la gente que no ha entendido el verdadero sentido de la Democracia, en muchos aspectos nuestra sociedad ha empeorado; y todo por culpa de nuestra mentalidad e incultura muy generalizada, como por culpa de algunos políticos irresponsables e incompetentes que, se mueven y viven y se entregan y se ocupan mas por, sus ambiciones particulares y sus ideologías que en su dedicación y entra al pueblo, y a la sociedad.

Aparte de todo esto que vengo denunciando en estos escritos sobre la España Real, e de señalas de nuevo que tenemos la fortuna de poseer de norte a sur, y de este a oeste, un País privilegiado en todos los sentidos, además de grande y hermoso rico y productivo, y con muchas mas ventajas que en la mayoría de muchos Países; pero sin embargo, al igual que las epidemias anteriores no podríamos haber avanzado ni prosperado sin la ayuda del fondo Europeo, de las empresas extranjeras, y del turismo, y como también he dicho en estos escritos que, por cualquier desgracia inesperada, estos tres pilares que mantienen la economía Española desaparecieran, cosa que, por otro lado no es imposible, pasaríamos tantas necesidades y hambre como en la pos guerra civil Española del pasado siglo XX; a pesar de que como ya he dicho antes, por las ventajas que reúne nuestro País, aparte del petróleo podríamos ser, auto suficientes, si supiéramos aprovechar y producir todas las ventajas que nos brinda nuestro País, y fuéramos mas responsables, entregados a nuestras obligaciones, y mas competentes.

Ahora mismo, y ya desde antes, pero sobre todo desde la criminal invasión de Rusia a Ucrania, y en gran parte de esta guerra, en toda Europa se han roto un tanto los esquemas y se está pasando mal, y aun peor en España, por la falta de cereales y de girasol que vienen de Ucrania, mientras que España hay millones de hectáreas en barbecho abandonadas; me viene a la memoria una jota Manchega que decía así...En la mancha manchega hay mucho trigo, mucho pan mucho pan mucho aceite y mucho vino. Al igual que esto, en todas las regiones Españolas se produce de todo para poder subsistir, otra cosa es que no sepamos gestionarlo y de ahí, el triste abandono de los pueblos y sus campos porque en ellos no se ve futuro. En cuanto al gas y el petróleo del que carecemos a pesar de tener también mas ventajas que los demás Países de Europa ya que a nosotros de ¿momento? nos abastece Argelia, y digo de momento porque como ya dije antes, este fullero presidente del gobierno de España, lea hecho una mala jugarreta al gobierno de Argelia al apoyar nuestro presidente al gobierno de Marruecos par anexionarse este el territorio de los Saharaui la antigua colonia Española; o sea, el presidente de España le hace la jugarreta a Argelia que nos abastece de gas y petróleo y se pone de parte de los Marroquíes que no nos dan nada sino mas bien tan solo disgustos y problemas. El caso es que el presidente de nuestro gobierno, entre unas cosas y otras, debido a su pésima gestión e incompetencia, y mismo España poseedora de tantas ventajas en nuestro favor, la vida sea enrarecido mucho mas que en los demás Países de la Unión Europea, y mientras que el promedio del paro en Europa está entre el cinco, y el siete por ciento, en España está a mas del doble, y todos los artículos de consumo de

España está mas caro que en el resto de los Países Europeos. Los sindicatos en esta situación, por cierto sindicatos de las izquierdas, y también muy incompetentes y acomodados que tan solo se acuerdan de santa Bárbara cuando suena, y que al igual que el gobierno no son incompetentes en sus obligaciones ni previsores, al igual que mas atentos a sus ideologías de izquierdas que por el su obligación de mirar por el bien del obrero en general, mismo si este no está afiliado en sus filas, y como son unos lideres sindicalistas incompetentes e improvisadores, justo igual que este gobierno, ahora como las cosas están tan mal con esto de las subidas de la precios han empezado a intentar cubrir el expediente amenazando con movilizaciones si no se aumentan de nuevo los salarios al mismo nivel que aumentan los precios. Ante esta nueva situación de apelar otra vez al que tiene que ceder para aumentar los salarios, o sea la patronal, y cansados como están de tanto y tan a menudo exigirles la patronal, todavía no sea pronunciado, y posible mente cuando se pronuncie de nuevo va a surgir otro problema en la próxima confrontación con los sindicatos; pero como está sucediendo ultima mente demasiado a menudo, y la patronal no es culpable de la guerra en ucrania, ni de la continua subida de los precios en todos los artículos de consumo, ni de la carestía de la vida, lo mas probable es que, la patronal esté pensando…Nosotros no somos los culpables de nada de la que está pasando, y por lo tanto no vamos a pagar los platos rotos de los demás por la incompetencia y la mala gestión de este gobierno que tanto en interior como en el exterior no da una en el clavo.

Por otra parte, este final del mes de Mayo de este 2022 acaba de ocurrir algo que ha acelerado un poco mas la llama de la mecha que un día no muy lejano hará explotar la carga explosiva que destrozara la alianza de este gobierno de coalición socialista comunista que tanto, están dañando a España en general; la causa ha sido la visita a España del secretario general de la OTAN para saludar a España, a la vez que preparar la próxima cumbre de la atan en España a final de Junio, por el 40 aniversario de la entrada de España en la OTAN; esta efeméride, debiera de ser un motivo de satisfacción para los Españoles en general, y se supone que tanto para esta visita a España del secretario general como para la cumbre de la organización en Madrid, es imprescindible la presencia de todos los miembros del gobierno por ser esta organización funda en la protección de los pueblos de Europa y América; pero he aquí que, el grupo comunista que forma parte de este gobierno no ha hecho acto de presencia ante esta importante visita o sea que al igual que sus padres y abuelos rechazan la OTAN por pertenecer esta al sistema Occidental, y como de ideología comunista que son, prefieren la unión y amistad, con el fracasado pacto de Varsovia de los comunistas por ser esta organización la que aglutina y adiestra a los de ideología comunista; así pues con este rechazo al no aceptar esta importante visita es otro palo en la rueda del carro en que se montaros los socialistas con los comunistas y esto acerca un poco mas la llama de la mecha que mas pronto que tarde les explotará; mientras tanto, estos fracasados de ideas comunistas siguen convencidos y encerrados en su fanático ideario anti sistema, y con esa desfasada condición que no es propia de estos tiempos siempre seguirá siendo junto con los separatistas, un gran peligro para España, como también, para cualquier otro País sensato i avanzado; y para colmo y siguiendo esta gente siendo fieles a su fanatismo ideológico no siente un mal ni condenan, la criminal invasión de Rusia a Ucrania y al mismo tiempo condenan las ayudas armamentísticas que se están enviando a Ucrania para que este País pueda defenderse contra la maquinaria destructiva del loco salvaje de turno llamado Putin, persona incivilizada sin moral ni escrúpulos el nuevo exterminador de pueblos, a la par de un Gen jis kan, un Atila, o un Hitler. Así pues, estimados posibles futuros lectores de este escrito, según mi punto de vista, esta es la realidad sobre la ideología y conducta de estos supuestos salva Patrias engaña bobos falsos a la vez que fanáticos de la ideología comunista Estalinistas de esta época de este siglo XXI. Afortunada mente, toda esta gente o plaga maligna, debido a las ambiciones personales, desde hace un tiempo se acabó la luna de miel y ha habido varias rupturas y divorcios, y de la raíz principal han brotado y dividido varias ramas, las cuales, cada cual de ellas tienen nuevos líderes y van por su cuenta, y mismo así, mientras no maduren con el tiempo, seguirán siendo gente desestabilizadora e irracional, mientras su doctrino siga comprometida con su insensato proyecto de anti sistema, nuestro sistema Occidental 'va parejo a la Democracia, ya que al no haber en el Mundo sisma alguno perfecto ya que esto es imposible por la gran diversidad de culturas, al menos, al no poder conseguir un sistema perfecto tanto la nuestro sistema político, como la Democracia, son, los menos malos de los sistemas; mismo así, no serán sistemas eternos, y el tiempo lo dirá; mientras tanto, lo sensato es evitar en lo posible, por evitar los enfrentamientos y los errores del pasado y que ahora conllevan mucho mas peligro a causa de las armas nucleares, las cuales son destructivas, pero no son peligrosas, pues los peligrosos son los lideres locos que aparecen en todos los tiempos, y que desde hace miles de años hasta hoy la historia está llena de ejemplos; pero pasemos ahora, a otra cuasi epidemia y sus contagiados en la actualidad.

Decía yo en estas páginas sobre la España Real que, el presidente del gobierno de la comunidad Andaluza del partido popular, como presumiendo, o ignoro porque motivo de su intención, que gracias a los trabajadores migrantes estaba saliendo para adelante la producción del trabajo del campo como otros muchos mas trabajos; y yo repito, ignoro conque intención el presidente de la junta de Andalucía daba esta noticia, sabiendo el muy bien que, en la comunidad Andaluza es don mas parados hay de toda España; halo mejor, el presidente Andaluz, no sea parado a pensar que, si hay tanto trabajo y tanta gente en el paro, es porque no quieren trabajar. Sabemos muy bien que, los trabajadores en cado ramo reciben el salario que dice el convenio, igual que sabemos que la gran mayoría de estos llamados (trabajadores) y según ellos, los salarios son muy bajos, pero no quieren ver que, todo salario regular o bajo, es dinero que entra en casa, y que el peor, y mas mal pagado, es, el que no se ha ganado. Pero aparte de esto, la cosa está muy clara, los que no quieren trabajar cuando hay trabajo es, porque no les da la gana, pues han crecido acostumbrado a vivir de los demás, e incluso muchos de ellos ni siquiera figuran en las listas del paro porque por los motivos que sea no les interesa, ya que, ellos con sus principios, y sus trapicheos si no son mantenidos por sus padres y por subsidios Estatales, se buscan la vida a su manera siempre por caminos ilegales, nunca cotizan a la hacienda pública, ni a la seguridad social, pero eso sí, tienen derecho a todo, y a costa de los verdaderos trabajadores que cotizan. Según mi punto de vista sobre este tema en concreto del que conozco mucho, esta clase de gente no tiene derecho a nada, y sin habérselo querido ganar muchos de ellos también se ven en los comedores sociales, junto a los que en verdad viven en el umbral de la pobreza y y si van allí, por pura necesidad; mientras que a los primeros o sea los parásitos no sienten la mínima vergüenza. Esto ocurre en muchos Países del Mundo, incluidos los mas ricos, pero con la picaresca y la desvergüenza de nuestro País, en ninguna parte; así pues, yo les aconsejaría a todos los presidentes de las comunidades auto más y a todos los alcaldes, que vigilen mas, y controlen mejor, quienes se merecen ayudas, y quienes no; pero sigamos un poco mas con el tema.

En estos escritos míos no paro de atacar y denunciar y atacar contra el fullero presidente del gobierno de nuestro País, y los hechos del presidente están demostrando día, a día que, no lo hago, por simple capricho; así pues veamos, la penúltima chapucera y nada sensata, en respuesta a las quejas de tantos empresarios que les faltan obreros en todos los oficios capacitados, y a falta de estos, también no capacitados; y todo sabemos el gran problema que se cera en la economía Española cuando hay trabajo, y no se puede cumplir con los pedidos, no de obra;

y lo que es peor, habiendo en España tres millones de parados viviendo de los demás. Pues bien, ante esta situación este fullero presidente del gobierno acaba de ofrecer la solución al problema, pues acaba de anunciar que, va a legalizar a los migrantes sin papeles, para que estos puedan trabajar legal mente, y agrego yo, para que esos tres millones de parados Españoles puedan seguir viviendo de los demás, sin tener que madrugar y no mancharse las manos. O sea, ya no es sola mente en Andalucía donde se recurre a esta solución, el que hagan los migrantes los trabajos que no quieren hacer tantos Españoles, pues ahora, también lo ha decidido así el presidente gobierno para el resto de España; y yo me alegro mucho por los migrantes, por encontrar la oportunidad que han venido a buscar, al salir de sus pueblos de África y de Suramérica, o de Europa del este, en busca de oportunidades que mejoren sus vidas; pero lo que es inconcebible y no entiendo es que, los políticos consienten y permitan que, habiendo trabajo en España puedan seguir consintiendo mantener con subsidios y ayudas a tres millones de personas aptas para el trabajo, y que muchos de ellos, viven mucho mejor de muchos trabajadores, trabajadores de verdad que van a donde está el trabajo mientras que los vagos y vividores esperan a que el trabajo venga a su casa, y mismo así, si no les interesa lo rechazan, y esto, lo están permitiendo, tanto la mala gestión de algunos gobernantes, y los acomodados líderes de los sindicatos; ahora vamos, con la última y mas reciente.

Se acaba de cumplir, lo que yo me temía sobre el nuevo problema surgido, entre Argelia y España, que comenzó hace un año al acoger el gobierno de España al jefe del frente Saharaui, con la excusa de ayuda humanitaria al estar supuesta mente del corona virus, esto enfadó y molestó mucho a Marruecos, y Argelia, que apoya a los Saharaui, mientras que por otro lado, abastase de gas a España, las relaciones entre todos estos países se ha agravado bastante, después de esta nueva chapuza política y comercial y el favor hecho al jefe de los Saharaui, acogiéndolo en nuestro País, todo sea complicado en contra de España, a causa de la mala gestión del presidente del gobierno de España, y todo lo demás, son excusas y cuentos. El caso es que nuestro presidente, como cualquier Sátrapa, por su cuenta y sin contar con nadie y menos aún con el primer partido de la oposición, y por lo tanto, sin saber nadie de sus motivos, el caso es que de golpe el Sátrapa Español, se presenta ante su Majestad el Rey de Marruecos y se puso de su parte en favor de las pretensiones de Marruecos, de anexionarse para su pueblo al pueblo Saharaui, la antigua colonia Española en África, traicionando así, las esperanzas y el apoyo que los Saharaui han esperado siempre por parte de España, al mismo tiempo, que ha complacido al déspota Rey de Marruecos, a la vez que ha molestado mucho a Argelia el primer País que nos abastece del gas que necesita España. A raíz de esta chapuza política y comercial de nuestro presidente, yo predije, y presiento que mucha mas gente en España, que esto, muy posible mente, traería malas consecuencias a nuestro País y con ello por lo tanto a la ciudadanía, y ahora, hace tan solo un par de días, el gobierno Argelino, da la noticia, de que rompe, toda clase de negocios con España, y por lo visto, hay en España unas seiscientas empresas que tienen negocios con Argelia, y que esas empresas han cancelado de momento los pedidos para Argelia, y han quedado paralizadas y sin poder así, seguir cumpliendo con sus pedidos de Argelia; por lo tanto…menudo favor les ha hecho el presidente del gobierno a todas esas empresas y Asus trabajadores. A partir de ahora, a ver como este fullero e incompetente presidente de España, arregla este grave problema que él ha creado por su cuenta, y que posible mente tanto va a perjudicar a España y a los españoles.

No sé si mucha gente sea dado cuenta de que la palabra clave de este fullero presidente es la palabra dialogo para arreglar los problemas, pero hasta ahora sus supuestos y escasos diálogos no están sirviendo de nada; pues no hay dialogo racimal sensato y productivo con los separatistas Españoles, no hay dialogo con el primer partido de la oposición, no hay dialogo sino traición y abandono con los Saharaui, ni con Argelia que tanta falta nos hace, por el contrario, sí que ha habido dialogo envenenado y humillante para España, accediendo y ponerse de las pretensiones de Marruecos traicionando a los Saharaui, a cambio de que, y con qué beneficios para España, esto, debiera explicarlo en público a los Españoles este incompetente y mal gestor, nuestro presidente del gobierno, porque por lo que estamos viendo, con esta chapuza política y de negocios del presidente del gobierno de España de momento no ha ganado nada, y las ventajas que teníamos de los negocios con Argelia sea aprovechado Italia, y todo, por la siempre mala gestión de este presidente del gobierno de nuestro País; y precisa mente por todo esto, este presidente a cava de recibir un aviso sobre lo que puede ocurrir mas pronto que tarde, en un castigo; pero veamos.

Antes de ayer 19 de Junio de este 2022 se han celebrado elecciones regionales en la grandiosa, rica y hermosa comunidad autonómica andaluza, yo como me voy muy pronto a la cama a seguir leyendo un poco en un libro antes de dormir, y como de costumbre al día siguiente lunes me levante muy temprano, bastante nervioso después de asearme, encendí el televisor para ver las noticias de las seis de la mañana y enterarme del resultado de las elecciones, cuando las supe, no daba crédito a lo que estaba viendo y escuchando, el corazón me dio un vuelco, debido a tanta alegría y emoción, o sea, poco mas o menos la mis emoción y alegría, que el día que se murió Franco el dictados dueño absoluto de España por la gracia de Dios según la iglesia Católica. En este Mundo tan convulso, es muy raro sentirse feliz y muy contento al recibir muy de tarde en tarde una agradable noticia y yo desde hace ya mucho tiempo la estaba disfrutando este lunes por la mañana temprano escuchando los resultados de las elecciones andaluzas. Se habían presentado a estas elecciones entre el pertenecientes a las izquierdas antes unidas, y ahora en grupos separados por intereses particulares de cada líder, aparte de estos partidos competía el partido popular de centro derecha moderado que estaba gobernando en coalición con el partido de (ciudadanos) que estaban gobernando en Andalucía menos de la legislatura de cuatro años, pero por motivos políticos el presidente del partido del PP, había decido adelantar estas nuevas elecciones, junto con estos partidos también competía el partido de la extrema derecha de tendencia un tanto Franquista que sea pasado todo el tiempo de la campaña electoral en caso de que las ganara el partido popular y tuviera que pedir apoyos a este partido de la extrema derecha a cambio exigía formar parte del gobierno empezando por la vice presidencia, y las izquierdas encantadas en que esto sucediera, para poder ellas seguir acusando al PP de Fascista, pero el resultado de estas elecciones los ha dejado todos tanto a los socialistas, como a los grupos comunistas como a la extrema derecha KAO, pues el partido popular ha conseguido lo mas difícil, pues ha obtenido en su favor mas escaños que todos los de mas partidos juntos, o sea, mayoría absoluta, y con este muy merecido resultado en las urnas no se verá en la necesidad de, tener que pedir los apoyos de nadie, cosa que es muy bueno para el aprobar las cosas mas rápida mente en beneficio de la ciudadanía. Después de esto, el partido socialista que gobierna en la Nación con los comunistas de su coalición, han recibido un gran mazazo que les ha dejado a todos muy mal trechos, hasta el punto que, apenas si les quedan ánimos para reaccionar, ya que por mucho que se empeñen en negarlo, el llegar al fin de la legislatura está en el aire, y nada garantizada, al menos, así es como lo veo y lo deseo; pues ya han causado demasiado mal a España, y muy posible mente mas pronto que tarde la mayoría de los Españoles le van a pasar factura por ser este, el peor gobierno desde la llegada de la Democracia, por ser, el que pacta con quienes pretenden romper España, aparte de ser también un gobierno que mira mas por su cargo y su poder, que por el pueblo, aparte de esto, es un presidente fullero mentiroso y tramposo, incompetente irresponsable y mal gestor, tanto en lo Nacional como en lo internacional; y esta gran y muy merecida derrota electoral en

Andalucía también puede servir, para acelerar aún mas la mecha, que poco a poco se va acercando mas al explosivo que hará explotar esa maldita coalición socialista comunista de este gobierno malísimo para nuestro País; pues se supone que en general una coalición de partidos para gobernar un país supuesta mente Democrático y avanzado, y que esa coalición sea de distintos signos políticos, se hace con el fin de mejorar en todos los sentidos la situación del País, y no solo, con el fin de gobernar, como en esta legislatura es, el caso de España, que están gobernando pero en vez de mejorar, están empeorando la situación, tanto en desilusión en la mayor parte de nuestra sociedad, como en la estabilidad, y la necesaria unión y armonía entre algunas autonomías lideradas por insensatos y fanáticos Nacionalismos que debido a ese fanatismo les impide entender que, los Países avanzan, gracias a la concordia y la unión. Y por cierto y hablando de mejorar el País en todos los sentidos por el bien general de la sociedad Española, y para seguir viendo como este gobierno viene demostrando una vez mas, lo fullero, tramposo y embustero y por lo tanto nada fiable presidente de este gobierno; pues ayer sábado 25 de Junio de este 2022, en consejo especial de ministros ha aprobado una serie de medidas favorables a ciertos sectores de la sociedad, que desde que comenzó la criminal invasión de Rusia a Ucrania que ha provocado bastante caristia en el coste de todos los productos mucha gente lo está pasando muy mal; ante esta situación todas las medidas aprobadas ayer por el gobierno entre ellas, la bajada del IVA, y la de los carburantes, y el recibo de la luz, incluye también un cheque de 200 euros al mes en ayuda a dos y medio millones de personas mas desfavorecidas. Como digo, esta situación de la carestía de la vida ya se había empezado a sufrir bastante antes de la invasión de Rusia a ucrania, pero a partir de ahí, se ha agravado mucho mas, pero este gobierno incompetente no había hecho nada para aliviar la mala situación de una gran parte de la población Española, pues tan solo se limitaba a anunciar que, el problema también estaba extendido en toda Europa, y con este razonamiento el gobierno se justificaba, mientras que a los mas pudientes incluidos todos los miembros del gobierno esta carestía de la vida no les afectaba. Así la situación en nuestro País, la gente se lamentaba cada día mas de la situación, y en esta situación el gobierno comenzó a prometer ciertas ayudas o sea, la que he mencionado ya; y por fin después de haberlas prometido hace bastantes meses por fin ayer las aprobó, cuando las podría haberlas aprobado tan solo unos días después de anunciarlas, demostrando una vez mas este gobierno, que es un incompetente además de irresponsable y un mal gestor, demostrando también una vez mas que bien poco le importa el pueblo, y que tan solo le importa el poder; y porqué, insisto yo tanto en esto, pues sencillamente observando casi todos los pasos que da este presidente y sus acciones; y este último paso junto con esta última acción por parte de este presidente demuestra que tengo razón en lo que cuento en estas páginas; porque si este gobierno con su Sátrapa presidente a la cabeza aprobó ayer las ayudas que bien podría haber aprobado hace algunos meses y ahora sea visto obligado a hacerlo, la gente debería saber y seguro que muchos habrán pensado como yo que, lo ha hecho obligado por la derrota sufrida dos días antes en las urnas de las elecciones auto mas de Andalucía; y a raíz de este gran fracaso por parte de los socialistas y todas las izquierdas radicales ilusas y quiméricas, al sufrir este gran mazazo al ver que el vencedor, el partido nuevo partido popular viene pisando fuerte y que pone en peligro la continuidad del gobierno en el poder, este gobierno le ha visto las orejas al lobo, y que su mandato está en peligro, después de las elecciones el fullero presidente del gobierno sea pasado dos días reflexionando, y ha sido a partir de entonces que, a aprobado oficial mente las ayudas prometidas a parte del pueblo; y que ¿casualidad? Que, al mismo tiempo, y después de muchos meses que se había estancado la mesa del dialogo con el gobierno autónomo separatista de Cataluña, también dos días después de las elecciones Andaluzas de golpe se han reanudado, lo cual demuestra que, ni al gobierno ni a los separatistas les interesa estar mal avenidos pues tanto a los unos como a los otros les interesa estar con buenas relaciones y unidos, porque a ninguno de los dos les interesa que las próximas elecciones generales las gane el partido popular de centro derecha moderado, muy contrario a las izquierdas y al separatismo, y que por lo tanto, demuestra tener, mucho mas sentido común y sensatez, mas competencia y sentido de Estado; y todo esto debido a que este partido del PP de centro derecha no se siente coaligado a ninguna ideología extrema radical, y este partido de centro derecha moderado algún día espero no muy lejano, antes o despúes gane las elecciones generales, y si le faltaran votos para poder formar gobierno, antes de pactar con los enemigos de España o sea los comunistas radicales, y los separatistas, pacte con la extrema derecha, pues este partido por muy franquista que pueda ser, siempre está en defensa de la unión de España que es lo principal, y por lo tanto, nunca la traicionará, como lo ha hecho y sigue haciendo el presidente de este gobierno socialista radical que, con tal de poder alcanzar el poder, pacta con los enemigos de nuestro País y de nuestro sistema Occidental, como lo son los comunistas radicales y los separatistas tanto Catalanes como los Vascos.

Volviendo a las noticias de los días que corren, este 28 y 29 de junio de 2022 se acaba de celebran en Madrid en atención al 40 aniversario de la entra de España en la OTAN, la cumbre de esta organización militar defensiva internacional; a esta cumbre han asistido muchos presidentes junto a su sequito, de muchos Países del Mundo desde Japón hasta Turquía; desde el día anterior a la cumbre han sido tres días en los cuales, aparte de sus agendas de trabajo todos los representantes, han disfrutado viendo parte de la grandiosidad de España, y se han marchado todos a sus correspondientes países con la mejor impresión sobre nuestro gran País; al igual que ocurres cada año con los grandes personajes extranjeros, al recibir en Oviedo Asturias, los premios príncipe de Asturias, ahora, princesa de Asturias, sucesora a la corona de España.

Para mí, es un gran placer y orgullo tanto en un evento como en otro, ver partir toda esa gente tan importante de tantos Países encantados de su paso por Nuestro País impresión positiva que en sus respectivos Países comentaran en positivo con sus amigos, y todo esto es muy bueno y positivo en favor de nuestro País, aunque la cara negativa de esta moneda, es que hay en España mucha gente insensata y radical de las izquierdas que, están en contra y atacan tanto el acto de la ceremonia de la entrega de los premios princesa de Asturias, al estar estos relacionados con la Monarquía, y si respetar que la gran mayoría de la población Española respeta y aprueba esta Monarquía actual sean esta gran parte de la población Española Monárquicos, o no; como también estas insensatas izquierdas radicales están contra la OTAN, por el mero hecho de que esta organización es militar al servicio de nuestro sistema internacional occidental, y protectora de todos los Países que la integran; pero precisa mente por esto, esta parte de gente Española insensata fanática y adoctrinada de las izquierdas radicales, están contra la OTAN, aunque sin embargo hasta su extinción de hace algunos años con la llegada de la perestroika de Gorbachov estos retrógrados fanáticos Españoles si estaban en favor del pacto de Varsovia, dirigido por la déspota Rusia comunista que al finalizar la segunda guerra mundial, se adueñó de toda la Europa del este y de los Países Balcánicos, y algunas mas Países Asiáticos, tiempos atrás, sometidos por los Zares, y todos apropiados por la fuerza de las armas, y además les obligaron a acatar la doctrina comunista, eliminando a todo aquel que no la aprobara, cosa que causó, muchos millones de asesinatos en todos esos países además de la misma Rusia; aquello fue, el mayor adoctrinamiento y la mas cruel y cantidad de asesinatos de inocentes del pasado siglo XX junto con el cometido por los salvajes Nazis de Hitler; es mas, esta mala hierba que estos tiempos forma parte de la sociedad Española que cuando aparecieron en la política Española dijeron que había que instalar una guillotina en la puerta del sol de Madrid, y que había que prenderle fuego a las iglesias con los curas dentro al igual que sus abuelos habían hecho en 1936, y que entre otras mas barbaridades, dicen muy convencidos que, los hijos no pertenecen a los padres, o sea que según ellos pertenecen al partido el comunista por supuesto; y en su fanatismo ideológico comunista, a pesar de todo lo vivido y aprendido, a causa de tanto mal y sufrimiento e injusticias padecido a mitad del pasado siglo XX ese fanatismo les ha impedido reflexionar por todo lo ocurrido en el pasado tanto dentro del totalitarismo del sistema comunista, y debido, a ese fanatismo ideológico, les impide ver las grandes ventajas del Mundo Occidental, que ofrece a toda su población algo tan esencial para cualquier ciudadano sensato, como lo son, la libertad particular de toda persona y la Democracia. Y digo, no han querido aprender del pasado, y no han tenido la sensatez de reflexionar, porque en estas semanas desde la criminal invasión de Rusia a Ucrania estos grupos de insensatos revolucionarios radicales de las izquierdas están en contra de que Occidente mande ayuda armamentística a Ucrania par que esta pueda defenderse de la barbarie Rusa; con lo cual, estas izquierdas radicales Españolas, nos dan a entender que, es mejor que Ucrania no reciba ayuda para no poder defenderse, y así Rusia pode apropiarse del País para que Rusia pueda instalar en él y colocar un gobierno títere pro Ruso, dentro de un País satélite propiedad de Putin, y de su maldita cuadrilla de oportunistas lame culos de ese líder salvaje y criminal de este siglo 2022; mientras tanto en nuestro País siguen los combates dialecticos entre el gobierno de coalición socialista comunista y el partido popular de centro derecha, principal partido de la oposición que, partido este, que desde que ha cambiado de presidente, según todas las encuestas le está ganando terreno al partido o partidos del gobierno; cuyo fullero y mal gestos presidente, a la menor oportunidad, la aprovecha para intentar ganarse la confianza de la población; como por ejemplo ayer día 13 de Julio de este 2022 en largo discurso en el parlamento con motivo de rendir cuentas a la Nación cosa que se suele hacer cada año.

Pues en este largo discurso de casi dos horas, este fullero presidente, en vez de emplear este tiempo en hablar sobre los graves problemas que está atravesando el país, mas los que se avecinan, tan solo habló de promesas y buenos proyectos a medio plazo, que van a hacer mejorar España en todos los sentidos, mismo sabiendo muy bien de antemano que, nuestro País no está en condiciones, de poder frenar ni solucionar todos los problemas que tenemos encima, y que según lo que se está viendo, tienden a empeorar; pero este fullero presidente en su insensatez y mal político lo único que busca con estas supuestas ofertas al público e imposibles de garantizar es, intentar y ganar confianza y votos puesto que el próximo año 2023, va a ser, año de elecciones tanto regionales como generales; aunque yo por mi parte, tengo el presentimiento y las ganas de que las generales se adelantarán.

Como siempre y para cuando esto suceda, los votos para los líderes de los partidos para algunos mas que para otros mas serios, los votos son el elixir y la ambrosia tan esencial, que alimenta el ego, y la gran ambición personal por encima de todo lo demás, pues este es el caso de todos los líderes de la historia tanto del pasado como del tiempo actual, grupo del que entre otros líderes actuales tanto del extranjero como nacional, también forma parte este presidente socialista del gobierno de España; pues como ya sabemos para poder llegar a poder gobernar a pactado, con todos los grupos políticos Españoles que tan solo tienen como meta la pretensión de romper y dividir España; y de nuevo lo ha demostrado, ayer 20 de Julio de este 2022 mostrando una vez mas su insensatez y su gran ambición hacia conseguir ganar votos, y en su ceguera ha cometido otro gran error; pero veamos el motivo. Como decía, ayer 20 de Julio, la responsable del parlamento Europeo basándose en el gran problema que está sufriendo Europa sobre la amenaza posible del gas que proviene de Rusia, ya que el loco líder de ese gran País poco a poco nos está cerrando el grifo de ese gas, en tan grave situación, la presidenta europea para intentar remediar un tanto el gran problema acaba de anunciar que, las reservar de cada País Europeo y con el fin de poder cubrir lo que se pueda, cada País Europeo para intentar cubrir las necesidades de gas para el próximo invierno, cada País debería comenzar a recortar, el 16 por ciento de consumo a partir de ahora, y España ignoro porqué le tocaría recortar el 10 por ciento pues por lo visto, España dispone de algunas ventajas o de reservas que los demás Países, y por lo tanto, en solidaridad con los de mas Países, en cao de mas escasez en un País u en otro, el País que dispusiera de mas, como por lo visto es el caso de España por solidaridad, nuestro País debiera de ayudar al País que lo necesitara; pero ante esta noticia desde Bruselas, demandando solidaridad, y ayuda mutua, esa misma tarde por televisión, el fullero presidente del gobierno de España, muy convencido de lo que decía, sea negado rotunda mente a aceptar esta propuesta solidaria con el argumento de que el gobierno de España no iba a permitir privar a la población Española para ayudar a otros Países. Esta postura del presidente del gobierno de España, diciendo que no piensa privar a la población Española, yo la entiendo, como una manera mas de intentar ganar votos, y a parte también la veo como insensata, egoísta, e insolidaria además de desagradecida; ya que este gobierno de coalición radical de las izquierdas se olvida, de que, si nuestro País ha podido prosperar desde los estos últimos 40 años y desde que pertenecemos a la Unión Europea, ha sido sobre todo, al aporte de los fondos de la Unión Europea de la que hay que señalar que, los Países mas ricos y avanzados de la Unión Europea son los que mas dinero han aportado para que España pudiera prosperar, y que por lo tanto, nosotros todos los Españoles, y todas las autonomías de España junto con todos nuestros hijos y nuestros nietos deberíamos estar agradecidos y en deuda, con todos esos Países sobre todo del centro y del norte de Europa que son los que mas han aportado, y tanto han hecho por nosotros y repito, gracias a todos ellos, hemos prosperado hasta ahora; y a pesar de todo esto, ahora este mal presidente del gobierno de nuestro País les paga con altanería insensatez y desprecio, negándose a seguir las normas solidarias que, nos aconseja la Unión Europea para intentar el ahorro del consumo energético por el bien general ya que hay que estar preparados para que Europa no pueda depender tanto del gas procedente de Rusia con cuyas ganancias ese País invasor está cubriendo los gastos que suponen, la invasión criminal en Ucrania. Y por otra parte, dicen los expertos que, a causa de las restricciones que Europa y América del norte le están imponiendo a Rusia, este País en venganza ha comenzado a cerrar el grifo del gas Ruso a Europa con lo cual, esto supone un gran problema para toda la Unión Europea, y de ahí, esta necesidad de hacer todo lo posible por intentar ahorrar al máximo el consumo del ges y de la electricidad, para poder tener reservas para para el próximo invierno; y es casi seguro que, cuando el grave problema se agudice mas en toda Europa, nuestro País España será el mas afectado por estar nuestro País uno los peores gestionados, y mas endeudados; y todo esto no lo ha pensado el fullero y engreído presidente del gobierno de España, cuando por la tele ha rechazado unirse a los demás Países Europeos que aconsejan recortes en el consumo de gas y electricidad para poder tener reservas para el próximo invierno. Después de la negación de unirse a este acuerdo por parte de este presidente del gobierno de España, es muy posible que pasado algún tiempo nuestro País tenga necesidad de nuevas ayudas de la Unión Europea, y Europa se niegue prestarnos esa ayuda por insolidaridad demostrada por el presidente del gobierno de España al negarse a cumplir la norma impuesta por Bruselas por el bien general y si esto sucediera el problema se agravaría mucho mas en nuestro País que en los demás Países de la Unión que han aprobado y piensan cumplir y ahorrar un 16 por ciento el consumo de las energías en respondientes Países; y que en nuestro País el fullero engreído y e insensato presidente socialista vas tardo del gobierno de España, con la sola intención de intentar ganar votos diciendo que, yo no voy a privar de energía a la población Española, e insistiendo mintiendo a la gente que, desde que el gobierna España va mucho mejor, otra de sus mentiras.

Nota, al día siguiente de haberse negado a unirse al proyecto Europeo de intentar ahorrar energía ignoro lo que ha pasado después de haberse negado, pues seguro que le habrán llegado criticas de todas partes, y ha rectificado, anunciando que a partir de ya, iba a imponer en España las normas para el ahorro de energía creo que a partir de hoy 2 de Agosto de este 2022 pero resulta que es tan complejo este tema de ahorro entre las grandes empresas, las pequeñas empresas y toda clase de negocios que entre otra cosas el gobierno las obliga a cambiar las puertas normales por otras puertas automáticas cosa que les cuesta a sus dueños mucho dinero, y todo esto, está creando problemas nuevos, en todas las comunidades autónomas, y en todos los negocios; y todo esto porque el presidente de nuestro País, al ser una persona sobre todo ambiciosa que tan solo le interesa el poder, y por lo tanto un mal político no está capacitado para hacer bien las cosas, pue no da una derecha y por lo tanto siempre hierra en cualquiera de sus gestiones, porque además de mal político es un muy mas gestor; tan solo tiene y en eso se ampara, que dicen que es guapo, y de buena presencia, pero nada mas; y es por todo esto que le falta como político para poder llegar a gobernar para poder conseguirlo tiene que, buscar apoyos en los enemigos de España, como lo son, los separatistas Catalanes y Vascos, y los grupos de mercenarios amigos y defensores de los que fueron terroristas, esos que en el congreso de los diputados se permitieron decir a voz en grito …España a nosotros nos importa una mierda….

Pero sigamos, y veamos otro gesto insensato parcial e injusto, de este fullero mentiroso y falso presidente del gobierno de España.

Estos días de la última semana de Julio de este 2022, la justicia se está pronunciando en contra de los dos últimos presidentes socialistas de, gobierno autónomo de Andalucía, Chaves, y Griñán, como ya sabemos, ambos dos acusados de corrupción; ha sido, este caso, el caso de corrupción mas grave de la Democracia en España, y además de ser el mas grave, ha sido también el mas caciquil, descarado y sin el mínimo pudor, de todos los de mas casos de corrupción; pues en este caso, no ha sido, por apropiarse del dinero fraudulenta mente, conseguido por amiguetes constructores para ofrecerles permiso de obras, por esos responsables y líderes políticos en esa comunidad autónoma, la grandiosa, y bella comunidad Andaluza; pues en este caso, la corrupción a la que me estoy refiriendo en Andalucía, por estos dos ex presidentes, fue debido a que en el plazo de cinco años esa comunidad recibió de parte del fondo Europeo mas de seis cientos millones que iban destinados a, a las ayudas y formación de la clase obrera; pero los responsables de manejar y controlar todos esos millones no se invirtieron en lo que iban destinados, sino que se invirtieron en juergas bacanales, y en pagas a escondidas a algunos funcionarios y sus peones mas allegados, incluidos líderes sindicales para taparles la boca. El robo y apropiación de lo ajeno, es un gran delito, pero mucho peor es cuando esto se produce en Democracia y por los líderes que representan al pueblo, y mucho mas grava aun cuando se roba el dinero que va destinado a ayudar a la clase obrera, o sea los que mas lo necesitan, pues eso, es un acto criminal e imperdonable, y merecedor del mas duro castigo. Pues bien a pesar de todo esto, estos últimos días de última semana de este mes de Julio, aparte de algunos socialistas que se han expresado por televisión hablando en favor de estos dos ex presidentes del gobierno Andaluz, también por televisión y en la radio, el fullero presidente socialista del gobierno de nuestro País, con toda su desfachatez, ha contra dicho a la justicia Española, hablado en defensa de esos dos socialistas ex presidentes fulleros caciques de la comunidad autónoma Andaluza, todo lo cual demuestra que, el amiguismo, el favoritismo, como el caciquismo a pesar de la Democracia siguen vigentes en España. el argumento expuesto por el presidente del gobierno en defensa de estos dos delincuentes supuestos servidores del pueblo, es que argumenta que estos dos ex presidentes no se enriquecieron con aquel dinero, posible mente no se enriquecieran pero ellos eran los mas responsables de controlar en que se estaban destinando tantos millones de dinero proveniente del fondo Europeo; por otra parte, el último gobierno de España del partido popular presidido por Rajoy, tampoco se enriqueció de los dineros amasados por tantos responsables de varias autonomías gobernadas por el PP, pero a pesar de que Rajoy el presidente no se enriqueció, este fullero presidente socialista de ahora con la ayuda de todos los grupos políticos indeseables de ahora, le puso una moción de censura a Rajoy para arrebatarle el poder y con sus indecentes artimañas e indeseables grupos que pretenden romper España lo consiguió, Rajoy salió tanto del congreso de los diputados como de la Moncloa con dignidad, veremos algún día como sale este fullero tramposo ambicioso, improvisador, irresponsable y mal gestor, de momento ya hace tiempo se ha ganado el titulo para la historia de ser, el peor gobernante desde la llegada de la Democracia a España.

Dicho todo esto, y cambiando de tema, aunque siguiendo en la actualidad, ya estamos a principio del mes de Agosto en pleno verano, y media España está de vacaciones, y la otra mitad ya las ha disfrutado; vacaciones, bonita y relajante palabra, pero con todo lo que está ocurriendo en España y el resto de Europa no estamos para celebraciones; pues aunque toda la gente tenga todo el derecho del Mundo a para divertirse tal como está el Mundo en estos tiempos, no creo haya motivos para fiestas ni diversiones; mucha gente dice, divirtámonos mientras podamos, allá cada cual, yo con mi experiencia de la vida, y según mi filosofía de ciudadano de a pie pienso que, la mejor diversión que se puede disfrutar es, no estar enfermo y seguir vivo; pero esta garantía nadie la tenemos…Y trataré de explicarme. De vez en cuando e inesperada mente, sufrimos algunos fenómenos destructivos naturales, que acarrean muchos destrozos, desastres y muertes, como por ejemplo reciente mente la erupción del volcán de la isla de la palma en Canarias, y poco tiempo antes, el terremoto de Lorca en Murcia, o a veces, grandes y destructivas riadas, o grandes, y prolongadas sequias aniquiladoras, y todo a causa de fenómenos naturales que ocurren de tanto en tanto en el Mundo. Nosotros vemos de tanto en tanto muchas de estas desgracias por televisión y las tomamos, como una noticia mas que ha sido inevitable por tratarse de fenómenos naturales y que la mayor parte de ellas, nos pilla muy lejos. Pero en estos tiempos que corren hay muchas malas noticias que nos afectan a todos, y no son fenómenos naturales, ya que son causadas y provocadas por los hombres, pero esto no es nuevo, pues han ocurrido a lo largo de la historia; pues como vengo diciendo a lo largo de estos 8 libros sobre la España Real, los hombres y los pueblos han provocado muchos millones de muertos y desgracias, desastres y divisiones de los pueblos por culpa de ambiciosos líderes supuestos salvadores representantes de ideologías extremas y de religiones, hay miles de libros que dan prueba de ello, y esto ha ocurrido siempre, y lo lamentable e irracional, es que, a pesar de las modernas experiencias mas recientes, en la actualidad sigue ocurriendo. Cloro que la gran mayoría de la gente de la actualidad apenas presta atención a esto, unos porque no han vivido la experiencia de sus abuelos y bisabuelos, y ahora, tampoco les afecta a esta gente nueva que piensan que es agua pasada; y toda esta gente de la actualidad, debiera poner mas atención, y reflexionar sobre todo cuando aparecen síntomas que demuestran que la historia se repite a menudo.

Como acabo de decir, a lo largo de la historia siempre han aparecido líderes supuestos salvadores, que solo han acarreado desgracias y divisiones en los pueblos, en los últimos años el principal peligro que está azotando al mundo es, el terrorismo Islámico, que tantas muertes de inocentes ha causado con sus salvajes y criminales atentados, por casi todo el Mundo, por culpa de unos líderes religiosos ciegos y fanáticos en nombre de la guerra santa, como tiempo atrás hacían los líderes Cristianos; pero aparte de todo esto, sigamos con lo que yo quiero expresar cuando hablo tanto sobre España y Europa y el resto del Mundo, estamos viendo y sin querer prestarle atención que estamos viviendo una época de tiempos revueltos e inquietantes, que no presagian nada bueno; y todo ha empezado de nuevo hace cuatro meses con la aparición en la escena Mundial de un nuevo líder, al igual que los anteriores, desestabilizador y destructor; y para mi personal mente lo mas increíble es que, cuando aparece un loco líder supuesto salvador, es que se vea arropado con el apoyo de la mayor parte de su pueblo, como ya ocurrió en la Alemania de Hitler, como antes con otros líderes descerebrados destructores, y como ahora con el nuevo líder Ruso un tal Putin, que como acabo de decir hace cuatro meses invadió Ucrania, y desde entonces está destrozando ese País, asesinando a miles de personas inocentes y forzando millones de desplazados que ha dejado sin hogar, sin fe ni esperanzas y mucho dolor al pensar en todo lo perdido tanto en hogares como en familiares y amigos; y como ya también he dicho, la mayoría del pueblo Ruso está de la parte del descerebrado y salvaje, presidente de su País; pero como dije al principio de este libro sobre esta guerra irracional entre Rusia y Ucrania mas adelante le dedicare un apartado, en el presente y las amenazas de la actualidad; actualidad que, cada día que pasa es mas peligrosa e insegura a causa de las ideologías políticas y por las batallas de algunas potencias Mundiales que se están disputando cuál de ellas consigue alcanzar el puesto, de ser, la mayor potencia del Mundo; y aquí, es donde está el peligro que puede afectar a la mayor parte de la humanidad; ya que no es lo mismo que, la supuesta próxima potencia del Mundo y sus socios, sean todos un conjunto de pueblos Democráticos, a que otra posible nueva potencia y sus socios la compongan Países que déspotas y enemigos de la Democracia en donde la opinión del pueblo, no cuenta para nada, y todo el pueblo llano son súbditos del sistema autoritario controlado y dirigido por jefes déspotas endiosados, como pudiera ocurrir, si antes o después esto llegase a suceder que los Países de cultura costumbres , y normas Islamistas, un día consiguieran ser una gran potencia Mundial, esto acrecentaría mucho mas, el peligro para la humanidad; pues como vengo diciendo el fanatismo ideológico religioso es, la peor plaga de nuestro mundo.

Como es bien sabido, desde el fin de la segunda guerra Mundial, EEUU y Rusia han sido hasta ahora, las dos grandes súper potencias del Mundo, y el mundo ha vivido durante varias décadas amenazado a causa de la guerra fría entre ambas potencias, y la mayoría del Mundo, temíamos que algún día, y sobre todo por la parte de Rusia, pudiese ser pulsado el botón nuclear, y sobre todo, a partir de que Rusia implantara sus misiles atómicos a pocos kilómetros de los EEUU o sea en la isla de Cuba de Fidel Castro, también de régimen comunista, los americanos consideraron que la instalación de aquellos misiles clara mente suponía una provocación, y una amenaza para su País. Afortunada mente, el presidente de los EEUU que no recuerdo su nombre, y el presidente Ruso Nikita Kruchev, después de parlamentar emplearon el sentido común, llegaron a acuerdos pacíficos, y los Rusos desmontaron los misiles nucleares de la Isla de Cuba; aquel gesto sensato por parte de los dos presidentes enemigos y dueños de las dos grandes potencias de Mundiales, fue, un gran alivio para el Mundo, y atenuó mucho la amenaza de la guerra fría, junto con el derribo a continuación del muro de Berlín. Pero ahora y después de bastantes años de la caída del régimen comunista en Rusia, con el actual régimen Ruso liderado por un descerebrado líder llamado Putin y añorante del imperio ruso con su criminal acto de invadir ucrania, las aguas del Mundo, antes, poco mas o menos calmadas a causa de ese acto criminal de nuevo las aguas vienen turbulentas y cenagosas rompiendo con ello, el sosiego y la tranquilidad de buena parte de la humanidad; y para colmo de los males, la situación Mundial ha comenzado a agravarse mucho mas en estos días a partir de la visita inoportuna de un mujer importante dentro de la política Americana a la Isla de Taiwán, visita que ha provocado una gran ofensa para China, y no sola mente por la visita a Taiwán de esta señora representante de la política Americana, sino que encima esta señora ha declarado al gobierno taiwanés que los EEUU siempre estarán de parte de del gobierno de Taiwán, ya que Taiwán y los EEUU son buenos socios. A continuación esta misma señora de la política de EEUU ha hecho la misma visita a Corea del sur, Nación es también socia de los EEUU, y esto tampoco le ha gustado a China, o sea, para entendernos mejor, aquí hay dos bloques políticos muy distanciados ideológica mene, por una parte tenemos poco mas o menos en el mismo bando a China con Rusia, mas Corea del norte y algunos Países mas simpatizantes de este bloque comandado por ideario comunista; y por la otra parte tenemos a, los EEUU de América con Taiwán y Corea del sur junto con casi toda Europa o sea, todos los Países que se rigen por el sistema de la Democracia; el caso es que de nuevo tenemos enfrentados las grandes potencias de oriente y occidente, la primera con mas amenazas y peligrosa que la segunda al tratarse de gobiernos déspotas y por lo tanto no muy amantes del dialogo a causa de su sistema ideológico, y estos días lo estamos viendo cuando debido a la visita de esta señora de la política Americana, la respuesta de china ha sido comenzar alrededor de la isla de Taiwán grandes maniobras militares por mar y aire con fuego real como aviso a los habitantes Chinos de la isla. Una cosa es cierta, la isla de Taiwán tanto cultural mente como geográfica mente siempre ha formado parte de China, pero la separación de la isla surgió cuando a partir de la segunda guerra Mundial China al igual que Rusia adoptó el sistema comunista, pero los Chinos que no aceptaban este sistema comunista, huyeron de la nueva Nación China y se instalaron en la isla de Taiwán, implantaron como sistema de vida el sistema Democrático que perdura hasta hoy, este es otro ejemplo de división de los pueblos a causa de las ideologías, y ninguna persona sensata y racional puede afirmar que una ideología déspota y opresiva es mejor para los ciudadanos que, una ideología de Democracia y libertad; y yo pregunto al ciudadano del presente y del futuro posible lector de este escrito que, después de todo lo ocurrido en la mayor parte del Mundo con los negros capítulos históricos dejados por el siglo XX a causa de dos guerras Mundiales provocadas por líderes embaucadores y descerebrados, y todo el mal que produjeron mas después el peligro de la guerra fría que afortunada mente acabó ¿si es que acabó? Porque por lo que estamos viendo ahora en pleno siglo XXI en el 2022, col la potencia Mundial Rusa invadiendo y masacrando a la Nación Ucraniana y que nos está afectando a toda Europa, y ni Europa EEUU pueden intervenir, por miedo, precaución o sensatez, para evitar así, que algún líder loco descerebrado apriete el botón nuclear. Y si por otra parte la otra gran potencia mundial o sea China con sus provocadoras maniobras militares con ataque real en el estrecho de Taiwán, está avisando de que antes o después, quiere hacerse con el poder de lo que los Chino, consideran que es su isla; también hay que recordar que Rusia y China son aliados, al igual que también lo son los EEUU y Europa, o sea que así las cosas, está bien claro que de nuevo, Oriente y Occidente están encontrados, en el mal sentido; y de momento y por varios motivos enfrentados de nuevo, los unos, contra los otros; y esto no es bueno para ninguna de las poblaciones de estas grandes potencias, ni para el resto de la humanidad.

A si la situación Mundial, la gente civilizada y racional, de los pueblos tanto de Occidente como de Oriente, debieran de saber que, el verdadero peligro para la humanidad no está, en las potencias de los Países que se rigen por el sistema Democrático, sino que el peligro suele provenir de las potencias en donde como sistema no educan ni ofrecen a sus pueblos convivir en el sistema el menos malo como lo es la Democracia, y es bien sabido que en el sistema Democrático le ofrece al ciudadano por derecho la libertad de elegir su camino, mientras que, en los sistemas autoritarios, a sus ciudadanos no sola mente les niegan esa libertad a la que la persona tiene derecho, si no que en vez de permitirles educarse en libertad, los adoctrinan y los doman, y es mas, les inculcan el odio contra los otros a los que consideran como enemigos, cuando los verdaderos enemigos de la humanidad son sobre todo, todos esos líderes autoritarios que desde las escuelas primarias, se niegan a educar a sus pueblos en la derecho a la libertad de la Democracia; porque si así fuera, el Mundo, se entendería mucho mejor y se evitarían estas peligrosas situaciones amenazadoras por las que estamos pasando y sufriendo. No me cansare de decir que, las ideologías políticas radicales y anti Democráticas, al igual que las religiones, con sus fanatismos irracionales, e intolerantes con los demás, cuyos resultados siempre han sido el odio, el enfrentamiento, y la división de los pueblos, cuando como seres racionales y civilizados, la obligación de todos ha de ser la de unirnos para sí, evitar muchos males; pero visto lo sucedido tanto antes como ahora, hay aún muchos tiranos déspotas irracionales que no están por la labor, a pesar de que solo depende de ellos. En estos momentos es Putin de Rusia y sus asesores, como entre otros, también está Corea del Norte, o Irán, y sus peligrosos socios de algunos pueblos Islámicos, que defienden, protegen y ayudan y animan con falsas promesas a los terroristas que en su fanatismo religioso siguen comprometido con la guerra santa, mientras que por otro lado, estos mismos pueblos Islámicos también son enemigos y están enfrentados con algunos pueblos hermanos, como por ejemplo Irán y su guerra contra el hermano Iraq, los talibanes contra

Afganistán, y sin también olvidar los también hermanos los Palestinos y los Judíos; todo esto ha supuesto, siglos y siglos de enfrentamientos entre Oriente Occidente y unos contra otro por ambas partes, por culpa repito de, de las ideologías políticas y las religiones, y lo peor del problema es que estos odios ancestrales, y de guerras salvajes y destructoras, sean cometido siempre, y se siguen cometiendo con el insensato apelativo de guerras santas en nombre de Dioses que nunca han existido ni existen, pues tanto la fe como mezquitas musulmanas, ni de sinagogas ni pagodas ni de mas templos erigidos a los Dioses; pues la fe, la esperanza, y los milagros se producen en los hospitales gracias a la ciencia que depende de los hombres y mujeres que se dedican a ella, y no a los Dioses que, también fueron inventados por los hombres; y los creyentes de todas las religiones con sus Dioses, mientras vivamos en la tierra, las prioridades y obligaciones de todos es, entregar todo su esfuerzo y obligación y dedicación, en conseguir la unión entre los pueblos y con ello, la Paz Y cada cual y según sus posibilidades, en trabajar por el bien general de toda la sociedad, de sus pueblos y educar y convivir en Democracia y libertad, y al mismo tiempo, procurar cuidar lo mejor posible nuestra casa común, que es, nuestro planeta; y después de haber intentado cumplir con estas obligaciones, o como menos haberlo intentado se consigan o no, y se vaya acercando la hora de la muerte de cada cual, cada creyente de cualquier religión después de haber cumplido con sus obligaciones en la tierra, puede entregarse en cuerpo y alma, cada cual a su Dios.

Todo esto que acabo de exponer posible mente suene a quimera, pero no es demagogia ya que en un Mundo sensato y civilizado, no es, imposible de alcanzar, pues el hombre siempre ha hecho y sigue haciendo cosas que parecían imposibles, y el hombre sensato civilizado y racional, está capacitado para conseguir también este milagro; lo que es una pena es que, este camino, esta misión y compromiso del hombre, tan solo comenzará a dedicarse a esta sagrada misión, cuan la sociedad se vea amenazada y acorralada por grandes amenazas y peligros, que viendo como están las cosas en estos momentos en el Mundo, pueden surgir, y como en tantas ocasiones por dejadez o falta interés en el posible gran problema, lleguemos tarde, y no habremos sabido atajar el peligro, como siempre, a causa de las ideologías, y religiones radicales. Es por todo esto que, todo hombre sensato y racional, debiera de reflexionar por todo lo que está ocurriendo y amenazándonos, y que debiera de estar obligado a ser previsor, empezando en casi todo el Mundo a movilizarse pacíficamente, y pensar que hay varios países dirigidos por líderes muy radicales incivilizados e irracionales, poseedores de mucho armamento mortífero y exterminador, nuclear; estos mismos descerebrados líderes radicales incivilizados barbaros e insensatos exhiben, con mucho orgullo por su poder ese peligroso armamento para intimidar al que consideran que es el enemigo, peo en algún momento dado, de e su exhibición, puede suceder un error, o una mala intención, y se apriete el botón nuclear, y que enseguida es correspondido por otro botón nuclear de otra gran potencia, el resto lo podemos imaginar, pero ya no estaremos aquí, para ver las terribles consecuencias.

Dicho todo esto en estas páginas, esta penúltima semana del mes de Agosto de este 2022, con estos grandes calores, estos frecuentes grandes incendios en nuestro País, y esta gran sequía, esta gran carestía de la vida, el cierre de tantas empresas incluidas las ganaderas por la subida de los alimentos para animales, mas los Rusos que siguen destrozando Ucrania y lanzando misiles muy cerca de una gran estación nuclear para intimidar al Mundo y sin tener en cuenta el gran peligro que esto conlleva, y todo por culpa de este descerebrado de ahora llamado Putin y todos los bestias que lo apoyan en esta nueva criminal aventura bélica, así las cosas, en estos tiempos y mismo después de tener la experiencia de tantas guerras del pasado reciente tan solo el tiempo no dirá lo que aún puede ocurrir lo que resta del año, y lo del próximo 2023. El caso es que como ya creo haber dicho, al exponer todo esto que está pasando puedo dar a entender que soy un pesimista, pero no es así, ya que pienso que en en la vida hay muchas cosas que jamás pueden suceder, como por ejemplo que se presenten en la tierra todos esos Dioses en los que creen todos los creyentes de todos los pueblos, pero esto que estoy narrando por increíble que nos parezca sí que está sucediendo, como también puede suceder que vistas las cosas como están en Ucrania, mas las tensiones entre China y EEUU, y es mas, entre de nuevo e, resurgir de la guerra fría y el peligro que esto supone, no es imposible que, o bien por una orden directa, o por un posible error, se haga detonar un arma nuclear y a continuación la respuesta y no es difícil imaginar lo que puede sucederle de nuevo a la humanidad; durante la pasada guerra fría ya en algunos momentos esto pudo suceder, pero al final reinó la sensatez entre los líderes de las dos grandes potencias Mundiales, la URS, y EEUU; pero hoy hay mas peligro, pues el fanático loco y descerebrado imperialista jefe de Rusia, en su locura, está empeñado en recuperar de nuevo todos los pueblos que conquistaron los Zares, y que muchos años después gracias al sensato presidente de Rusia Gorbachov fueron devueltos a sus antiguos dueños; y para complicar mas el problema la mayoría del ignorante y aún adoctrinado pueblo Ruso, está, de parte del supuesto nuevo Mesías salvador del pueblo; en estas condiciones y apoyando a un líder loco descerebrado nada bueno puede ocurrir, con el agravante de que la mayor parte de la gente de casi todo el Mundo somos rehenes de ese loco descerebrado ya que no podemos hacerle frente y atacarlo, por esto es lo que él quiere, para tener la excusa de que ha sido atacado, y así el poder justificar el, apretar el botón nuclear, ya que a personas así, no le importan las consecuencias, como no le importaron a Hitler cuando apoyado por su pueblo después de hale creer que eran la única raza pura, y su pueblo se lo creyó, y se propusieron exterminar a todos los demás pueblos del Mundo, hasta intentar conseguir e imitar al imperio Romano.

Pensando en estas cosas en mi tranquila soledad, y viendo como tanta gente de todas las edades, disfrutan muy felices de sus vacaciones en las playas, y des paisajes y en las fiestas de los lugares, y con todos los grandes problemas que estamos teniendo tanto en nuestro País como en el resto de Europa y demás Países, mas las gentes que han perdido sus casas y sus campos y sus animales a causa de tantos grandes fuegos, y mas la gran sequía; o sea, por un lado despreocupación y diversión, y por otro lado, dolor y amargura mas la desgracia sin merecerla que ha caído sobre Ucrania, yo a mi avanzada edad, sigo reflexionando, y sintiendo para por mi mente todos los capítulos, y experiencias de mi larga vida, con todo esto, mas la seis veces que he estado hospitalizado a partir de los distintos quirófanos, y con mi cuerpo lleno de cicatrices pero vivo, y que no son nada comparado con los que mueren por la metralla a causa de las malditas guerras; pues como digo, hace ya tiempo que llegué a la conclusión, de que lo mejor y mas primordial en la persona es, estar sana y seguir viva.

Hace unos cuantos días, en un reportaje por televisión una mujer muy mayor de nacionalidad Birmana, desplazada desde niña a otro País Asiático vecino, en cierto momento del reportaje el reportero Francés le preguntó a la anciana, si desearía alguna cosa con la que ella se sintiera mas feliz y mejor, y la anciana muy convencida y segura le contestó…Yo no necesito nada, pues soy muy feliz porque tengo comida y no hay guerra; o sea, lo mismo que sentiría toda persona sensata que tuviera comida y no está sufriendo una guerra. El Mundo de hoy en general, bastante egoísta y poco responsable y que como ya dije no sabe apreciar lo que tiene, debieran de poner un poco mas de atención a alas cosas y pensar sobre esto; yo si entendí muy bien a esta anciana Birmana pues ella hablaba con la sensatez de la experiencia vivida, ya que yo nací el mismo año que terminó la guerra civil Española en 1939, y como tantos millones de Españoles pasamos mucho, y muy largos años padeciendo el hambre, y muchas necesidades esenciales para poder subsistir, en aquellos tantos largos años de la pos guerra; y de ahí que en estas páginas dije que, al ver tantas protestas y exigencias que, la clase media y trabajadora no sabe apreciar lo que tiene.

En estos tres últimos años o sea, 2020, 2021, y este 2022, a causa de la pandemia del corona virus, y ahora las consecuencias de la criminal invasión de Rusia a Ucrania que ha provocado la gran carestía de la vida y la incertidumbre e inestabilidad en Europa y algo mas desastroso en nuestro País por estar peor preparados menos previsores y menos responsables e incompetentes que en otros Países Europeos, y también por causa de la incompetencia, la improvisación y la mala gestión de estos tres años del gobierno de coalición socialista comunista, mala gestión que está suponiendo en estos tres últimos años la desaparición de muchas empresas tanto del Mundo urbano como del campo, perdiendo así muchos puntos de garantía y de seguridad y estabilidad, la clase media y trabajadora de España, incluida la gente que vivimos de nuestra jubilación que no tenemos la garantía, la estabilidad y la tranquilidad para poder vivir digna mente, los últimos años de nuestras vidas; y si aún seguimos subsistiendo, no es gracias a las tantas décadas de trabajo que estuvimos cotizando, ya que si seguimos la mayoría mal viviendo, pero comiendo es, gracias de nuevo a, los miles de millones que recibe España de los fondos Europeos; mismo así, si esto sigue así, también es posible que la vaca Europea deje de dar leche porque se le sequen las ubres, entonces no quiero ni pensar lo que ocurriría en nuestro País gobernado por el gobierno que tenemos u otro cortado por el mismo patrón que están mas comprometidos con su ideología que con el pueblos, por mucho que ellos digan lo contrario, porque por principio son mentirosos y falsos ya que son fanáticas radicales, y por lo tanto mala hierba de la que en estos momentos hay mucha por todo el Mundo; y la cosa, no tiene visos de mejorar, porque de momento ya se está barruntando un otoño e invierno aun peor que como estamos, ya que como la vida está subiendo mas que los salarios los mas radicales del gobierno y supuestos salvadores que se basan en los engaños junto con los sindicatos de las izquierdas para agravar aún mas las cosas de como están, y su eterno odio a los empresarios como si estos fueran los mismos explotadores y cacique de los siglos atrás, y convencidos de que todos los empresarios son el Rey Midas, pues ahora todos estos mentirosos supuestos salva Patrias están amenazando no empezar con manifestaciones y huelgas, con lo cual en vez de arreglar la situación la van a empeorar; y todo esto que se avecina con la excusa de ayudar al obrero cosa que siempre estará bien, se está montando por la ministra senda de este gobierno y nueva líder de las izquierdas radicales que está demostrando ser una insensata tan mentirosa y falso como los demos ya que está haciendo su propaganda particular con la sola intención de ganarse a las masas para cuando ella se presente a las próximas elecciones generales y con sus falsas promesas como siempre, y con el solo fin de conseguir lo que sea propuesto llegar lo mas alto que pueda, y como siempre también aprovechándose de los obreros y los ilusos de ellos como siempre picaran el anzuelo y caerán en la trampa de la líder o del líder de turno. La doctrina que predica esta ministra radical en favor de los obreros, estaría justificada si, todos los trabajadores y trabajadoras de España estuvieran trabajando en grandes y poderosas empresas multinacionales que mil millones para ellos son calderilla, pero en España eso es una minoría, y a la hora de decidir manifestarse y hacer huelgas esta gente debiera tener en cuente que, la producción del trabajo en España sale del mas del ochenta por ciento de, pequeñas y medianas empresas que no disponen del volumen de los fondos y el volumen de millones que manejan las pocas grandes empresas, y que las mayoría de ellas son extranjeras; y además de que estas medianas y pequeñas empresas que son la fuerza motriz de las que dependemos la gran mayoría de las familias Españolas cuando han podido, han puesto de su parte para mejorar los salarios, y en este saso tengo que agregar basándome en mi experiencia de obrero que desde la llegada de la democracia han puesto mas de su parte que, en general los obreros, ya que los empresarios de ahora, por suerte y por el bien de la clase obrera no son los explotadores caciques de otros tiempos; y mismo así, en estos últimos tres años desde que gobierna en España este gobierno de coalición socialista comunista, en parte por lo que está ocurriendo, y en parte por la incompetencia, la irresponsabilidad y la mala gestión en general, en España se han visto obligadas a cerrar cientos de empresa medianas y pequeñas porque tienen mas gastos que ganancias para poder seguir manteniéndolas esas empresas; y este gobierno no ha sabido debido a su incapacidad y mala gestión evitar que, todos esos cientos de empresas se vieran obligadas a tener que cerrar, como tampoco ha sabido poner los medios, para que las gentes del campo tengan alicientes para no verse también obligados a abandonar sus campos y sus pueblos; son tantas cosas que poniendo algo de voluntad, responsabilidad y competencia, que se podrían evitar, pero para eso, hay que ser, menos político y menos siervo de una ideología, y mas humano. Por otro lado, y esto también hay que denunciarlo porque no es justo, este gobierno en lo que se refiere a su mantenimiento no repara en gastos pues tiene muchos mas ministerios con sus correspondientes asesores y mas funcionarios que no ha tenido, ningún gobierno anterior. Aparte de esto, entrega muchos millones en subvenciones a entidades que no producen nada, y por lo tanto, no crean riqueza, y muchas subvenciones también que van dirigida en favor de no se sabe dónde y a quien y todo sale de los impuestos de los que trabajan rinden, crean riqueza buena parte de la cual va destinada a esas entidades o grupos que no se lo merecen, en vez de ir dirigida a, los que la necesitan y selo merecen; pero así, marcha la política y las finanzas que maneja este gobierno como también hay que tener en cuenta, que esas finanzas que maneja el gobierno una muy gran, e importante parte proviene del salvador fondo Europeo. Hay, muchos motivos que vemos a diario, mas otros muchos que ignoramos que, demuestran que, este gobierno aparte de mentiroso tramposo prepotente y fullero es, también incompetente, irresponsable y mas gestor para nuestro País, como también traidor a España y los españoles; y siguiendo con este tema sobre este gobierno, a veces hay alguien que dice que a este gobierno le ha tocado gobernar en tiempos difíciles por aquello de la pandemia del corona virus, pero el presidente de este gobierno también agrava aún mas las cosas, como por ejemplo ponerse de parte de marruecos en contra del pueblo Saharaui del África Occidental cosa que ha enfadado a Argelia País que nos abastecía de gas, y ahora Argelia el gas que mandaba a España se lo está enviando a Italia, esto junto tantas otras cosas por el estilo y que tenemos que sufrirlas los Españoles debido a la incompetencia y mala gestión de esta gobierno. A todo esto que forma parte de la carestía de la vida que le está tocando vivir a este gobierno también hay que agregar el gran problema de la criminal agresión de Rusia a Ucrania. Que ha empeorado mucho mas las cosas en toda Europa, pero no tanto como a España; Pero toda esta gente que dice que a este gobierno le ha tocado gobernar en malos tiempos se le olvida lo siguiente. El anterior gobierno gobernando el partido popular que fue derrotado con malas artes por este gobierno de ahora en una moción de censura con el argumento, ataques y acusaciones a causa de la corrupción del PP; en verdad, bastantes altos cargos regionales del partido popular como sátrapas oportunistas corruptos se estaban enriqueciendo abusando de sus cargos, pero aún gobernando el PP, fueron juzgados y condenados y siguen en prisión: pero que sepamos, ningún miembro de los que componían el gobierno a las órdenes de Rajoy no eran corruptos ni se habían enriquecido como los compañeros corruptos regionales; en el gobierno socialista de Felipe González también hubo corrupción, per el presidente González no fue corrupto, Pero sigamos. Aparte de esta lacra de la corrupción en las filas del PP, hay que añadir por justicia que al partido popular de entonces también le toco gobernar en malos tiempos, sobre todo, a causa de la gran crisis Mundial de aquellos años de gobierno del PP, fue una crisis tan dura que España se vio amenazada con ir a la quiebra, el gobierno del PP, se vio obligado a congelar los salarios y las pensiones hubo, muchas manifestaciones y huelgas en contra del gobierno por parte de las izquierdas y sus sindicatos; hoy todavía se le sigue criticando y acusando al gobierno del PP, por aquel castigo a la clase media y obrera, sin querer ver los acusadores que aquel castigo necesario a buena parte de la población Española, le dolió mucho, al presidente Rajoy, y nadie quiso ver, que lo hizo, porque no le quedó mas remedio, pero esta decisión impuesta por el gobierno del partido popular evitó que España tuviera que ser rescatada, como sí lo fueron Portugal, también Irlanda, creo que también Italia, y Grecia tres veces y también Chipre. En España tuvieron que ser rescatadas las cajas de ahorro, pero no los grandes bancos nacionales, las circunstancias obligaron al presidente del gobierno Rajoy a hacer lo que menos le gustaba o sea, congelar los salarios de y las pensiones, pero en los próximos primeros años y aún con la crisis atacando, pero gracias al gobierno del PP, la crisis fue recuperada, y se empezó de nuevo a crear trabajo y en casi todos los sentidos se empezó a recuperar todo lo perdido; por lo tanto, antes de hacer comparaciones y acusaciones que aún se siguen haciendo contra aquel gobierno del PP, por parte de las izquierdas con el presidente socialista a la cabeza para intentar seguir ganándose la confianza de gran parte de la población, esta parte de la población debiera de ser justa y reflexionar y comparar cuál de los dos partidos el del PP, de Rajoy de centro derecha, y este partido socialista comunista de ahora que nada tiene que ver con el partido socialista de Felipe González, cuál de estos dos partidos de ahora ha cumplido, y a gestionado mejor nuestro País; aunque para juzgar en este caso, la persona o personas, no han de ser, ni radicales ni fanáticas de su ideología, si se juzga con estas condiciones y empleando la sensatez, estará con migo, en que este presidente socialista de ahora ligado a los comunistas, y a los que pretenden romper España, al presidente Rajoy, no le llega ni a las suelas de los zapatos; y la gran mayoría de la población Española justa y honesta debieran de saber y no olvidar que, este presidente garbanzo negro del partido socialista que nos está gobernando llegó al poder sucia mente, y con malas artes, y por muy legal que sea como lo ha conseguido este presidente no es digno de gobernar nuestro País; y hemos de saber y tener siempre presente que, en Democracia una persona que, a llegado al poder no gracias a la mayoría de los Españoles, dignos y honestos, sino gracias a los apoyos y el precio y a pagar a los grupos de políticos también Españoles Nacionalistas regionales que odian a España y pretenden romperla y dividirla; y este presidente del gobierno socialista al hacer estos sucios y malignos negocios con estos grupos enemigos de España para poder llegar a poder gobernar quien nos está gobernando, este presidente no sola mente ha demostrado no tener honor ni dignidad, sino que también es portados del título de traidor, pues es traidor, quien negocia y se asocia y se deja poner condiciones con los que odian, y pretenden romper España, este presidente va pagando a plazos la deuda que tiene adquirida con los separatistas, y sin tan siquiera importarle de que con los que está en deuda que nunca podrá pagar, es con España y los Españoles.

Aparte de todo esto, este verano de 2022 el presidente del gobierno sigue demostrando seguir siendo un fullero, tramposo y oportunista por mucho que diga y haga en favor de los obreros, ya que todo lo que hace es, y con la sola intención de buscar votos. Veamos, este presidente y su gobierno en las últimas semanas han aprobado un subsidio de 200 euros para las personas supuesta mente mas necesitadas que como siempre, no son todas las que está, ni están todas las que son, 200 euros que también tendrán derecho a percibir todos los jóvenes también mas necesitados, que no han querido estudiar, ni molestarse en aprender un oficio, y que ahora habiendo trabajo en todos los sectores, tampoco se molestan en comprometerse con ningún trabajo, con la excusa que el trabajo no está bien pagado, y esto el gobierno tiene la obligación de vigilarlo y controlarlo, pero si lo hiciera y endureciera ese control hacia los parásitos que están acostumbrados a vivir de los demás empezando por el abuso en casa de los padres, el gobierno perdería los votos que busca ejerciendo de hermanitas de la caridad. Junto con estas ayudas, este gobierno también ha aprobado viajar gratis o medio gratis en los trenes de cercanías y de media distancia para todo aquel y aquella que pueda demostrar que esos trayectos los hace a diario por los desplazamientos al lugar de los estudios o del trabajo, la cuestión es, intentar buscar los mas votos posibles ya que el año próximo es año de elecciones, y ya ha comenzado la campaña electoral pues este presidente del gobierno ha anunciado, un recorrido por España, y ha comenzado en Sevilla comenzando así a buscar apoyos, con la intención de seguir predicando la letanía de todo el bien que está haciendo a la sociedad sobre todo, a la gente mas necesitada, mas todos los proyectos que tiene preparados para el próximo futuro con el fin de mejorar mas la vida de las ciudadanos, y todo al mismo tiempo que acaba de anunciar que, va a legalizar a todos los miles de personas que trabajan como empleadas del hogar, para que tengan derecho a percibir el subsidio de desempleo. La pregunta es, si este fullero presidente del gobierno pretende demostrar que está por la labor de ayudar a la clase media, obrera y la clase baja, ¿Por qué no empezó a hacerlo desde el momento en que empezó a gobernar?. La razón es la misma de siempre y que forma parte del ADN de muchos políticos, en víspera de elecciones, que conociendo a la gente, intentan comprar voluntades; por otra parte, y siguiendo con su mala gestión al gobernar, este presidente falto de ética y de moral y ajeno a la responsabilidad estos días de principio del nuevo curso político también ha aprobado que, las niñas a partir de los catorce años de edad y que queden embarazadas tienen derecho a abortar, y sin consultar nada con sus padres; es otra manera de degradar a los padres aparte seguir explotándolos ya que tendrán que seguir manteniendo a la hija que sea interesado mas por el sexo que por el respeto a los padres, pero esto y otras cosa peores son las reglas de la educación que promueve este gobierno de coalición y su manera de progresista. En suma, este gobierno radical y progresista de coalición socialista comunista desde que está gobernado hace ya, tres años y pico, está y sigue alentando mas, los derechos que las obligaciones, la irresponsabilidad que la responsabilidad, y la inmoralidad, que la moral; y además ayuda mas a los irresponsables vividores que, a los que cumplen con sus obligaciones en todos los sentidos; para mas inri, como ya sabemos, permite que se ofenda los símbolos de los Españoles, y la institución Monárquica del Estado, que en su día, fue aprobada y sigue aprobando la inmensa mayoría del pueblo Español incluidos una gran porte de los no Monárquicos; como también este gobierno permite que también se ultraje la sana libertad de la Democracia permitiendo cada vez mas, el libertinaje irracional e inmoral en la sociedad que en tantas cosas y actos en todos los sentidos tan arraigados en esta cultura de ahora tan moderna y en esta época de tantos adelantos tecnológicos y que parte de estos adelantos, de alguna manera degradan el sentido común, de lo que se entiende por, moral, racional, y sociedad civilizada; todo esto y mucho mas que ye vengo denunciando en estas páginas y sobre todo desde que está gobernando este gobierno de coalición socialista comunista que se llaman progresistas, cuando el progresismo racional y civilizado, es todo lo contrario; porque lo progresista significa progreso, y el progreso de un pueblo ha de ser o se compone de, empezando por la buena educación adoctrinamientos, educando como asignatura la disciplina el orden y el respeto, que todo induce a responsabilidad, porque sin estos principios y mas el deber y convencimiento de cumplir con la Constitución que es de todos y por el bien de todos y en unión, sin todos estos principios y convicciones un pueblo nunca será un pueblo culto, avanzado, racional ni civilizado; y según lo veo yo después de ver como se desenvuelve nuestra sociedad no se puede decir, y mucho menos presumir, de que en general nuestra sociedad sea una sociedad avanzada, racional ni civilizada, ya que todavía no sea comprendido y por lo tanto no se actúa al no haber aprendido todavía, el verdadero sentido de la Democracia; así las cosas y según veo van ocurriendo y pasando hasta ahora verano de 2022 nuestro País España no va por el buen camino, y todo por culpa tanto de las ideologías políticas como religiosas cuando una sociedad avanzada y preparada con personalidad propia, no se debe dejar convencer por los cantos de sirenas de algunas ideologías políticas que nos ofrecen el oro y el moro sin poseerlo, ni por los líderes religiosos ofreciéndonos paraísos inexistentes, ya que a los pueblos no los hacen grandes los líderes políticos sino el pueblo entero cuando llega el momento, y por otra parte y por mucho que lo prediquen y ofrezcan sus defensores predicadores, los paraísos no existen, pues el peor infierno está aquí en la tierra, y el único paraíso, está también aquí en la tierra, y para hacerlo realidad este paraíso no depende de esos líderes políticos destructivos, ni de los líderes que nos ofrecen paraísos después de muertos, porque ese paraíso que es la tierra el sabio y humano de Buda como hombre, cuando dijo…Ocupémonos primero de los problemas de la Tierra y después lo relativo al cielo. Después de esto pienso yo que, los hombres para intentar mejorar el Mundo, debieran de intentar ser ellos mismos con su personalidad propia, y no dejarse seducir ni manipular por todos esos líderes supuestos salvadores que tan solo buscan lograr el poder debido a su ambición personal, y sentirse los elegidos para estar por encima de los demás unos desde las urnas, y otros desde los pulpitos, y esto, desde el principio de los tiempos es como se desenvuelve nuestra sociedad desde donde no hay libertad ni voz ni voto, como cuando en Democracia por falta de cultura general llegan al poder líderes extremistas de una ideología u otra por medio de los votos y de socios perturbadores y desestabilizadores que también debido a sus ambiciones personales e ideológicos desestabilizan, lo que estaba bien establecido y estabilizado que es, lo que está ocurriendo en nuestro País España, y por lo tanto enfrentando y dividiendo nuestra sociedad olvidando cada vez mas la ética, las buenas maneras, el respeto a las cosas y a los demás, y la moral; y todo debido y causa de la mala educación recibida e impuesta y tolerada por este gobierno de coalición de las izquierdas radicales que pregonan mas en favor de los derechos, que en las obligaciones, que en su insensata e inhumana ideología imponen retirar la autoridad sobre los hijos, a las padres y a los maestros; como también en vez de enseñar a los niños y las niñas el concepto dela responsabilidad, del pudor y de la moral, antes anteponen la educación relacionada con el sexos; cuando este delicado tema, ante todo a de formar parte de la educación de los padres a los hijos sean estos, hembra o barón; como también este delicado tema mas propio de la mentalidad de Sodoma y Gomorra que en la educación actual hace mucho inca pie, en el tema de la libertad, y permite que esa libertad mal interpretada se convierta en inmoral libertinaje. Estos gobiernos de las izquierdas radicales como ya he dicho desde que gobernara el socialista Zapatero, y que se le retiró la autoridad sobre los críos a los padres y a los maestros, y que tantos problemas han causado a causa de la falta de respeto por parte de los críos a los padres y a los maestros, pues por si todo esto fuera poco, ahora este gobierno de coalición socialista comunista, acaba de aprobar una ley que, permite abortar a las niñas a partir de 14 años de edad sin consultar nada con sus padres, ¿es acaso esto humano y normal?. Y no son tan solo estas barbaridades, pues se han ido produciendo muchas mas como vengo exponiendo a lo largo de estos ocho libros sobre la España Real, como por ejemplo de que matrimonio es una cosa y el sexo es otra cosa, ósea que la fidelidad con quien uno o una sea comprometido no tiene ningún valor y no hay por qué respetarla igual que las vestías salvajes, y otra cosa, tan brutal como las demás es, esta que en un par de ocasiones tanto unas ministras como ministros ha dicho por televisión que, los hijos no pertenecen a los padres, o sea, igual que los antiguos Espartanos de Grecia, que le arrebataban los niños Asus padres para que los formara el Estado de Esparta, ¿acaso no es esto otra barbaridad en estos tiempos?. Todo esto que estoy exponiendo, no son inventos míos, pues son reales, y demuestran que clase de mentalidad tienen estos líderes radicales de las izquierdas que nos están gobernando, y para mas inri, estos líderes a la hora de buscar los apoyos para poder llegar a gobernar esos apoyos los buscan en los grupos que odian y pretenden romper España y dividirla, despreciando y rechazando buscar esos apoyos en los partidos de centro moderado, y así nos va, esta es la gente con líderes supuestos salvadores de los pueblos, en sus discurso embaucadores ofrecen el oro y el moro a la población seduciendo a los ilusos ingenuos para que les entreguen sus votos, cosa que jamás conseguirían en una sociedad mas culta y preparada mas racional y civilizada, y esos líderes lo saben y abusan y se aprovechan de esa incultura y mala preparación cultural; y también aprovechándose de eso ultima mente a aparecido otra líder de la izquierda radical y vice presidenta segunda del gobierno y también supuesta portadora de la justicia social y salvadora de los pueblos ofreciendo a la población lo mismo que ofrecen el partido al que pertenece ofreciendo también el oro y el moro convertida en Robín de los bosques que robaba a los ricos para dárselo a los pobres y con la convicción de que el que mas tiene mas tiene quedar y repartir y sin tener en cuenta de que el que mas tiene es porque ha sabido ganárselo y sin tener en cuenta de que el que mas tiene no ha sido robado cosa que ya sí sería normal y justo quitárselo y repartirlo entre los mas necesitados, porque a esos que tienen mucho porque lo han robado de la manera que sea, a esos que hay bastantes en España, sí que habría que habría que perseguirlos mas y condenarlos además de quitarles lo robado, y dejar en paz a todos aquellos que crean riqueza y muchos puestos de trabajo, cuando seria mas justo que en vez de quitárselo a los que producen trajo y riqueza, quitárselo a algunas entidades que no crean riqueza ni producen nada y les hace mucha menos falta que a los mas necesitados, y al buen entendedor, con pocas palabras basta; pero esta nueva supuesta salva patrias vice presidenta segunda del gobierno y nueva líder de (unidas podemos) partido que como ya sabemos, y por los motivos que sea, y por las ambiciones particulares de sus líderes y fundadores sea dividido en tres partidos porque repito, a esta clase de líderes tan solo les importa conseguir llegar al poder, ya que son unos oportunistas que siempre aparecen cuan la Nación está pasando por momentos difíciles como ocurrió hace unos años con la crisis Internacional, y como está ocurriendo ahora que tanto el socialista y presidente del gobierno por un lado, y la vicepresidenta segunda comunista cada cual por su lado pensando en las próximas elecciones ya llevan un tiempo haciendo propaganda y ofreciendo el oro y el moro convirtiendo a España en jauja, al pretender hipócrita mente hacer mejor justicia social quitándole a los que mas tienen para dárselo a los que menos tienen, con el único y solo fin de intentar ganar votos, comprando voluntades de los mas ilusos e ingenuos que dejan engañar con un caramelo, y lo que es peor mismo sabiendo la gente como sea desestabilizado España tanto en el sentido de la responsabilidad, como en la educación, en la falta de ética y de relacionado con la moral, como en la falta de respeto a la institución del estado a sus símbolos e incluso la gran falta de respeto hacia con los mayores y tantas, y tantas cosas mas, desde que aparecieron en la escena política toda esta pandilla de nuevos revolucionarios salva patrias, y que junto a este gobierno, en vez de salvar, han envenenado y corrompido, a una gran parte de nuestra sociedad a la que aún tienen la desfachatez de seguir pidiéndoles sus votos.

Como País Democrático, siempre hemos de tener presente que, los ciudadanos tenemos el deber de votar, pero también tenemos el deber y la sensatez suficiente sobre a qué clase de partido e ideología debemos de votar, o no; ya sabemos que cada cual y según su convicción o preparación como ciudadano tiene sus preferencias hacia a tal o cual partido o ideología, pero también debiéramos de tener en cuenta que no es sensato, ni de inteligente, ni de sentido común, ni de civismo, ni de racionalidad, votar en favor de partidos radicales, cuando son estos, tanto los de las derechas fascistas como de las extremas izquierdas comunistas pero sobre todo si el votante es sensato jamás a de confiar su voto a la izquierda radical comunista pues ya conocemos tanto a Lenin y Stalin, y ahora Putin, invadiendo, masacrando y cumpliendo con su ideario imperialista en Ucrania.

Dicho todo esto, y volviendo a lo nuestro, volvamos de nuevo con este nuestro gobierno de coalición socialista comunista aunque los Españoles que defienden esta ideología i que están en este gobierno hacen lo posible por ocultarlo e intenten hacerse pasar por moderados supuestos salvadores de la clase obrera, y por intereses personales y de partido, estos dos gobiernos en uno, aunque sean algo diferentes el uno del otro, los dos persiguen el mismo fin, que es ofrecer hipócrita mente al pueblo cada uno por su parte el oro y el moro, y lo de hipócrita mente, porque el único interés de ambos dos partidos no es otro que conseguir votos, cada cual para su formación ideológica e interés personal de sus respectivos líderes que cuando fallan en sus ofertas porque no es tan fácil conseguirlo, siempre se excusaran y culpando a los demás, de que no han podido ofrecer esa especie de jauja, y del oro y moro que habían prometido, pero lo que nunca dirán es que previa mente ellos los lideres ya lo sabían muy bien.

Faltan una pocos meses para las elecciones regionales, y otros pocos meses mas…Sino antes, para las elecciones generales; y desde hace un mes, la vice presidenta segunda comunista del gobierno, por un lado, y el presidente del gobierno por otro lado ambos dos, ya están metidos en campaña electoral, y como carroñeros oportunistas debido a las malas cir cunstancias por la que está pasando el País, disfrazados de supuestos salvadores, van a poner impuestos a las grandes empresas y a los bancos en un supuesto favor a la clase obrera, y de los mas necesitados, cosa que, por otra parte es muy justo y necesario si lo hicieran u ofrecieran como prioridad y de corazón, cosa que por mucho que lo ofrezcan y prometan ya veremos en que queda, ya que porque aparte de lo complejo aparte de demagogo que esto, está claro que la intención de esta oferta son los votos, pero hay por desgracia en nuestro País tantos ilusos e ingenuos que no ven ni reflexiona sobre tantas cosas, y siempre según mi punto de vista es que las empresas y los empresarios y sobre todo las mas grandes e importantes, por muy ricos que puedan ser sus dueños no hay que complicarles la vida tocándoles el dinero que tienen, porque gracias a esas grandes empresas incluidos los bancos crean muchos miles de puestos de trabajo; vivimos en un sistema de mercado libre y de competencia y los obreros sensatos y honestos que no tienen la posibilidad ni medios para montar una empresa ni tan siquiera mediana o pequeña, hemos necesitado siempre y se sigue necesitando un trabajo, y ese trabajo en Democracia no nos lo da el gobierno, nos lo dan las empresas, y si los obreros hemos sido, y son competentes, y la y la empresa buena y seria y prospera, cada final de año si ha prosperado y ha ganado bien, una parte de los beneficios los obreros tienen derecho a beneficiarse de esa parte después de haber pagado la empresa todos los impuestos que les corresponda según la ley, y el gobierno no tiene derecho a imponerle impuestos extra. Por otra parte, me veo en la obligación de anotar que, el obrero desde que forma parte de una empresa debiera de alejar de su mente que, la empresa se enriquece a costa de la explotación de los obreros pues los tiempos de la esclavitud y la explotación de los obreros por parte de los patrones y de los caciques quedo muy atrás pues en Democracia hay leyes y derechos y convenios entre los obreros, los sindicatos y la patronal, otra cosa muy distinta es lo picaresca, la irresponsabilidad, el escaqueo y la incompetencia cosas que no están bien gestionadas en el mundo laboral. Además y dejando aparte de momento el tema de los ricos, los obreros, y los mas necesitados en España debo decir que de nuevo el Mundo anda bastante revuelto y amenazado por varios peligros, por culpa de los de siempre, y que tanto vengo denunciando en estas páginas, que lo son, todos esos líderes de ideologías insensatas salvajes, irracionales e inhumanas, tanto en lo político, como en muchos líderes religiosos de algunos Países Islámicos. En España por ejemplo País de muchas fiestas entre religiosas y laicas y cientos de ellas grandes masas de gente en los conciertos de rock, y demás concentraciones de ocio la inmensa mayoría de la gente las celebra, y se divierten todo lo que pueden; y todo esto no está mal, porque la gente tiene derecho a divertirse siempre y cuando sean responsables en todos sus actos y se divierta civilizada mente; pero en los tiempos en que estamos viviendo no estaría mal no centrarse tanto en tanta fiesta y parase a reflexionar pues son muchas las amenazas peligrosas que nos están acosando, Veamos.

Muchas gentes mayores creíamos que, terminada la terrible e insensata e incivilizada segunda guerra Mundial del pasado siglo XX seria en Europa la última guerra, pero Balcanes entre cuatro Naciones que desde la segunda guerra Mundial al Fender nada una de estas Naciones distintas fuerzas en guerra unas a los Nazis, y otras a las unidas de las Naciones de la Europa libre, y los estados unidos de América, mas además de ideologías distintas en estas cuatro Naciones de los Balcanes, una era cristiana, otra ortodoxas y dos Musulmanas, y tanto las Musulmanas junto con la cristiana Croacia y la serbia ortodoxa entre todas, todavía duraba el rencor entre los unos y los otros por sus posturas tanto ideológicas como religiosas durante la segunda guerra Mundial, cuando acabó la federación Rusa con el derribo del muro de Berlín y fueron liberaron del yugo Ruso todos los Países de la Europa del este incluidos los de los Balcanes, ya recién empezado este siglo

XXI estos cuatro Países Balcánicos de la antes llamada Yugoeslavia, se independizaron pero no pacifica mente y dialogando, sino que les salió el rencor acumulado y se enzarzaron en otra terrible y sangrienta guerra. Después han venido otras guerras como por ejemplo la guerra de Iraq, e Irán, la guerra de Rusia con Afganistán, la invasión de Iraq a Arabia Saudí, la guerra del golfo pérsico, la guerra de Sadam Husein de Iraq, protector y defensor de los terroristas que atacaron y destruyeron las torres gemelas de Nueva York con miles de muertos que provocó la intervención y la venganza de los EEUU contra Sadam Husein y su déspota régimen y acabó con el déspota de Iraq, y con el fanático asesino Bin Laden a partir de todo esto, en casi toda Europa y otras partes del Mundo hemos estado sufriendo mucho traidores ataques del terrorismo Islámico; y todo esto ocurrido en las dos y tres últimas décadas, aparte de todo lo demás parecido y sufrido en otras partes del Mundo, y ahora, lo mas cercano esta nueva salvajada de la invasión de Rusia a Ucrania, invasión, incivilizada y cruel invasión que junto con Ucrania está, afectando mucho y perjudicando y desestabilizado a Europa. Al mismo tiempo, china y amiga de Rusia sigue empeñada en recuperar por medio de una invasión y guerra a la Isla de Formosa ahora llamada Taiwán, pues china no para de hacer maniobras militares con fuego real a los alrededores de dicha Isla. A parte de todo esto, en Irán y ya era hora, muchas mujeres se están sublevando contándose el pelo y prendiendo fuego a sus velos en las calles de algunas ciudades, por lo visto ya hay varias docenas de mujeres muertas por disparos de los perros sabuesos a las órdenes de los Ayatolá del régimen, y mucha gente encarcelada entre ellas y ellos bastantes periodistas; todo esto son hechos mas propios de la edad media, porque a pesar de tantos avances tanto tecnológicos como en otros frentes, todavía hay Países y culturas mui supersticiosas fanáticas y atrasadas que siguen desenvolviéndose en la cultura y costumbres de la edad media, pues por desgracia para el pueblo de Irán y de otros pueblos de esa hermosa y rica parte del

Mundo, hay muchos líderes Imanes o no que prefieren tener a sus pueblos medidos con la misma vara que los Talibanes de Afganistán. Como los problemas se siguen sumando he de agregar otro mas mui reciente, hoy Domingo 25 de Octubre de este 2022 se han celebrado elecciones generales Italia, y según todas las noticias las van a ganar las derechas Fascistas; o sea, que entre las ideologías que vengo denunciando los imperialistas y Rusos, y los comunistas chinos mas los Fascista de Italia y los de Suecia que no se bien porque han aumentado mucho en este País tan serio, justo, y civilizado, mas los surgidos en otros Países entre ellos España, y mas los Ayatolá, y los Talibanes, en el Mundo actual parece ser que se está anunciando de nuevo el apocalipsis de la biblia Cristiana, mientras que al mismo tiempo en España en lo que a la política y sus líderes se refiere y este frenazo a la estabilidad del País, las aguas se han vuelto de nuevo tan turbulentas, cenagosas y mal olientes que, como ya estuvieron en varios capítulos de nuestra historia, y todo repito de nuevo aparte delo que nos pueda afectar la guerra en Ucrania, todo el problema añadido por culpa de este gobierno fullero, irresponsable, mal gestor e incompetente, que por mucho que predique y ofrezca a la población el oro y el moro y esa especie de estampa de jauja, tan solo está entregado a quedar bien aprobando con migajas ciertas ventajas con el fin de intentar ganar votos en las próximas elecciones, pero al mismo tiempo tolerante con quienes pretenden romper España al mismo tiempo que desprecia, ataca insulta y desprecia al primer partido de centro derecha moderado de la oposición, que al ser moderado y no radical ni fanático, ideológica mente, con lo cual, quiere decir que este partido es mas sensato y tiene mas sentido común, cosas necesarias, de las que carecen los partidos de ideologías radicales y fanáticas, tanto de izquierdas como de las derechas, pues ese fanatismo ideológico de los comunistas, fascistas y nazis, los Ayatolá y los talibanes, todos ellos irracionales incivilizados, y por lo tanto muy peligrosos; pero volvamos a España de la que estábamos hablando en páginas anteriores. Ante todo he de decir que, no tengo ni idea de finanzas ni de negocios, por lo tanto, en la situación actual de España no sé quién tiene razón si el gobierno de coalición socialista comunista de la Nación, o los gobiernos de las regiones autonómicas gobernadas por el partido popular en lo que respecta a la gestión en el asunto de los impuestos extra a los que mas tienen, o sea a los dueños de las grandes industrias y a los bancos que según dice este gobierno con la idea de favorecer a los mas necesitados. Algunas regiones autónomas gobernadas por el partido popular empezando por la comunidad de Madrid y junto a ella, la comunidad Andaluza, y la región de Murcia y de Galicia, y no recuerdo si alguna mas, pues resulta que estas comunidades para atraer mas inversores en su correspondiente comunidad, han decidido que, a toda nueva industria de fuera que se instale en cualquiera de estas comunidades del PP, no tendrá la obligación de pagar los impuestos o tasas que deben pagar en las otra comunidades gobernadas por el del gobierno o sea los; esta nueva forma de atraer inversores en las comunidades gobernadas por el partido popular ha enfadado mucho al gobierno basándose en tono propagandístico en que el gobierno le va a poner un impuesto nuevo a los mas ricos, o sea, a los empresas y los bancos para ayudar a los que menos tienen o sea como Robín de los bosques, y los bandoleros de España de los tiempos pasados pero el gobierno se olvida que ya no estamos en aquellos tiempos de tantas injusticias y miserias, y que en España hay mucho trabajo en todos los sectores y hay mucha demasiada gente que no quiere gente que irresponsable mimada y mal criada que prefiere vivir de las ayudas del estado y los ves jóvenes y fuertes, comiendo en los comedores sociales porque en esos lugares, lo necesitados, ni son todos los que está ni están todos los que son pues hay como siempre mucha picaresca y mucho vago que está mentalizado en que el Estado tiene la obligación de cubrirle todas sus necesidades. Total que este gobierno con sus ideas de salva patrias per con la sola intención de intentar ganar votos y el partido de la oposición ose el PP, con las nuevas medidas que ha tomado para tratar de atraer a sus comunidades a algunos posibles inversores, el gobierno y la oposición está como en gato y el perro en un continuo enfrentamiento; total que este es un nuevo problema que enfrenta al gobierno con la oposición; lo que yo si me imagino y por las conclusiones que saco por otras cosas es que el gobierno de la Nación está acostumbrado a manejar el solo toda clase de impuestos de los contribuyentes para gestionarlos a su gusto y conveniencia, pero referido a todo esto y conociendo que la mayor parte de las grandes empresas que hay en España son extranjeras, es porque son mucho mas emprendedores, promotores, y mucho mas competentes que los Españoles, y por lo tanto, las ganancias y las divisas van, para sus respectivos Países; así pues pienso que, acaso no sería mejor para los gobiernos autónomos y los ayuntamientos a aprender de una vez, a inculcar a la gente a ser mas emprendedores y mas competentes y pongan los medios dentro de sus posibilidades para que en vez de invitar a esas posibles empresas extranjeras pongan los medios necesarios para crear empresas Españolas en las comunidades autónomas de nuestro País con el fin de que en caso de crear riqueza sea creada por los Españoles y para el País?. Porque con esto del gobierno de quitarle a los que mas tienen para repartirlo supuesta mente entre los que menos tienen la pregunta es la siguiente, ¿están bien gestionados, bien repartidos y bien empleados los impuestos de los contribuyentes tanto los de los asalariados como los de los empresarios?, Como maneja, reparte y distribuye la recaudación de los impuestos este gobierno?.

De momento, estos días, este gobierno ha anunciado como ya sabemos ponerle un impuesto extra a los que mas tienen para supuesta mente repartirlo entre los que menos tienen, y al mismo tiempo ha aprobado una subida de salario para todos los miembros del gobierno y todos sus asesores, y a todos los funcionarios que personal mente, no creo que rindan con relación al salario que perciben; a parte de estos aumentos el gobierno ha anunciado la compra de una nueva flota de automóviles buenos nuevos para todo el personal que compone el gobierno aparte de que toda esta gente además de su salario todos reciben primas y dietas extras, hoteles y comidas e los grandes restaurantes, también van a recibir todos un teléfono móvil de alta gama para cada uno, y una tabla o Tablet, y no sé cuántas ventajas mas, así pues está claro que toda esta gente no tendrán problemas para llegar a fin de mes, pero sigamos con el destino, y a quien van dirigidos una buena parte de los impuestos de los contribuyentes; este gobierno llamado progresista tiene bastantes nuevos ministerios con sus nuevos ministros y sus asesores y enchufados por aquello de el padrinazgo y el amiguismo cosa desde siempre muy normal y corriente en nuestro País, y aparte de esto también nuestro presidente del gobierno y supuesto protector de los pobres tiene a su disposición un avión privado con todos sus gastos para el recreo del presidente del gobierno, para no ser menos que el presidente del gobierno Americano, y todo lo aquí expuesto sale de los impuestos de los contribuyentes tanto asalariados como de los empresarios; ahora veamos otro apartado de adónde van destinados una buena parte los impuestos.

Hay parte de los impuestos que van destinados por millones en subvenciones no muy justificadas a organismos e entidades que no rinden ni producen dada y viven de esas subvenciones que enriquecen a sus directivos que las controlan a su gusto en interés propio; junto con esto y la clásica trampa y la picaresca Española muchos miles de personas unas acostumbradas a vivir del cuento, de la rapiña o de la estafa, y muchos otros entre ellos que se tienen supuesta mente de pertenecer a la clase obrera, pero que nunca han trabajado.

Todos conocemos a muchas personas de estas en nuestros barrios que de alguna manera consiguen un justificante de inutilidad permanente y cobran su subsidio para toda la vida y viven dedicándose al ocio o a algún trabajillo ilegal o sucio que se le presente; toda esta gente mismo suponiendo que tenga cierto grado de inutilidad la gran mayoría de ellos si que está capacitada para trabajar, si no en un oficio en otro; pero parece ser que esto nadie lo vigila mismo siendo un fraude, pero el defraudador sigue cobrando sin merecerlo una paga para toda la vida a costa de los que trabajan y cotizan.

Aparte de esto hay también muchos miles de jóvenes que ni se han interesado en los estudios ni tampoco en aprender un oficio, pero no se pierden ninguna fiesta ni ningún concierto de rock, estos también perciben de parte del Estado una pequeña paga sin merecerla y el resto para cubrir sus caprichos sale del bolsillo de los padres y de los abuelos, como vemos en España y como siempre, sigue habiendo demasiada gente irresponsable, vividora, que es alérgica al trabajo, y por lo tanto, acostumbrada a vivir de los demás; yo hablo de esto, porque lo he venido observando durante mis 52 años trabajando comenzando desde niño; y como yo, todo esto, también lo saben muy bien todas las oficinas de empleo de España.

Aparte de todo todos estos millones en subvenciones y fraudes que salen de lo que cotizan los contribuyentes y que está repartido por el gobierno incontrolada mente, también van destinados unos cuantos millones a muchos miles incluso millones de madres solteras que con sus actos, demuestran que ante todo se entregan al sexo sin importarles las consecuencias.

Hay también muchos millones en subvenciones y ayudas a otras entidades y personas sin merecerlas porque no se las merecen ya que no rinden nada, ni aportan riqueza alguna para el bien del conjunto de nuestra sociedad, y esta entidad a la que me voy a referir ahora y que todos conocemos, es mas complicada y el teme es mas delicado tratándose de la entidad a la que me voy a referir ahora. Como ya anuncie en mi primer libro sobre la España Real, yo un obrero medio analfabeto y libre pensador, aprovecho la libertad de expresión, hija de la vendita Democracia yo sin intención de querer herir los sentimiento de nadie no estoy de acuerdo en que el Estado ponga tantos millones de los contribuyentes en manos de esta entidad religiosa como lo es la Iglesia; y lo hago, siempre guiado y pensando en que para poder comer y sobre vivir, primero tiene la obligación de rendir y producir en el trabajo que sea, y sin esperar que el maná, le caiga del cielo, porque aquí, en el Mundo en el que vivimos y su realidad, y no en nada que no sea real; y lo que es peor, y que paso a dar mi opinión muchos también se enriquecen y viven en palacios a costa de su supuesta misión surrealista en la Tierra, pero también, como los antes mencionados, viven, comen y cobran salarios de la vejez, y tienen derecho a ser atendidos por la salud pública y todo esto a costa de que ya pagamos y que pagan los productores tanto obreros como empresarios; y en este caso, me estoy refiriendo a la Iglesia católica y sus operarios.

El Estado mantiene a la Iglesia en general, incluidas las restauraciones y conservación ya que los donativos de los feligreses no da para tanto gasto, aparte de esto, los curas, obispos y cardenales como ya he dicho reciben sus pagas como los obreros y sus jubilaciones de las arcas del Estado que son muchos millones al año y que salen de los contribuyentes en favor de toda esta gente del clero que no rinde vi produce. Está claro, que cuando se cierra una mina o cualquier otra empresa cuando por el motivo que sea esta ya no es rentable, por lo tanto no es sensato invertir y poner mas dinero en lo que ya no es rentable; y este es, el caso de la Iglesia, con esto no quiero decir que desaparecer por atención a los creyentes y feligreses, pero como ya dije en mi primer libro sobre la España Real la Iglesia Española y todos sus representantes son mantenidos por el Estado con el dinero de los contribuyentes que rinden, trabajan y producen, cuando todo el clero pertenece y depende de otro Estado o sea, el Estado Vaticano, y el Estado Vaticano que siempre ha sido y sigue siendo la empresa multinacional mas grande de Mundo y tiene muchos fondos y muchas riquezas la organización de esa gran empresa del Estado Vaticano para quien trabajan todos los miembros que componen el clero, curas, obispos cardenales y demás, el Vaticano como estado libre tiene la obligación de correr con todos los gastos y necesidades de todos sus miembros que trabajan para ese Estado.

En la vida Real que es en la que nos desenvolvemos en la Tierra todo el mundo acto para trabajar tiene la obligación de trabajar en lo que el destino le ha preparado y en lo que esté mas capacitado para rendir, y producir, siempre en algo que sea necesario y productivo, para crear riqueza, tanto en la tierra como en el mar, pero esa gran empresa dirigida por el estado Vaticano y todos los que pertenecen a ella ni rinden ni producen en lo que, es la sola manera de poder sobrevivir en la tierra, esa clase de componentes seguidores y supuesta mente comprometidos con su misión, que es hacer de representantes e intermediarios de un Dios ficticio que no existe, y la persona sensata, civilizada y racional a de vivir, y actual en la realidad, y no en las supersticiones y creencias en Dioses fabulosos pero irreales, porque eso, es pura mitología; y que tanta gente hasta ahora sigue viviendo del cuento, ya que lo cierto es que ningún Dios hizo al hombre, fue el hombre quien hizo a Dios.

Con todo lo aquí expuesto sin mala fe, y sin la mínima de molestar ni ofender a nadie, me he visto, en la obligación de exponerlo por que observo que este gobierno, con la sola intención de intentar ganar votos, está predicando hipócrita mente que va a imponer un impuesto extra a los mas pudientes para repartirlo e los menos pudientes, y en algunos políticos es muy fácil presumir de que su intención es ayudar a los mas necesitados, sobre todo, cuando se está, en vísperas de elecciones, y mas sabiendo el gobierno como lo sabe tanta gente que hay mucha gente en España que revive mucho sin a cambio aportar nada, y yo como obrero siento mucha vergüenza ajena al ver tanta gente que pertenece a mi clase obrera que está en plenas facultades, pero no trabaja habiendo trabajo y vive de los demás; en cuanto a lo referente al clero que para mi, ni rinde ni produce porque está comprometido con su apostolado en servir a Dios, no está justificado, porque con la salvaje y la criminal acción cometida contra los Judíos en el holocausto del nazismo en Alemania es la prueba definitiva de que Dios no existe. Dicen las escrituras que Dios con la intervención de Moisés, liberó a muchos miles de Judíos de la esclavitud en Egipto, pero esos esclavos comían y Vivian, aquello, no fue nada en comparación con el holocausto del pasado siglo XX y Dios no se molestó en evitarlo; así pues, no está justificado que haya mucha gente que habiendo trabajo no quiera trabajar lo cual lo convierte en un parasito que vive de los demás, como tampoco está justificado que la gente del clero dedique todo su tiempo al servicio de un Días que no existe porque lo sensato es lo que dijo Buda, que fue, ocupémonos ante todo y primera mente de los problemas de la tierra; y además yo por mi parte creo que todo creyente que está comprometido con su dios, para justificar su obligación en la tierra cuya prioridad es ganarse el pan, como mínimo debiera de trabajar en lo que sea productivo seis horas al día, y le que mucho tiempo para disfrutar del ocio, y hacer misa y demás rituales cristianos.

Ahora toca cambiar de nuevo de tema, este también aunque distinto, muy delicado, inhumano egoísta y cruel, es otra nueva y vergonzosa estampa Española que sigue retratando también negativa mente a esta nueva sociedad moderna por un lado descarriada, y por el otro, un tanto deshumanizada.

Esta nueva y dolorosa estampa sea producido, a causa de lo que sigue a continuación, y que trata de la muerte en toda la comunidad de Madrid de mas de seis mil ancianos en las residencias a causa de la epidemia del corona virus. Resulta que esta primera semana del mes de octubre de este 2022 ha habido una denuncia por parte de las izquierdas contra el gobierno de la comunidad de Madrid de centro derecha, en plan propagandístico de las izquierdas pensando en las próximas elecciones; o sea, que hasta hoy no han hecho las izquierdas nada limpio ni sensato por la estabilidad en nuestro País.

Si según las noticias con esta epidemia del corona virus ha muerto mas de seis mil anciano y ancianas en la comunidad de Madrid y de todas estas muertes las izquierdas hacen responsable al directos de la sanidad pública de dicha comunidad, pero no tienen en cuenta que muchas de estas personas a pesar de la vacada o incluso por culpa de la vacuna debido a la constitución de su organismo la muerte le ha llegado porque era su hora debido a su edad, y que también muchas de esas muertes han sido provocadas también debido al aislamiento y la soledad de no poder tener a su familia a su lado. Todas esas personas ancianas debido a su alto riego a causa de su avanzada edad fueron obligadas a ser confinadas i aisladas de la gente incluida la familia mas allegada y eso, debió ser muy duro de soportar para todo aquel que esta, en el último peldaño de la escalera de su vida. Los ataques y las peleas verbales entre las izquierdas contra el director de la salud pública de la comunidad de Madrid, este en su defensa y sim pensar lo que decía ha dicho que eso ya es el pasado y las familia de los fallecidos ya estaban curadas del mal trago sufrido, y posible mente estas crudas palabras Allan sido mal interpretadas o incomprendidas; de todas maneras son palabras desafortunadas e hirientes ya que ni los moribundos ni sus familiares no pudieron despedirse en el último momento de las vidas de estas personas, aunque mas duro tuvo que ser para los ancianos y ancianas que se despedían de este Mundo solos entre cuatro paredes sin poder darles un abraza a seres queridos mas cercanos.

Ayer mismo al igual que antes de ayer en unas entrevistas a algunos familiares de estos ancianos y ancianas muertos solos y sin poder ver a sus familiares en las residencias de mayores, estos familiares acusaban de cruel y de culpable por las muertes y sin despedidas de sus mayores; se mire por donde se mire, esta muerte tan triste y cruel de estos pobres ancianos y ancianas por causa de la maldita epidemia ha debido de ser una muerte muy amarga, injusta terrible al haber tenido que abandonar este Mundo sin una simple mirada ni en abrezo de ninguno de sus seres queridos.

Este triste y amargo caso, yo supongo que la mayor parte de la gente lo vera con mucha pena y se pondrá de parte de las izquierdas que denuncian y acusan al director de la sanidad pública de Madrid y responsable de las residencias de ancianos Pero yo no lo veo así.

Estos miles de ancianos y de ancianas muertas, algunos de ellos vieron y sufrieron de niños la guerra civil Española del 1936 a 1939, a continuación al igual que yo, padecimos durante muchos años las grandes miserias de la pos guerra, después al igual que yo quizás muchos de ellos se marcharían como emigrantes al extranjero en busca de un futuro mejor; otros mucho se quedarían aquí buscándose la vida trabajando e dos trabajos para poder vivir e intentar ganar lo suficiente para poder comprar un piso que pagarían con mucho esfuerzo con la idea de después pasara a sus hijos y facilitarles un poco la existencia, así paso la mayor parte de la vida de estos ancianos y ancianas hasta que les llego la vejez, ya indefensos desvalidos y sin poder valerse por sí mismos e incluso a causa de esa vejez sentirse inútiles y a veces pasados a causa de algún achaque e incluso echando un poco falta, el calor y las atenciones que ellos siempre habían puesto en sus hijos, hasta que día llegó el momento fatídico, india seles acercaron los hijos o las hijas y si como un trapo viejo se tratara se des hicieron de ellos, y los ingresaron en esas residencias, los dejan y los besan en la despedida al mismo tiempo que les decían, aquí vais a estar muy bien, vais a hacer nuevos amigos y amigas y vendremos a menudo a visitaros, los abuelos les brindaban una sonrisa forzada que disimulaba su pena y su amargura, y levantaban el brazo de despedida mientras veían como se alejaban sus hijos o hijas con sus respectivas parejas, parejas que volvían a poder disfrutar de su libertad, y ya no tendrán que estar nunca mas, pendientes de los abuelos ni de las molestias e incluso a veces no tener que soportar las impertinencias involuntarias propias de la edad de los abuelos; y casi nadie, ni tan siquiera los hijos ni las hijas se dan cuenta de que tan solo ellos son los causantes de la muerte del abuelo o la abuela que murieron en esas tristes, penosas amargas y crueles circunstancias por habérselos inhumana mente quitárselos de en medio, y haber ocupado su puesto una mascota un perro, que recibirá mas atenciones y mas cariño que el abuelo.

Todo esto que es real en muchos casos, resulta muy crudo, egoísta, cruel e in humano, pero tal y como se proyecta y como se desenvuelve esta nueva sociedad moderna se dan, cada vez mas casos como este, pues todas las residencias de España están atestadas, y con lista de espera pues no hay suficientes plazas para dodos los que por diversas circunstancias tienen que salir de sus hogares cuando ya no sirven para nada si no para estorbar, en la mayoría de los casos, es tan brutal el cambio, que ya casi nadie muere en su casa rodeado de la familia que ellos crearon; pues está bien claro después de todo lo que estamos viendo que, esa familia que los viejos crearon al tener otras prioridades no sienten en su corazón el sacrificarse por los abuelos, como los abuelos se sacrificaron por ellos; pero cambiemos de tercio y pasemos de nuevo a otras recientes y siempre vergonzosas estampas que nos siguen humillando una buena parte de los Españoles.

En estos tiempos modernos y de tanta tecnología avanzada y de presumir en muchos casos propagandísticos de que nuestro País es la cuarta potencia económica europea y lo dicen tan convencidos olvidándose de que en casi todos los aspectos somos unos incompetentes y por eso nos rigen nuestros deberes desde la Unión

Europea, hasta el punto de que a veces se ven en la obligación de mandarnos a los llamados hombres de negro a corregirnos y guiarnos y darnos lecciones en lo que tenemos que hacer porque no estamos capacitados; y no nos corrigen las cosas con la intención de demostrar que ellos son superiores, sino porque saben que somos unos incapaces y unos incompetentes en asuntos esenciales, y eso debiéramos molestarnos y sentir humillados pero para eso, hay que tener vergüenza, honor y dignidad, reglas esenciales y muy escasas en nuestra sociedad.

Otra estampa humillante y vergonzosa es la siguiente. Como sabemos hace cuatro años y medio en 2017, el gobierno autónomo separatista de Cataluña renegó de España y se separaron y rubricaron en papel oficial, y proclamaron la Republica Catalana despreciando la Constitución Española y el Estado Español. El gobierno de España del PP, y con el apoyo de la oposición del partido socialista, el gobierno de España se vio obligado a intervenir, anularon provisional mente al gobierno separatista Catalán detuvieron y fueron juzgados y entraron en prisión una docena de cabecillas secesionistas del gobierno Catalán; el entonces líder, y presidente del gobierno separatista un cobarde sin honor ni dignidad se dio a la fuga y escapo como un vulgar prófugo desertor, y se instaló en Bélgica, haciendo propaganda contra España tanto en ese País como en Suiza y Alemania. La justicia Española lo reclamó, tanto a la justicia Belga, como a la Suiza, como a la Alemana, y ninguno de estos tres países ha permitido la extradición para que este loco destructor pueda ser juzgado en nuestro País, por el grave acto que cometió y sigue viviendo tranquilo y muy bien instalado haciendo propaganda contra España, y la justicia Española está quedando como si no tuviera ni voz ni voto; pues la justicia Europea no se el cómo y el porqué, sigue ignorando a la justicia Española; y según lo veo yo, eso es un desprecio y un insulto contra nuestro País; en iguales o parecidas circunstancias esto no habría sucedido en cualquier otro País miembro de la unión Europea.

Otro caso de humillación y vergüenza ha sucedido estos últimos 10 días del mes de Septiembre con la llegada a nuestro país del presidente de justicia de la Unión Europea, para poner orden y aconsejar a la justicia Española ya que esta junto al gobierno de la nación y el primer partido de la oposición entre todos no se ponen de acuerdo para nombran a los nuevos cargos de esta institución que, para sus nombramientos depende del gobierno de turno cosa increíble en un País el nuestro supuesta mente Democrático y civilizado ya que como vengo diciendo en alguno estos libros sobre la España Real, la justicia para estar limpia y ser justa no debe de estar politizada, ya que esto, degrada y des honra a la justicia; la justicia de ser independiente y neutral, ya que por encima de la justicia no ha de estar nadie, ni el presidente de ningún gobierno, ni el Rey, ni el papa de Roma, y la sola misión y ideología y religión ha de ser exclusiva mente impartir justicia; y no deja de ser vergonzoso y humillante el que tengan que venir de fuera a intentar corregir algo que tan solo es competencia de la institución mas importante que todas las demás instituciones como lo es la justicia.

Veamos ahora la estampa reciente de la que también debiéramos sentir vergüenza todos los españoles de bien. Ayer día 12 de octubre fiesta de la hispanidad fecha del descubrimiento de América por Cristóbal Colón gracias a la corona Española de aquella época de hace ya mas de 500 años, cuando ya estaba todo preparado para el desfile militar en el paseo de la Castellana en Madrid, el fullero y engreído presidente del gobierno con muy mala educación, y falta de respeto hizo esperar un minuto al Rey, sabiendo el muy bien que el protocolo dice lo contrario, ósea que, el presidente del gobierno es el que debe esperar la llegada del Rey; debido a lo cual entre otras cosas, el presidente del gobierno al igual que en los años anteriores tanto a la llegada como al final de la parada militar fue abucheado por una buena parte de los espectadores del festejo. También ocurrió al igual que los años anteriores que todos los presidentes de las comunidades autónomas asistieron al acto en honor al día de la fiesta de la hispanidad, y también al igual que los años anteriores con la falta de respeto que los caracteriza faltaron a la fiesta los presidentes autónomos de Cataluña y del País Vasco, los que no quieren al Rey ni a España, y que gracias los enemigos de España está gobernando este presidente del gobierno socialista actual; mismo así, este fullero presidente del gobierno Español sigue contando con los apoyos de esta gente para poder aprobar los nuevos presupuestos generales del Estado para el próximo año 2023. A continuación de todo esto, la última ofensa y falta de respeto hacia con el Rey sucedió al día siguiente de la fiesta de la hispanidad cuando el Rey gran aficionado a las regatas se desplazó a Barcelona para inaugurar un concurso o campeonato de regatas y ninguna autoridad Catalana se dignó hacer acto de presencia ante el Rey de España que excepto por los separatistas de Cataluña el Rey es el jefe del Estado con la aprobación de la inmensa mayoría de los Españoles, y de los Catalanes; esos desplantes y desprecios y ofensa hacia el Rey no ocurren en ningún País civilizado porque ningún Estado lo permitiría pero en España y con este gobierno de coalición socialista comunista todas las barbaridades contra el Rey y la Constitución son permitidas.

Otro intento de jugada sucia por parte de este presidente del gobierno, no vuelve a mostrar de nuevo que, por mucho que esté arropado por los suyos no tiene justificación para seguir gobernando; veamos otro motivo de su última jugada que es la siguiente, y que provoca una vez mas que es el presidente de gobierno mas desestabilizador de España. La nueva marranada de este presidente de este gobierno socialista es que por interés particular desde hace unos días de dialogo con el jefe de la oposición están parlamentando para intentar arreglar el problema que hay dentro del poder judicial de España, y tratar de ponerse de acuerdo entre los dos líderes el de las izquierdas y el del centro derecha para nombrar a los nuevos miembros del poder judicial que por lo visto, está paralizado desde hace cuatro años; yo de estas cosas relacionadas con la justicia no entiendo nada, aunque a pesar de mi ignorancia en todos estos libros míos sobre la España Real vengo diciendo que, sobre los jueces no debe haber nadie, y que la justicia tiene que ser autónoma e imparcial, y que todos sus miembros han de ser elegidos por los propios jueces y no por los políticos, y precisa mente por esto por ser nombrados por los políticos el poder judicial lleva sin ser renovado cuatro años; pero este otoño de 2022 por fin el presidente del gobierno y el del partido popular ambos se han sentado a dialogar para intentar solucionar el problema. Ambos dos se han estado reuniendo, y ambos dos a las preguntas de los periodistas contestaban que avanzaban e iban por el buen camino, y que tan solo era cuestión de unos pocos días mas para cerrar el acuerdo y por fin dejar resuelto el problema. Así las cosas y con buenas esperanzas en general, has antes de ayer 28 de Octubre en que el presidente del gobierno anuncio en el parlamento que, ya estaba todo acordado, y que tan solo estaba pendiente de las firmas de ambos líderes para el día siguiente; pero o sorpresa, ocurrió que la ministra de hacienda desde el atril del congreso de los diputados posible mente empujada por la emoción de que su gobierno había conseguido lo que no se consiguió en cuatro años hizo un comentario inoportuno diciendo que a partir de una vez resuelto el problema de los jueces y una vez configurado el nuevo poder judicial habría que ser benévolos con los scparatistas Catalanes secesionistas como dando a entender que serían indultados, esta ministra vio que se había pasado de la lengua e intentó arreglarlo pero la noticia no pasó desapercibida sobre todo para el partido popular; el líder del partido popular y jefe de la oposición se dio cuenta de la sucia jugada del presidente del gobierno y rompió la baraja, esa baraja con trampas con la que estaba jugando el presidente del gobierno, y el jefe de la oposición dijo en vísperas de las firmas que, ya no había acuerdo, cosa que provocó un fuerte mazazo para todo el gobierno empezando por el presidente, que la emprendió con toda clase de acusaciones contra el jefe de la oposición al ver que este, no había caído en la trampa que le había estado tendiendo el fullero y tramposo presidente del gobierno con la carta que este tenía en la manga, como un vulgar truhan trilero, ya que este indecente tramposo presidente del gobierno, una vez llegado a un acuerdo con el jefe de la oposición para poder nombrar por fin el consejo del poder judicial, pensaba cambiar algunas normas con la intención de indultar a los separatistas secesionistas condición exigida por el gobierno autónomo separatista de Cataluña al gobierno de España si este quería que los separatista de nuevo apoyaran al gobierno en los presupuestos generales del Estado, y en las próximas elecciones generales para que este fullero presidente del gobierno pudiera seguir gobernando; así pues al verse engañado de nuevo y con malas artes, el jefe de la oposición y con toda razón se negó a firmar ese trato envenenado que el presidente del gobierno quería aprovecharlo en su favor particular que iba dirigido sobre todo en favor de los separatistas secesionistas en el que iba incluido también el indulto en favor del ex presidente separatista prófugo cobarde, y huido en Bélgica, con lo cual volvería a España libre y sin cargos, como si nunca hubiera roto un plato. El jefe de la oposición al que ahora se le está atacando tanto por parte delas izquierdas ha demostrado tener buena voluntad ha jugado limpio y tiene razón cuando dice al igual que yo que los jueces deben de ser nombrados por los jueces y no por los políticos, y los jueces nunca debieran permitir ocupar sus cargos por mandato de los gobiernos de turno ni de ninguna ideología pues eso, desagrada a la justicia que vuelvo a repetir, está por encima de todo, y cuando en Democracia la justicia se deja manejar por los gobiernos de turno no es una justicia insana e indigna de poder confiar en ella, y eso es lo peor que puede ocurrir en cualquier sociedad civilizada.

Así las cosas en nuestra peculiar e inculta en general y todavía enfrentada España y que con lo cual, salimos perjudicados toda la población por culpa de la ideología de un gobierno de coalición socialista comunista. A pesar, y con suficientes motivos del jefe de la oposición en negarse a firmar ese tratado con el gobierno para que por fin pudieran nombrase a los miembros del poder judicial, el jefe de la oposición aun ha dejado la puerta abierta para intentar acabar con el problema, y muy sensata mente le ha hecho una justa y sensata proposición, en la que se ofrece al presidente del gobierno para firmar ese tan necesario documento, con la condición, de que el jefe del gobierno se comprometa por escrito de que no va a cambiar la ley para favorecer el indulto a los separatistas secesionistas; y el gobierno, con su marrullería de siempre, ha rechazado esta condición, con lo cual una vez mas, deja bien claro la clase de persona indeseable y ruin, sin el mínimo honor ni dignidad de hombre de este presidente que tenemos, como presidente de gobierno de nuestro País; y que sin embargo y debido a la pobre mentalidad e ignorancia de una buena parte del pueblo llano de nuestro País lo ensalzan y lo siguen apoyando por el mero hecho de que el presidente es de izquierdas, como vemos, aquí la ideología sigue influyendo mucho mismo si la ideología se está equivocando en este caso en concreto, y esta ignorancia y fidelidad a su ideología, les impide ver que, los votos hay que ganarlos por méritos propios, y no recibiendo pequeños donativos en favor de la clase obrera diciendo la falsa letanía de siempre de que hay que quitárselo a los ricos para dárselo a los pobres aprovechándose así de los incautos para que estos les entreguen sus votos a cambio de esas limosnas, y sin pararse a pensar y reflexionar estos agradecidos y engatusados seguidores de las izquierdas que el líder que recibe sus votos, en caso de necesidad, y a la hora de pactar y buscar apoyos, no tiene los mínimos escrúpulos en hacerlo con quienes odian desprecian y ofenden a España, y lo mas grave aún, pretenden romperla.

Dentro de esta película surrealista que sigo mostrando escribiendo estos libros sobre la España Real, sigue el guion en los mismos términos; pues este recién comenzado mes de Noviembre de este 2022, se está produciendo sobre todo en Madrid otra nueva estampa que sigue mostrando, el pobre grado de mentalidad y de cultura cívica y la irresponsabilidad en una gran parte de nuestra sociedad, y esta nueva estampa es tan o mas vergonzosa y mas grave que las demás estampas, puesta estampa está relacionada con el personal de la salud pública. Yo ignoro los motivos ni quienes de los grupos protagonistas tienen la razón, así que me baso y sigo mis propias conclusiones, guiado por lo que veo en los medios de comunicación televisivos, y que varios de ellos a su vez vengo observando que, no son neutrales lo cual no es bueno para la cultura de la población, pues al igual que los jueces en sus deberes y los médicos en los suyos y los curas, no deben de estar politizados y menos aún, defender a ideologías extremas tanto de izquierdas como de derechas; así pues según lo que estoy viendo en este caso de la salud pública de Madrid con gente de la sanidad pública que muchos protestan y que incluso grupos se dan de baja e incluso dentro de unos días de van a declarar en huelga definitiva, mi conclusión por ahora es la siguiente.

Hace ya varios años, cuando el partido popular gano las elecciones generales por mayoría, y desbancó al partido socialista del poder que llevaba gobernando mas de 20 años y cumpliendo en todos los sentidos con todo lo acordado y prometido en la transición, y por entonces al verse derrocado el partido socialista con el presidente mas radical que el anterior y encima anti Americano Rodríguez Zapatero, al ver que los suyos los socialistas habiendo sido desbancados del poder, en uno de mis libros decía yo que, lo que los socialistas habían perdido en las urnas intentaron ganarlo en las calles a base de manifestaciones y huelgas contra el gobierno del PP de centro derecha, yo desde las elecciones generales de 1982 como obrero de izquierdas voté muy contento por el partido socialista de Felipe González, que ganó por mayoría absoluta, Felipe González gobernó durante tres legislaturas, yo por mi parte durante todo ese tiempo fui observando y me sirvieron para madurar política mente tanto sobre las ideologías políticas, los sindicatos Españoles, y la complejidad del mundo laboral comparándolo todo, con lo que yo había conocido en el extranjero en mis años de emigrante tanto el Francia, como en Canadá, como en Nueva York, y las grandes diferencias en todos los sentidos que había en los lugares en donde yo había trabajado y España pero sobre todo en la manera de vivir y cumplir las normas de la Democracia y que el pueblo Español a pesar de no haberla podido disfrutar durante los 40 años de la Dictadura Franquista la mayor parte de la sociedad Española no había asimilado ni se movía dentro del verdadero sentido de la Democracia; mismo así, hasta hace ocho o nueve años gobernando alternativa mente el partido socialista o el partido popular y siendo miembros de la Unión Europea en España hemos vivido exceptuando los rifa rafe nada graves de la política, y la gran maldición de terrorismo asesino de ETA, por lo demás, sea vivido en PAZ y en estabilidad, pero como ya he dicho en mis escritos todo empezó a cambiar para mal, a partir de la última década con la aparición en la escena política del partido de izquierda radical de tendencia comunista oportunistas supuestos salva Patrias disfrazados de Democráticos, que llegaron con la intención de derrocar la Monarquía y quitarle a los ricos sus riquezas y dárselas a los obreros según ellos, o sea, predicando demagogia y populismo, y para mas inri amigos de los separatistas catalanes, y amigos y defensores de los terroristas de la ETA, los cuales en estos días está claro que son inductores, de este conflicto que sea montado en la sanidad de la comunidad autónoma de Madrid, pero sigamos. Como dije antes, la primera vez que desbanco del poder el partido popular al partido socialista de Rodríguez Zapatero, estos, tuvieron mui mal perder y como ya dije, lo que no consiguieron en las urnas intentaron conseguirlo en la calle a base de manifestaciones contra el gobierno del PP protestas y huelgas, ahora en el caso de estas protestas y huelgas por parte de los sanitarios de la comunidad de Madrid el motivo de este problema para la sanidad pública ha comenzado con las mismas intenciones que por parte de las izquierdas para intentar derrocar a la joven presidenta de la comunidad de Madrid; veamos, resulta que como ya sabemos, hace tres años esta joven líder del partido popular de Madrid en las elecciones autonómicas ella la ganó por mayoría absoluta venciendo a todas las izquierdas socialistas y comunistas, es de locos pensar que, la presidenta de Madrid quiera perjudicar a la sanidad pública de Madrid, después de su gran labor hecha durante todo el tiempo de la pandemia del corona virus, pero la izquierda radical comunista ha demostrado desde que aparecieron en la escena política que son gente mui rencorosa y muy maligna ya que según siguen demostrando según sus actuaciones todo aquel que no este de su parte son los malos y los culpables de todos los males, por lo tanto desde el primer día que la joven líder del PP les ganó a todos por mayoría, estas izquierdas radicales e irracionales fanáticas de su ideología no han cesado de criticar y mal meter contra la joven presidenta que ha demostrado ser valiente, seria, responsable y mui competente; pero esta gente demagoga que predica insensata mente el populismo ahora esta segunda semana de Noviembre a decidido sublevar y atacar a la presidenta de Madrid en donde pueden hacer mucho mal revolucionando como es su costumbre para desestabilizar y sembrar el mal y esta vez han elegido donde mas daño se puede hacer, como lo es, en la sanidad pública, y de pronto esta segunda semana del mes de Noviembre de este 2022 un buen número de sanitarios de a dado de baja con la excusa de que estaban agobiados en su trabajo, porque tienen muchos mas pacientes de los que les corresponde y en combinación con sus sindicatos por supuesto de las izquierdas han montado una gran manifestación y una huelga indefinida; la presidenta de Madrid conociendo mejor que nadie la situación a contra atacado y a dicho en público que esto es un complot de las izquierdas contra ella; yo por mi parte, como un simple observados, no creo que la presidenta de la comunidad de Madrid repito, no creo sea tan malvada como para desear el mal a los sanitarios y menos aún a los enfermos que dependen de ellos al no ser atendidos, y encima los descontentos trabajadores de la sanidad pública y los sindicatos que dicen defenderlos anuncien que dentro de unos días mas de 5000 médicos de familia y 1000 pediatras van a comenzar también, una huelga indefinida, y al mismo tiempo la presidenta de la comunidad de Madrid ha anunciado que, todos los médicos que están en el paro se presenten en sus oficinas para ofrecerles un puesto de trabajo, pero por lo visto, nadie sea presentado; así las cosas, hay motivos mas que suficientes para pensar que la presidenta tiene razón cuando dice que esto es un complot contra ella si esto es así y yo según veo la cosa también lo creo y antes lo he anotado y añado, yo como obrero enfermo crónico y mui mayor, sigo pensando, que mismo con falta de personal sanitario y mismo en condiciones muy duras por falta de personal para atender a los enfermos, pienso que la persona que trabaja para la sanidad y falta a su trabajo y se siente obligada a secundar la huelga y falta a su trabajo aunque sea mismo de tan solo unos días es una persona irresponsable e incompetente, y no ama su trabajo, y por lo tanto no lo hace por devoción y bien poco le importan los enfermos que dependen de sus atenciones sobre todo los niños los enfermos mas graves, ni los ancianos que están en el último peldaño de la escalera de su vida; esto no es sensato ni humano ni nunca debe de hacerse por muchas dificultades que haya en el trabajo pues el trabajo de sanitario no es, por ejemplo como el de albañil.

En estos libros míos sobre la España Real, vengo defendiendo de que la justicia no debe de haber nadie, ninguna institución ni política ni religiosa pues el hombre pone su fe i su esperanza en la justicia, y siempre he pensado que al igual que en la justicia también hay que poner la fe y la esperanza en los médicos pues ambas dos son las entidades mas importantes en cualquier sociedad, porque la fe y la esperanza como los milagros no está en los dioses ni en las iglesias ni las mezquitas ni las sinagogas, la fe, la esperanza y los milagro han estar donde se producen o sea, en los hospitales gracias a los médicos y la ciencia que son los que curan a los enfermos, y hablo con conocimiento de causa por las cinco veces que me han salvado la vida; y volviendo a la sanidad pública de la comunidad de Madrid poco mas o menos este problema sanitario está ocurriendo casi en toda España; pero que casualidad que, tan solo sea tan sonado y divulgado y atacado el de Madrid; así pues, con fallos o sin ellos, o por supuesta mente mala gestión por parte de los responsables de la sanidad de la comunidad autónoma de Madrid, es muy posible tenga razón la presidenta de esa comunidad autónoma cuando dice que, estas manifestaciones, estos paros y abandonos del trabajo por tantos sanitarios y estas huelgas indefinidas sean un complot de los sindicatos de las izquierdas que como siempre andan sembrando cizaña, porque todavía no han asumido la derrota de las últimas elecciones autonómicas, y que como hace unos años en las generales, lo que las izquierdas no pudieron ganar en las urnas intentaron ganar en las calles incitando a la gente en las protestas y huelgas.

Pero volvamos de nuevo a la última despreciable y cobarde jugada del presidente del gobierno. Como ya sabemos, hace unos días el socialista traidor y jefe del gobierno, y el moderado jefe de la oposición y líder del PP, estuvieron a punto de aprobar y firmar los acuerdos para la renovación del poder judicial, pero que en el último momento al exigirle el jefe de la oposición al presidente del gobierno que tenía que afirmar pos escrito que no iba a conceder favoritismos en favor de los separatistas secesionistas, y el presidente del gobierno se negó a dicha petición por parte del jefe de la oposición, pero como el presidente del gobierno en su sucia jugada ya había estado comprometido en secreto con los separatistas a cambio de que estos le siguieran apoyando para poder aprobar los nuevos presupuestos generales del Estado y en las próximas elecciones, y como está bien claro por interés particular para el poder seguir gobernando, de ahí que, se negara a firmar lo que si fuera el presidente una persona legal y honesta, tenía la obligación de aceptar y firmar, esa condición sensata y legal que le propuso el jefe de la oposición; pues bien, antes de ayer día 11 de Noviembre el jefe del gobierno anuncio en por la televisión que, iba cambien en la Constitución lo del delito de sedición por el suave delito de desorden público, con lo cual, se favorecería y mucho, a los separatistas secesionistas, cuando todos sabemos al igual que este maldito gobierno que los desórdenes públicos se estaban produciendo en las calles alentados por el gobierno Catalán separatista por grandes hordas de vándalos, seguidores separatistas que estuvieron destrozando las calles arrancando adoquines y lanzándolos contra las fuerzas del orden público y sobre los escaparates de las tiendas y destrozando el mobiliario urbano y prendiendo fuego a todos los contenedores coches y motos incluido algún coche de la guardia civil; pero mientras se llevaban a cabo todos estos salvajes desordenes públicos dentro de la sede del gobierno regional separatista su presidente y todos los miembros del gobierno autónomo estaban aprobando la separación de la comunidad autónoma Catalana del resto de España, y a continuación para que constara como voluntad del pueblo, la Republica Catalana y mismo sabiendo que, la mayoría de la ciudadanía de Cataluña no eran separatistas y se sienten tan Españoles como Catalanes; así pues lo que ocurrió aquella noche de Octubre de 2017, no fue como ahora dice el gobierno de coalición socialista comunista, un caso de desorden público, fue una secesión o golpe de Estado contra España por un puñado de locos insensatos separatistas que, están empeñados en romper España, pero este gobierno de coalición socialista comunista desestabilizador que tanto daño le está causando a España pactando con los separatistas y con los amigos y defensores de los terroristas con la única condición particular de poder gobernar. Ante esta perversa noticia del presidente del gobierno en favor de los secesionistas todos los separatistas se están felicitando por otra baza ganada al gobierno de

España, y que supone otra ofensa mas para el pueblo Español mientras que el gobierno y sus seguidores se regocijan sigue celebrando otra victoria porque a cambio de este otro nuevo favor a los enemigos de España, el gobierno, ya tiene asegurado el poder aprobar los nuevos presupuestos generales del Estado de los cuales, los mas beneficiados son los gobiernos autónomos de Cataluña y los Vascos; y ahora, después de este nuevo regalo a los enemigos de España, está claro que el próximo regalo va a ser a anulación de malversación de por lo que también fueron condenados, por graciosidad de este mentiroso fullero y traidor a España y los Españoles el socialista sin honor ni dignidad, y presidente del gobierno de España.

A partir de aquí, y en espera de la próximas elecciones en este mi último libro sobre la España Real, quiero repasar n poco sobre algunas cosas de las que estoy escribiendo para conocimiento de, los posibles futuros lectores un poco el recorrido sobre los gobiernos que he conocido desde pequeño hasta hoy, porque con este gobierno de ahora, está sucediendo lo que se esperaba que es, so siguiente; de nuevo este gobierno ha conseguido lo que no se merece al haber conseguido como siempre y sucia mente como siempre también, un perjuicio para España y los españoles que tenemos que seguir soportando tanta humillación. Ayer jueves 24 de Noviembre en el congreso de los diputados fueron aprobados los presupuestos generales del Estado, y también fue aprobado eliminar el delito de sedición con el fin de favorecer a los anti Españoles separatistas de Cataluña, y ambas dos cosas aprobadas como no, con los apoyos y socios de la parte comunista de este gobierno de coalición mas los favorecidos separatistas de Cataluña, y los Vascos amigos y defensores de los terroristas de ETA. El precio por ahora a estos apoyos, y como digo por ahora, ha sido de momento entregarle 900 millones extra al gobierno autónomo separatista de Cataluña, y por ahora a los vascos entre otras cosas, de nuevo otra humillación y ofensa para la guardia civil y para España retirar, o mejor dicho echar de la comunidad Navarra pro Vasca la guardia civil de tráfico; así pues con esta infame política orquestada por los comunistas del gobierno, por los separatistas de Cataluña y los del País Vasco y demás enemigos de los partidos de centro y de centro moderado, y de extrema derecha, y enemigos también de la Monarquía, todos esos grupos socios de este gobierno debido a gran rencor y mal intencionados, están perjudicando mucho, y desestabilizando España con sus actos entre ellos el haber vuelto a reabrir la herida que produjo la guerra civil española hace 86 años y que había cicatrizado a raíz de la transición había sido curada y ha vuelto a renacer el rencor y el odio entre las dos Españas de las izquierdas y las derechas.

Apenas aprobados los presupuestos generales, los separatistas catalanes y vascos, sus líderes contentos, ufanos y en público sacan pecho y presumen de que los temas aprobados ayer en el congreso de los diputados ha sido porque ellos, lo han querido así, o sea como queriendo decir, nosotros manejamos España, y por desgracia tienen razón, ya que desde, este gobierno de coalición socialista comunista están gobernando con sus actos y los apoyos de sus indeseables socios también se les puede considerar enemigos de España desde el mismo momento en que consienten casi todo a los separatistas que pretenden romper España y encima de que el gobierno los llama como socios ellos se aprovechan y manejan la batuta a sus conveniencias, e incluso se cachondean diciendo por todo lo que están consiguiendo en su favor, nosotros le hemos quitado el juguete a los jueces Fascistas; y mientras todo esto ocurre, humillando a placer a España y los Españoles el gobierno permite tanta ofensa y calla, y los fiscales y jueces no hacen nada y callan también.

A partir de aquí, con todo esto tan inaguantable por culpa de esta gobierno y sus socios, yo me estoy tragando y aguantando impotente la parte que me toca de tanta humillación provocada a conciencia por parte de unos políticos insensatos y ambiciosos destructivos malvados e irracionales peligrosos y desestabilizadores que tan solo se importan ellos, y no el conjunto de la población, paso a dar ese pequeño repaso sobre lo por mi observado en todos los gobiernos de España que he conocido, desde que yo era un crio y que todos los posibles lectores moderados i sensatos vean, y saquen sus conclusiones sobre cómo ha sido desde hace 86 años hasta hoy 2022.

En el año 1936 del pasado siglo XX hasta 1939 año en el que yo nací, hubo una guerra civil en nuestro País España, en 1936 hacia cuatro años que se habían celebrado elecciones libres generales en España, al ganarlas las izquierdas implantaron en España la segunda República; en nuestro país siempre había estado gobernado e influenciado por las derechas esclavistas explotadoras caciquiles y católicas incluida como no, la iglesia falsa e hipócrita ya que siempre estaba del lado de los poderosos, desde que se impuso el cristianismo por el emperador Constantino que les dio el poder en el concilio de Nicea allá por el siglo IV y que uno de sus principales mandamientos siempre ha sido mantener al pueblo alejado de las libertades y en la ignorancia y el analfabetismo con el fin de evitar el tener competencia ni por parte de los estudiosos ni de las demás religiones y de ahí, su eterno rechazo a la Democracia. Al ganar la elecciones las izquierdas en 1932 y proclamar la segunda República, y con ella la Democracia; pero según pienso yo, la Democracia racional y civilizada y todo lo que nos ofrece de bueno en su esencia, es algo parecido a un sediento imprudente que le ofrecen una jarra de agua y por saciar su sed, en vez de tomar el agua a sorbos se la bebió de golpe, se sintió mal, al no haber sabido dosificarla, y el pueblo Español en general, in su ignorancia no fue capaz de ver ni aprender el verdadero sentido de la Democracia y con sus actos incívicos, la ultrajó al no cumplir con sus sensatas normas cívicas y racionales; así pues el pueblo en general al haber pasado de la eterna esclavitud y de siervos a ciudadanos con derechos y libertad, creyeron que la libertad les permitía todo, y la convivencia de gran parte de la sociedad se comportaron y convirtieron la convivencia en un desmadre; así pues la nueva República y las izquierdas por su incapacidad irresponsabilidad, e incompetencia no fueron capaces de dosificar el agua a los sedientos de justicia social y de libertad porque ni gobierno ni el pueblo en general estaban capacitados para avanzar y progresar en estabilidad a causa del rencor y el odio ancestral entre las derechas y las izquierdas, y entre unos y otros, por su insensatez con mucha falta de sentido común de racionalidad ocurrió lo que nunca dubio de haber ocurrido, una guerra civil entre hermanos, y en la que todos los partidos políticos que la provocaron todos son culpables, tanto Franco con su golpe de Estado y los falangistas, y los aliados Nazis y fascistas Alemanes e Italianos, mas los moros del Sahara Español y los portugueses del también Dictador Salazar; y digo también culpables las izquierdas empezando por el gobierno Republicano incompetente y mal gestor en sus obligaciones y responsabilidades para conseguir la estabilidad, y junto al gobierno los socialistas, los comunistas, los anarquistas y los del frete popular de los extranjeros algunos de ellos para defender a la Republica, y otros aventureros en busca de aventuras. Como es bien sabido, ya bastante antes del golpe de Estado por Franco, los falangistas fascistas de las derechas y las izquierdas sobre todo los comunistas siempre andaban de gresca en emboscadas y pequeñas batallas en donde incluso había muertos por ambos bandos, y para encender mas la situación los comunistas queman iglesias y asesinaban a curas copiando a sus amigos y profesores los bolcheviques Rusos comunistas también los anarquistas y los esbirros de los cacique hacían también sus guerras particulares, y la república no fue capaz de poner remedio a toda esta especie de ejército de Pancho villa, en suma que, según todo lo ocurrido en aquellos pocos años de Republica y el traidor golpe de Estado de 1936 que desembocó en la guerra civil, todos los partidos tanto de derechas y de izquierdas fueron culpables. Pero las derechas mas ayudadas y mas disciplinadas y mejor organizadas ganaron la guerra, y con su triunfo tanto los señores cuasi feudales y caciques y la iglesia recuperaron todos sus privilegios de antes. La guerra había acabado en el 1939 año en que yo nací, y crecí, y al igual que toda la población Española fuimos adoctrinados a gusto de los intereses de la política totalitaria del gobierno y de la iglesia católica.

La posguerra fue muy larga, y muy dura para mas de la mitad de la población Española, pasamos y sufrimos muchas injusticias y hambre, sobre todo nuestros padres y abuelos que no habían luchado de parte de los Franquistas.

En el año 1958 y todavía sufriendo la posguerra yo ya tenía 18 años, y como buen Español como se nos había educado me fui voluntario a hacer el servicio militar en la bandera paracaidista porque se comía mejor que en mi casa y se cobraba mas que un obrero debido a que la instrucción era muy dura; cuando me licencie en 1960 me fui a Francia, en busca de mejor futuro que en España, al llegar aquel tren de asiento de listones de madera como asientos a Barcelona lo que empecé a ver en la estación ante lo que vi, empezó, a cambiar mi adoctrina miento del régimen y la iglesia Franquista, vi en los andenes de la estación cientos de Españoles mal vestidos y con caras de miseria unas maletas de cartón o de madera algunos tan solo con un hatillo que tambíen salían de España en busca de un futuro mejor, al ver todo aquello que me causó mucha tristeza y vergüenza mi mente volvió varios años atrás cuando yo de pequeño y adolescente criándome y viviendo con tanta miseria y hambre, y viendo la hipocresía del cura de mi barrio durante sus charlas doctrinales en la escuela y en la catequesis y sabiendo que a él no le faltaba la buena comida, y viendo en mi casa y mis hermanas mas pequeñas que yo pasando tantas necesidades y que me vi obligado a los diez años de edad a ingresar en un taller de aprendiz doce y catorce horas por día y siete pesetas de paga por semana yo me hice un rebelde pero tan solo para mis adentros ya que sabía que, no podía protestar ni en el trabajo ni en la calle; pero aquel día cuando vi los andenes de la estación del tren en Barcelona con tantos cientos de Españoles y la mayoría padres que dejaban sus pueblos y sus familias en busca de un futuro mejor para poder ayudar a los suyos mi mente pensaba y aumento mucho mas mi rebeldía, rebeldía que se acrecentó a un mas cuando alguien me dijo en la estación que aquello ocurría todos los días mucho después supe que, por aquella época salieron de España en esas condiciones tres millones de españoles, pero con lo que yo vi aquel día en la estación de Barcelona comencé a maldecir a Franco a todo su gobierno y los curas que lo permitían. Apenas llegar a Francia supe que en ese gran y culto país una de la primeras personas con las que traté me dijo que allí, regia la Democracia cosa que yo ignoraba lo que era, y la persona me explico que allí en Francia al gobierno lo elegía el pueblo en citación que donde esa persona aquel día iba a hacer ir a votar, ese día yo recuerdo que me sentí muy mal y de nuevo maldije con mucha mas mala leche a Franco y a su ministro Manuel fraga Iribarne que supe que estaba de embajador en Londres y sabia perfecta mente la gran cantidad de Españoles que estaban abandonando España en busca de un futuro mejor, y sabía que, gran parte de esos Españoles eran Gallegos paisanos suyos, también me dolía mucho, el concepto que tendrían los Franceses con su sistema Democrático sobre nosotros los Españoles vecinos pero sin Democracia, mas retrasados que ellos en todos los sentidos.

Al poco de instalarme en casa de unos parientes lejanos, me enteré que allí en Francia había muchos Españoles que eran refugiados políticos, todas esas personas que habían salido huyendo de España o sea los que perdieron la guerra y gobierno y la policía de Franco los perseguía algunos para encarcelarlos, y otros para fusilarlos; toda aquella gente eran los que nos habían enseñado en España que eran los malos, que querían romper España; pero yo vi a aquella gente que no eran los malos que nos habían inculcado los que gobernaban en España; yo vi que, unos eran socialistas y otros comunistas o anarquistas, cosa que yo no había sabido antes lo que eso era, los a veces unos y otros daban mítines políticos contra Franco y su gobierno o pequeñas fiestas de fraternidad, y yo atraído por aquellos compatriotas y para aprender asistía a todas de todos los grupos; hasta que por amistad con una pareja de novios también recién emigrantes y ella estaba acogida en casa de una hermana mayor casada con un anarquista que había estado en la guerra Española y después había luchado en Francia en la segunda guerra Mundial alado de los maquis contra los Alemanes, y yo por amistad con una pareja de novios también casi recién llagados como yo, como ella la novia estaba acogida en casa de una hermana mayor casada con un anarquista que había hecho la guerra contra Franco y después en Francia como refugiado político también había participado en la segunda guerra Mundial con los maquis luchando contra los Nazis que habían invadido Francia pues ese anarquista Español y su hermano al ser el novio de la cuñada y éramos amigos nuestras visitas eran muy frecuentes a la casa de los dos anarquistas, y como eran muy buena gente y me prestaban libros que me gustaban mucho entre esos libros uno era germinal, otro, las ruinas de Palmira y varios mas al tener esa amistad y roce con aquella familia de Madrileños, me apunté a su grupo de la CNT anarco sindicalista, aunque yo todavía no sabía y por lo tanto no conocía la ideología anarquista pues me bastó, con que fuera anti Franquista aunque poco a poco fui aprendiendo de que iba esa ideología; un día me conto una de los hermanos que ellos dos junto con un grupo de dinamiteros Asturianos dinamitaron los torreones del alcázar de Toledo, y también me confesó que lo que mas sentía de sus actos cometidos en Madrid en un asalto a banco, en el tiroteo cruzado el mató a una niña, aquello a mi no me gustó nada y empecé a comprender poco mas o menos cual fue la misión de los anarquistas en la guerra civil Española y saque la conclusión de que el trabajo que hacían, era igual que el que hacían los Franquistas, y los falangistas de las derechas, y como los comunistas y demás grupos de las izquierdas. En suma que en los dos años que estibe en Francia antes de irme a Canadá aprendí bastantes cosas primero que era la Democracia, y sobre la guerra civil Española, sobre Franco y los incluidos los poderosos los caciques y los curas, y sobre el papel representado por los partidos de las izquierdas que se consideraban Republicanos, también había una República Española en el exilio en Francia y que estando yo allí, murió el último presidente de la Republica Española, y que ya no recuerdo su nombre, y el mismo año que también murieron Marilyn Monroe y Garo cuper, o Cooper.

Una vez ya llegado a Canadá País que desde pequeño me atrajo, yo todavía seguía afiliado a la CNT, había un anarquista Murciano como yo, ya muy anciano y mui entregado a su ideología y proyecto quimérico anarquista, este anciano siempre había sido además de soñador secretario general de propaganda y como se consideraba ya mui cansado y viejo me propuso pasarme ese trabajo a mi, y yo lo acepte para que el pudiera descasar.

A mi me daba un poco de pena aquel viejo paisano mío Murciano el ver que pronto dejaría esta Mundo llevándose a la tumba con él, aquel sueño ideológico imposible de que algún día se hiciera realidad por utópico y quimérico; yo seguí un poco tiempo mas perteneciendo a la CNT por estar con los pocos amigos que yo tenía allí, pero mi pensamiento era volver lo antes posible a España, y esa fecha pronto ocurrió.

La década de los años sesenta del pasado siglo XX fue para mi escuela, mi instituto, y mi universidad como ciudadano de a pie, ósea la escuela de la vida, después de salir de mi pueblo a los 18 años de edad y pase dos años y seis días en la bandera paracaidista que era mui distinto a la vida en el pueblo, allí en el ejército y con tantas cosas nuevas y mui distintas entre como un adolescente, al licenciarme yo ya había cambiado mucho con todo lo que aprendí y todo que después seguí aprendiendo todo aquello, fue mui distinto a los vivencias del pueblo,

Desde Madrid y Barcelona sin antes pasar por mi pueblo llegué a Francia, allí conocí tuve contacto y conviví con ellos, los exiliados políticos Españoles, que todos soñaban con algún día volver a su País España muchos no lo consiguieron porque por su edad les llegó la hora. En Francia conocí, la diferencia de cultura y de la mentalidad que había entre la población Francesa y la Española; también viví y conocí la liberación de Argelia hasta entonces colonia Francesa, los Franceses colonos de Argelia llegaban a Francia tristes acongojados y desorientados por haber tenido que abandonar su hogar y su vida de en donde habían nacido, pero por aquellos tiempos se estaban liberando muchas colonias de varios Países Europeos y en los primeros años de los sesenta del pasado siglo XX le tocó a Argelia gobernando en Francia el general degol, o de Gaulle; junto con estas cosas también aprendí lo primero que me había impactado al llegar a Francia que fue, lo que era la Democracia.

Ya en Canadá y Nueva York vi que era un Mundo distinto al Europeo, mucho mas avanzado y rico en donde la prioridad era la entrega al trabajo y la competitividad en todos los sentidos por mantener la prosperidad y el vivir estable seguro y con todo lo deseable dentro de la capacidad de cada cual; a pesar de todo esto, allí viví el asesinato de un buen presidente de gobierno J, F, Kennedy, y poco después también fue asesinado su hermano Robert, también conocí la aparición de los primeros años de la década de los 60 del movimiento Hippy, una generación de gente joven que no aprobaba la manera de vivir la sociedad en la que Vivian a pesar de que esa sociedad era de las mas prosperas y en donde mejor se vivía del Mundo, esta gente los hippy se apartó de ella, y su lema no era en absoluto proclamar la obligación y el respeto al trabajo, sino, si al amor y las drogas, y no a la guerra, pero ellos Vivian sin obligaciones vestían como los espanta pájaros de los campos, comían, pero no trabajaban. Por aquel entonces trabajando yo en Nueva York poco después de la muerte del presidente Kennedy salió de presidente Johnson; y despues estando yo otra vez trabajando en Nueva York en las siguientes elecciones las ganó Nixon, gracias a su estrategia de que se basó en hacer mucha propaganda por la televisión durante todo aquel periodo de tiempo se estaba desarrollando la incomprensible guerra de Vietnam; el último año de mi estancia en aquellas grandiosas tierras de Canadá y EEUU, en 1969 casi de madrugada en Montreal se produjo la llegado del hombre a la luna; y a primero de año 1970 después de 13 años fuera de mi tierra casado y con dos hijos pequeños nacidos en Canadá donde me case con una madrileña en 1964 renuncie a los dólares y a la cómoda y holgada vida después de haber vivido y aprendido muchas cosas entre ella lo que suponía y las ventajas civilizadas de la libertad y la Democracia tanto en Francia como en los EEUU, y regresé a España sobre todo para que mis hijos se criaran en mi País España, y mismo sabiendo que en España todavía seguía gobernando Franco y su Dictadura y que yo y mi familia vamos a vivir mucho peor que en los lugares que habíamos dejado atrás; pero pensando que Franco y su Dictadura no duraría muchos años mas y que entonces también llegaría la Democracia a España, y así ocurrió; en aquella década de los años 70 del pasado siglo XX Franco el Dictador asesino elegido por Dios según la iglesia pero enemigo de la Democracia y en 1975 murió después de haber comenzado una cruel guerra civil entre los Españoles y de haber gobernado y obligado a vivir España 40 años de Dictadura, mientras que en todo ese tiempo toda la Europa Occidental vivía en Democracia y libertad. Una vez muerto Franco le sustituyó su mano derecha también Fascista Arias Navarro, pero por entonces ya empezaba a respirarse un aire algo mas limpio en la política pues desde después de la segunda guerra Mundial todos los Países vencedores Europeos Vivian mucho mejor y mas avanzados que

España en libertad Democrática, y nuestro País por culpa de la larga Dictadura seguía aislado y la mayoría de todos los partidos incluidos los que habían estado en el exilio que acababan de ser legalizados por un Franquista falangista que al poco tiempo de estar gobernando sucedió a Arias navarro, pues este nuevo presidente antes Franquista y Falangista Adolfo Suarez se había propuesto traer la Democracia a España legalizo todos los partidos incluidos los siempre tan odiados el partido comunista de Santiago carrillo, todos los líderes de los de los partidos incluido el nuevo partido de la derecha del antes Franquista Fraga Iribarne, junto con el que poco tiempo después sería proclamado Rey de España Pues el Dictador que hacía poco había muerto que siempre se negó a que don Juan padre del ahora príncipe y poco después Rey lo que Franco le negó al padre se lo concedió al hijo antes de morir, aunque se lo concedió, con la condición de que el joven príncipe cuando fuera proclamado Rey siguiera la misma política que había estado ejerciendo el Dictador, pero el yo Rey no cumplió su palabra y se propuso implantar la Democracia en España; así pues entre el Rey y el reciente nuevo presidente del gobierno Adolfo Suarez junto con los líderes de los partidos políticos de las derechas y las izquierdas tuvieron debates se acordaron las bases, y los antes enemigos se dieron las manos instauraron la Democracia y una Monarquía parlamentaria e hicieron posible la vendita transición pacífica y en España empezó a respirarse un nuevo aire mas puro para el pueblo Español. Pronto hubo otro presidente del gobierno que sucedió a Adolfo Suarez otro ex Franquista de un nuevo partido de la derecha llamado Calvo Sotelo, pero el fanatismo y la maldad junto con la insensatez de algunas personas nunca desaparece, y algunos fanáticos insensatos Franquistas no soportaban el cambio ni la Democracia, e intentaron de nuevo llevar al País hacia atrás; así pues en el año 1981 hubo un intento de golpe de Estado propio de un País tercer del tercer mundo incivilizado, urdido por algunos jefes de la guardia civil y por parte del ejército, la guardia civil tomo al asalto el congreso de los diputados amenazando a todos los representantes de los Españoles, sonaron las metralletas y los tiros al aire ordenando con estas amenazadoras palabras…Todo el Mundo al suelo; aquel 23 de Febrero de 1981 fue una noche mui larga pendientes del televisor, amarga y desconcertante, y viendo de vez en cuando los tanques en las calles de algunas ciudades e incluso a las afueras de Madrid después de muchas horas de nerviosismo y el paquete de cigarrillos a mano esperando acontecimientos sin saber qué clase de acontecimientos serian, hasta que ya de madrugada apareció en la pantalla del televisor el Rey anunciando que todo estaba en orden, aquel lo fue mui relajante infundio tranquilidad y esperanza calma y sosiego, y es mui posible que si no hubiera habido un Rey jefe del estado, mui posible mente aquella noche negra se habría acabado la recién nacida Democracia en España, a partir de aquella noche quedó patente que la monarquía parlamentaria era y sigue siendo necesaria en España.

Un año después en 1982 hubo de nuevo elecciones generales Democráticas y por fin, después de algo mas de 40 años de Dictadura y desde 1932 las ganó la izquierda que no las izquierdas pues tan solo el partido socialista de Felipa González fue el vencedor y por una gran mayoría, aquel día, fue un día de gran jubilo para mi como obrero y de izquierdas y ex afiliado a la CNT; a partir de ahí, España ya no estuvo mas aislada pues pronto entramos en la Unión Europea como un País miembro mas. Este presidente Felipe González y su partido socialista moderado y constitucionalista demostraron tener mucho mérito sentido común y sensatez, ya que siendo un partido de izquierdas Republicano acató, respetó y defendía la Monarquía que formaba parte de la nueva Constitución. Felipe González gobernó durante tres legislaturas de cuatro años, aparte de las cosas negativas que siempre surgen en cualquier gobierno que no voy a exponer aquí para no alargarme, durante todo su mandato España estuvo estabilizaba y prosperaba sobre todo gracias a los fondos de la Unión Europea, a las grandes empresas extranjeras que se fueron instalando en España, y sobre todo al BUN del turismo de extranjeros.

Después de haber gobernado el partido socialista moderado durante esas tres legislaturas, a Felipe González lo desbancó en las urnas el partido popular de centro derecha moderada de José María Aznar, este gobernó durante dos legislaturas, y ya no se presentó mas, pues decía que un jefe de gobierno no debería gobernar mas de dos legislaturas seguidas, y sus motivos tendría. Con este presidente del partido popular también reino la estabilidad en España, y el País siguió avanzando; yo al ver como este presidente se desenvolvía durante la primera legislatura en la segunda como ciudadano que tiene la obligación de votar, le vote a él, y diré porque. Porque el al igual que el Reino Unido se pusieron de parte de EEUU cuando ese País dolido y atacado cobarde mente por el terrorismo Islamista estrello dos aviones de pasajeros contra las torres gemelas de Nueva York, sabiendo el presidente del gobierno del partido popular que es bueno para cualquier País estar de amigos con los EEUU sobre todo para comercial e introducir los productos del País en ese gran mercado que es EEUU, además, este presidente del PP y del gobierno de España cuando dejo la presidencia del gobierno de España dejó repletas las arcas de la seguridad social aparte de otras cosas mas que demostró ser un buen gestor y eso, es muy bueno para cualquier País pero esto no lo tienen en cuenta las izquierdas porque un presidente del gobierno en España por bueno que sea, solo por el mero hecho de ser de centro derecha lo rechazarán pues para las izquierdas por bueno que sea, si no es de su ideología es malo; y se vio claro en el hecho de que a causa del apoyo del presidente del gobierno de José María Aznar de centro derecha a los Americanos en la guerra de Irak las izquierdas Españolas atacaban sin cesar y con grandes manifestaciones con el eslogan mui repetido del no a la guerra, y con este eslogan y la ignorancia de tanta gente de la que se aprovechó la izquierda del partido socialista que era la oposición, encabezada por su presidente Rodríguez

Zapatero un radical estúpido y anti Americano gano las elecciones, y digo lo de radical y estúpido, además de insensato porque era entre otras cosas amigo y defensor del régimen de Castro y su Dictadura como también de del régimen de Venezuela, y porque un día durante la celebración de la fiesta y el desfile militar en el paseo de la Castellana de Madrid aquel día, también desfiló una representación de los Estados Unidos, y al pasar la bandera de EEUU el tal Zapatero no se dignó ponerse de pie en plan de respete a ese País y su bandera y ese feo e insensato detalle y falta de respeto era mui perjudicial para España y la venta de nuestros productos a ese inmenso y poderoso País, que la gente se olvida de que el pueblo Americano ha salvado a Europa de la primera y la segunda guerras Mundiales.

En las siguientes elecciones generales las urnas hablaron, y de nuevo las gano por mayoría absoluta el partido popular de Mariano Rajoy también de centro derecha, un hombre para mi prudente serio y competente que le tocó gobernar en unos tiempos muy difíciles de crisis Internacional, este presidente también a pesar de tener que soportar aquella gran crisis Mundial, también tobo que soportar los continuos ataques de las izquierdas que no supieron digerir su derrota en las urnas, y lo acosaron continua mente con grandes manifestaciones callejeras y huelgas con el fin de intentar ganar en la calle, lo que no habían sido capaces de ganar en las urnas. A partir de ahí, y como ya vengo diciendo en estos libros sobre la España Real, aprovechándose de aquella gran crisis hace ocho o nueve años había aparecido en la escena política un nuevo partido oportunista revolucionario de nuevos comunistas radicales, denominado (unidos podemos) populistas supuestos salva Patrias que odiaban a las derechas, a los empresarios y a la Monarquía sin importarles un bledo que, la Monarquía está aprobada por la inmensa mayoría de la ciudadanía Española; desde que llegó esta gente con su virus maligno empezaron a contaminar gran parte de la ignorante ciudadanía Española, pero todo esto, no quiero hacerme pesado repitiéndolo pero el caso es que desde que aparecieron se acabó la estabilidad en España y empeoro cuando apareció como nuevo secretario general de los socialista hace cuatro años y este hombre portaba con él, la copa del veneno de la cicuta que junto con el virus maligno de los nuevos comunistas supuestos salva patria se enveneno aún mucho mas la convivencia entre los Españoles. Como sabemos, el nuevo líder socialista y los nuevos comunistas disfrazados de Democráticos se unieron, al fullero astuto y tramposo mentiroso líder socialista, tenía su ambicioso y perverso plan para derrocar al gobierno del PP, y como digo, se buscó de socios a los nuevos raridades de las izquierdas, y a espaldas de los Españoles a un precio mui alto e ilegal en perjuicio para España también busco como aliados a los separatista de Cataluña al Nacionalistas Vascos y al partido también Vasco amigo y defensor de los terroristas de ETA con todos estos grupos de mercenarios pagados a buen precio, el ambicioso líder de los socialistas logro su gran ambición personal y como ya sabemos con esas fuerzas destructoras enemigas de España derrocó del gobierno de España al partido popular de Mariano Rajoy y desde entonces en estos tres años de gobierno de este fullero embustero mentiroso y traidor por pactar con los que pretenden romper España y con España también ha traicionado el espíritu y los acuerdos de la transición, y también además de todo esto entre él y todos sus socios de bandas de indeseables, ha reabierto la herida que produjo la guerra civil Española, y que había sido curada y cicatrizada con los acuerdos de la transición.

Cuando hace unos años entraron en la escena política varios nuevos partidos ya dije que el congreso de los diputados se iba a convertir en un gallinero pues ya no eran tan solo los dos partidos el socialista y el partido popular uno de izquierdas y el otro de centro derecha ambos dos moderados también estaba el partido comunista de España pero este partido había ido perdiendo influencia desde la transición y apenas si tenía diputados, así pues a pesar de las diferencias normales que había entre la izquierda y la derecha al ser los dos principales partidos moderados y constitucionalistas mas o menos en el parlamento do había habido nunca grandes sobresaltos, ni disputas y enfrentamientos vergonzosos como los que se están produciendo desde que hay tanto partido con tantos intereses ideológicos tanto Nacionales como regionales separatistas, y sobre todo el gallinero parlamentario que ha demostrado ser un parlamento mas propio de un País del tercer mundo que un país civilizado se está ratificando aún mas desde los turbulentos últimos cuatro años en estas últimas tres semanas de Diciembre de este 2022.

Lo que está ocurriendo estos días de la segunda y tercera semana del mes de Diciembre de este 2022 yo no me considero capaz de explicarlo, pero la cosa, poco mas o menos va de lo siguiente, este gobierno de coalición socialista comunista como sigue en deuda con los separatistas de Cataluña y estos le exigen al gobierno cada vez mas, pues ahora y después de haber conseguido bastantes favoritismos en favor de los culpables de sedición ahora este gobierno por su cuenta y si contar con nadie como siempre suele hacer, y sabiendo que entre todas las izquierdas y los separatistas tiene los votos suficientes va a llevar al congreso una ley que libere a los culpables de sedición todos los cargos que aún tienen pendientes con la justicia y entre esos cargos la mal versación de fondos; ante este otro hecho tan grave el partido de la oposición a denunciado el grave caso ante la justicia, y antes de que la justicia se pronunciara el gobierno ha llevado su propuesta al parlamento se ha votado, votación en la que solo han participado los grupos de las izquierdas y los separatistas y Nacionalistas Vascos y la propuesta del gobierno en favor de los que pretenden romper España ha sido aprobada, y hoy lunes 19 de Diciembre esta todo embrollado tanto en los medios de comunicación y en el Mundo judicial que está dividido entre la izquierda y la derecha y entre todos tienen que ponerse de acuerdo para anular o aprobar lo que el gobierno ha decidido y ha sido aprobado, y en esta delicada y coco civilizada situación, pienso yo que los jueces no serán capaces de solucionarlo hoy el poder aprobar o desaprobar la cacica da, de este gobierno dirigido por un Sátrapa del siglo XXI. Como ya creo haber mas atrás dicho, este gobierno de coalición socialista comunista, sigue pagando la deuda que tiene pendiente por sus acuerdos secretos con los separatistas de Cataluña, por el apoyo que estos le dieron a un precio muy elevado para que este fullero presidente socialista pudiera llegar al poder, y el último plazo por ahora ha sido, en beneficio de los separatistas el renovar el poder judicial y ponerlo al servicio del gobierno y una vez conseguido esto, anular el delito de sedición a los golpistas separatistas, y también anular, el delito de malversación de los separatistas que durante bastantes años estos han estado cometiendo ese grave delito gastando muchos millones de todos los Españoles en sus gastos en pro de sus intenciones para separarse de España. Como también creo haber dicho mas atrás en lo referente al posible cambio de los miembros que componen el poder judicial, como ya también dije el jefe de la oposición al darse cuenta de que el presidente del gobierno estaba jugando sucio, denuncio el caso ante la justicia, la justicia acepto la denuncia, y esta no acepto el cambio que proponía el presidente del gobierno, con lo cual fracasó en su maligno intento, y este fracaso le cayó al presidente del gobierno como un punta pie en los cojones; pero a continuación, preparó la venganza; y ayer 22 de Diciembre de este 2022 día del sorteo de la lotería Nacional fue aprobado en las cortes la eliminación de la sedición y de la malversación con lo cual i una vez mas les tocó la lotería a los golpistas separatistas delincuentes y enemigos de España fanáticos insensatos líderes separatistas catalanes, y además de todo este premio mal, e injusta mente concedido a los enemigos de España también se aprobó una proposición de los comunistas que forman parte del gobierno que las embarazadas menores de edad puedan ser libres de abortar sin la necesidad que intervengan en esa decisión de las menores ni los padres, ni los médicos; en suma que, según veo yo las cosas desde que esta gobernando España este gobierno y sus socios radicales e incivios,nuestra sociedad por todo esto y mucho mas en vez de avanzar civilizada mente estamos hiendo para tras.

Mañana día 24 día de noche buena y comienzo de las fiestas navideñas, casi todo el mundo está contento con estos días de vacaciones de fiestas, la gente se agolpa en toda clase de tiendas para comprar los manjares ropas y regalos de toda índole, las autovías de llenan de coches en sus desplazamientos y pensando en todo lo bien que se lo van a pasar, y casi nadie se para a pensar en que tal y como están las cosas tanto en lo político y ni en todos los problemas que nos están afectando y nos amenazan a la sociedad Española en general, y con todo esto que la inmensa mayoría nos afecta España no está para fiestas, ni hay motivos para tanta celebración y juergas, pero todo esto, todavía, y en el siglo XXI sigue formando parte de la mentalidad Española porque la fiesta por el motivo que sea es una prioridad, y no es cívico ni racional el poner en la fiesta mas interés y entrega que al trabajo, y aún mas irracional cuando la gran mayoría de las fiestas y que son religiosas como estas de las navidades que se basan en cosas y casos y hechos que están mui lejos de ser reales ni racionales, pues desde que existe la especie humana ningún hombre ha sido ni es hijo de un Dios que nunca ha existido ni existe pues todo lo referente a los Dioses de todo el Mundo es pura mitología, y en el caso de Jesucristo tenido por hijo de Dios, entre otras muchas verdades dichas por algunos líderes principales de la Iglesia una vez dijo un ministro de la millonaria Iglesia católica...comenzamos con un pesebre, y mirad donde hemos llegado.

El discurso Navideño a la Nación del joven Rey, ha sido como los anteriores muy prudentes pacificadores y sensato, aunque al igual que los discursos anteriores ha sido, un discurso despreciable y por lo tanto rechazable para los líderes separatistas anti España, y anti Monarquía, que desean y pretenden insensata mente romper España y eliminar la Monarquía, aunque todos esos líderes faltos se sentido común y de sensatez y debieran de saberlo, no pueden ofrecerles a sus regiones nana mejor de lo que tienen si estuvieran fuera de España. Pero como siempre ha ocurrido aún sigue habiendo mucha gente inculta borreguil y fanática que por esa ignorancia se deja seducir y arrastrar, por esos líderes ambiciosos de mas poder, y fanáticos de unos ideales que siempre crean malas consecuencias y divisiones dentro de la misma Nación mismo a pesar de que la Historia nos ha enseñado que, los pueblos de las Naciones libres vivirán mucho mejor unidas todas sus regiones que separadas, y esto nos lo demostró la Unión de los Estados Unidos de América, y la des Unión que, aún existe en los Países del centro y sur américa, y como en el pasado siglo XX ocurrió con la unión de los Países de Europa y en cuya unión, tanto a favorecido y está favoreciendo a España; esto debieran tenerlo en cuenta estas regiones de España como Cataluña y el País Vasco, y máximo sabiendo que estas dos regiones Españolas por ser ambas dos regiones de las más emprendedoras y productivas industrial mente de España, y siempre han sido las mas favorecidas por el Estado español en todos los sentidos, desde la llegada de la Democracia; mismo así, como digo, siempre hay líderes ambiciosos que se creen mas que los demás, como estos de ahora que quieren ahogar las fiestas, y me explico; estamos en el comienzo de las fiestas Navideñas, y el discurso navideño del Rey ha sido criticado por los por los separatistas y Nacionalistas Catalanes y Vascos e incluso Valencianos o sea, todos esos que se sienten Republicanos y repudian la Monarquía, algunos de ellos, gracias a la Democracia que conlleva la libertad de expresión en el estrado de las cortes se permiten decir, y sin el mínimo respeto y con mucha mala leche y odio, a nosotros España nos importa una mierda, cuando tanto los unos como los otros, todos ellos no pueden evitar ser Españoles como todos los demás de todas las demás regiones; y como no, también junto a todos estos grupos también han criticado el discurso del Rey los diversos grupos comunistas. Pero con todo esto, a mi particular mente me ha provocado nauseas, asco, y desprecio empezando por el presidente del socialista y presidente del gobierno que si a avalado el discurso del Rey, porque yo me pregunto ¿cómo, el presidente del gobierno aprueba y defiende el discurso del Rey discurso muy sensato y de sentido común cuando por otra parte este fullero presidente del gobierno tiene como socios a todos esos grupos de indeseables que critican y odian a la Monarquía y al Rey y a España? y con ello, humillan a la mayor parte de los Españoles, aquí, es oportuno agregar ese dicho que dice, dime con quién andas y te diré quién eres, a lo que yo agrego, dime con quien te asocias y pediré que clase de persona eres. En estos días del mes de Diciembre este fullero presidente del gobierno ha concedido a los golpistas separatistas Catalanes regalos y privilegios mui beneficiosos, mismo a pesar de que el presidente ha dicho en varias ocasiones en público que, el nunca iba a permitir un referéndum en Cataluña, y sin embargo, hoy día 26 de Diciembre apenas dos días después del discurso Navideño del Rey en donde ha hablado de necesidad y las ventajas en todos los sentidos para el País de la concordia y la unión entre los Españoles y las comunidades autónomas y de la responsabilidad de todos, y como ya creo haber dicho mas atrás contradiciendo al presidente del gobierno sobre la imposibilidad de celebrar un referéndum en Cataluña y tan solo dos días después el presidente separatista del gobierno autónomo de Cataluña en su discurso Navideño ha declarado mui convencido que pronto habrá un pacto de Estado para celebrar un referéndum en Cataluña en el entrante año 2023; ha dicho, un pacto de Estado no sin consentimiento del Estado como lo hicieron hace cuatro años lo cual quiere decir que ya habrá hablado al respecto con el presidente del gobierno aunque este lo esté negando, pero son tantas las veces que nos ha engañado a los Españoles que no sería de extrañar que nos engañe una vez mas, solo el tiempo nos dirá, y lo que ocurra sonará; ¿seguirá este fulero presidente del gobierno engañando y riéndose de los Españoles? ¿veremos una vez mas al presidente del gobierno con el presidente separatista de Cataluña sentados en la mesa del dialogo envenenando pactando sobre el asunto?, y si esto ocurriera por el mero hecho de que así fuera, el pueblo Español en masa estaríamos en el derecho de obligar la dimisión de maldito bastardo socialista presidente del gobierno el mas ambicioso y el peor gestor de la política de España.

En estos últimos de diciembre y los primeros de Enero de este recién entrado 2023 el gallinero del congreso de los diputados un tiempo callado a causa de las vacaciones navideñas que las abran aprovechado para para organizar sus estrategias y seguir la batalla, pensando en las próximas elecciones municipales y autonómicas y unos pocos meses después las generales en donde después de todo lo que está ocurriendo el gobierno tendrá que rendir cuentas de su pésima gestión de la peor legislatura desde la llegada de la democracia, y si antes no ocurre algo que rompa todos los esquemas; mientras esto llega yo quiero agregar en este escrito un tema que también forma parte de la crónica, opinión y denuncia sobre la España Real; se trata del delicado y peliagudo asunto o tema sobre la tan cacareada violencia machista tan mal divulgada tanto en la política de las izquierdas como en la mayor parte de los medios de comunicación en los últimos años; y hago esta crítica, porque estoy cansado injusto de como hombre sentirme aludido y dolido porque a la hora de hablar sobre el tema en las tertulias y las opiniones de la mayor parte de la gente y sobre todo las feministas al hablar sobre el tema de la violencia machista nos meten a todos los hombres en el mismo lote criminandozandonos, y eso yo lo traduzco en odio del feminismo hacía con todos los hombres. Este recién pasado año 2022 desgraciada mente ha habido muchos crímenes cometidos por hombres salvajes mas animales que personas, ya que jamás ni por ningún motivo por grave que este motivo pudiera ser nadie tiene derecho a abusar de su fuerza para matar a nadie, y digo lo de salvaje y animal porque al cometer ese acto criminal el criminal irracional y sin conciencia su cerebro no está en naturales condiciones psíquicas sanas ni racionales, ateniéndonos a que en su sano juicio mata a nadie por puro placer; así pues, como por raciocinio y sentido común cuando se tiene, primero hay que estudiar él porque ha llegado a, ese terrible extremo de matar a su compañera, y segundo con la misma racionalidad y sentido común si lo hay, no es justo acusar en general al hombre metiéndolos a todos en el mismo lote, o rasero, pues sí las cosas me suena a mi que hay ciertos grupos de mujeres que, por norma odian al hombre. Por otra parte y por eso escribo esto, es que cada vez que hay un crimen mal llamado machista ya que esto no tan solo va contra los hombres violentos y desequilibrados sino que también va contra los hombres que son la inmensa mayoría; cuando ocurre un caso criminal se divulga y se repite en todas partes y en todos los medios y tan solo se divulga la versión en defensa a la víctima cosa que es normal, pero no es justo que nunca se divulga y no nos enteramos de la versión de los hechos del criminal y por qué y que le impulsó a cometer ese terrible y salvaje asesinato.

Este recién pasado año 2022 se han cometido muchos asesinatos de hombres contra las mujeres, en lo que se considera la violencia machista, y todos los casos de han divulgado y repetido hasta la saciedad en todos los medios. Estos dos primeros días del nuevo año 2023 una mujer ha asesinado a su compañero, y otra mujer ha matado a su marido y a sus dos hijos pequeños y a continuación sea matado ella, y según dicen los ha matado porque ella no quería que los hijos no estuvieran a cargo del padre; dos mujeres que han asesinado incluso a los dos hijos menores y apenas si se ha divulgado y menos aún repetido el dar la noticia, a esto, solo me queda añadir que, este continuo ataque sobre la mal llamada violencia machista porque también hay mujeres que matan, porque tanto los unos como los otros son casos aislados mismo si las mujeres lo hacen en mucho menor número, pero también son asesinatos, pero en cuanto a los hombres aunque sean muchos mas, no es justo ni sensato generalizar y hablar como generalizando la violencia machista, lo mismo que no se dice violencia feminista cuando la mujer mata al hombre; además por otra parte, que el hombre de estos tiempos la mayor parte no es machista, y ni por asomo se parece al machismo de otros tiempos, pues jamás antes el hombre ha estado tan asociado y ayudando a la compañera tanto en los asuntos cotidianos de ambos como en los quehaceres de la casa; y a pesar de este gran cambio en el hombre en favor de la mujer a causa de los comportamientos de algunas mujeres tanto fuera de casa como en los domésticos muchos hombres sanos y buenos se han hecho machistas, el que tenga oídos que oiga? .Pero pasamos a otro tema que también debiera prestársele mas atención para mejorarlo, veamos, .

Para ocupar un buen puesto o alto cargo en cualquier entidad o en la administración, y sobre todo incluido el de para intentar llegar a presidente de la Nación, hay que saber ganarlo y merecérselo, ante todo por méritos propios y poseer en sentido de la responsabilidad y no tener preferencia en concreto por ninguna comunidad autónoma mas preferencia que por otras; pero este presidente socialista de ahora que está gobernando España no tiene ni lo uno ni lo otro, ni lo otro, porque con sus actos está demostrando desde que empezó su mandato que, está jugando sucio y con trampas además de mentiras, pues este presidente con su estrategia política, está demostrando que, para sus adentros que aparte de estar ayudando a condenados separatistas Catalanes que tanto Cataluña como en País Vasco y las demás regiones al igual que España y su gente no les importa nada, pues lo único que le importa es saciar su gran ambición de poder, e intentar seguir en él, poder, el mas tiempo posible; y es , sobre todo por esta razón por la que busca los pactos con quien sea necesario para su interés particular, mismo si esto implica dividir a la sociedad Española y enfrentar y crear división entre los Españoles, sabiendo este presidente muy bien que, sus socios con los que pactado y tratado so particular negocio indigno y delictivo son enemigos de España que están empeñados y adoctrinados para intentar romperla, y mismo así a él no le importa nada el favorecerles vendiéndose y con él a los Españoles a los separatistas, y encima se permite cambiar las leyes para rebajarles a unos y perdonar a otros sus delitos mientras que estos delincuentes separatistas no dan nada a cambio sino que por el contrario repiten que jamás renunciaran a intentas romper con España y fundar la Republica Catalana, y esto ya de por sí, es desestabilizador incluso peligroso tanto para la ciudadanía Catalana como para la del resto de España.

En España en estos tiempos al contrario que en las Dictaduras tanto de izquierdas como de derechas se rige en Democracia, y esto lo decide el pueblo botando en las urnas, y cuando cualquier candidato que aspire al poder si se demuestra que no es legal ni competente para ese puesto ni responsable, él se presenta con su estrategia particular como no es el caso de este presidente del actual gobierno Español que no ha llegado al poder por méritos propios, y sin sus socios nada recomendables para cualquier gobierno y cualquier Nación, por radicales desestabilizadores un aspirante a presidente del gobierno como es el caso de España ante su falta de honestidad y de méritos propios jamás habría alcanzado llegar al poder, y ya lo dejó bien demostrado cuando siendo secretario general de su partido el socialista cuando sus mismos compañeros mas sensatos y moderados se vieron obligados a retirarle del cargo de secretario general, y a raíz de aquella deshonrosa expulsión el ambicioso aspirante al poder, comenzó a maquinar su estrategia para conseguir lo que mas aspiraba, y comenzó de nuevo ganándose la confianza de las bases mas radicales del partido y con su clásica astucia engañándolos a todos; con todo esto a su favor que formaba parte de su astuta estrategia en la que iba incluido ponerle precio al honor y la dignidad de España al buscarse como socios a los separatistas de Cataluña y de los Vascos incluidos los amigos y defensores de los terroristas de ETA, y como no también unir a su proyecto a los utópicos comunistas radicales. Con todos estos grupos a su favor a cambio del honor y la dignidad de España, a este que llegó a presidente del gobierno no le hacía falta ni los méritos propios, ni la ética, ni la moral, ni la dignidad ni el honor. Y con esta malévola estrategia con sus bandas de mercenarios y continuo la jugada de su agenda particular y el siguiente paso fue, presentarle una moción de censura al partido popular moderado, de Mariano Rajoy con la excusa de la corrupción que había en algunos miembros de este partido. El gobierno de Rajoy fue desbancado del poder y el fullero tramposo sin honor ni dignidad fue proclamado presidente del gobierno gracias a los apoyos de los grupos de mercenarios enemigos de España que loco antes él había dicho en varias ocasiones que jamás haría pactos con los separatistas ni con los comunistas y sin importarle lo mas mínimo la ofensa y la traición que le estaba haciendo España, cuando todo estuvo acordado entre el ambicioso aspirante y todos estos grupos de desestabilizadores con la excusa de la corrupción en algunos miembros del partido popular, le presentó una moción de censura al presidente del gobierno y al ser tantos grupos contra el partido popular de Mariano Rajoy la ganaron y destronaron a Rajoy presidente del gobierno de centro moderado un hombre prudente y sensato, pero así es la política en malos de malos políticos; el líder de los socialistas el fullero rastrero y mentiroso falto de honor y de dignidad, el socialista había triunfado con su maligna estrategia, a conseguir lo que tanto ansiaba y al precio que fuera y desde entonces está gobernando en nuestro País, y desde entonces ya como presidente del País a lo largo de estos tres años y pico ha ido demostrando lo fullero y mentiroso que es, con su siempre malévola estrategia con el solo fin de intentar ganar votos como sea, por si alguna vez, le fallara alguno de los grupos que un día le apoyaros para llegar al poder como por ejemplo la parte de los comunista sus socios de gobierno que antes o después a de estallar la bomba que se ha creado entre ellos ya que fueron unidos por intereses particulares de ambos líderes pero con fecha de caducidad que no tardará mucho en llegar; aunque tanto los unos como los otros socialistas y comunistas la estrategia es la misma a la hora de conseguir votos pues por mucho que prediquen que su misión es hipócrita mente, prometer y buscar mejorar la vida de la gente, en el fondo la gente no les importa nada, lo que quieren son los votos, y aquí, yo también voy a expones mi opinión, y no creo equivocarme, la parte comunista del gobierno se dio a conocer con el nombre de (unidos podemos) y por ganar el voto de las mujeres lo cambiaron por (unidas podemos) y la parte socialista del gobierno también quiere sacar tajada de ese filón de votos que son las mujeres de ahí que pongan tantas mujeres en el gobierno tanto mujeres socialistas como mujeres comunistas, y en mi opinión que acabo decir mas atrás es que yo no creo que la mayoría de los socialistas ni de los comunistas sean tan feministas como ellos dicen, y si ambos miembros de los dos partidos se proclaman feministas es tan solo por los votos que las mujeres les pueden aportar y eso es, una manera hipócrita de ganar votos, pero los votos en todos los partidos vengan de donde vengan son pepitas de oro aunque no todos los partidos utilizan la misma hipocresía para ganarlos; veamos. Hace poco tiempo este gobierno concedió una paga de 400 euros para todos los jóvenes tuvieran estos necesidad o no, con la condición de que ese dinero se lo gastaran en cultura, cuando demasiado sabe el gobierno de que en lo que menos se van a gastar los jóvenes ese dinero es en cultura pero mismo así la intención es buscar votos como sea; después hace poco, el gobierno ha concedido otra paga también mensual de 200 euros para los jóvenes mas desfavorecidos, a este mercadeo hipócrita se le llama comprar voluntades para cuando lleguen las próximas elecciones la próxima primavera, pero la pregunta es, ¿Por qué no se han concedido estas pagas antes en vez de ahora? Pero hay mas, porque incluso ayer día 10 de Enero este fullero presidente del gobierno ha aprobado otra ayuda que consista en poder tener derecho a cobrar el paro, y la pensión de la jubilación a todos los actores de cine y de teatro y a los cantantes, pero repito, ¿Por qué este gobierno no lo había hecho antes si las situaciones de los artistas era la misma?, pero claro ahora se aproximan las elecciones y hay que preparar las redes para ver cuantos pican, y hay este gobierno tiene un gran filón porque la mayoría de los artistas son de las izquierdas y bien poco les importará que este gobierno de izquierdas de ahora no se parece en nada a las izquierdas de la transición porque aunque hayan pasado 83 años del fin de la guerra civil Española los de las izquierdas aun le guardan rencos e incluso odio a los de las derechas que la ganaron, y sin tener en cuenta que la derecha moderada de ahora bisnietos de aquellas derechas no son los mismos y nada tienen que ver lo que pudieron haber hecho o hicieron sus bisabuelos, pero digamos algo mas sobre los artistas que estos en su mayoría tiene el mismo defecto que tanta gente en nuestro País que no saben o no quieren saber administrarse. Los artistas en general muchas veces tienen rachas de tener mucho trabajo, y ganar mucho dinero, pero son como los otros grupos ya mencionados, pues tienen dinero y se dan la buena vida, se divierten todo lo que pueden sin querer pensar que el dinero no dura para siempre, como tampoco se va a seguir siendo joven para siempre, y si no sea sido capaz de saber administrarlo ni pensar en el mañana después pasa lo que pasa que tienes que ir mendigando favores a los demás y eso no es sensato ni de sentido común además de degradante; cada cual tiene derecho a vivir su vida como bien le plazca, peo como personas adultas y con ciertos grados de cultura por encima de algunos otros grupos debieran de emplear mejor la sensatez y el sentido común para no tener que dar lugar a tener que, llegar a poder sobrevivir de las ayudas de las limosnas y a vender vuestros votos a quienes no han sabido ganárselos por méritos propios porque os podéis comparar con este presidente de ahora que con su sistema y estrategia para llegar poder gobernar a perdido el honor y la dignidad; y digo todo esto, porque no me cae bien la gente que vive al día que no sabe o no quiere saber administrase que gasta el dinero en caprichos innecesarios o superfluos, como tampoco me caen bien la gente que rehúye el trabajo y vive de los demás, y a toda la gente que no sabe o no quiere saber administrarse bien y el dinero no le alcanza quiero recordarle una cosa. Llegará o no llegara, pero si por desgracia o por motivos naturales de la naturaleza de esta divina Tierra en la que vivimos, o mismo de una guerra inesperada como la que está sufriendo Ucrania, al sufrir nosotros en nuestras vidas algunos de esos fenómenos provocados o naturales entonces nos daríamos cuenta de que no habíamos sabido apreciar lo que teníamos aunque no fuera mucho o incluso poco. Pensando y anotando todo esto, me viene a la mente, el cuento ese de la cigarra y la hormiga. La cigarra, se pasaba el día cantando, mientras que la hormiga se pasaba todo el tiempo trabajando y guardando comida para cuando llegaran los malos tiempos.

En nuestro País España se dan demasiados casos en demasiada gente mal organizada y nada previsora que llevan su vida como la chicharra, muy poco sensatos que llevan su vida, como se dice viva la virgen y viva la fiesta, y a vivir que es un día, y por lo tanto, no tienen el mínimo interés en tener la precaución en saber administrarse y no piensan que, el saber administrarse es esencial para poder sobrevivir en cualquier familia, o persona; esta clase de gente cuando se ve con dinero o de una paga extra o de cualquier otra manera que lo haya obtenido lo gastan mui alegre mente en caprichos o cosas superfluas innecesarias y sin querer pensar en que mañana les puede hacer falta y sacarlo de un apuro y necesidad, y eso, va junto con que estas personas en su escasa sensatez están acostumbradas a vivir por encima de sus posibilidades y encima con envidia de los que mas tienen.

Dice una canción de mi época de niño que, los tiempos cambian que es una barbaridad, y cuánta razón tiene la canción ya que es verdad; pues la mayoría de la gente de mi generación como la de las generaciones de mis padres y mis abuelos nos criamos aprendiendo a valorar lo poco que teníamos en todos los sentidos, por lo tanto, ni senos ocurría intentar vivir, por encima de nuestras posibilidades y sobre todo, porque era imposible, a no ser que dejaras de vivir la vida honesta y honrada; en España para el obrero nunca había trabajo donde elegir, y por lo tanto había que aceptar lo que se presentara y la gente debido esta situación teníamos jamás se nos ocurría preguntar al patrón cuanto me va a pagar usted, y nos dábamos por satisfechos con tener un trabajo pues el alivio era mui grande de no tenerlo a tenerlo. Con lo cual y en esta situación la mayoría de los críos Españoles no vimos en la situación de empezar a trabajar en lo que fuera desde mui pequeños ya que había que procurar llevar una peseta a casa, Por entonces no había la suerte y el gran alivio de cobrar el desempleo, ni ninguna para de ayuda familiar, y después he venido observando que ha habido mucha picaresca y mucha trampa para cobrar estos derechos.

Ahora y me alegro por mis hijos y todos los de mas niños Españoles han crecido comidos y vestidos con juguetes y caprichos; se han hecho adultos pero por eso de que los tiempos cambian que es una barbaridad la mentalidad de mucha gente también ha sufrido un cambio en una gran parte de la población ya que como mucha gente no a conocido por suerte las penurias de aquellos tiempos esta mucha gente que sea criado con todo a pedir de boca, nunca han trabajado se cansaron de seguir en el instituto, y ni tan siquiera se han molestado en aprender un oficio, y encima reciben del Estado subsidios inmerecidos dinero que sale de los trabajadores laboriosos responsable que son los que cotizan. Si, en verdad los tiempos han cambiado aunque algunos aún no están conformes y se lamentan sin querer ver que los tiempos han cambiado para bien de todos porque hay mucha gente que al no haber conocido las miserias en las que sobrevivimos los de mi generación no saben apreciar lo que tienen, y ni tan siquiera valorarlo. En cada persona es lógico aspirar a tener mas, pero no debe esperar a que ese mas les caiga del cielo como el maná de la biblia, como ya he dicho, esta gente moderna como se les ha educado mas en los derechos que en las obligaciones están convencidos que, tiene que cubrirles todas su necesidades papá Estado, en suma que huyen de los posibles sacrificios que requieren los trabajos y prefieren que se lo den todo hecho y si apenas ellos aportar nada; y esta clase de gente no son tan solo unos pocos pues también hay muchos de los que están trabajando que trabajan a desgana convencidos de que el patrón los está explotando sobre todo los seguidores de la ideología comunista que todavía no entienden la complejidad de la realidad del mundo en el que vivimos un mundo en el que nunca a lo largo de toda la historia se vivido mejor, y sin embargo esta gente demagogos fanáticos de una quimera por culpa de esa ignorancia y de su fanatismo con cesan de provocar la estabilidad y esto se está viendo con sus hechos en los líderes y lideresas que componen casi la mitad del gobierno de coalición actual; y poco mas adelanta mostraré algunos de estos hechos que según pienso yo son una lacra para nuestra sociedad.

En estos 8 libros míos sobre la España Real que tratan de, crónica, opinión y denuncia insisto mucho en algo cualquier sociedad debe de ser esencial, como lo son, la disciplina, el orden, y el respeto, que nos conducen a la responsabilidad; pero esto en general en España no es, una seña de identidad; o sea que estamos muy lejos del comportamiento cívico y responsable de la bien educada sociedad Japonesa, que para esa sociedad la disciplina el orden y el respeto y con ello la responsabilidad es como una especie de religión.

Hay otra lacra en España que a mi me provoca nauseas, esta lacra comenzó con el gobierno socialista de Rodríguez Zapatero, y ha seguido agravándose con este gobierno de coalición socialista comunista y feminista, a lo que he dicho un poco mas atrás me iba a referir como una lacra. Hace poco mas o menos una década apareció en la vida política de nuestra sociedad un nuevo partido de la izquierda radical comunista en plan revolucionario prometiendo un gran cambio para nuestra sociedad pero que para conseguirlo primero había que empezar eliminando de la política a los partidos tradicionales a los que esta gente llamaba la casta, o sea al partido socialista moderado y el partido de centro derecha moderado, estos ilusos lideres a pesar de sus diplomas de estudios superiores, pecan de no conocer nada de la complejidad de la realidad de la vida a estos ilusos lideres supuestos salvadores pronto se les unieron miles de jóvenes y no tan jóvenes de gente consentida y mal criada que para demostrar su espíritu ignorante revolucionario comenzaron sus protestas tomando algunas plazas de Madrid y ocupándolas montando cientos de tiendas de campaña como si de un gueto se tratara ocupadas con miles de desocupados obstaculizando el paso a muchos viandantes y organizando protestas contra lo establecido predicando la llegada de un Mundo mejor y la igualdad para todos, pero se olvidan por ignorancia que, ya no son tiempos de apóstoles predicadores supuestos salvadores.

Poco tiempo después alguno de sus líderes dijo en público que, había que instalar una guillotina en la puerta del sol de Madrid.

A continuación se propusieron tomar al asalto el templo del pueblo que lo es el congreso de los diputados, la policía se vio obligada a blindar el edificio con un muro de vallas para poder evitar el asalto, una gran horda de vándalos tumbó muchas vallas con la intención de ocupar el congreso pero la policía pudo impedirlo, pero con esta loca e insensata acción dejaron su huella de la nueva lacra que acababa de aparecer en España.

A continuación u pequeño grupo de estudiantes pertenecientes a esta banda ignorantes fanáticos de su credo trasnochado de ideología comunista una de las consentidas mal criadas en plan de protesta y amenaza en la capilla de la universidad como una cualquiera sin pudor, echó sus pechos al aire y gritó, vamos a prender fuego a las iglesias como en 1936.

Y para colmo ratificar se confirmó aún mas que son una lacra, cuando tiempo después el gran líder y fundador de esta banda de desestabilizadores en una plaza y a pleno pulmón, grito, viva Cataluña libre.

O sea, esta izquierda fullera de ahora desde el gobierno de Rodríguez Zapatero que durante su mandato aprobó una ley con la que se le retiraba la autoridad a los padres y a los maestros y que produjo y creó tantos problemas a los padres y a los maestros porque los críos aprendieron bien y se aprovecharon de ello fingiendo y abusando, porque según decía esa insensata ley no se le podía regañar ni amenazar ni castigar y menos aún dar una bofetada a ningún niño o niña, porque eso les traumatizaba de por vida…Si en verdad el Mundo cambia que es una barbaridad.

A continuación y ya con esta horda de revolucionarios de ideología comunista ya integrados en este gobierno de coalición y siempre según su doctrina, mirando estos supuestos salva patrias por la sana según ellos educación de los niños, después de sacarlos de las amenazas y las torturas de los padres y los maestros, aprueban otra nueva ley para que en las escuelas se aprenda el tema del sexo, cuando esto siempre cuando esto ha sido siempre un tema privado entre las madres y las conversaciones entre amigos y amigas; en la escuela ay otros muchos mas temas para enseñar que no pueden enseñarles los padres a los críos, y en cuanto al sexo no hay necesidad ninguna de que se enseñe en la escuela por pudor y vergüenza ya ese tema nunca ha habido ninguna necesidad de enseñarlo en la escuela.

Y ahora después de todo esto que acabo de exponer y que forma parte del catecismo ideológico de esta gente que por todos sus actos demuestran que son personas non gratas en cualquier sociedad racional, rematan la faena demostrando que son una lacra, cuando ministras de este gobierno de coalición se atreven a decir por televisión sin el menor sentido común ni racionalidad que, los hijos no pertenecen a los padres.

Después de esta barbaridad anti humana y anti familiar, esta gente indeseable acaban de aprobar una ley que dice que las embarazadas menores de edad pueden abortar libre mente sin consultar nada con los padres; esta es la clase de educación que divulga esta gente y que algunos de sus líderes y lideresas forman parte de este gobierno; claro que no debemos de olvidar que para esa clase de gente siempre ha estado de mas, lo mas esencial en una sociedad cívica sensata y responsable, como la disciplina, el orden, y el respeto; con mas hechos insensatos, inmorales e irracionales de gran parte de esta sociedad actual alentados y admitidos por este gobierno de las izquierdas llamado progresista que lo consiente y lo aprueba basándose en el derecho a de la libertad para mi una libertad mal interpretada.

Hace un par de días vi en dos programas de televisión que en unas discotecas se bailaba un baile nuevo que se llama el perreo, haciendo alusión a los perros, en este baile las jóvenes y los jóvenes indecente mente y provocativa mente se frotaban cuerpo contra cuerpo, a continuación la chica se arrodillaba boca abajo levantaba el culo y lo movía en plan provocativo pegado a las partes del compañero de baile, a mi, esa danza sensual y provocativa me recordó los reportajes sobre los animales en África cuando la leona se agacha frente al macho ofreciéndole el trasero para que el león la penetre y pensé que si esta sociedad sigue así con esta inmoralidad y esta desvergüenza vamos a terminar viendo en cualquier lugar público a palearse como los perros en las calles.

A parte de todas estas lacras que estoy mostrando tanto en los políticos y políticas de las izquierdas radicales y las feministas, que nos están gobernando y alentando a este desmadre indecente en nuestra sociedad y que esta gente le llama educación y libertad también han aprobado una ley contra la mal llamada violencia machista, y digo mal llamada porque cuando la condenan y atacan da la impresión que se están refiriendo a que todos los hombres son violentos maltratadores y criminales, y es por lo cual esta nueva ley que acaban de aprobar las feminista con la aprobación de la otra parte del gobierno debido a la ausencia de sensatez de esta gente que nos está gobernando han hecho tal chapuza de ley que les ha salido el tiro por la culada y les ha estallado en los morros, pues apenas se ha puesto en vigor esta ley se les han acortado las penas a los presos de toda clase de penas y mucho están saliendo libres a la calle, y muchos de ellos son peligrosos.

Pero sigamos con otros temas actuales que también forman parte de la crónica real de la actualidad.

Esta última semana de este mes de Enero de este recién estrenado 2023, en Algeciras Cádiz un Marroquí de 25 años de edad, armado con un machete grande y vestido con su chilaba a entrado en dos iglesias Cristianas y con el grito de alá es grande a comenzado a romper a machetazos varios objetos religiosos y con el mismo grito de Alá es grande y de muerte a los Cristianos pensando en que era el párroco a atacado al sacristán, el buen hombre ya tendido en la plaza de la iglesia y herido en el suelo gritaba piedad no me mates por favor, pero el moro se ha ensañado con el sacristán en nombre de su Dios Alá, y a machetazos lo ha rematado, el fanático criminal resulta que era ilegal, pero llevaba cinco años en España y la policía lo sabía?. Este brutal y salvaje asesinato de un fanático religioso Islamista ha tenido repercusión en la ciudadanía incluidos el gobierno y la oposición, y los representantes de la religión cristiana, y mahometana; y todos afirman que, en ninguna de las dos religiones hay grupos terroristas, pero ni los unos ni los otros dicen la verdad histórica sobre el historial de estas dos religiones, es verdad que no todos los líderes políticos o religiosos sean fanáticos religiosos como si lo son, los locos fanáticos que han matado y matan en nombre de su religión y su Dios llámense Jesucristo, Yahvé o Jehová, o llámese Mahoma o Alá; pues quien puede negar que en muchas mezquitas los Imanes desde sus pulpitos en las mezquitas, en sus escuelas y reuniones adoctrinan a la gente en el odio y la guerra santa en nombre de Alá es grande, contra todos aquellos que ellos consideres infieles, o sea los cristianos, pues en los últimos y recientes tiempos en nombre alá es grande se han cometido muchos atentados salvajes, donde han asesinado a muchos inocentes, y sus líderes y maestros son líderes religiosos, esto es bien sabido por todos y no se puede negar tan descarada mente; por otra parte tampoco se puede negar que, el profeta Mahoma fundador del Islam y la religión Mahometana fundó su religión sometiendo a los pueblos por la fuerza y la razón de la espada.

Por otra parte el gobierno y algún religioso que también han afirmado que en la religión católica no existen grupos de terroristas lo dicen como si el Cristianismo esté libre de culpa, por lo visto han perdido la memoria histórica, pues se les olvida que a lo largo de la historia han cometido muchas atrocidades salvajes y criminales en nombre de Dios; pero que cortos so de memoria y que hipócritas los supuestos intermediarios de Dios en la Tierra, y ahora niegan la gran cantidad de torturas y asesinatos que los cristianos han cometido a lo largo de la historia, pero vamos a recordar y repasar un poco esa parte de la historia del cristianismo. Veamos, desde el concilio de Nicea en donde salió triunfante el anterior mente perseguido a muerte el Cristianismo, pues en dicho Concilio no por la gracia de Dios, sino por la gracia del emperador Constantino que adoptó el Cristianismo para su imperio los Cristianos por fin se vieron libres se sus injustas persecuciones y de las matanzas sufridas, y a partir de ahí, se le dio la vuelta a la tortilla y al verse libres y protegidos por dicho Emperador, y de perseguidos, se convirtieron en perseguidores, pues el cristianismo estaba dividido en varias ramas, y las otras ramas no se unieron al ahora Cristianismo oficial salido del Concilio de Nicea, y estos supuestos auténticos Cristianos comenzaron a perseguir y eliminar a las otras ramas del Cristianismo que por diferencias de peso no se unían a los ahora supuestos Cristianos auténticos y únicos poseedores de la única verdad histórica de Jesús nacido de una virgen, por obra y gracia del Espíritu santo y que este Jesús vino al mundo con la misión de salvar a la humanidad, hizo muchos milagros murió después de ser torturado y a los tres días de muerto resucitó pero no todas las otras ramas del Cristianismo lo veían así y por ese motivo los supuestos ahora verdaderos cristianos persiguieron a los demás hasta que los eliminaron a todos aunque a su manera también eran Cristianos. Tiempo después estos cristianos al haber acabado con la competencia no tenían obstáculo y se hicieron los dueños del mundo Cristiano mandaban mas que los Reyes, y sometían a toda persona a su gusto amenazándolos con la excomunión, fundaron las cruzadas con los Cristianos Templarios, y grandes ejércitos de Cristianos marcharon a Jerusalén para eliminar al infiel o sea los Mahometanos. Aunque al final los Cristianos fueron vencidos y expulsados de la llamada tierra Santa; después fundaron la santa inquisición, torturando y asesinando a toda aquella persona que ellos consideraban hereje, y todos esos crímenes salvajes en nombre de Cristo y de Dios, y siguieron con su siempre política asesina contra los indios con el descubrimiento de América, y también encubrieron y ayudaros a muchos líderes nazis; o sea que, ni el Islamismo de Mahoma y de Alá, ni el Cristianismo con su Dios ni con su supuesto hijo Jesús, estas dos religiones con sus líderes representantes en la Tierra, no pueden arrojar la primera piedra.

En estos ocho libros míos sobre la España real vengo exponiendo un poco mi opinión sobre las ideologías políticas radicales tanto de las izquierdas como las de derechas y sobre las religiones y sus líderes que en nombre de esas ideologías y religiones se aprovechan de la ignorancia de las gentes adoctrinándolas con falsedades con doctrinas salivatorias cuyo resultado siempre ha sido confundir y provocar en las gentes las divisiones y el odio en vez de la amistad, el compañerismo y la unión; cuando la obligación del hombre como ser humano como persona civilizada y racional por el bien general de nuestra especie la humana, y la única especie en la tierra capaz de hacer lo que llamamos milagros y veamos porqué.

Entre otros muchos ejemplos, esta segunda semana de este mes de Febrero de este 2023 sea producido un terrible terremoto en Turquía y Siria; se han derrumbado cientos de edificios de madrugada pillando a la gente durmiendo, y en menos de un minuto han quedado muchos miles de personas de todas las edades han quedado enterradas en los escombros muriendo lenta mente; mas de cincuenta países han acudido en ayuda y al rescate de las personas que pudieran llegar a tiempo de poder salvar; ante la pena que uno siente en la lejanía mirando el televisor, a la vez que sentía algo de rabia e incluso también algo de pena al ver la ignorancia de tanta gente aún hoy en el siglo XXI, rabia y pena una pena muy distinta a la que se tiente por las pobres víctimas, y es que cuando algunos de los que escarbaban con sus manos entre los escombros y sacaban de esas posibles tumbas a alguna persona con vida, los Turcos familiares amigos o vecinos gritaban con los brazos el alto Alá es grande, Alá es grande, y la pregunta es, las miles de personas que ha quedado enterradas en vida muertas, ¿también se también se debía de seguir diciendo Alá es grande?.

Recuerdo hace muchos años no recuerdo donde se hundió la techumbre de una iglesia cristiana, murieron mas de la mitad de los feligreses, y otros se salvaron, ante los vivos, algunas personas dijeron...gracias a Dios; acaso también tenían que decir ¿gracias a Dios los muertos? Una vez había un niño muy enfermo en mi pueblo el medico hacia todo lo posible por salvar al niño, pero todos sus esfuerzos fueron en vano y el niño murió, yo alguna vez había observado que cuando esto sucedía si un niño o alguien mui allegado se moría alguien decía este no es un médico bueno, pero si por el contrario se salvaba decían…gracias a Dios; ¿es acaso esto justo? Pero esto no es fe en Dios, esto es ignorancia y desagradecimiento hacía con el medico que tanto empeño pone por salvar al enfermo porque esta es su devoción sea el medico creyente o ateo; yo desde pequeño he estado cinco veces al borde de la muerte, y cinco veces en el quirófano, pero aún estoy vivo, y tengo hijos nietos y bisnietos, esto no selo debo a ningún dios de las tantas religiones que hay, selo debo a los únicos seres reales que pueden salvarnos la vida, o sea, los hombres y mujeres de la ciencia y la medicina pues esos son, los únicos posibles salvadores que salvan vidas, y son los únicos junto a los jueces en los que hay que poner nuestra fe y esperanza antes que en ningún Dios. Yo sin ánimo ni intención de querer ofender a nadie y respetando a los creyentes y su derecho a creer, considero que no tengo que pedir perdón a nadie por pensar de ellos que son unos ignorantes en este tema porque les falta racionalidad, porque la racionalidad contradice la existencia Dios de cualquier religión. La racionalidad nos demuestra que, no hay dios en el cielo, ni diablo en el infierno, pues la razón que dicta la racionalidad demuestran porque los conocemos y son reales que, los dioses y los diablos siempre han estado y están en la tierra; porque los dioses de verdad y a veces pueden devolvernos a la vida, son algunos hombres y mujeres de ciencia sanitaria que hacen milagros en los laboratorios, los quirófanos y los hospitales. En cuanto a los demonios representantes de los infiernos son, los que provocan las guerras líderes de ideologías extremas como el ahora Putin de Rusia y sus serviles sicarios que han invadido Ucrania arrasándola y convirtiéndola en un infierno asesinando sin escrúpulos ni piedad a miles de inocentes tanto hombres, ancianos, mujeres y niños; y estos dioses y demonios de la tierra que ron reales y no ficticios, están aquí entre nuestra especie humana desde los principios de nuestra existencia hasta nuestros días. Siempre nos han enseñado en todos los Países de dioses únicos como Alá y su representante Mahoma, o el dios Cristiano Yahvé o Jehová, y su representante y supuesto hijo Jesús que estos dioses de estas dos culturas religiosas existen y están sobre todo, para salvar a los hombres, prometiéndonos un Mundo mejor, de dicha y felicidad eterna, o sea la gloria después de muertos, y esta imposible promesa posible mente ofrecida y adoctrinada con buena fe cuando fueron creadas porque posible mente lo exigirán las circunstancias; pero esto no justifica que, se haya tenido que seguir engañando a la gente con ese engaño y esa mentira, ya que ni antes ni ahora esos dioses jamás han existido ni existen; por lo tanto, aunque sea con buena fe no se debe engañar a la gente, posible mente en aquellos lejanos tiempos cuando algunos sacerdotes se inventaros los dioses cuando en los hombres primaba la ignorancia la superstición y el miedo a lo desconocido estas nuevas doctrinas y creencias fueran necesarias, pero desde hace mucho tiempo y menos hoy en pleno siglo XXI no se debiera seguir educando y adoctrinando a la gente con nada que no sea verdad; pues la verdad yo estoy convencido une a la gente mas que la mentira y la ignorancia. Y digo todo esto, porque a mí, un simple obrero ciudadano de a pie, me duele mucho y me entristece que aún haya en el mundo y en mi País tanta ignorancia como esta de seguir creyendo en dioses que nunca han existido; y sigo insistiendo en esto, porque Melo han provocado unos hechos mui recientes.

Esta segunda pasada semana de este mes de Febrero de este 2023, he visto por televisión la siguiente escena, el reportaje de la tele trataba sobre el intercambio y colección de cromos. Siempre desde que yo era un niño se coleccionaban y se intercambiaban cromos o bien de futbolistas de personajes famosos como actores, cantantes o de personajes de los tebeos, pero los cromos que vi el otro día por la tele trataban de los personajes de las imágenes religiosas de la semana santa, o sea, Jesús y María y demás apóstoles y santos; pero lo que mas me llamó la atención fue que los coleccionistas eran todos hombres mayores que mostraban muy orgullosos las estampas religiosas muy emocionados al reportero de la tele, mientras decían al reportero señalando con las manos las imagines y besándolas, en su emoción, esto es lo mas grande del mundo; repito, emocionados y orgullosos de esas imágenes religiosas. Yo mirando la escena me sentí un tanto embobado, viendo esos hombres personas adultas convencidas y admiradoras de que los personajes bíblicos de las estampas, María y su hijo Jesús el hombre que nació por obra y gracia del espíritu santo; yo viendo aquella escena en el televisor lo primero que me vino a la mente y pensé fue que, como es posible que aún haya tanta gente mayor que sigue creyendo en este cuento surrealista y lo que es peor, la hipocresía de la gente, porque si hay en esta historia bíblica una cosa buena, razonable, sensata y muy acertada y justa, eso son los diez mandamientos y sin embargo toda esta gente que se consideran fervientes cristianos nadie los cumple, ante tanta hipocresía e ignorancia ¿Cómo es posible que en estos tiempos tan avanzados en que vivimos siga habiendo tanta gente tan ilusa e ingenua tan fácil de engañar y con tan poca racionalidad?; porque como se puede aún seguir creyendo que hace mas de 2000 años una mujer pueda dar a luz sin tener contacto sexual con un hombre, ya entonces no existía la inseminación artificial, y que encima el hijo nacido el hijo nacido, supuesto hijo de dios, ya de mayor su supuesto padre dios aun siendo el hijo inocente su padre permitiera que lo torturaran y lo crucificaran y al tercer día de muerto resució. El hijo antes de morir hizo muchos milagros, como convertir el agua en vino, o con tres panes y cinco peces dio de comer a cientos de personas y aún sobro comida, y también caminó sobre el agua, y también resucitó a su amigo Lázaro después de estar varios días muerto y por lo tanto ya corrompido; y sobre su madre que pensar, sobre una mujer que ha parido a un niño sin necesidad de haberse acostado con un barón?. Una persona sensata y racional, que puede pensar cuando este llamado Jesús el mesías salvador cuando decía, mi Reino no es de este mundo, o cuando decía el que no crea en mi será condenado, pero el que crea en mi alcanzara el Reino de los cielos, a mi esto siempre me ha sonado a que aquel Jesús era un mago curandero de los que ha habido muchos a lo largo de la historia; y para colmo vivía del cuento pues no le ayudó al que no era su padre el carpintero José porque a los trece años abandonó su hogar familiar hasta que apareció a la edad de los treinta años su trabajo consistía en engañar a la gente predicando lo imposible y se mantenía gracias a lo que aportaban las mujeres cuando la comida hay que ganársela trabajando; la gente es muy libre de creer en lo que sienta que debe creer, yo también soy libre de escribir lo que pienso, e insisto, siempre sin la mínima intención que ofender a nadie. Pero sigamos un poco mas, porque este es un tema que desde niño me apasiona desde que a los ocho años de edad ley unos fascículos que se titulaban,,, El Mártir del Gólgota.

En la historia bíblica desde el antiguo testamento ha habido muchas mujeres que han traído hijos al mundo por obra y gracia del espíritu santo, o sea, sin necesidad de yacer con un barón, la primera fue Sara la mujer de Abrahán, que pario a su hilo Isaac, a pesar de que Sara era estéril y vieja, y por lo tanto no podía quedarse embarazada i tener hijos, habrán se mosqueo, no selo tragó y cogió al niño Isaac y se lo llevo al campo para matarlo; dice la biblia que su Dios Jehová o Yahvé, le había preguntada a Abraham para ponerle a prueba, quieres mas a tu hijo o a mí, él le contesto a su Dios porque le tenía miedo, amo mas a ti mi dios, y por eso para demostrarlo iba a matar al niño, pero esto para mi, fue otro cuento; pues la verdad pudo ser que Abraham estaba dispuesto a matar al niño porque sabía que no era hijo suyo, y partiendo de la base de que Dios es un invento del hombre que es lo mas seguro y lo mas lógico, ¿Quién fue el autor de que Sara vieja y estéril diera a luz a un hijo. Después de esto Isaac hijo de Sara y padre de Jacob, cuando este fue mayor y se casó, una de sus esposas la preferida, y a pesar de ser también estéril, también se quedó embarazada y tuvo, un hijo y no era de Jacob. También Sansón el hombre fuerte de la biblia nació de la misma manera pues en ausencia del padre la madre de Sansón también quedó embarazada, y ella le dijo al padre que, había sido, por la gracia de Dios, y el marido también se lo tragó; estos casos y mas ocurrieron en el antiguo testamento; pero también nos cuenta la biblia que en tiempos remotos bajaron unos ángeles del cielo y viendo que las hijas de los hombre eran bellas, y cogieron las mas agraciadas y yacieron con ellas, y de ellas nacieron hijos especiales; pero mucho después y ya en el nuevo testamento santa Isabel prima hermana de la virgen María siendo también estéril y de mui avanzada edad quedó embarazada sin necesidad de varón y dio a luz al que después fue, Juan el bautista; por el mismo tiempo también la virgen María tuvo un hijo llamado Jesús por obra y gracia del espíritu santo, y como su anciano marido José sabía que él no era el padre la repudio, pero se le apareció un ángel y le dijo que había sido por obra y gracia del espíritu santo, y el carpintero José también se lo tragó; en este caso según dice alguien se rumoreo, que el hijo de María era hijo de un soldado Romano que se le conocía como el pantera; el caso es que, todos aquellos embarazos en tantas mujeres ocurrieron por obra de Días, que por lo visto se dedicaba a ir por ahí dejando mujeres embarazadas; ese Dios que había creado la humanidad y una vez creada no le gustó su obra y decidió exterminarla con el diluvio universal; ¿acaso no sabía ese Dios que la humanidad que él creó no iba a ser perfecta? ¿Qué clase de Dios es ese en el que cree tanta gente?.

Hay muchas pruebas que demuestran que ese Dios nunca ha existido, y veamos tan solo dos ejemplos, el pueblo judío en el tiempo de Jacob estuvo esclavo en el Egipto de los Faraones, los Judíos al ser esclavos como tales trabajaban en los trabajos mas duros, pero comían y cada familia tenía su modesta vivienda, pero se lamentaban a Dios y le rogaba que los liberaran, su Dios los escucho y ordeno a Moisés que los liberara y Dios con sus plagas y Moisés con sus truco de magia asustaron tanto a los Egipcios que optaron por liberarlos.

La segunda prueba de la inexistencia de Dios y la mas convincente sucedió con el holocausto Judío por parte de los Nazis, en el primer caso como ya he dicho los judíos eran esclavos pero comían y tenían sus viviendas y no eran torturados ni exterminados en los hornos crematorios, seis millones de Judíos fueron exterminados de la manera mas salvaje y cruel y dos millones de niños, pero Dios no evito este horrendo crimen contra su pueblo elegido este terrible caso de nuestra historia reciente demuestra la inexistencia de Dios; pero a pesar de ello, aun, hay muchos millones de gente que siguen creyendo en un Dios que nunca ha existido. Y de tal padre tal hijo, el tal Jesús llamado el cristo que tantos milagros hacia no movió un dedo cuando a su primo Juan el bautista por haber denunciado la verdad sobre la infidelidad el Rey Herodes ordenó cortarle la cabeza y Jesús no hizo nada por evitarlo; ¿Qué ejemplo y credibilidad nos pueden merecer tanto el padre como el hijo?.

Con esta opinión mía, y mi convencimiento y mi lógica como ciudadano en el mundo en el que existo, no creo que no creo que ningún dios nunca haya existido ni existe, mismo así, no es mi intención ofender y menos aún convencer a ningún creyente, pues solo intento decir que la gente debería reflexionar un poco sobre la historia del nacimiento del universo, de la tierra, y de toda la vida que existe en ella incluida la especie humana; y vea que en todos los pueblos del mundo desde el principio de la humanidad siempre ha habido y hay muchos dioses en quienes confían y adoran aunque mas de pensamiento que de hechos; tan solo los cristianos y los musulmanes tienen un solo dios, pero que ambos dos, nunca están cuando mas falta hacen, aunque estos dos pueblos el árabe y el occidental también en otros tiempos lejano tenían también barios dioses; aunque también a lo largo de la historia siempre ha habido hombres que sean creído ser dioses, y a muchos de ellos incluso sea creído, y se les a adorado otros se les ha tenido por simples impostores, para mi personal mente pienso que al no existir dios el llamado Jesús el salvador no puede ser hijo de dios porque dios no existe; existen en los libros muchas historias sobre Jesús pero todas con versiones distintas, incluso los cuatro evangelios son distintos los unos de los otros, como también hay otros evangelios que los prohibieron por apócrifos, o sea falsos según la iglesia católica apostólica y Romana.

A mi particular mente me parece lamentable que aún en estos tiempos tan avanzados y sin prohibiciones para aprender tantas cosas haya aun tanta gente convencida de que dios hizo el todo lo que existe en el firmamento y nuestro mundo en seis días y el séptimo descansó, así lo dice la biblia que es el único libro sagrado y que ¿tan solo dice la verdad?. Como está comprobado por la ciencia y por el sentido común y la racionalidad todos esos cuentos antiguos no son la verdad; entonces porque tanta gente sigue aun creyendo en algo que es mentira insensato e irracional aún a estas alturas de la evolución humana. Hay muchos motivos que dan pie a reflexionar para aprender a que nuestra mentalidad se guie en las verdades en todos los sentidos de nuestras vidas en cualquier sociedad sensata y evolutiva, y esa sociedad seria mas justa se convertiría en una sociedad mejor, porque la mentalidad que lleva a la gente a los fanatismos religiosos radicales, y a las ideologías políticas radicales, desde siempre han traído a los pueblos desunión, odios, y desgracias; y esto aún, lo estamos viendo todos los días en alguna parte del mundo. Nuestra especie la humana hace ya muchos siglos que avanzamos y nos distinguimos de las bestias; mismo así, a lo largo de la historia y la evolución siempre han aparecido bestias malignas y destructivas lo hemos visto muy bien en el pasado siglo XX, y lo que es peor en todos los casos siempre ha habido y sigue habiendo una buena parte de la ciudadanía que se unen y apoyan a esas bestias;

lo cual demuestra que, mucha gente demasiada gente su mentalidad aún está muy lejos de poder considerarse humanizada, y por lo tanto, aún no ha aprendido a distinguir el mal del bien.

Desde muy antigua mente e inclusive aún hoy ciertas ideologías religiosas e ideologías políticas prohíban a sus ciudadanos pensar y preguntar, reflexionar y querer saber, y eso es, lo mas cruel para una sociedad, y con castigo imperdonable, y esto ha ocurrido siempre, y aún sigue ocurriendo hoy, como por ejemplo en los pueblos Islámicos y en los pueblos de sistema comunista, por eso es necesario que si en esos pueblos reflexionaran y se implicaran en no dejarse adoctrinar su mentalidad cambiaria y se liberaría de esa losa opresora que no los deja ser libres y se distanciaría de los fanatismos tanto religiosos como políticos y encauzarían sus vidas ya liberadas de esa losa opresora manejada por los líderes de las ideologías extremas tanto religiosas como políticas, eso supondría un avance evolutivo habría menos rencores y odios y los pueblos y sus ciudadanos vivirían mucho mejor y aquí por supuesto también me estoy refiriendo a mi País España debido a todo lo que está sucediendo en los últimos años desde que están gobernando este gobierno de coalición de socialistas y comunistas fanáticos extremistas sobre todo estos segundos que su misión ideológica es educar en adoctrinamiento ya que están contaminado la enseñanza en las escuelas, veamos algunos ejemplos.

Empezaron por retirarles la autoridad sobre los hijos, a los a los padres y a los maestros, impusieron como obligación en las escuelas a impartir con los niños y niñas lecciones sobre el sexo, después han seguido confundiendo a los críos diciendo que, los hijos no pertenecen a los padres. Después han seguido educando en que el cuerpo de la mujer tanto casadas o en parejas prometidas el cuerpo de la mujer es suyo, y puede hacer con él lo que quieran, y agregan que, el matrimonio es una cosa y el sexo es otra cosa o lo que es igual que pueden disfrutar del sexo con que les apetezca, lo dicho, aunque esté casada o prometida. Y para colmo, acaban de aprobar nuevas leyes igual de insensatas y des honestas, una de las nuevas leyes es que, les permite a los niños y las niña desde peques poder cambiar de sexo cuando aún no son lo suficiente maduros para decidirla, y otra brutal enseñanza que aconsejan y predican las insensatas de esta secta que nos está gobernando es cambiar el sagrado nombre de la madre por el de progenitora, y ahora ultima mente también acaban de anunciar también por televisión que las jóvenes prefieren la penetración al manoseo o la masturbación. Yo con todo esto sobre esta secta de libertinas, feministas radicales de ahora pienso que, como en tantas otras cosas están abusando demasiado en perjuicio de la sociedad de la libertad que tanto costó el poder alcanzarla; pues con esa mentalidad salvaje e irracional de estas feministas radicales de las izquierdas políticas sectarias y sus seguidoras y seguidores está intentando envenenar a la sociedad.

Pero dejemos de momento la hipocresía y falsedades sobre los dioses y los adoctrina mientos de las religiones, las sectas y las ideologías políticas extremistas y de la nueva insensata y amoral educación y mentalidad de las feministas radicales libertinas de ahora, y volvamos de nuevo al no menos perjudicial, el fullero hipócrita incompetente e irresponsable y ambicioso presidente del gobierno de coalición socialista comunista supuesto feminista y consentidor de todo lo que está pasando, que tanto los unos como los otros, ellos y ellas solo emplean argumentos de gente insensata, inmadura y demagoga y que solo desprenden odio que no piensan como ellos y ellas y que muy a menudo escupen frases y acusaciones rencorosas malignas y venenosas, y provocantes, guiados por su insensatez, falta de sentido común, educación y civismo; todo unido a su torcida mentalidad y su perverso fanatismo ignorantes voluntarias tanto ellos como ellas de una ideología político sectaria, y tanto perjudicial para cualquier sociedad cosa que le está sucediendo con este gobierno de coalición a la sociedad Española;

en donde casi en todo está ausente la responsabilidad, como la honestidad, la decencia, la moral y el pudor; tantas normas buenas que se supone que cualquier ciudadano tenía la oportunidad de mejorar, desde la llegada de la Democracia, en esto también como en tantos otros temas ya expuestos en este escrito, pero la sociedad Española está demostrando con sus hechos y nuevas costumbres que no saben apreciar, todo lo bueno que se consiguió a partir de la transición de la déspota dictadura a la democracia; pues me veo en la obligación de repetirlo una vez mas, la Democracia y la libertad sea ido aprobando en los pueblos para para mejorar la sociedad en todos los sentidos, pero en España en muchos aspectos ha sido lo contrario, ya que en muchas cosas a empeorado porque gran parte de la población sea declinado y a elegido la parte mas nociva, e impropia de una sociedad ha tenido y sigue teniendo la oportunidad de avanzar hacia una sociedad mas respetuosa, mas culta y sensata, y mas responsable en todos los sentidos, y con ello, con la obligación avanzar en una mejor sociedad mas civilizada, honor, y dignidad que no somos capaces de estar haciendo, debido a nuestra pobre mentalidad, esa que dice que inventes los otros, y que sigue en vigor, hi sobre todo en general hemos ido a peor desde la llegada de este gobierno de transición socialista comunista y feminista todos juntos y mal venidos de las izquierdas radicales gobierno compuesto por los políticos y políticas que desde que empezaron a gobernar con los apoyos mas indeseables del País, entre todos y sus políticas desestabilizadoras han enfrentado de nuevo a la sociedad Española y para empeorar mas las cosas solo faltaba las insensatas y libertinas feministas radicales que están esparciendo aún mas fango putrefacto en nuestra sociedad, y acrecentando aún mas la discordia y con ello la inestabilidad.

Como ya he dicho en varias ocasiones en estas páginas este fullero irresponsable e incompetente y demasiado ambicioso presidente del gobierno en procurar ganar votos para las próximas elecciones a prometido y concedido ayudas y subsidios mal repartidos y en muchos casos inmerecidos pero él ni sus inspectores no hacen nada por controlar la picaresca y la trampa ya que solo le interesa arañar votos como sea. Entre otras cosas que ya he ido relatando y denunciando en estas páginas la parte del gobierno socialista en su momento, con tal de ganar el voto de las mujeres se proclamó feminista, pero la parte comunista del gobierno ya encabezaba a las feministas sobre todo a las mas radicales que se consideran las líderes y propietarias del tema del feminismo hasta el punto de que estas lideres algunas de ellas ministras que han obligado a la parte socialista del gobierno a aprobar algunas leyes, leyes no muy sensatas, en favor del feminismo; leyes que se están cumpliendo a pesar de no haber sido estudiadas antes y el resulta y gracias a esas nuevas leyes muchos condenados por violencia del sexo están siendo liberados y otros muchos mas acortándoles las penas, y todo por ser un gobierno chapucero, irresponsable, e incompetente, el caso es que de nuevo las dos partes del gobierno están de nuevo enfrentados aparte de que este radical feminismo que mas bien parece una secta que predica una dura doctrina contra la violencia machista como si todos los hombres fuéramos machistas violentos, a estas feministas radicales se les olvida que, también hay mucha violencia inmoral y psicológica de muchas mujeres contra los hombres, y con ello, el gran daño que, les están haciendo estas lideres ministras feministas radicales y sus seguidoras y seguidores a la sociedad ya que estas feministas se olvidan de muchas cosas esenciales y recomendables para la buena convivencia en todos los aspectos de la vida para la gente sensata que sigue teniendo como norma el civismo, las buenas maneras el pudor la moral, y el respeto al compromiso adquirido, mas otras muchas cosas que siempre han formado parte de una educación, respetuosa sana y civilizada todo lo contrario a los malos ejemplos educativos que están aconsejando y divulgando sin el mínimo pudor ni vergüenza estas feministas revolucionarias radicales y sectarias muy equivocadas y faltas de sentido común y de ahí su fanatismo salvaje al servicio de una ideología sectaria y maligna; pero repasemos de nuevo la clase de educación que defienden y ofrecen a la sociedad que solo aporta corromper a la sociedad.

En los últimos años, y ya dentro de la política, lo primero que impusieron fue, retirarle la autoridad sobre los niños, a los padres y a los maestros, y eso creo un gran problema en la convivencia tanto en la familia como en la escuela, a causa de los abusos de los niños y niñas contra los padres y los maestros. A continuación impusieron en las escuelas dar clases de sexualidad en vez de educarles en cosas mucho mas importantes como lo son, la disciplina, el orden, y el respeto que conlleva a la responsabilidad; pues el sexo siempre sea aprendido sobre la marcha entre los amigos o amigas y los padres sobre todo por las madres. Después, han seguido predicando incluso en los medios de televisión que los hijos no pertenecen a los padres o sea, otra burrada de esta gente y su secta. Después han seguido con sus burradas diciendo que las menores de edad que se queden embarazadas son libres de abortar sin consultar nada con sus padres. Después han seguido predicando su catecismo además de sectario inmoral diciendo que, el cuerpo de la mujer aun estando casada o comprometida que, el cuerpo de la mujer es suyo y puede hacer con él lo que le venga en gana, y agregan que, el matrimonio es una cosa, y el sexo es otra cosa, o lo que es igual, que puede disfrutar del sexo con quien le apetezca mismo estando casada o comprometida o sea, igual que los animales. También han aprobado la ley tras, la cual permite a los niños y niñas cambiarse de sexo, mismo si aún no son maduros y conscientes para llevarlo a cabo; y a esto han agregado otra salvajada anulando el sagrado nombre de la madre diciendo que se debe decir madre, sino pro genita; a continuación hace un par de días estos y estas enemigos de la moral y la ética han dicho que el ochenta por ciento de las féminas quieren cambiarse el sexo, y ahora, esta primera semana del mes de Marzo de este 2023 han dicho por la televisión que, el 90 por ciento de las adolescentes prefieren la penetración al manoseo y la masturbación, y han agregado que también se puede practicar del sexo teniendo la regla. Estos y algunos mas por el estilo, son los que predican estas ministras feministas radicales y sectarias de mentalidad, y lengua envenenada.

Ahora, después de esta cosecha cultural de estas ministras sectarias de este gobierno sigamos un poco mas con su jefe un jefe sin honor ni dignidad como lo es el actual presidente del gobierno jefe provisional porque el verdadero jefe y consejero de esta fracción comunista ex vicepresidente del gobierno y líder de estas ministras feministas y fundador de la secta política insensata y demagoga y desestabilizadora, y muy alejada de la realidad, y de la complejidad de la de la sociedad a la que pertenecen, una sociedad en la que en los últimos tiempos sea evolucionado y avanzado mas que el resto de la historia y que esta gente revolucionaria radical en su fanatismo irracional odian a los empresarios y a los banqueros y a todo aquel que con esfuerzo ha creado importantes empresas y con ellas trabajo tan necesario para los obreros y sus familias que antes siempre habían sido siervos y esclavos de sus patrones, pero estos revolucionarios y revolucionarias esclavos de su fanatismo ideológico no asimilan los avances de la clase obrera y siguen culpando a los según ellos son los empresarios esclavistas que se enriquecen a costa de los obreros y no quieren ver que, pongamos un ejemplo, cualquier obrero responsable y que sabe apreciar su trabajo tiene como mínimo dos coches en casa, y una segunda vivienda y algunos caprichos que se los ha ganado gracias a su trabajo; pero esta gente utópica y demagoga supuestos salvadores, están estancados en su ideología rancia y fracasada, no quieren ver que con sus fracasos y sus aciertos debido a la complejidad de las cosas la sociedad y el sistema Occidental capitalista y Democrático, es el sistema que mas bien ha hecho por mejorar al conjunto de la sociedad incluida como no, la clase obrera. Pero había quedado un poco mas atrás que íbamos a hablar de

presidente del gobierno pero en estas últimas líneas solo me he referido
a la parte mas radical del gobierno que es la peor plaga de conjunto del
gobierno; ahora sí, sigamos de nuevo con este fullero falso mentiroso e
incompetente irresponsable presidente del gobierno que desde que
empezó a gobernar con malas artes y malas compañías; hasta ahora, en
casi todos sus actos viene demostrando que, a él no le importa nada, ni
los Españoles ni España, pues tan solo le importa una cosa, que son los
votos aunque los saque trampeando y engañando pero nunca por
méritos propios porque no está capacitado y está demostrando que bien
poco le importa ya que está capacitado y lo ha demostrado buscar los
apoyos que sea y al precio que sea, con tal de poder seguir gobernando;
ahora acaba de sacarse otro As de la mango y ha buscado otra artimaña
de las suyas para intentar sacar mas votos y como ya le ha ofrecido
ayudas a casi todo los sectores con el fin de ganar votos ayudad que no
las hizo cuando llegó al gobierno pero que las está haciendo ahora en
vísperas de elecciones y ahora va a probar con la nueva carta de reserva
uniéndose a la política de sus socios de gobierno que siempre andan
predicando que, hay que quitarle como sea, el mucho dinero de los ricos
incluidos empresarios y banqueros para dárselo a los mas necesitados;
así pues estos días el presidente del gobierno le está atacando a los ricos
para que repartan sus fortunas o parte de ellas, entre los que menos
tienen, o sea populismo propagandismo barato con tal de arañar un
puñado mas de votos a la clase obrera, olvidándose este incompetente e
irresponsable presidente del gobierno que estamos en democracia y en
la libertad de mercado y que este sistema de Democracia si los pueblos
prosperan es gracias a los emprendedores industriales y a los bancos y
los empresarios Españoles está cansados de que tanto los comunistas
como los sindicatos y ahora el presidente del gobierno los acusen de
insolidarios, así pues con estos ataques insensatos e injusto contra los
empresarios la multinacional de la construcción mas grande de España
acaba de trasladar su sede a los Países bajos y desde entonces al

presidente del gobierno no se le ha oído mas, atacar a los empresarios, y es que como digo a este presidente del gobierno de España con tal de arañar votos para intentar seguir gobernando su insensatez le nubla el cerebro.

Como vengo diciendo a lo largo de estas páginas, hay una mecha encendida que va dirigida al cogollo de la coalición de este gobierno y que cada día que pasa la pequeña llama se acerca mas a la carga explosiva que cualquier día va a explotar en la cara del gobierno mismo si se necesitan los unos a los otros pero como son dos familias muy mal avenidas mas pronto que tarde veremos que puede mas, si mantenerse juntos porque a ambos dos grupos les interesa poder seguir gobernando o porque al ser dos familias tan mal avenidas deciden romper para seguir los dos grupos, cada uno por su cuenta, pero de una manera o la otra mismo si deciden seguir juntos por aquello de que la unión hace la fuerza, antes o después la llama llegara a su destino, y el explosivo estallara; porque mucha gente sea dado cuenta de lo fullero y ambicioso es este presidente de y que su puesto de presidente no lo ha ganado por méritos propios, sino gracias a los que insultan mal dicen a España y pretenden romperla; y esto en las próximas elecciones por muchos regalos que ha ido haciendo a la mayoría de la población creo no va ser lo suficiente para que lo voten otra vez toda la gente que antes le votó.

Ayer 8 de Marzo se celebró el día de la mujer, y a causa de lo que sucedió la llama de la mecha se acercó un poco mas a la carga explosiva, a causa de la división que sea creado en el gobierno a causa de la parte feminista del gobierno mas insensata, tozuda, y radical que siguen insistiendo insensata mente en su ley del sí, es, sí, esa ley que tanto está favoreciendo a los violentos machistas atacantes depredadores sexuales y algunos incluso asesinos de mujeres indefensas; aunque esto último antes de acusar y condenar había que estudiar mas los casos y los motivos que indujeron a cometer estos salvajes crímenes, pero el caso es que muchos demasiados autores de la violencia machista unos están saliendo de las cárceles mucho antes del tiempo, y a otros muchos mas se les están acortando las penas; total que ayer la fiesta de las mujeres no fue una fiesta de unión, sino todo lo contrario ya que hubo varias manifestaciones separadas. Otro motivo de la separación puede ser que, el grupo de ministras, las y feministas radicales y que forman parte del gobierno, al escuchar sus predicas da la impresión de que está obsesionadas con todo lo referente al sexo; ya que solo hablan de ello, pero con el fin de educar moral mente y bien aconsejar, sino mara adoctrinar vulgar mente e inmoral mente a niños y niñas tan jóvenes habiendo tantas cosas mas importantes y culturales para enseñar a esas tan tempranas edades; y no tan solo en las clases estas supuestas educadoras so tan indecentes inmorales i groseras, pues en las manifestaciones y las televisiones son aún mas inmorales y carentes de pudor, pues incluso en alguna pancarta entre otras indecentes barbaridades hemos visto que decía… mi coño es mío, y con palabras que da asco escucharlas; mas que unas ministras y sus secretarias y con altos cargos sobre la educación dentro del gobierno; mas que ministras y mujeres de altos cargos y con estudios universitarios y carreras, parecen unas adolescentes vulgares picantes novatas, bromeando y riéndose muy picarona mente sobre las funciones erotizadas con los órganos genitales entre el hombre y la mujer; de hecho y debido a estas lecciones sexuales y consejos las niñas y niños cada vez mas jovencitos y jovencitas se sienten impulsadas a comenzar a practicar el sexo con los problemas que esto acarrea tanto a ellas y ellos y las familias; sobre todo cuando oyen predicar a estas ministras desvergonzadas y sin pudor decir por la tele que, las jóvenes prefieren ser penetradas y chuparla, que manoseadas o masturbarse. Yo como pertenezco a una generación mas educada en la morar y en la educación y el respeto sobre el tema que por supuesto era mejor y mas cívico y honesto que esto de ahora, menan náuseas y asco e incluso vergüenza a pesar de mi avanzada edad cuando veo esas pancartas in decentes y esas salvajes charlas por la televisión dadas por estas feministas indecentes y libertinas, y que para colmo, forman parte del gobierno; y creo que la mayoría de la gente debiera reflexionar y condenar diciendo, ¿pero qué clase de cultura es esta? Y ¿qué tiene que ver tanto predicar e inculcar con tanta insistencia sobre el sexo, cuando lo que nos interesa seguir demandando por derecho a las mujeres es mucho mas racional y mas honesto que esto? Todas las mujeres no somos como las que predican y dicen que defienden estas feministas radicales que solo hacen que atentar contra las buenas maneras y la honestidad; pero cómo nos podemos fiar de estas insensatas feministas que dicen que los hijos no pertenecen a los padres, y que pretenden cambiar el nombre de madre por el de progenitora, ¿poro que saben estas lo que es una madre? Todo esto, debieran pensarlo todas las mujeres de bien.

Todas estas insensatas feministas radicales vulgares e inmorales libertinas mal educadas, con tanto atacar que tienen todo el derecho y la obligación de ir y condenar a la violencia machista, de la manera que tienen de atacarla da la impresión de que incluyen a todos los hombres, y no lo entiendo, ya que según predican y se explican están mas interesadas por el tema del sexo que en la violencia machista, pues no viene al caso explicar todo el rato en público y en los medios de comunicación, e incluso dentro del congreso de los diputados hablar del pene y de la vagina, y de que la gran mayoría de las adolescentes dicen que prefieren la penetración al toqueteo o la masturbación. Pero aparte de todo esto, yo quiero decirles algo a estas feministas insensatas e, impudorosas; que estoy harto, enfadado y muy ofendido a causa de este problema de la violencia machista, pues de la manera en la que se está tratando y se condena da la impresión de que esa condena va dirigida contra todos los hombres, y que nos meten todos en el mismo saco, de violadores, machistas, y criminales, y como ya creo haber dicho antes, el trigo, la paja, y la cizaña, hay que saber separarlos; cosa que meda la

173

impresión de la manera que se explican, no distinguen estas insensatas feministas radicales inmorales y libertinas adoctrinadoras de, la indecencia con toda esa perversa doctrina que predican, y acusando de la paja en el ojo ajeno sin ver la viga en el suyo; y llegado aquí, me veo en la obligación de explicar lo siguiente.

Primero diré que, el violento maltratador, es una cosa; el depredador violador es otra cosa; y desequilibrado asesino es otra cosa, y por lo tanto, no es justo meterlos a todos en el mismo saco como están haciendo y condenando, estas sectarias feministas radicales.

En nuestra sociedad tanto antigua como moderna siempre ha habido y sigue habiendo los llamados machistas que traicionan a sus prometidas y esposas con las salidas con los amigos al futbol, los toros y algunas otra juergas aprovechándolas para ir de putas, mientras que la mujer sea quedado en casa cuidando de los críos y de la limpieza y la cocina, esos hombres, si son los insensatos machistas también conocido como el macho Español o sea, el homo macho salvaje, que abusa su inmerecida superioridad. En el caso del depredador violador es cosa mui distinta al machista que acabo de señalar, pues este segundo es una vestía salvaje que abusa de su fuerza bruta para forzar a victima indefensa y desamparada. Después viene el caso tercero, el que asesina sim piedad; aquí esto, es mas complicado a la hora de juzgar, si, el hombre a asesinado, pero en estos casos, a lo mejor no tiene nada que ver con el machismo; además de que ni hombre ni mujer matan a su pareja y a veces también a los niños pero no por capricho, pues algo mui grave a tenido que ocurrir antes para llegar a esta locura, porque es locura, ya que nadie en su sano juicio jamás mataría a su pareja ni a sus hijos; en estos casos, no son como en las películas y en los seriales cuando por exceso de ambición un pariente mata a otro o paga a algún asesino asueldo que lo mate, para poder quedarse con la herencia familiar; luego entonces cuando ocurren estos terribles y salvajes casos en los que un hombre o una mujer mata a su pareja y a veces a los niños también antes de condenar si saber por qué se ha llegado a ese extremo de locura, debiéramos de reflexionar, preguntarse, e intentar conocer la verdad y los motivos por los que la persona antes normal ha llegado a esa situación que lea trastornado la mente que le ha impulsado a matar a quien antes, era un ser querido.

Me he visto obligado a exponer estos casos distintos el uno del otro para que estas feministas extremistas sectarias si es que les queda algo de sensatez y civismo racional, que con su odio ancestral culpabilizan a todos los hombres cada vez que ocurre alguna desgracia de estas, y para que cuando ocurren hagan el favor de emplear un poco la sensatez si es que la tienen que, procuren ser un poco mas justas, y sepan separar la paja del trigo y de la cizaña y no lo mezclen todo en el mismo saco, ya que en nuestra sociedad hay muchas mujeres que valen mas que muchos hombres, pero también hay muchos hombres que valen mucho mas que muchas mujeres, y si hay desgraciada mente violencia machista, también hay mucha violencia femenina, pues sigue habiendo y cada vez mas mucha falta de respeto y de traición tanto por parte de los hombres como de las mujeres; y a causa de esto, la sensatez racional, o sea la sana sensatez y la sana responsabilidad y el sentido de familia en estos tiempos está mui lejos de scr la norma generalizada hasta el punto que no se utiliza, e incluso se desprecia algo tan necesario y esencial como lo es el educar en, la disciplina, el orden y el respeto junto con la responsabilidad; por el contrario desde que aparecieron hace ocho o Díez años en la vida política Española esta panda de izquierdistas radicales con su doctrina comunista predicando la buena nueva de salvar al pueblo de la opresión y el esclavismo de los explotadores capitalistas según ellos y ellas las seguidoras libertinas feministas radicales ellos y ellas predicadores y predicadoras de un cambio de sistema, empezando por la educación, o sea el adoctrinamiento de todo lo que vengo diciendo a lo largo de estas páginas sin importarles lo mas mínimo que estaban y siguen atentando contra todo acordado para el buen funciona miento de nuestra sociedad desde que se implantó en nuestras vidas acordado por todas las fuerzas políticas e ideologías en la transición de la Dictadura a la Democracia. Pero sigamos con el adoctrinamiento indecente e inmoral que se han empeñado en imponerlo a la sociedad desde las escuelas estas insensatas feministas radicales obsesionadas con el tema relacionado con el sexo. Aparte de todo lo ya dicho aquí, hace un par de días estas ministras feministas dijeron por televisión que, si en una pareja el hombre deseaba el sexo y a ella no le apetece si el insiste y la monta es, una violación machista. Veamos, si una pareja casada y comprometida, o una pareja sin estar casada pero si comprometida que han contraído un compromiso entre ellos, al estar comprometidos tienen derecho a disfrutar del sexo, por lo tanto no se le puede tratar de violación, en un caso así también hay dos posturas o casos distintos, primero que la mujer puede sentirse mal y no le apetezca, en este caso si el hombre no la respeta y se empeña y la monta no es un machista es una vestía salvaje que no respeta a su pareja; por el contrario, también puede suceder que, y esto es muy frecuente que, el mal llamado violador la desee en ese momento, y ella se niegue con la famosa y tan utilizada la excusa de la jaqueca y no se encuentra bien, cuando la realidad es que a ella no le apetece porque está satisfecha, por el feliz revolcón que ha hecho ese día con el amante de turno, y esto lo saben mui bien estas feministas radicales que por norma le echan la culpa de todo a los hombres, y por lo tanto, tan solo ven la paja en el ojo ajeno y no ven la viga en el suyo. Pero sigamos con mas aventuras de estas féminas adoctrinadoras de lo que llaman libertad a lo que es libertinaje inmoral e indecencia. Hay infinidad de mujeres tanto adolescentes como mas mayores comprometidas e incluso casadas que desde hace tiempo se han igualado a los hombres machistas y sus aventuras cuando salen con los amigos como ya he dicho al futbol o los toros y la juerga ofendiendo traicionando y engañando a sus parejas;

pues bien, estas mujeres que acabo de mencionar, que van, o bien en viaje de estudios, con becas o sin becas fuera de casa o al extranjero, otras se juntan en grupos de amigas y deciden ir una semana de vacaciones, e incluso algunas por el móvil o internet hacen amistades e incluso quedan en algún lugar, y se supone que, en todos estos casos tanto en becas viajes de estudios o grupos de amigas comprometidas y casadas dejan sus casas y sus familias con el fin de pasar un tiempo en ver cosas nuevas a donde van y aprender, tanto las solteras como las comprometidas o casadas en general la gran mayoría salen a la aventura pero con la sola idea de ligar con desconocidos y pasárselo bien, y después de disfrutar en todos los sentidos vuelven a sus casas satisfechas de esos días de juergas y los recuerdos secretos de los revolcones que han disfrutado con melosos desconocidos extraños sin importarles un pimiento el compromiso ni la fidelidad, ni el pudor ni la traición.

Ya dije antes que, los hombres el supuesto macho Español desde siempre, soltero comprometido o casado, solitario o con amigos con la excusa del futbol o los toros o asuntos de trabajo siempre que han podido han salido de juergas y en esas juergas iban incluidas las casas de prostitutas mientras que las esposas se quedaban en casa atendiendo a los críos y los quehaceres caseros, y mientras que esos hombres se divertían y se divierten siempre han pensado mismo después de traicionar a la mujer y mientras ellos se divertían que la mujer estaba cumpliendo con su obligación. Mismo así, y en estas injustas condiciones las gran mayoría de las mujeres siempre han sido mas astutas que los hombres, y al mismo tiempo han demostrado ser mui pacientes durante siglos, hasta que antes o después sabían que su tiempo tenía que llegar, y al final llego, la tan ansiada emancipación y la libertad a lo que tenían todo el derecho que siempre se les había negado, y la han aprovechado para vengarse de, su casi eterno sometimiento al hombre, e incluso en muchos casos los han superado; y desde entonces, con la perdida de la disciplina, el orden y el respeto y la responsabilidad, sea perdido también el pudor, la moral, y la vergüenza. Eran muchas las ganas y el derecho de comparase a los hombres, pero con ello también al imitar al hombre la mujer se ha degradado, porque en esta nuestra especie la humana si algo hay se mi sagrado en la tierra es la mujer, porque la mujer es, portadora incubadora, y da a luz a la vida al ser humano, el hombre pone la semilla, pero la mujer la cultiva en su vientre, y la hace florecer a la vida, y al venir a la vida, sobre todo la mujer es la autora del milagro, de ahí que pienso yo que, la mujer es, el único ser de la tierra se mi sagrado, y me sabe mui mal que a pesar de tener derecho a esa libertad, la mujer se degrade y se quiera comportar como el hombre en su mentalidad de animal sin ética ni moral, ni lealtad ni responsabilidad. Con esta libertina mentalidad de estos tiempos tiene como resultado que en gran parte de nuestra sociedad hay cada vez menos niños y mas matrimonios rotos y cambios de parejas; ante esta incívica situación los pocos niños que van quedando se sienten asombrados y confusos y pensando, este hombre que ahora está con mi madre no es mi padre, o, esta mujer que esta con mi padre no es mi madre, se van criando entre padres y madres desconocidos, y esto sí que es un trauma para los niños, no lo de regañarles o darle una colleja y castigarlos como predican estas feministas radicales que predican y aconsejan el amor, o mas bien el sexo libre ya que el amor de verdad, nada tiene que ver con el sexo, lo cual demuestra que la doctrina de estas feministas radicales está equivocada y por lo tanto insensata y perjudicial para la sociedad como tal, pues por culpa también del adoctrinamiento de estas feministas también supuestas animalistas sea llegado a la injusta insensata e in humana situación de que en todos los hogares de España hay mas perros que niños; así pues con este problema de que con mas o menos razón sobre la violencia machista tanto atacan estas feministas radicales y que debido a este gran problema están ocurriendo tantas desgracias y tantas familias o parejas comprometidas rotas y desestabilizadas, pero este problema no es el único culpable de la situación, porque este problema y en gran parte también viene causado por la doctrina libertina e inmoral que vienen predicando y aconsejando estas feministas radicales que a reclamar los mismos derechos que los hombres, en el mismo lote de derechos también va incluido el derecho del amor, o, el sexo libre con quien sea y cuando les apetezca tanto si están comprometida o casacas, porque esto también ha influido y mucho en cada vez mas haya tantos matrimonios y parejas rotas y familias restructuradas; así pues, si se pusiera en un plato de la balanza, el problema causado por los violentos y mal tratadores machistas, y en el otro plato el mal que se está causando por la influencia de las feministas que han desembocado en el gran cambio en tantas mujeres por aquello de tener los mismos derechos que los hombres incluido la infidelidad y el amor o mas bien el sexo libre, entre las unas y los otros el mal que le están haciendo a tantas familias y con ello la falta de respeto y la irresponsabilidad generalizada en nuestra sociedad, ¿para qué lado se inclinaría la balanza? En suma que, según las feministas sectarias radicales la violencia de género es una lacra de nuestra sociedad, y yo estoy de acuerdo y agrego que, el sádico salvaje que atenta cualquier mujer indefensa e inocente, ese ser mas animal que persona debe de ser severa mente castigado, pero también añado que, estas feministas radicales sectarias con sus políticas malignas e incívicas, también son otra lacra aun peor, ya que en los hombres no todos son machistas violentos, pero la secta de esta clase de feministas radicales con su libertinaje y su inmoralidad, son, una plaga maligna.

Yo no denuncio todo esto que estoy denunciando en estas páginas porque sea enemigo de las mujeres sino todo lo contrario, y hablo con conocimiento de causa, ya que me he criado entre cinco hermanas que como tantas otras mujeres de mi tiempo estaban privadas de casi todo; pero la mayoría de aquellas mujeres aun siendo pobres trabajadoras y medio analfabetas eran unas señoras en todos los sentidos, cosa mui escasa en estos tiempos en donde predomina la vulgaridad y la indecencia y la inmoralidad con tanto libertinaje al que llaman derechos de libertad, una libertad ultrajada y mui mal empleada en detrimento al gran honor y don de ser mujer. Pero sigamos con mi conocimiento sobre las mujeres. Aparte de mis cinco hermanas ya que no tuve la dicha de poder haber conocido a mi madre por culpa de la miseria de la guerra civil española, ya que murió mui joven por no tener el suficiente alimento para amamantarme, y hasta el día de hoy siempre añore un abrazo suyo, pero sigamos, cuando empecé a trabajar de aprendiz antes cumplir los diez años de edad, me toco, trabajar entre mujeres niñas y mayores; siempre he trabajado con mujeres tanto en España como en Francia, en Canadá, y en Nueva York, y después también en España; al casarme, he tenido esposa mujer o compañera y tres hijas, ósea, conozco a las mujeres y por lo tanto conozco bien lo que escribo, y por supuesto, lo hago con conocimiento de causa, y se mui bien de que la persona no debe hablar de lo que no sabe, y si me atrevo a opinar y denunciar sobre todo lo que vengo denunciando en este escrito sobre este gobierno su presidente y sus ministros y ministras sobre todo las radicales insensatas llamadas progresistas en vez de hipócritas y malas consejeras, y que su doctrina es predicar sobre el sexo y la inmoralidad del sexo libre; así las cosas me encuentro en condiciones de acusar deber la paja en el ojo ajeno, y también poder lanzar la primera piedra, y veamos porqué.

Desde que conocí y me case con mi mujer esposa o compañera y siendo los dos mui jóvenes que eso fue en el año 1962 en mas de 50 años de casados jamás la he traicionado con otra mujer, pues yo siempre sentí, que si había empeñado mi palabra y comprometido con ella y una persona que empeña su palabra tiene la obligación de mantener ese compromiso; como ya he dicho, yo siempre he trabajado entre mujeres y ocasiones y tentaciones no me han faltado a lo largo de muchos años. Pudiera ser qué algún día lejano algún posible lector o lectora de este libro, joder este tío fue un santo, pero nada mas lejos, pues desde niño siempre he sido ateo pues no creo ni en los santos ni en Dios, aunque mismo siendo ateo convencido siempre he respetado y cumplido con los diez mandamientos de la biblia, menos uno, el primero que dice, amaras a Dios sobre todas las cosas, el resto de los mandamientos los escribiera quien los escribiera Moisés, o ve tú a saber quién, son todos los demás mandamientos mui necesarios de saber cumplirlos por el bien de la persona y de cualquier sociedad pero como ya creo haber dicho no los cumplen ni los creyentes, y ni los intermediarios de Dios; nos llamamos civilizados pero la verdad es que en general la gente ante todo es hipócrita, falsa, y envidiosa además de irresponsable la mayoría de las veces en sus obligaciones incluida el no respetar la palabra dada, no es mas civilizada la persona que es mui sabia y hace grandes inventos y los que ocupan los mas importantes puestos de sus Países o del Mundo, la persona que se le puede llamar civilizada para mí, es aquella persona que tiene como principios lo que tanto vengo repitiendo, como lo son, la disciplina, el orden, y el respeto que conllevan la responsabilidad; esta, es la primordial y mejor asignatura que hay que educar en la escuela, y la única doctrina necesaria y positiva; si esta doctrina se enseñara en las escuelas y se practicara en todas las circunstancias de la vida mejoraría mucho la sociedad, pero sin embargo y con esta tan extendida mentalidad moderna, libertina e irresponsable nuestra sociedad en vez de avanzar civilizada mente, está retrocediendo. Es mui posible que muchos posibles lectores me traten conforme a la mentalidad de estos tiempos de carroza troglodita fósil como a menudo tratan a los viejos que piensan como yo, porque con nuestra mentalidad anticuada no podemos admitir todo lo que está sucediendo en estos tiempos y que vengo denunciando, pero es que no nos parece ni ético ni normal ni decente la manera en que se desenvuelve la sociedad de ahora, en donde ya la familia ya no es familia unida, pues los miembros unidos de que antes se componía una familia ahora todos sus miembros son autónomos y cada uno hace la vida por su cuenta empezando por el padre y la madre y los hijos e hijas todos son libres y cada cual por su cuenta en todos los sentidos y parece ser que no quieren darse cuenta que, esa clase de libertad en vez de ser aprovechada para mejorar como personas civilizadas y como sociedad, lo repito de nuevo, la están empeorando y los sacrificados y largos pasos que se habían dado por avanzar en una civilización mas responsable y racional, en unas pocas décadas hemos retrocedido esos pasos hacia atrás; mismo así, espero que, no se presente ninguna desgracia natural o provocada, que a los que queden les haga reflexionar y comprendan y lamenten que, no se hubiera apreciar lo que todo lo bueno que en tiempo atrás se había conseguido.

Acabo este tema diciendo que, la mayor parte de la gente de estos tiempos sabe lo que significa y la diferencia entre lo racional, y lo irracional, pero debido a cultura y mentalidad de ahora, la gran mayoría de la gente se mueve y sus actos lo demuestran en la irracionalidad; y gran parte de la culpa es de quienes nos gobiernan, pero sobre todo de este gobierno de coalición con las feministas extremistas, que sin el mínimo sentido común durante toda su legislatura están aprobando unas leyes mas salvajes que cívicas ya desde las escuelas, que están pudriendo y contaminando la inocencia pura y sin malicia hasta el punto que ya están dando frutos podridos apenas comenzada la adolescencia pues cada vez mas y con mas frecuencia las niñas adolescentes buscan mas a los chicos para hacer el sexo por culpa de estos mensajes indecentes de estas feministas radicales, como también estamos viendo que cada vez son mas frecuentes las violaciones de los adolescentes incluso menores de edad, tanto en los lavabos de los colegios, como en los de los súper mercados; pero como no se va a agravar este salvaje problema si estas feministas insensatas radicales que son ministras y forman parte del gobierno se permiten decir en la tele y sin ningún pudor que, en las escuelas, es mejor educar en el sexo que las matemáticas; ¿pero hasta donde vamos a llegar si cada vez nos estamos acercando mas a la selva?.

Estoy repitiendo a menudo en estos temas de crónica, opinión, y denuncia, junto con la disciplina el orden y el respeto, que conllevan a la responsabilidad, normas que son tan necesarias en cualquier sociedad que se tenga por civilizada, entre ellas supuesta mente nuestra sociedad la española, pero yo me pregunto, ¿pero cómo puede tenerse España por una sociedad civilizada si esta normas que acabo de anunciar apenas si se practican ni se tienen en cuenta casi para nada?; mas a esto hay que agregarle también la cultura cívica que va pareja con el respeto y la responsabilidad. Si la sociedad Española se desenvolviera en todos los actos de nuestras vidas con estos principios que estoy anotando aquí, yo no habría tenido la necesidad de, escribir estos ocho libros sobre la España Real, pero en vez de esto, y que en nuestro País están apareciendo nuevas lacras, me veo en la obligación de denunciarlas, como lo estoy denunciando, ya que están afectando mucho, y descomponiendo a esta nueva y un tanto anárquica sociedad.

De la primera lacra que ya he anotado es la cada vez mas extendida; o sea la de los casos de la mal llamada violencia machista, y digo mal llamada porque no va incluida la violencia provocadora al ser psicológica que emplean muchas mujeres contra muchos hombres y de la que nunca se habla; de una manera o de otra también es una plaga, y por lo tanto es, una lacra también. Otra lacra, es la que andan predicando las feministas radicales sobre la educación del sexo, y siguen su doctrina con, que el matrimonio es una cosa y el sexo es otra cosa, que predican sin ningún pudor, y mucha indecencia; estas ministras del gobierno feministas radicales, inmorales y libertinas y sin ningún pudor en el caso del, asunto en lo concerniente al sexo, porque con su doctrina sexista entre otras barbaridades dicen también que, en la escuela es mejor educar sobre el sexo que en las raíces cuadradas de las matemáticas,

Esto sí que es, una peligrosa, indecente, e inmoral lacra para la sociedad racionalizada, seria, y con sentido común. Otra lacra que acosa a nuestra sociedad carente de también de racionalidad cívica es, la lacra insensata y peligrosa, del separatismo Catalán, con su fanatismo e insensatez de intentar romper España, dividiéndola y volver a vivir en el sistema medieval; pues como es bien sabido, hace justo cinco años el gobierno autónomo separatista de Cataluña, en la sede del congreso de los diputados de Cataluña juraron y rubricaron la ruptura con España, y proclamaron la Republica Catalana; este insensato acto, lo vimos todos por televisión, este grave delito de sedición ese mismo día fue abortado con la rápida intervención del gobierno de España, apoyado por la oposición socialista estando gobernando el partido popular de centro derecha; doce o catorce miembros del gobierno separatista fueron arrestados y separados de sus cargos, pero el presidente del gobierno autónomo de Cataluña y cinco miembros mas por pura cobardía para evitar la cárcel, huyeron como ratas al extranjero. Hade unos días el 28 de Marzo después de cinco años regreso a Barcelona una mujer de los cinco huidos amparándose en que este fullero presidente del gobierno les indulto de todos los delitos cometidos excepto el delito de malversación; el caso es que esta mujer aproximada mente de unos 70 años de edad, al llegar a Barcelona un policía de paisano Catalán cumpliendo órdenes le pidió por favor que la acompañara a la comisaria, ella no estaba de acuerdo amparándose en su cargo de no sé qué puesto en el gobierno de la Unión Europea, en resumen que aun protestando la mujer acompañó al policía acompañada por su abogado; he de anotar que, el policía Catalán, la trataba mas como una amiga que no como delincuente reclamada por la justicia Española, esta delincuente contra el Estado Español, estuvo en la comisaria seis horas, y ha quedado en libertad, a continuación ha dado una rueda de prensa y ha recalcado que, su deber y obligación es seguir luchando, y comprometida con el proyecto de separación de Cataluña de España; lo cual de nuevo demuestra que, el fanatismo irracional sigue prendido en mucha gente a pesar de su avanzada edad y sigue demostrándolo, pues por lo visto le han comunicado el la comisaria que dentro de un mes tiene que presentarse ante la justicia en Madrid, y la insensata y fanática mujer, ha respondido con desprecio que ella nunca se presentara ante ningún tribunal Español; ella podrá renunciar a presentarse ante un tribunal Español, pero lo que nunca podrá evitar es que siempre será, una ciudadana Española y siendo ciudadana Española morirá.

Ante todo esto, yo reflexiono y me pregunto, que gente con edad tan avanzada y después de haber conocido toda la turbulenta historia del pasado siglo XX con todas las guerras entre todas las Naciones Europeas y de fuera de Europa con dos guerras mundiales y que debido a tantas desgracias muertes destrucciones y sufrimientos, todos los líderes Europeos comenzó a reinar la sensatez, y entre otras cosas, para que no hubiera mas guerras en Europa se reunieron y fundaron la Unión Europea, que es lo mas sensato y civilizado que se haya hecho jamás; y sin embargo y después de todas esas experiencias que han resultado ser beneficiosas para todos, todavía hoy, en el siglo XXI sigue habiendo fanáticos locos insensatos hijos de España la nación de todos los Españoles desde los pirineos a Gibraltar, mas Ceuta y Melilla, y desde las Baleares a la raya con Portugal, nuestra Nación de todos una de las Naciones mas bellas y rica del mundo en donde vivimos en Democracia y libertad, como también en sus 17 regiones autonómicas algunas incluso con su policía autónoma; y con todas estas ventajas, mismo así, todavía hay líderes políticos como en Cataluña que pretenden romper España, que incluso para intentar conseguirlo pidieron ayuda a Rusia, y el trato consistía en que el gobierno Ruso apoyaría en ese trato con Cataluña, que mandaría 10000 soldados Rusos bien adiestrados y e instalar bases Rusas en Cataluña, y así los rusos desde Cataluña poder controlar todo el Mediterráneo Occidental, todo esto, este gobierno de España de coalición socialista comunista lo sabía, y mismo así, aún premia a los líderes separatistas Catalanes anulando todos los graves delitos cometidos contra España, excepto el delito de malversación pues perdonarles esto también sería demasiado descarado, y todo esto, por pagar parte de la deuda que este presidente del gobierno tiene contraída con los separatistas; con todos ton grave mas los acuerdos con esta gente indecente para poder gobernar de una manera tan sucia sin el menor honor ni dignidad, nadie puede estar en condiciones de contradecir que tanto el presidente del gobierno es una lacra, como lo son también los separatistas y mes las ministras feministas radicales de este gobierno; e incluyo considero y añado también como lacra a estas ministras feministas radicales de este gobierno aparte de que ellas han provocado en su educación y doctrina el ganarse el sucio título de lacra, ya que han propiciado con su inmoral doctrina, un terreno fangoso, contaminante, peligroso e inmoral, a la vez que también vengativo contra el hombre; pero veamos este problema y su realidad para entender las cosas mejor; veamos.

Todas las personas hombres y mujeres mui mayores hemos conocido a lo largo de nuestra vidas y vivencias, infinidad de casos de abusos de hombres contra las mujeres; esos hombres, abusaban de ellas, las explotaban, y las humillaban, en muchos casos, estos brutos mal tratadores, cuando se presentaba se juntaban unos amigos, se iban de juerga después de asistir al futbol o los toros y de prostitutas, y en estas bacanales salvajes se les iba la paga de la semana, y al llegar a casa borrachos o no, si la mujer decía no tengo dinero para mantenernos y ni tan siquiera para los críos, el animal del marido la contestaba, incluso con desprecio la gritaba y decía que tenía que aprender a administrarse mejor, cuando la mujer con lo que recibía por parte del marido era imposible hacer milagros para poder conseguir lo necesario para mantener la casa y la familia; incluso el vestía del marido algunas veces la contestaba con desprecio diciendo, el dinero es mío, lo gano yo con mi sudor, y hago con el lo que me da la gana, e incluso decía en su salvajismo, y tú, debieras de estar agradecida que comes gracias a mí, y de mi dinero, a esta clase de animales que siempre los ha habido, jamás se les ocurrió pensar que, del sueldo del marido era tanto de ella como de él, y por lo tanto tenía el mismo derecho a ese dinero, ya que ella trabajaba en casa tanto o mas que él, ya que el marido tenía un horario, mientras que ellas no, ellas, su mundo era su hogar, y se desvivían por hacer las cosas lo mejor posible; muchos maridos ofendían, mal trataban, y pegaban a sus mujeres, y nadie podía acudir para ayudarla y defenderla, ni tan siquiera los guardias, porque la mentalidad y las reglas, eran que nadie podía meter las narices en los problemas de los asuntos domésticos de cada casa, pues eren cosas particulares y privadas de cada casa ajena. Estos terribles casos eran frecuentes en todos los barrios, en todos los pueblos, y en todas las ciudades, y siempre en todos estos casos, tanto las hijas como los hijos soñaban con hacerse mayores para salir de la tutela del padre y salir de sus casas, y hacer sus propias familias, y todo por culpa de aquellos padres que en tantos casos, eran mas salvajes que humanos; aquello, sí que era violencia machista, en donde el culpable siempre era el hombre; en estos casos salvo alguna excepción, de padres pudientes de ella, el resto de mujeres mal tratadas se han pasado las unas alas otras desde la distancia y sin conocerse una especie de ondas telepáticas en espera de que llegara la hora de la venganza; mientras tanto, algunas mujeres cuando han podido ha estado luchando al igual que en otros sitios también en nuestro país por los derechos y la igualdad pacifica mente y con toda la razón; poco a poco, y con mucho sacrificio y empeño y con el apoyo de algunos hombres cada vez, han ido consiguiendo mas derechos que siempre antes se les había negado debido a la mentalidad machista de los hombres, aunque hay que decir también que, a lo largo de la historia de la humanidad salvo excepciones de algún pueblo o cultura matriarca, en donde las mujeres dominaban, en el resto de las culturas hasta el día de hoy, a las mujeres se les sigue tratando como un animal mas de la familia pero esto, siempre ha dependido del grado de cultura tanto religiosa como política de cada pueblo o Nación pues aún, hay mucha cultura talibana en muchos pueblos educados y sumisos a la religión; pero sigamos con la historia y la cultura de España en donde la parte machista acabo de explicar ahora veamos la otra cara de la moneda. Por fin después de muchos siglos de historia machista hace unas décadas y después de la Dictadura Franquista y con la llegada de la Democracia la mujeres española consiguieron la emancipación, pero como siempre, entre tantas mujeres de buena fe que han trabajado por conseguir los derechos y la igualdad con los derechos de los hombres, al igual que en los casos de los hombres que ya he mencionado también en las mujeres han aparecido ovejas negras, o sea esa libre sacerdotisas que se aprovechan de los derechos conseguidos para con su doctrina libertina adoctrinar y contagiar con su ideología extremista a las demás mujeres que se rigen por la sensatez que les basta con los derechos conseguidos sin ánimo de venganza contra los hombres, porque estas nuevas sacerdotisas ovejas negras del feminismo radical tan solo transmiten rencor y odio contra los hombres sin querer ver que la inmensa mayoría de los hombres de ahora no son como los que yo he expuesto antes; los hombres de ahora no son en general los malvados machistas de antes, salvo las excepciones como en todo en la vida, los hombres de estos tiempos comprensivos y tolerantes e incluso muchos son unos calzonazos, pues ahora hay mas calzonazos que maltratadores machistas, y como en muchos casos se ha dado la vuelta a la tortilla ahora hay mas feministas malignas que, machistas mal tratadores. Estas sacerdotisas modernas que con la doctrina irracional e insensata que predican atraen a su clan a muchas otras mujeres e incluso (hombres) no son otras que esas feministas radicales y muchas ocupan puestos mui importantes en muchos medios e incluso en la política en incluso algunas de ellas son ministras de las izquierdas radicales de este gobierno de coalición, poro que a pesar de que ocupan puestos de mucha responsabilidad, no está capacitadas para bien y con responsabilidad; y bien que lo están demostrando con las opiniones y consejos que están divulgando sobre todo lo que yo estoy denunciando en estas páginas ya que todas las cosas que predican y aconsejan, son lecciones groseras, vulgares indecentes e inmorales que tratan sobre todo de algo que demuestran tener obsesión pues estas ministras y líderes feministas radicales sus lecciones favoritas tratan con algo tan íntimo como lo es el sexo, y por tanto, como para mí y supongo que para mucha gente este es un tema muy íntimo y personal además de vulgar en público, indecente e inmoral, considero que es una lacra creada por estas ministras feministas radicales que el fruto de sus lecciones son frutos podridos y por lo tanto dañinos, y me explico por lo que sigue.

Ya he explicado sobre los abusos y malos tratos de tiempos pasados de muchos hombres contra las mujeres; ahora, veamos un poco mas los frutos producidos que han dado como resultado la venganza feminista radical en muchos casos en donde la victima ha sido el hombre desde que la mujer por derecho consiguió la emancipación; y con ello la integración de la mujer también por derecho, en toda clase de trabajos.

Desde que se ha integrado la mujer en la sociedad casi con los mismos derechos que el hombre en casi todos los sentidos ¿Cuántos matrimonios se han roto y los críos se han quedado desorientados y traumatizados? Porque eso si es una dramatización mucho mas cruel para los críos que regañarles, castigarlos o darle un bofetón cuando han hecho algo malo, o es que acaso es mas sensato el retirarle la autoridad a los padres y los maestros como se aprobó y se impuso en las escuelas, y se prohibió el castigar a los críos o darle una colleja porque eso traumatizaba a los críos, pero sigamos. Cuando hay separaciones matrimoniales la mayor parte de las veces todas las ventajas son para la mujer, pues el hombre es condenado a pagar el mantenimiento de los hijos la mujer se queda con el dinero y con la casa el amante de turno como padre comiendo del dinero y el padre pagador arruinado y sin casa y como máximo ver a los críos cada equis tiempo; ¿pero en cuántos casos nos enteramos por los medios, de los motivos de esa separación? ¿Es acaso este otro de los derechos que quería conseguir la mujer? ¿Hay acaso siempre, como en este caso violencia machista?, una pregunta mas, ¿Cuántos hombres crían a algún hijo o hija con todo el amor de un padre, pero ignora que no es hijo suyo y la mujer siempre se lo ha ocultado,? Eso sí es mui grave y maligno; otro ejemplo mas, si algunas mujeres fueran mas sensatas y honestas y no fueran tan ligeras bajándose las bragas entregándose al hombre de turno, el hombre no se comería una rosca y no habría tantos cuernos, ni tantos matrimonios o parejas rotas, está claro que aquí el hombre no es culpable, sino la que se baja las bragas; así pues, no lo carguemos todo a la violencia machista. Se ha ido observando que, desde que las mujeres consiguieron su derecho a la emancipación y la libertad, muchas de ellas eligieron y cada vez mas como prioridad tener un trabajo y su coche, dejarse de compromisos matrimoniales y de tener hijos para evitar ataduras y hacer subida libre y a su gusto incluido lo sexual. Todo esto y mucho mas, han conseguido y se han desenvuelto muchas mujeres desde que por fin fueron liberadas del supuesto yugo del hombre, y digo supuesto en general porque afortunada mente, la inmensa mayoría de los hombres son mucho mas tolerantes e incluso serviciales con su esposa, pareja, o compañera; e incluso está demostrado en muchos casos que, cuanto mas tolerante y buena persona y confiado es el hombre muchas mujeres los engañan con mucha mas facilidad y frecuencia; por lo tanto, no es justo tanto ataque continuo acusando al hombre de violento machista, porque aparte no todos son machistas violentos, todas estas feministas radicales que tanto acusan no están en condiciones de solo ver la paja en el ojo ajeno, como tampoco están libres de poder lanzar la primera piedra.

Llegado hasta aquí, y con estas pocas muestras sobre el estilo de vida y de cultura moderna tan libertina en que nos movemos en general, sin disciplina, ni orden ni respeto y de tanta irresponsabilidad en todos los sentidos también en este caso la pregunta es, ¿desde la llegada de la Democracia y la libertad se puede afirmar que nuestra sociedad ha mejorado?.

A estas lacras ya mencionadas hay que sumar también, la lacra que supone la ideología comunista radical, ilusa y quimérica anti sistema enemiga de los empresarios y de los ricos sin tener en cuenta hacen mucho mas bien que su ideología demagoga creando trabajo, todo lo demás no es mas que una barata ideología que lleva consigo mucha envidia, además de populista que intentan ganarse a la clase obrera atacando a los ricos, y al capitalismo liberal del mercado libre, como también no respetan y odian a la Monarquía sin tener en cuenta que la Monarquía Española Constitucional es aprobada por la inmensa mayoría de los Españoles; con este ideal político con el que están comprometidos estos grupos comunistas aunque mas que comprometidos son fanáticos de esa doctrina religiosa que es el comunismo fullero, ya que el comunismo verdadero es otra cosa mui distinta mas racional y sensata aunque imposible de implantar en ningún Estado democrático por motivos muy largos de explicar, aunque ya creo haberlo explicado en alguno de estos libros sobre la España Real, en donde yo decía que el verdadero comunismo es, el que utilizaba en los Kibutz de Israel por los colonos Judíos hasta que Israel se convirtió en nación en 1948; aparte de esto, en ninguna Nación Democrática con Monarquía o con Republica no hay lugar para el sistema comunista pues estamos en el siglo XXI y en Occidente no hay lugar ni para el comunismo, ni el fascismo, ni el nazismo; desde impuesto por la fuerza de las armas por Lenin y Es talín en la Rusia y sus países satélites en media Europa, el de la Cuba de Fidel Castro, y el del Che Guevara que quería llevar a la América Hispana y que antes durante nuestra guerra civil intentaron imponer en España, dodo aquel comunismo fracasó, y tanto en Cuba como en algunos Países suda americanos ya estamos viendo la gran miseria que Reina en esos pueblos, incluso el China hace tres décadas todavía se moría mucha gente de hambre hasta que el comunismo Chino, optó por hacerse también capitalista, así pues, a que aspiráis los nivación comunistas de España que traicionáis vuestra ideología ocultándola con otros nombres y la disfrazáis hipócrita mente de democracia para no asustar a los incautos posibles votantes; y mismo así, en que ha quedado vuestro tan unido grupo de líderes fundadores que como ilusos ignorantes a pesar de vuestros títulos universitarios llegasteis tan convencidos de que mui pronto ibais a gobernar en España después de eliminar a la casta; que poco sabéis vosotros y vosotras de la complejidad de la realidad de la vida, vosotros y vosotras con vuestro insensato e irracional fanatismo y vuestra intolerancia despreciando todo lo que no se ajuste a vuestro credo, mas todas las sandeces inmorales que andáis predicando como ya he dicho de vosotros y vosotras sois una lacra para la sociedad Española. Con este ideal político religioso con el que están comprometidos si tener la suficiente sensatez para querer darse cuenta de que lo que pretenden y predican es una quimera esta gente al no aceptar lo establecido como modo de vida, por la gran mayoría de la sociedad, tan solo se puede esperar de esta gente y sus actos de incivismo por desprecio a lo establecido mas la intolerancia y la falta de respeto contra la mayor parte de la sociedad que no comulga con su doctrina esto supone una lacra creada por los líderes de esos grupos que al igual que los líderes separatistas, todos ellos juntos, con insensatez, su falta de sentido común y su perversa irracionalidad que lo único que hacen todos es crear discordia e inestabilidad los unos por separatistas y los otros grupos de las izquierdas radicales anti sistema que los apoyan entre los unos y los otros todos son una maligna plaga que en vez de trabajar por la concordia la razón y la estabilidad para avanzar juntos y unidos tan solo pretenden cambiar el sistema, eliminar la Monarquía y dividir España para volver a la edad media, o sea, justo todo lo contrario que se ha hecho al unir los pueblos en la Unión Europea. Siempre ha habido y por desgracia sigue habiendo en todas partes la oveja negra en muchas familias y también, la manzana podrida, y dentro de la sociedad Española todos estos grupos que estoy denunciando son la oveja negra y la manzana podrida, e incluida la cizaña, y debido a su catecismo maligno, también va compuesto con algo de cicuta, ya que estos grupos de fanáticos irracionales, están con sus peligrosos actos envenenando a gran parte de la incauta sociedad española; pero por ahora, agreguemos un poco mas sobre el tema y veamos cómo va creciendo cada vez mas lacra demasiado asentada en nuestra sociedad.

Un poco mas atrás he comentado que, a causa de todo lo que está ocurriendo en España desde que el gobierno de las izquierdas le retirara la autoridad a los padre y los maestros sobre los niños, cosa que causo muchos problemas en las familias a causa de la falta de respeto hacia los padres y los maestros por parte de los críos, junto a esto, también han impuesto en las escuelas educar a los críos dándoles lecciones sobre el sexo, después seguimos con el tema denunciando que cada vez ha ido habiendo mas matrimonios rotos, y también que cada vez ha ido habiendo mas padres criando a sus hijos ignorando el padre de que no eran hijos suyos sino del amate de turno de la mujer, después hemos seguido denunciando sobre la política sexista que andan predicando sin ningún rubor estas feministas radicales ministras y secretarias de este gobierno, sin ningún pudor ni vergüenza que las adolescentes prefieren ser penetradas a ser sobadas y magreadas, ETC, ETC, ETC; al final he hecho la siguiente pregunta, con todo esto que está pasando ¿a, mejorando, o empeorando nuestra sociedad? Pues bien acaba de salir una encuesta hecha por el CESI que no sé lo que quieren decir estas letras pero que es al del gobierno, pues bien, la pregunta de la encuesta es, sobre la cantidad de matrimonios y parejas prefieren o no tener otra pareja aparte de la suya, el resultado a dado es que, el cuarenta y cinco por ciento o sea la mitad de la población comprometida ha dicho que sí, que prefieren tener dos parejas o incluso tres; como ya he dicho varias veces estas cosas las asocian a sus derecho a la libertad, pero esta libertad sola mente tiene derecho a disfrutarla la persona soltera y que no tengo compromiso alguno, pero cualquier persona hombre o mujer que estén comprometidos pierden esta clase inmoral de derechos, pues como ya dije antes si se sigue con esta inmoralidad la sociedad lleva camino de terminar como los animales de la selva; para mi personal mente, muchas de las cosas que hace tanta gente sin pudor amparándose en la libertad, están abusando y ultrajando la libertad, pues la libertad que el sistema político ofrece al pueblo es con la intención de mejorar la sociedad en todos los sentidos, y el libertinaje el desmadre y la inmoralidad entre otras cosas, no mejoran la sociedad.

España mi País es, el País de sálvese quien pueda, pues en todas las clases sociales hay demasiada irresponsabilidad, mucho engaño, mucha envidia, mucha trampa y mentira, y perdida de dignidad por poder alcanzar algo en beneficio propio, mucho peloteo al que está mas arriba, mucho padrinazgo y favoritismo mucha irresponsabilidad e inmoralidad en todos los sentidos, y todo esto, está demasiado extendido en todos los estamentos de nuestra sociedad, y todo por intereses personales de unos y de otros faltando a la ética y la moral, la dignidad al respeto, a las obligaciones, y a la responsabilidad; y todo por sacar ventajas y beneficios, de donde sea y como sea; pues como ya dije mas atrás en estas páginas, para alcanzar algo o cualquier puesto de obligaciones y responsabilidad hay que lograrlo por méritos propios, cosa que, entre otra tanta gente no cumple tampoco el presidente de este gobierno de España. Así pues, sigamos un poco mas con él, y su sucia estratagema para intentar sacar votos como sea para las próximas elecciones. Hasta el día de hoy, a seis semanas para las elecciones municipales y autonómicas, y ya está desde hace varios meses siguiendo a base de seguir dando algunos pequeños beneficios y promesas en busca de votos a varios grupos de la población supuesta mente mas necesitada, y digo supuesta mente, porque en estos grupos que ellos llaman mas necesitada, sigue habiendo mucha picaresca y trampa, ya que aquí también, ni son todos los que está, ni está, todos los que son pues en esto como en tantas otras cosas, tanto en las colas de reparto de alimentos como en los comedores públicos mucha de la gente que va, no tiene esa necesidad como en los subsidios que reciben los jóvenes que no estudian, ni trabajan habiendo trabajo, y ni tan siquiera se molestan en aprender un oficio, no son merecedores de esos subsidios, pero al gobierno no le importa nada, porque el dinero no sale de sus bolsillo, pues sale de los que trabajan y cotizan pero esto le importa bien poco a este mal gestor presidente del gobierno, pues lo único que busca es intentar arañar algunos votos ya que unos pocos de acá, y otros pocos de allá intenta sacarlos como sea, y ahora, conforme se va acercando la fecha de las elecciones le ha puesto otra guinda pero en forma de barrabasada que para intentar conseguir aún mas votos de la clase obrera y de los indecisos atacando y acusando a los empresarios de insolidarios, predicando que, mientras ellos se enriquecen cada vez mas, mientras que los trabajadores y las amas de casa, tienen cada vez mas para llenar la cesta de la compra y para llegar a fin de mes, cuando este presidente y todo su gobierno y sus docenas de asesores debieran saber y lo saben que a la mayoría de los Españoles les gusta vivir por encima de sus posibilidades, no saben, o no quieren saber administrarse, cuando por norma y mala cultura gastan mas dinero en caprichos y en cosas superfluas que no necesitan; pues es mui fácil tirar de tarjeta mui ligera mente, en cosas que por ignorancia y malos gestores pican en los anzuelos de las provocativas propagandas; y es mas, yo como encardo he tenido a cargo muchos obreros que gastaban así sus pagas, y cuando no les alcanzaba el sueldo para llegar a fin de mes estaban convencidos de que la empresa tenía la obligación de evitar que esa necesidad de no poder llegar a fin de mes, así las cosas, la mentalidad y la cultura yo vuelvo a repetir que en las últimas décadas se ha educado mui insensata mente a la gente, pues entre otras tantas cosas, una de ellas mui insensata e irracional fue, la de retirarle la autoridad a los padres y los maestros sobre los niños, y otra fue y la han aprendido y la practican mui bien que es que han enseñado a la gente sobre tono en los derechos que en las obligaciones; eso es mala cultura, la gran mayoría de la gente reniega y se queja cuando la gasolina, el tabaco, o la bebida, aumentan unos céntimos, y sin querer fijarse no en céntimos sino en la cantidad de euros que gastan al mes en los bares y en los pequeños caprichos in necesarios, incluido el excesivo gasto en la luz o el agua y el móvil, y todas esas cosas modernas de la tecnología en las que son gastos, y se les pone mas interés que en buscar trabajo a todo esto había que educar en vez de predicar acusando y diciendo que los empresarios se enriquecen mientras que los obreros no pueden llegar a fin de mes cuando son los empresarios los que nos proporcionan trabajo, y cuando lo hay por suerte como ahora y hay empresarios buscando obreros en el extranjero, mientras que, hay en España tres millones de parados, que este gobierno encima los premia con pequeños subsidios que no se merecen como este gobierno no se merece los votos que puede sacarles a estos parásitos sin dignidad, que están acostumbrados a vivir de los demás; todo esto lo sabe mui bien el presidente del gobierno pero lo consiente porque a tan solo le importa conseguir como sea sacar votos; aunque esta vez al atacar a los empresarios por quedar bien con los obreros y poder sacarles unos votos, le ha salido el tiro por la culata, pues hace varios meses, la patronal se está quejando de los ataques e incluso insultos de este presidente contra ellos, y a causa de este esta segunda semana de este mes de Abril de este 2023, una multinacional española de la construcción el 90 por ciento de los socios han acordado trasladar la sede a los Países bajos; el presidente del gobierno mui enfadado ha estado haciendo todo lo posible por impedir que, la gran empresa se trasladase a los Países bajos, pero el presidente del gobierno ha perdido la partida, y no ha podido hacer nada para evitarlo, y mui cabreado de lo cual me alegro sigue atacando y amenazando al presidente de la empresa, aun sabiendo el mui bien que, en la Unión Europea cualquier empresa de cualquier País Europeo tiene derecho a trasladar cualquier empresa a cualquier País miembro de la Unión Europea; mismo así, al presidente del gobierno este cambio no le ha sentado nada bien debido a no haber podido evitar, ya que esto no es nada favorable para él, y este fracaso ha sido, como una patada en los cojones que le está doliendo mucho, pero él se lo ha buscado, pues él ha insultado a las empresas Españolas, aparte de subirles los impuestos, y dice que, en favor de los obreros, y repito, todo por conseguir unos votos. Un gobierno sensato y competente tiene la obligación de hacer todo lo posible para que cualquier empresa Española no se vea obligada a tener que irse de España y fijar su sede en ningún otro País pues eso, da mucha mala impresión en la sociedad en general; porque cuando una empresa se va, es porque traslada su sede, es porque encuentra ciertas ventajas. Ya creo haber dicho en estas páginas que este presidente del gobierno con casi todos sus actos es un mui mal gestor, y por mui de izquierdas que sea este presidente del gobierno debiera saber que, las empresas no son hermanitas de la caridad, como por otra parte tampoco lo es el propio vaticano con todos sus miles de apóstoles; pues las empresa, tanto pequeñas, como medianas, como grandes empresas, demasiado servicio le hacen a la Nación al ser emprendedores y crear riqueza. Estamos de acuerdo que gracias a los obreros, y si el empresario gana mucho mas (cuando lo gana) que no es siempre, es porque ha expuesto mucho mas, aparte de esto, el gobierno no crea ni trabajo ni riqueza por lo tanto no arriesga como el empresario, el gobierno no pone nada de su bolsillo cuando da trabajo ya que ese dinero proviene del fondo de la Unión Europea, y por cierto que cuando ese dinero llega a España muchos intermediarios se aprovechan y se enriquecen de ese dinero que iba destinado al obrero y precisa mente, esos intermediarios, son los que dicen que solo trabajan en favor de los obreros; además nadie como la empresa sea esta la que sea sabe como tiene que manejarla y gestionarla, y esta multinacional Española ferrovial, España debiera de estar orgullosa de esta empresa, como también debiera estar orgullosa de otras empresas españolas que empezaron de la nada, como por ejemplo ZARA, también multinacional, o el corte Ingles, o mercadora y algunas mas, que a pesar de que todas estas , ministras y ministros que forman parte del gobierno, y de tendencia comunista, y dodos sus seguidores y seguidoras, no para de atacarlas y acusarlas de explotadoras; pero sobre esta multinacional, ferrovial que acaba de trasladar su sede a los Países bajos y que tanto le está atacando y amenazando este gobierno y todas las izquierdas, por el interés de la empresa ha hecho ese cambio, decidido por la gran mayoría de los socios, es porque mas del 90 por ciento de los contratos de trabajo y las obras, las realiza en el extranjero, sobre todo en los EEUU y Canadá y el Reino Unido, con lo cual tienen la posibilidad y el derecho de cotizar en la bolsa de Nueva York, y además el presidente de la empresa a dicho por la tele que, la empresa va seguir manteniendo sus compromisos con España y se van a conservar dodos los puestos de trabajo; pero por lo visto esta gente de las izquierdas no quieren entender por culpa de su quimérica ideología que, si cualquier empresa hace una gestión para consolidar aún mas la empresa agrandarse, y obtener mas beneficios, si sale ganando la empresa también se benefician los obreros; la primera obligación del obrero es tener un trabajo, y cuantas mas empresas hay en cualquier País tanto mejor para los obreros, y la obligación de todo gobierno y de los trabajadores es, apoyar a las empresas en vez de ponerles dificultades porque si hay empresas hay empresas hay trabajo, y si no hay emprendedores que crean empresas que proporcionan trabajo el primer afectado es el trabajador, y con el resto de la sociedad. En el mundo, no hay ningún sistema perfecto porque eso es imposible, la Democracia no es perfecto, pero es el, menos malo de los sistemas la gente es libre, las empresas y los negocios son libres, existe el derecho a la propiedad a nuestro sistema le llaman capitalista, pero mejor es todo esto que, exista dodo esto porque está todo en manos del gobierno, y toda la sociedad depender de lo que imponga el gobierno controlador, amo y señor de todo, y la población a tragar guste o no guste todo lo que imponga el gobierno, el que tenga oídos que oiga; el ordeno y mando se acabó hace tiempo, y el amo y señor y su caciquismo también se acabó; ahora veamos otro problema del que ya dije que hablaría mas adelante que me duele mucho tocarlo por la parte que me afecta, al pertenecer yo a la clase obrera desde que empecé a trabajar, apenas cumplidos los diez años de edad que empecé de aprendiz en una fábrica de ataúdes en 1950 al igual que tantos otros niños en toda clase de oficios haciendo trabajos mui duros de hombres y donde no éramos obreros, pues éramos mas bien esclavos explotados, muchas horas de trabajo sin bocadillo y unas miserables siete pesetas a la semana, pero que eran mejor que nada para llevar a casa se pasaban los años, y yo creciendo, prendiendo, y observando y sin ver progreso alguno; una de las observaciones que me impactaron bastante era que algunos mozos compañeros de trabajo o no, era después de muchos años de noviazgo no disponían de medios mas esenciales para poder casarse y una noche las parejas se ponían el Mundo por montera y se marchaban de sus casas; a partir de ahí, las familias de ambos ya los consideraban casados, a los dos o tres días aparecían los novios, y como no tenían donde vivir se cobijaban en la casa de los padres de él o de ella o sea, donde en la casa hubiera mas espacio, y a continuación enseguida se casaban legal mente por la iglesia y por el juzgado; y todo esto por, después de estar trabajando tantos años desde críos no tenían de posibilidades ni para comprarse los trajes de novios; y ya hacía muchos años que se había acabado la guerra civil Española y comenzaba a venir de Europa obreros de vacaciones y en sus coches particulares, cuando la segunda guerra Europea y Mundial había acabado seis años después que la nuestra. En 1958 yo tenía 18 años ya había trabajado diez años no quería esperar a que me llamaran para el servicio militar a los 21 años, y a los 18 años me alista voluntario en la bandera paracaidista, y me licencie después de dos años y seis días, al licenciarte el ejército te pagaba el billete hasta tu lugar de residencia, pero yo no quería regresar al pueblo ni al taller donde había trabajado para seguir cobrando una miseria; era el año 1960 pero yo entonces aun no sabía que en España había empezado el bum del turismo, ni que de España estaban saliendo muchos miles de emigrantes en busca de mejor vida, total que decidir irme a Francia, y al licenciarme, en la bandera paracaidista pedí mi billete del tren hasta por bou, ya en la frontera Francesa, allí, trabaje dos años, y vi la gran diferencia que había en el trabajo, y sobre todo, el respeto del patrón hacía con sus trabajadores, de Francia me fui a Montreal Canadá, en esos años de los sesenta una noche de madrugada estrenaron la televisión en color, con la película Española, la violetera de Sara Montiel; tanto en Canadá como en los EEUU en todos los trabajos y empresas primaba la competencia, y los salarios de los obreros eran mui altos y la comida mui barata, y aunque parezca imposible, los pocos productos Españoles que había eran mas baratos que en España. En el año 1969 estuve combinando mi trabajo de tallista restaurador de muebles antiguos, entre Montreal y Nueva York, para entonces mi mujer y yo que nos casamos el en año 1963 en Montreal ya teníamos dos hijos pequeños niña y niño, ese año de 1969 yo ya había trabajado para varios patrones que me llamaban cuando tenían alguna antigüedad que reparar, los patrones eran de diversas Nacionalidades, per entre Montreal y Nueva York con los mejores patrones que trabajé eran Judíos. En aquellos lejanos años de mi emigración traté con mucha gente de muchas Nacionalidades y aprendí muchas cosas mui interesantes, y una de las cosas que mas impactaron, es que, al trabajador serio, formal responsable y competente era mui bien, pero que mui bien valorado y respetado y eso yo nunca lo había visto en España; yo era feliz y estaba mui bien pagado, pero yo decidí volver a España, pues mis hijos ya tenían seis y cinco y yo quería que se criaran en España a pesar de la Dictadura y de que yo no iba a tener las mismas posibilidades y ventajas que tenía en Canadá, pero también sabía que si seguía en Canadá cuando mis hijos tuvieran a partir de los diez años de edad ellos nunca hubieran deseado abandonar el País en el que ya estaban acostumbrados con su colegio sus deportes colegiales y sus amigos; yo sé que trabajando unos cuantos años mas en Canadá y Nueva York yo habría vuelto mui rico a España, y es mas también sabía que en España iba a comenzar de nuevo a pasarlo mui mal, ya que en España no te salía el trabajo por tus méritos sino por peloteo y el enchufismo, y yo nunca he sido persona de rebajarme ni de pedirle favores a nadie; y a primeros del año 70 volví a no solo como cuando me fui, sino acompañado de mi mujer y mis dos hijos que al ser aun pequeños y empezaron la escuela enseguida se adaptaron y eso me gustó de ahí para adelante yo tenía que apechugar con todo lo que me iba a caer encima, empecé montando un pequeño negocio en mi pueblo coincidiendo con la llegada del mueble moderno y no había trabajo de restauración de antigüedades como en Canadá el pequeño negocio fracasó, ya que yo no sui buen comerciante aparte de que siempre he sido una persona honrada, de tarde en tarde las pocas ebanisterías que quedaban en el pueblo necesitaban de mis servicios, pero yo no podía trabajar de tanto en tanto pues yo tenía que tener trabajo todos los días pasaron unos años y mi situación empeoraba cada vez mas mi mujer ere Madrileña y ya no soportaba mas el pueblo, y yo no tenía derecho a obligarla a seguir en el pueblo, y pensé que ella tenía derecha a también a vivir con su familia de Madrid, y en 1984 y ya en Democracia nos marchamos a Madrid en donde habría mas oportunidades, enseguida empecé a buscar trabajo en los talleres de los anticuarios y si, trabajé, pero en asunto de trabajo en

España casi nada había cambiado los patrones seguían siendo unos buitres explotadores, me pase varios años trabajando para tres anticuarios y ninguno me había dado de alta hasta que descubrí que, cuando algún compañero de trabajo exigía que le dieran de alta el jefe le decía que, ya no le hacía falta con la excusa de que había poco trabajo, cuando vi el sistema de los jefes ya no me atreví a exigirle al jefe que me diera de alta pues ama lo que me interesaba era poder tener un jornal; en Madrid aprendí los sucios chanchullos que se hacen entre los empresarios muchos de ellos llamado los pistolas, o sea que a un amigo porque el amiguismo es mui corriente sobre todo en esto de los trabajos, pues un amigo le encarga un trabajo al amigo, y este, se lo pasa a otro, y el otro a otro, y por el camino todos van cobrando del encargo. Con el último de estos buitres restauradores que no eran restauradores sino marchantes negociantes con mucho cuento y mucha labia, pues con este último, de restauraciones artísticas Re quejo, ubicado en la calle San Pedro en Atocha restauramos palacios catedrales iglesias, y hostales del Estado, yo le hice ahorrarse mucho dinero y él nunca lo tuvo en cuenta, le saque de varios apuros planificando yo los trabajos, presumía de mi cuando me presentaba a alguien importante cuando decía aquí Germán mi encargado general, cuando en el fondo me aborrecía supongo que porque él sabía que yo era una persona honesta honrada y competente, y él era un sinvergüenza que engañaba y incluso robaba a quien le proporcionaba el trabajo. Pero me estoy parando, pues yo no pretendía hacer aquí mi historial laboral, pues yo quería hablar del Mundo laboral de España.

Yo siempre había pensado que en Democracia en España cambiaria mucho la gente relacionado con el trabajo y que depende del trabajo pero no ha sido así, pues en España etas nuevas generaciones no se han tomado mui en serio el trabajo pues estas últimas generaciones que se han criado sin que les falte nada no saben apreciar lo fundamental que el tener un trabajo, y para empeorar mas la situación y la mentalidad, se les ha educado sobre todo en los derechos pero no en las obligaciones; observando todo esto, pues ya hace mucho tiempo unas conclusiones relacionadas con la gente y el trabajo, se trata de las aficiones por las que se interesan la mayoría de los trabajadores, aficiones que siguen así y por orden de preferencia.

La preferencia número uno y para todas las edades que trabajan por cuenta ajena, la primera afición es, la fiesta, discotecas conciertos de rock, bares terrazas, restaurantes, chiringuitos, o sea la juerga cuanto mas mejor. La segunda afición seria el ocio toda clase de ocio donde uno se lo esté pasándolo bien, la tercera afición seria el futbol en donde se desfogan, y se desahogan gritando e insultando al contrario y al mismo tiempo se desesperan cuando su equipo no marca goles, o el árbitro no le saca una tarjeta al contrario; y en la cuarta situación de las aficiones está el trabajo y ahí, no se pone el mismo interés que en las otras aficiones que acabo de anotar, ni tampoco la ilusión, cuando es el trabajo en donde mas interés e ilusión había que poner. Me estoy refiriendo a la gran mayoría de los trabajadores que trabajan por cuenta ajena; porque los obreros que trabajan por su cuenta o sea por cuenta propia que son pequeños y medianos empresarios esos si que son auténticos trabajadores por que aguantan y están, para las verdes y las maduras, o sea, para las ganancias cuando las hay y para las perdidas estos pequeños y medianos empresarios valientes, responsables y competidores aunque siempre en desventaja, como su situación de empresario requiere mas sacrificio y responsabilidad pone todo su esfuerzo y tiempo en el trajo, y encima no tiene horario ni de día ni de noche, porque cuando se acuesta por las noches siempre está pensando en algo relacionado con el trabajo; lose, porque yo estuve varios años trabajando por mi cuenta, y cuando he trabajado para otras empresas como encargado, como también sé que un buen encargado es lo mejor que le puede ocurrir a cualquier empresa mismo estando el encargado siempre tratando de proteger al compañero obrero. Desde siempre estoy convencido de que a los empresarios aunque algunos de hagan mui ricos la sociedad en general y el obrero en particular hay que estar de parte y defender a los empresarios pequeños, medianos y grandes, en sus empresas unos van tirando con muchos esfuerzos pero aguantando porque es su negocio en el que había puesto y endeudado con el banco pero con mucha ilusión, otros incluso se hacen ricos, pero en un momento dado, también se exponen a ir a la quiebra, y con ello el fracaso y la ruina, cosa que no le ocurrirá al obrero ya que el obrero no puede sufrir la quiebra ni se queda endeudado con el banco, pero esto por norma y como no es su problema le importa bien poco y debiera de importarle, ya que no es lo mismo ver a una empresa en marcha que, cerrada y sin producir nada, e incluso muchos obreros se alegrarían de ver como fracasa el que consideran el explotador. Los gobiernos sobre todo este que tenemos llamado progresista cada vez que tiene la oportunidad cacarea y presume de que hace todo lo posible para favorecer al obrero e incluso también proporciona y crea trabajo, pero el gobierno no expone nada, no pone dinero de su bolsillo, ni queda endeudado con los préstamos de los bancos, porque el dinero que dispone para crear trabajo proviene del fondo Europeo, y a veces mucho de este dinero ajeno se aprovechan y sacan buenas tajadas los intermediarios del mismo gobierno. Yo sé que, si al día este libro se publique se pasará mucho tiempo hasta que por casualidad el libro llegue a las manos de algún obrero y se dará por aludido y me maldecirá, pero es que conociendo mi Mundo el mundo de los obreros meda mucha pena y vergüenza ajena de cuanto he visto y sigue existiendo con mis compañeros los obreros; si, meda pena que el obrero en general, no ama ni se entrega al trabajo que es de donde con mas o menos sueldo es de donde sale su salario del que depende su sustento y de los suyos; y vengo comprobando y cada vez mas a menudo que el obrero sin saber si el patrón puede o no puede se manifiestan exigiendo aumento de salario, pues esto pone en graves apuros a las pequeñas y medianas empresas que son, el 90 por ciento en España, y esto y cada vez con mas está sucediendo desde que sea estado educando al obrero ya no solo por ganar votos, sino sobre todo desde que se empezó a educar a la gente a ante todo exigir derechos, y siempre mas derechos, pero sin decir nada sobre las obligaciones; de ahí que, muchos están convencidos ya desde pequeños y llegados a adultos, de que sus padre y el estado tienen la obligación de que les y cubran sus necesidades: y todo esto viene, sobre todo por culpa de los padres y de los gobiernos que desde pequeños, ni en la casa ni en la escuela no les hayan educado como principio esencial y asignatura necesaria para el futuro de buen ciudadano responsable, eso tan esencial que cada vez sea ido olvidado mas, como lo es, la disciplina, el orden, y el respeto el principio de la responsabilidad. Todo gobierno Democrático competente y responsable y buen gestor, tienen la obligación ya desde los primeros días en las escuelas de imponer como primera asignatura esto que vengo insistiendo en ello, y que acabo de repetir, pues siempre sea dicho y con mucha razón que, es mejor prevenir que curar, quiero decir con esto, que todo ciudadano tiene que aprender cumplir y asumir estas normas y obligaciones tan necesarias, con el fin de mejorar en civismo, y por lo tanto, toda la sociedad en todos los sentidos cuando se está disfrutando de cierta tranquilidad, que no aprenderlas por malas experiencias y vivencias que te han privado de todo, cuando tan solo hay desolación miseria, y mucho sufrimiento, y todo lo que nos une y amamos, como ocurre en todas las calamidades naturales, como en todas las guerras y pos guerras, claro que quien no ha pasado vivido ni sufrido estos capítulos tan amargos y crueles que dejan tan amarga y dolorosa herida y una huella para toda la vida, jamás podrá entenderlo; y por eso que insisto, en que los gobiernos si aman a su pueblo tienen que imponer ya desde la escuela estas reglas cívicas esenciales con el fin de hacer una sociedad mas responsable y comprometida hacía con los demás en sus obligaciones; porque el ignorar, y no estar comprometidos con esas reglas, cosa que está sucediendo en estos tiempos que corren, ya estamos viendo y sufriendo como nos va en esta sociedad moderna, que tanto se está abusando de la libertad y de la Democracia; estamos en una sociedad en donde la familia como tal, está desapareciendo, en donde el respeto como tal y tan necesario, apenas si se utiliza, las obligaciones no se toman en serio, y entre cien ejemplos mas que puedo añadir, terminaré diciendo que, en esta sociedad incívica y casi a salvajada en la que vivimos, se respeta se atiende y se cuida mas a los perros que a las personas, mientras que por los perros ya como cualquier hijo forma parte de la familia se desprenden de los abuelos, porque es gente incívica e irracional aprobar y convertir al perro como a uno mas de la familia al mismo tiempo que se des hacen de los abuelos pues este incívico gesto nos acerca mas a los animales que a las personas.

Todo esto que en estos libros estoy denunciando dirigido a una gran parte de la sociedad a la que pertenezco, no lo hago por capricho, ni con el fin de molestar a nadie, y la persona que se dé por aludo desde el presidente del gobierno hasta el obrero, es porque la mentalidad ni del uno ni del otro su mentalidad ni cultura con respecto a su irresponsabilidad hacía con sus obligaciones no coinciden con mi mentalidad, a la mucha gente llama troglodita en plan de desprecio, cuando nuestra sociedad seria mui distinta y marcharía mucho mejor con la mentalidad bastante mas cívica y racional que la mentalidad con la que se desenvuelve esta sociedad actual; por otra parte las personas que se sientan molestas por todo lo que yo anuncio y denuncio en estas páginas me da igual que se molesten ya que no debiera ser ofensivo el decir la verdad, o para que claro mi verdad porque aunque para esta gente sea una verdad troglodita, es mas sana y mas racional para el conjunto de la sociedad pues según mis principios posible mente trogloditas todo lo que estoy denunciando en contra de una gran parte de nuestra sociedad es porque con la mentalidad de toda esa gente contra quienes van destinadas estas líneas tanto los unos como los otros apóstoles y predicadores de sus respectivas ideologías o comportarse irresponsable mente en sus obligaciones, está sembrando el mal. Toda esta gente a la que por muchos motivos estoy denunciando e estas páginas debido a su pobre cultura cívica y a su mentalidad poco racional, parece que aún no se han dado cuenta de que vivimos en Democracia y libertad, pues no emplean sus conocimientos que se suponen avanzados modernos supuesta mente civilizados, para intentar mejorar en todos los sentidos nuestra sociedad, sino que no se puede negar que, nuestra sociedad en las últimas décadas ha empeorado, y no se trata de gustos unos defienden una cosa y otros defienden otra cosa distinta, pues se trata de dejar los gustos de unos y de otros a un lado y, cooperar entre todos para tratar de mejorar el conjunto de todos y eso se llama, solidaridad, apoyo mutuo, unión obligación de todos y responsabilidad, y esto no es una quimera esto es posible de conseguir si casi todos ponemos de nuestra parte pero no con la mentalidad general de ahora. Estas últimas generaciones piensan y están convencidos y convencidas de la esta sociedad en todos los sentidos es mucho mejor que la de sus padres y de sus abuelos, pero se olvida de que para juzgar primero hay que conocer y haber vivido también la otra sociedad; yo personal mente que he vivido la sociedad pasada y la de ahora puedo hablar con conocimiento de causa, en la sociedad pasada para la mayor parte de la población había cosas muy malas pero también cosas mui buenas justo igual que ahora, pero hay muchas diferencias, y como ya dije, después de haber explicado tantos ejemplos en estas páginas, si se pusieran en una balanza las dos sociedades en la cosas mas racionales en lo que respecta al núcleo familiar y laboral en el que iba incluido la disciplina el orden y el respeto vencería la balanza para el lado de la sociedad de antes, y en cuanto a la indisciplina el desorden y la falta de respeto y de irresponsabilidad vence por goleada, la sociedad actual, a partir de estos resultados que juzguen las personas sensatas y de sentido común con mentalidad neutral; pero ahora sigamos de nuevo con nuestro presidente del gobierno que en estos tiempos pre electorales está todo el tiempo de pesca.

Este fullero y tramposo engreído y vanidoso y algunas mas lindezas en su contra de nuestro presidente del gobierno a su manera de ambicioso y mentiroso y de poco fiar, sigue intentando sacar votos allá donde pueda encontrarlos y que caigan en el anzuelo y se dejen picar por incultos incautos, y siempre ofreciendo alguna otra golosina. En esta última oferta el presidente acaba de ofrecer mas de cien mil viviendas a precio asequible para la gente que no puede pagar unos alquileres altos; cosa imposible porque no hay dispuestas tal cantidad de viviendas aparte de que mas de mitad ofrecidas no existen, y aparte de esto el presidente no dice nada, sobre el grave problema de los ocupas que tanto daño está causando a los dueños de los pisos que sin derecho alguno los sinvergüenzas ocupas se han adueñado; este presidente empujado por su gran ambición de poder y prometiendo lo imposible no da una en el clavo, per confiando en los ilusos crédulos el lanza el sedal con el anzuelo y con eso, el cebo está preparado y muchos picarán, y a partir de ahora en las tres semanas que faltan iremos viendo que mas cuantos ficticios regalos les ofrece a los posibles votantes que siguen creyendo en los cuentos de hadas. Este presidente siempre mea preocupado desde ya bastante antes de empezar a gobernar, y debido a sus sucios actos me sigue dando vergüenza y por lo tanto me veo obligado a repetir eso de ¿Qué clase de gobierno tenemos?.

Veamos, es bien sabido por el que se preocupa como marchas las cosas en el País, y por lo tanto sabemos cómo también lo saben los responsables de la Unión Europea, estos también saben mui bien de que España por su cultura ancestral, es un País bastante mal organizado y por lo tanto no mui de fiar, o sea que, para ciertos Países de Europa somos un país mui poco responsable en todos los sentidos, poco incompetentes, y malos gestores, y eso a mi particular mente como español me siento mui ofendido y digo esto, porque al estar en el extranjero bastantes años, se aprenden muchas cosas en las conversaciones, cosas que ignoran los que nunca han estado en el extranjero trabajando, y como los Países que forman el gobierno de la Unión Europea nos conocen mui bien, de tanto en tanto nos mandan a los hombres de negro a pasar revista y a corregir al gobierno de lo cual la población de algunos reproches nos enteramos pero en casos mas graves no nos enteramos; el caso es que el mero hecho de que tengan que venir los vigilantes hombres de negro a corregir y aconsejar y ordenar al gobierno al presidente, se le debiera caer la cara de vergüenza.

Ahora en estos días a causa de la sequía ha surgido otro gran problema en los regantes andaluces que tienen sus campos en las inmediaciones del hermoso parque, o coto de doñana; y al ser este parque reserva natural y se está secando a causa de la sequía, al crearse el problema de no poder regar los agricultores y la perdida de agua del parque a causa de la sequía ante este problema que el gobierno autónomo de la junta de Andalucía no ha encontrado por lo visto ninguna solución el problema y no llegar a acuerdos entre los grupos de afectados aquí también ha tenido que intervenir los árbitros de la Unión Europea, otro motivo de vergüenza para los españoles que aún tenemos dignidad, porque es vergonzoso que a estas alturas de nuestra democracia todavía tienen que venir de fuera para arreglar lo que nuestros gobiernos Nacional y autonómicos por culpa de las ideologías y el odio retenido no pongan la sensatez para arreglar nuestra casa, y tengan que venir otro a decirnos como hemos de hacer las cosas; pero está comprobado que la sensatez en entre nuestro dirigentes brilla por su ausencia y que lo que sigue primando es, ante todo intentar ganar votos; en suma que con esta vigilancia de la Unión Europea España sigue demostrando que, aun no está capacitada para resolver nuestros problemas, lo cual debiera avergonzarnos a todos y sobre todo desde que están gobernando este gobierno de coalición socialista comunista, ya que cada cual tira para su lado para ver quien saca mas producto en su favor; ya que estos políticos de gobierno cada cual comprometido con su ideología y que tanto pregonan que están para servir y mejorar al pueblo, lo único que les interesa mejorar es su ambición persona; ¿pero por qué está ocurriendo en nuestro País todo lo que está ocurriendo en perjuicio general? Pues aquí, no me queda mas remedio que repetir de nuevo y dar otro nuevo repaso a nuestra reciente pasada historia. Veamos y vuelvo a recordar que, hace 86 años a causa de las ideologías entre las derechas, Franquistas y falangistas y las izquierdas republicanas comunistas, anarquistas, entre todos, y tan culpables los unos como los otros que demostraron que les importaba mucho mas sus ideologías que el pueblo por el que todos pregonaban querer mejorar pero a su manera dictada por su ideología de cada cual; el caso es que entre todos los líderes de todos esos partidos provocaron la guerra civil Española con todas las malas y perversas consecuencias que el pueblo Español sufrió y no solo en los tres años de guerra sino también duran la larga y dura posguerra y los 40 años de Dictadura; pues bien, después de 86 años todavía hoy, en pleno siglo XXI los bisnietos actuales de tos aquellos que lucharon a muerte empujados por los líderes de las derechas y las izquierdas, y junto con el odio y el rencor, en la última década, con la aparición en la escena política, de los bisnietos de aquellas izquierdas llegados con la intención vengativa por haber perdido la guerra, con sus actuaciones y hechos insensatos e irracionales, han vuelto a reabrir la herida del pasado que ya había quedado cicatrizada con la vendita transición de hace mas de cuarenta años desde la llegada de la Democracia y la nueva sensata y civilizada Constitución y mismo siendo sensata y civilizada en general el pueblo Español, no está demostrando estar a la altura por todo lo que está ocurriendo y como digo sobre todo en la última década con lo aparición en la escena política los oportunistas e insensatos bisnietos sobre todo de los comunistas que no consiguieron su propósito de vencer a los fascistas e implantar en España una Republica asociada con Rusia. Y todo esto lo sabe mui bien el presidente del gobierno que al principio había dicho que, el jamás pactaría con esta gente para poder formar gobierno por que podría dormir por las noches, y no sola mente pactó y formo gobierno con ellos y ellas, sin o que estos ellos y ellas ministros y ministras de su gobierno como trabajan por su cuenta le están causando muchos disgustos al presidente y le está mui bien porque se los merece, y es a causa de todos estos disgustos y malos rollos en este gobierno de coalición por lo que yo estoy diciendo que, hay una bomba entre los dos grupos del gobierno que no tardará en estallar y como es natural, en estas condiciones entre esos dos partidos que componen este gobierno y que cada uno va por su lado por diferencias ideológicas no es nada bueno para gobernar un País, y es que se mire como se mire, y con todos los regalos que este presidente no para de ofrecer a los ciudadanos con tal de intentar ganar votos, este presidente desde el primer día que comenzó su gobierno y ya antes hasta hoy con este currículo vitae, ha demostrado y sigue demostrado que, por mucho que haya corrido por el Mundo representando a España, no está capacitado y por lo tanto no se merece por que no ha sabido ganárselo seguir gobernando nuestro País; no obstante sigue intentando seguir en el poder a basa de supuestos nuevos regalos; ahora sea sacado otro as de la manga y acaba de prometer que, a todos los jóvenes que quieran viajar por España y por el extranjero se compromete a pagarles la mitad de los precios en los medios de transporte; pero la cosa no térmica aquí, pues ayer mismo 7 de Mayo de este 2023 que a todas las personas menores de 35 años que deseen alquilar una vivienda o comprarla les va a ayudar

A los de alquiler con el 20 por ciento del alquiler, y a los que compren también les va a ayudar con el 20 por ciento de la hipoteca; o sea, este presidente del gobierno sigue mostrándonos descarada mente que es un fullero falso y embustero porque en cinco años de gobierno apenas ha ofrecido nada y ahora en vísperas de elecciones ofrece el oro y el moro, pero todo aquel que caiga en la trampa y lo vote será un cretino, ya que insisto a este presidente por mas que pregone que, tan solo desea el bien para los mas necesitados, en toda su carrera política y con todos sus actos, ha demostrado que, a él le importa un pimiento España y los Españoles, y que tan solo se importa así mismo, y bien que lo ha demostrado cuando para poder gobernar buscó los apoyos en todos aquellos que desprecian y pretenden romper España; y además de que tan siquiera es capaz de gestionar ni solucionar los problemas que surgen en España, pues hay temas problemáticos que son competencias de las comunidades autónomas pero que también competen al gobierno del Estado, y de nuevo para vergüenza nuestra en este nuevo problema al no ser capaces de solucionarlo entre el gobierno Andaluz y de del estado han tenido que intervenir de nuevo los hombres de negro o árbitros de Bruselas, y todo por culpa de nuevo por las ideologías ya que en Andalucía gobiernan los del partido popular, y el gobierno central lo componen los socialistas y comunistas y como tales enemigos no hay cabida para la solidaridad y el sentido común como simples compatriotas, y me explico.

España está sufriendo una gran sequía las cosechas se está secando y secarse las cosechas a parte de una guerra, es lo peor que le puede suceder a un país, o sea que lo posible solución al problema, es de máxima prioridad, pero eso no lo sabe quién no vive del campo y en el campo, además del campo, esta sequia también afecta a la reserva natural del coto de doñana, en Andalucía, luego en el problema entran en juego los campesinos regantes, y los ecologistas mas los gobernantes; los ecologistas siempre han demostrado que a ellos el que la gente pierda el trabajo no les importa tanto se es en el campo o en la construcción o en lo que sea pues para ellos, lo primordial antes que los trabajos necesarios para la población, son los animales, o sea que si una pequeña de mochuelos anidando en un lugar, la autovía que estaba proyectada no puede pasar por ahí para no molestar a los mochuelos como si no hubiera mas campo, los agricultores se ocupan y les importan ante todo sus tierras y sus cosechas, y si no hay cosechas no comen ellos ni nadie, que la gente juzgue que es mas importante, y los políticos en general aprovechan cada ocasión también para intentar ganar votos, y así, entre unos y otros, la casa sin barrer, así pues la pregunta es la siguiente, ¿Qué es antes, que no molesten a los mochuelos, que no saque agua para riego del coto de doñana, o que si es necesario saquen agua para que puedan regar sus campos los agricultores?; por cierto y esto ya si que es el colmo, en esa comarca Andaluza se celebra todos los años en estas fechas la romería de la virgen del roció, la gran caravana de romeros sus carretas sus caballos y miles de romeros a pie, hacen un buen recorrido por un rio que este año está seco y es una vaguada seca y pedregosa, los adeptos a la fiesta está exigiendo al gobierno de Andalucía que, de la manera que sea lleve agua al rio porque la romería sin agua en el rio ya no es la romería autentica, y es que para colmo, en el agua de ese pequeño rio se bautiza a las personas, dicen que imitando al rio Jordán de palestina en donde según la biblia, son Juan bautista bautizó a Jesucristo; estas cosas que siguen gobierno los años sesenta del pasado siglo XX entando yo de migrante trabajando en Montreal Canadá, pasó por allí el gran artista Catalán Salvador Dalí, y a cierta pregunta del periodista de la televisión Dalí contesto muy convencido, la sociedad Española es mui anárquica, y yo pienso que, Dalí tenía razón; de ahí que hace mucho tiempo, llegue a la conclusión de que España es el País de sálvese quien pueda ya que general mente cada cual va a su aire, y ante todo esto y todo lo que está pasando con este gobierno mal avenido de socialistas y comunistas en estos cuatro o cinco años si la mayoría de la gente estuviese mas preparada debiera de preguntarse, ¿pero porque están ocurriendo tan a menudo tantas batallas odiosas, tantos reproches e insultos, entre los políticos tanto en el parlamento, como en los mítines, y en las televisiones?, y yo de nuevo repito, por aún rencor y odio acumulado sobre todo en las izquierdas y la ultra derecha, desde que esta última apareció hace unos pocos años en la escena política, y apareció cansada de aguantar todo el mal que le estaban y están haciendo a España y a la monarquía entre el gobierno de coalición socialista comunista junto con los separatistas y el partido Vasco de los terroristas, estos que desde la tribuna del parlamento se permiten decir…España a nosotros nos importa una mierda, y la presidenta de la mesa del congreso y el presidente del gobierno lo permiten todo en contra de España, con la excusa de la libertad de expresión, pero yo pienso que la libertad de la persona no le da derecho a todo; con la llegada de la Democracia, gobernando tanto la izquierda moderada de los socialistas, y la derecha moderada del partido popular, fueron 30 años de relativa calma respetando lo acordado en la transición sobre todo de no remover mas el pasado, pero en esta última década con la aparición del partido de tendencia comunista el supuesto salvador con su doctrina anti sistema y anti capitalista, mas también la aparición de este socialista radical y hasta hoy presidente del gobierno, mas la aparición también del nuevo partido de la extrema derecha, mas los separatistas; este último capítulo de esta última década España está sufriendo una década mui turbulenta; y de nuevo debemos preguntarnos porque, ya lo vengo explicando en estos 8 libros sobre la España Real, sobre crónica, opinión y denuncia, pero repasemos un poco mas y veamos él porque se han creado estas malditas turbulencias que, están desestabilizando nuestro País; según mi observación y mi punto de vista, he aquí los motivos, el rencor y el odio que había quedado atrás con la transición pero ahora el odio ha vuelto a aparecer de nuevo como la mala hierba, sembrado por los bisnietos de los que intervinieron en la guerra civil Española que acabo hace 86 años; guerra que, tanto las izquierdas como las derechas fueron culpables. Desde siempre; guerra civil fratricida entre las derechas y las izquierdas, y que hasta hoy se siguen culpando los unos a los otros, cuando por lo leído y oído por ambas partes, hace ya mucho tiempo que saqué la conclusión de ambos bandos fueron culpables los unos por Fascistas, y los otros por Republicanos socialistas, comunistas y anarquistas.

En el año 1932 en el pasado siglo XX, hubo elecciones generales que las ganaron el frente popular o sea las izquierdas y fundaron la segunda República e implantaron la Democracia; pero según pienso yo, cuando un pueblo está acostumbrado desde toda la vida a ser un lacayo de los grandes señores y de los amos cacique y explotadores, cuando toda la vida se está pasando hambre y miseria de golpe no se le puede dar un banquete que lo atraganta por no saber digerirlo, y en general el pueblo español no estaba preparado para la Democracia y aquel suculento banquete de golpe, se le atragantó, la libertad tan ansiada no se supo dosificar sensata mente y querían venganza contra los señores, los caciques y con todos aquello que habían estado oprimiendo al pueblo durante siglos, hubo toda clase de protestas y muchas escaramuzas por las calles pues había mucha sed de venganza por parte de la clase obrera y todos los grupos organizados o no de las izquierdas; mientras que por el otro lado las derechas que habían ña, terratenientes, los caciques e incluida la iglesia desde la llegada de la Republica y con ella la democracia todos habían perdido muchos privilegios y honores e incluso grandes propiedades toda esta gente de las derechas no estaban dispuestos a sacrificarse en esas negativas condiciones aguantando también las imposiciones de las izquierdas, entre las izquierdas y las derechas aquello se había convertido en un polvorín explosivo que en cualquier momento podía explotar, los gobernantes de la segunda República junto con todas las izquierdas no estuvieron a la altura pues todo lo que estaba ocurriendo en España era mas propio de un País del tercer Mundo; incluso el Ingles Winston Churchill, dijo una vez ya con la Dictadura Franquista, cada País tiene lo que se merece; porque en aquellas condiciones en que se encontraba la política y sociedad

Española en general explotó el polvorín de España y estallo la guerra civil Española que la ganaron las derechas gracias a, los moros de África, a los Fascistas de Mussolini, y a los Nazi de Hitler todos mejor preparados y pertrechados para las batallas, la Republica y las izquierdas menos disciplinados ya que cada grupo, socialistas comunistas y anarquistas hacían cada cual la guerra por su cuenta; hay que anotar que, antes del golpe de Estado del traidor a la Republica el general Franco, ya se estaban produciendo una especie de guerrillas por las callas, las derechas Fascistas Franquistas y falangistas, y por el otro lado los socialistas anarquistas y comunistas a menudo provocaban escaramuzas los unos contra los otros, e incluso a veces había algún muerto, y el gobierno de la Republica con sus guardias de asalto y su ejército no eran capaces de atajar y terminar con aquellas batallas entre las derechas y las izquierdas o sea las dos Españas, los rojos y los blancos; los rojos mas rojos y mas revolucionarios eran los comunistas, pues eran los mas fieles y comprometidos con su ideología, sus líderes habían estado entrenados y asesorados en la Unión Soviética, y su proyecto en la guerra y para después de la guerra era, implantar en España una república comunista pro soviética, incluso los comunistas robaron el oro del banco de España y lo llevaron a Moscú diciendo que era el pago por el apoyo y el material Ruso a la República Española, cara ayuda y material para tanto oro como se llevaron. Poco mas o menos es lo que pasó y la causa de la guerra civil Española, lo he explicado de la única manera de que soy capaz ya que no soy experto en el tema, no soy historiador, ni escritor, y encima medio analfabeto; pero lo he escrito por que todo esto tiene que ver con lo que está ocurriendo ahora protagonizado por los bisnietos de aquellos los protagonistas de aquellos hechos, pero volvamos a la actualidad. Estos bisnietos de ahora de doctrina comunista que han resucitado el rencor y el odio y abierto la herida de la guerra civil cuando desde la transición ya habían quedado cicatrizada en su ignorancia y su fanatismo están convencidos de que solo ellos y ellas son los buenos de la película y jamás admitirán que ellos fueron tan culpables y malos que los demás, pues de provocar nuestra guerra civil tanto las derechas como las izquierdas todos fueron culpables. Las catástrofes destructivas naturales hacen mucho mal, pero son imposibles de evitar, como a veces tampoco se puede evitar cuando ocurre una guerra entre dos países enemigos, y por lo tanto extraños y mal avenidos; pero una guerra civil entre hermanos nunca tiene justificación, y menos justificación tiene que, tres generaciones después los bisnietos de los perdedores conserven el rencor y el odio contra los vencedores y mas aun cuando perdedores y ganadores derechas e izquierdas en la transición cuarenta años después se dieron la mano con el fin de dejar el pasado atrás, y entre todo unidos afrontar el futuro, cosa que sea cumplido en lo esencial en los siguientes treinta años gobernando tanto las izquierdas como las derechas y sin romper todo lo acordado en la transición hasta. Hasta que aparecieron en la arena política los bisnietos con la misma ideología comunista de sus bisabuelos, y en su presentación entre tantas barbaridades que vinieron después dijeron en público que avía que colocar una guillotina en la puerta del sol de Madrid, y continuaron diciendo desde la capilla de la universidad de Madrid que, había que prender fuego a los iglesias con los curas dentro como habían hecho en 1936, y a continuación como hordas de vándalos intentaron tomar al asalto el templo del pueblo que es, el congreso de los diputados, después han seguido protagonizando otras muchas barbaridades que he ido anotando en estos ocho libros sobre la España Real. Esta gente de ideología comunista y que forma parte de este gobierno llamado progresista con su doctrina y en todos sus actos demuestra todo lo contrario al progresismo ya que desde que llegaron y hasta que formaron parte del gobierno con todo lo que predican y hacen, en nada se parece a un partido progresista avanzado, ni sensato ni racional ni civilizado, esta gente con su doctrina radical y nociva, aprovechándose de la ignorancia de los demás, está degradando y destruyendo unos principios que siempre han sido sensatos y positivos en nuestra sociedad, como por ejemplo el respeto y la unión familiar; y ahora veamos

Ayer miércoles 10 de Mayo de este 2023 se dieron los nombres de las formaciones que van a intervenir en la próximas elecciones locales y autonómicas del próximo día 30 de este mes de Mayo, así pues acaba de agrandarse la lucha electoral y con ella se acrecientan los ataque de los unos contra los otros haber quien se lleva mas ganado a su redil y digo ganado y redil porque todavía en nuestro país y en pleno siglo 21 ha muchos borregos humanos guiados por pastores merecedores de ocupar cargos políticos y menos aún de presidentes de comunidades y del País como por ejemplo el que tenemos ahora. Pero veamos ahora la presentación del espectáculo político.

De nuevo se enfrentan las izquierdas y las derechas, las izquierdas las componen demasiados grupos, o sea, los socialistas, sus hasta ahora socios de gobierno los comunistas disfrazados de supuestos salvadores y de Demócráticos, sabiendo mui bien que, ningún gobierno comunista se gobierna en Democracia; pero sigamos, además de la parte comunista del gobierno hay también varios grupos de comunistas con partido propio, como mas Madrid, izquierda unida, y otro dirigido por otra ministra comunista que no recuerdo el nombre de su nuevo partido, ósea cinco partidos de izquierda mas los separatistas Catalanes de izquierda también, mas otro partido Vasco, y el otro también partido Vasco también de la izquierda radical y separatista denominado Bildu, que este es partido de los terroristas; todos estos partidos de las izquierdas son los que cuentan con los votos de la parte mas insensata y fanática, o sea la borregada que son fieles a las izquierdas influenciados por sus abuelos y sus padres de izquierdas de siempre y que todavía no han sido capaces de ver sobre todo los de la parte comunista todo lo que ocurre allí donde gobiernan los gobiernos comunistas. Por otra parte están los partidos de las derechas que tan solo hay dos, el partido popular de centro derecha, y box, de la derecha radical, pero que apoya la constitución, apoya la corona, y sobre todo defiende la unidad de España al igual que el PP, y los socialistas moderados; ahora expliquemos una cosa que me parece de suma importancia. Hemos visto que hay muchas izquierda y pocas derechas, pero para agravar mas la vida política y cuyas consecuencias tendrá que sufrir la ciudadanía, las izquierdas también cuentan con además de mala hierba, un virus intoxicado, incubado en dos peligrosos grupos de esas izquierdas. Empecemos por el primero, este primero está formando parte como ministras en el gobierno feministas radicales de cerebro desequilibrado e irracional, que como apostolas de su doctrina, predican un credo insensato y anti social como un virus maligno contra una sociedad civilizada ya que no lo feminista, sino el feminismo natural del cual la mujer como hembra y hacedora de la vida, y por lo tanto cuasi sagrada nunca se degradaría considerándose feminista radical, inmoral y libertina; por lo tanto vuestra doctrina nunca se verá demasiado extendida porque la mujer sensata siempre vera en vosotras que sois una lacra para la sociedad; también , y como vengo denunciando en estos escritos es una mala lacra política el presidente de nuestro gobierno líder de los socialista, pues no sola mente no se ha ganado tan importante cargo por méritos propios, porque como ya sabemos en vez de buscar los apoyos en la derecha moderada apeló, a los partidos que odian y pretenden romper España, incluido el partido Vasco de Bildu amigo y defensor de los terroristas Vascos ya libres, y muchos de ellos aún en prisión cumpliendo sus bien merecidas condenas. Así pues, este fullero y tramposo presidente, sea ganado el denigrante título de ser el peor presidente desde la llegada de la Democracia; aunque sin embargo, no es tan malo, con la política exterior; posible mente sea, porque es feliz exhibiéndose viajando al extranjero por asuntos políticos en su elegante y particular avión mas bien de recreo, aunque el avión sea de servicio oficial. El caso es que, entre el avión y los encuentros con otros jefes de otros gobiernos es feliz, y se desenvuelve mejor en los asuntos políticos y comerciales, a excepción de su pésima gestión con los gobiernos de Marruecos y de Argelia, que nos cerró el tan necesario, gas Argelino; y hablando de viajes, ayer mismo 12 de Mayo, fue para él un día mas Félix que cualquier niño pobre cuando se le regala cualquier presente, este viaje es para el presidente el mas esperado por él, el ser recibido en la casa blanca, y en el despacho oval por el presidente del gobierno Americano; yo a pesar de que no trago a nuestro presidente, ayer al ver las noticias y los reportajes le di un aprobado, simple mente por un motivo, y es, porque todo lo que estropeo el presidente socialista Zapatero ayer lo arreglo este presidente; pues el estúpido e insensato presidente socialista Zapatero cometía el error de ser anti americano, y este presidente de ahora no lo es, y esto, es mui positivo para España; y si este fullero presidente gobernara para España, como se comporta con el extranjero y con el mismo sentido común y racionalidad, y sobre todo, sin sus compromisos insensatos y nocivos con esos grupos de mercenarios y compañeros de viaje que son todos sus socios políticos, yo apreciaría e incluso lo votaría, sino fuera como es, un bastado socialista actual que está permitiendo otra mala lacra, que explico a continuación.

Como ya sabemos, todos los partidos políticos ya han confeccionado sus listas de aspirantes a concejales, alcaldes, y a presidentes de las comunidades autónomas. Pues bien, el partido Vasco de Bildu, partido a fin a los terroristas también ha presentado su lista de candidatos, en cuyas listas figuran 44 ex terroristas, y entre ellos, 7 que cometieron asesinatos; todos ya cumplieron sus condenas, pero no son arrepentidos ni han pedido nunca perdón, y esto ha levantado un revuelo político y ciudadano, y sobre todo en las familias de las víctimas, excepto el gobierno y todas las izquierdas que no lo condenan, incluidos muchos periodistas que al igual que los demás odian a las derechas y apoyan a las izquierdas mismo en estos actos

Criminales salvajes en donde mataron a tanta gente inocente incluidos niños, en las calles del País Vasco, algunos periodistas preguntaban al jefe de ese partido de Bildu que también cumplió condena en la cárcel que porque ha puesto en las listas gente no las manos manchadas de sangre, y la contestación del jefe ha sido simple mente un gesto con una sonrisa irónica y de desprecio hacia los periodistas que hacían la pregunta. En el congreso de los diputados, la porta voz del partido popular en la oposición, con la fotos de los siete terroristas asesinos en las manos, le ha pedido explicaciones al presidente del gobierno reprochándole sobre el asunto y recordándole al presidente que ese partido de los terroristas son sus socios; a lo que el presidente del gobierno le ha contestado a la porta voz del PP, que, ese partido es legal, y al ser legal no tiene nada que reprocharles, algunos varones del partido del gobierno no han estado de acuerdo con las palabras de su presidente, y este a la mañana siguiente a rectificado un poco y ha dicho, son legales y tienen derecho pero eso es, una palabra en contra que ya no recuerdo, pero no a condenado el indecente hecho, debido a que el partido de los terroristas, al igual que al igual que con los separatistas Catalanes son socios del gobierno y gracias a los unos y los otros este fullero presidente está gobernando. Ya he dicho en varias ocasiones que, este presidente del gobierno de España como País Democrático su presidente del gobierno para la buena marcha del País y de la sociedad, este presidente no ha estado a la altura, y en general ha sido y sigue siendo un mui mal gestor, y sus hechos lo demuestra y lo siguen demostrando permitiendo que uno de los grupos de sus socios, haga esta salvajada mal intencionada colocando en las listas de los pueblos a terroristas asesinos que han asesinado en esos mismos pueblos.

A partir de estas muestras entre tantas mas lacras de nuestro País, que han infectado nuestro País y nuestra sociedad, ¿en vista de todo lo que ha ocurrido y sigue ocurriendo en los últimos años, se puede considerar a nuestra Democracia viable, seria, y bien gestionada, y a España como un País y una sociedad responsable y civilizada? Yo como simple ciudadano de a pie, pienso que no.

Observaciones en general de los 10 años de emigrante, tanto en Francia, como en Canadá, y Nueva York; toda la década de los años 60 del pasado siglo XX, trabaje de obrero en los talleres de mueble clásico de estilos bellos y elegantes, cuando ya estaba empezando la invasión del mueble moderno y funcional. En aquellos 10 años, y en estos tres Países y sus gentes, observe, y aprendí muchas cosas que jamás habría podido aprender en España; una de esas cosas me llamó mucho la atención, y fue que en las penínsulas Europeas y las islas de cada Nación había ciertas diferencias entre las islas y sus penínsulas continentales, además, en las penínsulas continentales, también había diferencias entre las poblaciones del norte y el sur.

Como me siento mui bien escribiendo en la soledad de mi vejez, quiero seguir entreteniéndome contando algunas de estas observaciones de fuera de España, intercalándolas con los nuevos acontecimientos que se vallan produciendo en España, de aquí a las elecciones autonómicas y municipales de dentro de 10 días, y también seguir hasta las generales que tengo la impresión de que serán bastante antes de que acabe este año 2023; aunque sobre España ya he hablado bastante en estos ocho libros sobre la España Real que tratan sobre crónica, opinión y denuncia, y que supongo que si habrá posibles lectores cuando este último libro numero 8 me abre ganado muchos enemigos ya se dar por aludidos, y me duele, pero creo que hago mi deber denunciando y atacando a una buena parte ya que me afecta directa mente, porque son obreros como yo; aunque sola mente, en lo que respecta a la palabra obrero. El obrero en general siempre ha merecido ser digno de por su responsabilidad en sus obligaciones, obligaciones, en las que le coloca su destino, pero en general al obrero de España, nunca se le ha respetado sino que sele a ofendido y humillado ni compensado con lo que se merecía; pero en los últimos tiempos la cosa ha cambiado mucho desde que como ya he repetido tanto en estas páginas sea educado al obrero sobre todo en exigir sus derechos sin prepararles antes, para las obligaciones; porque como yo he dicho siempre y lo aprendí desde niño, primero hay que sembrar para después poder recolectar lo sembrado, pero en estas últimas décadas nadie sea ocupado en enseñarlo, ni padres ni maestros ni sindicatos ni los gobiernos pues todos como vengo diciendo se han olvidado de educar e inculcar lo mas esencial para cualquier ciudadano, como lo es la disciplina, el orden, y el respeto que nos llevan, a la responsabilidad; pero sigamos con mis observaciones y conocimientos en el extranjero. Primero fue Francia a finales de 1959, y lo primero que me llamó la atención fue la educación hacía con extraño emigrante, pronto vi que la educación era mui normal tanto en los adultos como en los niños; poco después de mi llegada y apenas empezar a trabajar, observe que entre el patrón y los obreros todos eran compañeros de trabajo dentro de cada uno en su puesto y su categoría el uno en su banco de trabajo y el otro en su despacho, pero siempre el buen rollo entre todos; en Francia apenas llegar aprendí y supe que era la Democracia, y al mismo tiempo, también supe que el País tenía graves problemas con Argelia, que era un protectorado Francés, y también tenía problemas de separatismo con la Isla de Córcega, la tierra de Napoleón; pero Francia y su gente eran maravillosas, y mui culta en general; a cada obrero el Estado Francés le daba una pequeña parcela de tierra para que cada familia la cultivara incluidos los refugiados políticos Españoles y los Españoles emigrantes de antes de la segunda guerra Mundial, toda esta gente cultivaba sus pequeños huertos para el consumo familiar; otra cosa mui buena e interesante era que, el Estado pagaba una paga por cada hijo en edad escolar, y la familia que tenía tres hijos podía vivir mui holgada mente; ahora sí, un hijo faltaba a clase cualquier día sin justificar, ese día se le descontaba la parte proporcional del subsidio del niño o la niña, eso impedía que los críos faltaran a las clases; yo viendo todo esto y muchas cosas mas sentía vergüenza al sacar la conclusión de que nuestro vecino país estaba mas de 100 años mas adelantado que España. por aquel tiempo primeros de la década de los sesenta gobernaba el supuesto héroe de guerra el general De Gaulle, o de gol en Español, este general decidió acabar con el problema de Argelia y la liberó aún en contra de una buena parte de los Franceses y sobre todo delos afincados en Argelia durante muchos años que habían nacido allí, y perdían sus negocios y sus propiedades, pero esto siempre puede ocurrir cuando cualquier País invade y se adueña de otro; pero estos Franceses conocidos como los pies negros o pie nuar, al tornar de nuevo a Francia fueron mui bien acogidos y ayudados por el gobierno yo tuve contactos y amistad con alguno de ellos y sus familias.

Dos años estuve en Francia, y mui bien aprovechados ya que aprendí mucho, tanto en lo político como del Mundo laboral en su cultura y en el amor a su País, y a su Democracia, también me llamó mucho la atención los pocos años que los Franceses tardaron adelantas a su País en todos los aspectos después de la criminal invasión de los Nazis de Hitler, cosa que jamás habrían sido capaces de hacer los Alemanes después de haber sido vencidos, si no hubiera sido, gracias a las grandes ayudas de los Americanos Ya que los Americanos no hubieran prestado esas ayudas al terminar la guerra gran parte de la población Alemana que había sobre vivido, se habría muerto de hambre.

En esos dos años que estuve en Francia y a mi contacto y amistad con los refugiados políticos Españoles y sobre todo con los socialistas y los anarquistas aprendí también bastante sobre el porqué de la guerra civil española, con lo cual y debido aún a mi ignorancia me afilie a la CNT, hasta conocí personal mente a la Federica Montse ni, yo me hice de la CNT porque aquellos refugiados Madrileños eran mui buenas personas pero sobre todo porque en busca de compañía Española me uní a una pareja de novios emigrantes como yo pero ellos parientes de estos Madrileños refugiados políticos; yo ignoraba que era el anarquismo, pero me contaban que ya mucho antes de la guerra civil iban por los pueblos y las aldeas para enseñar a la gente a leer y escribir, pero un día uno de los Madrileños hablando sobre estas cosas, se confidencio con migo, y me conto que, en unos de sus atracos de los anarquistas a los bancos en el tiroteo cruzado el mato a una niña y eso lo había martirizado siempre, pero aquello a mi no me gustó en absoluto, pero a partir de eso entendí que ya antes de la guerra todos los grupos políticos de las izquierdas y las derechas unos contra otros hacían sus guerrillas particulares por todo Madrid. Aparte de todo esto, mi prioridad en Francia era el trabajo, dos o tres Franceses no me veían con buenos ojos, supongo que sería por envidia, porque tanto el patrón como el encargado general apreciaban mucho mi responsabilidad, y mi entrega al trabajo tuve en alguna ocasión un par de encuentros con dos Franceses que iban a por mi, una de las veces fue por defender yo a la mujer Española porque la estaban ofendiendo, nos enzarzamos en una pelea cuerpo a cuerpo y el Francés quedó mui mal parado, se lo llevaron al hospital y lo devolvieron escayolado, vinieron dos gendarmes a la oficina del patrón, y con el patrón y el encargado general y tres testigos compañeros de trabajo se celebró una especie de juicio, y el otro fue declarado culpable y desde entonces yo ya me había ganado el respeto del patrón y del encargado general, y al salir también victorioso en la segunda pelea con otro, también me gané el respeto de la mayoría de los obreros de la fábrica; a los seis meses el patrón y el encargado general me dieron la llave de la fábrica y me nombraros encargado de mi sección; varias anécdotas mas puedo contar de aquellos dos años yo de emigrante en Francia, solo terminare diciendo que cuando les dije que me marchaba a Canadá, hicieron lo imposible para convencerme de que no me fuera, pero yo tenía motivos privados para marcharme y en esos motivos entraban una mujer compañera de trabajo casada, y la misma hija del patrón con tan solo 16 años la cual me buscaba pero por respeto a su padre y a ella por ser menor de edad de ahí, no pasó la cosa, para terminar diré que, el patrón me ofreció una mui buena paga si me quedaba, a la estación del pueblo para irme a Paris a coger el avión vinieron a despedirme varios compañeros y compañeras de trabajo, incluso vi llorar al encargado general, y una vez ya apenas llegado a Canadá recibí una carta del patrón diciéndome que me mandaba un billete de avión de vuelta, y que había comprado una nueva máquina que le habían pegado una foto mía, y que a la maquina la habían bautizado con mi nombre Germán. Se me olvidaba contar que en una de las dos peleas que tuve, mi contrincante era italiano, y como fue declarado culpable la gendarmería lo expulsó del País, pue en Francia no se admitían ni maleantes, ni ilegales, en Canadá y en los EEUU como después comprobé, tampoco, cosa que si se permite en España 60 años después. El que tenga oídos que oiga.

Por pura casualidad llegue a América del norte o sea a Canadá, la misma fecha que Cristóbal Colon el día 12 de Octubre aunque 500 años después, ya que yo llegue, en 1962, una vez en el Aero puerto de Dorval Montreal, recorrí la gran sala de llegadas con la mirada como si yo buscara algo, ya que en mis papeles ponía que, un agente de emigración me atendería a mi llegada, de pronto se me acercó una señorita con el bolso al hombro y me preguntó en Francés, yo ya sabía que Montreal es de la provincia de Quebec, y esa gran provincia varias veces mas extensa que España es Francófona, el resto de las otras nueve provincias son Anglófonas, cuando la señorita se me acercó, me dijo soy agente del servicio de emigración, vengo para informarle; aquel recibimiento tan cordial y amable me hizo pensar en, todos aquellos miles de Españoles emigrantes en la estación de Francia en Barcelona conducidos como ganado descarriado que cogíamos aquellos trenes de madera, con asientos de listones de madera y que al haber tanta gente con sus maletas de cartón y de madera unos se apiñaban en las puertas, y otros intentaban y lo conseguían subir por las ventanillas, yo al ver aquella marea de compatriotas emigrantes maldije a Franco y al ministro fraga Iribarne que Hera uno de los manos derecha de Franco por permitir que tantos miles de Españoles nos viésemos obligados a salir de nuestros pueblos y ciudades huyendo de la miseria.

La señorita de emigración del Aero puerto de Montreal me informo mui bien de mis próximos pasos a dar, me recomendó varias pensiones pues mui bien sabía que los emigrantes no éramos gente de hoteles, para que mas me apeteciere, y me entregó la dirección del edificio de emigración para presentarme al día siguiente, antes de despedirnos me dijo, para ser usted Español tiene unos nombres mui Franceses; y la verdad es que como pronto comprobé en Francia había muchos Germán y muchos Belmonte, aunque en Francia se escriben, Germain, Belmontte, y la he final no se pronuncia; después me di cuenta de que en Canadá al ser emigrantes legales se les trata con mucho respeto y educación. Al salir del Aero puerto noté algo raro, pues había edificios, casas unidas y separadas, autobuses, coches, carreteras bosques , ríos y gente, pero todo eso, no era igual que en España ni en Francia, pues era, un Mundo distinto; no quisiera alargarme contando muchas anécdotas observadas el primer día, y el día después, y los días semanas y meses posteriores, en el trabajo, y en las calles y donde quiera que yo me movía, en el trabajo por ejemplo había que ser mui responsables y competitivos, los jefes y sus obreros todos eran compañeros de trabajo y se trataban entre ellos, mui distinto que en España; pero voy a contar la primera anécdota que me ocurrió al día siguiente de mi llegada en las oficinas de emigración. Había muchas mesas atendiendo a los nuevos emigrantes, y en cada mesa, éramos recibidos de dos en dos, la persona que le tocó conmigo era un seños bastante mayor que yo, el agente de la mesa atendió primero a mi compañero, este señor, era Hindú de la india, y mostró su título de médico, y hablaba varios idiomas; el señor de emigración le explicó que, su título de médico no le servía en Canadá, pues tenía que renovarlo en una universidad Canadiense atendiendo a unas clases durante cinco años, y a partir de ahí, ya podría ejercer su oficio de médico en Canadá; el hombre preguntó, pero de que voy a vivir mientras tanto, y en que puedo trabajar, el hombre de la mesa ojeo unos papeles y le contestó, para usted tenemos trabajo de limpia cristales, friega platos en los hoteles y restaurantes, y de friega suelos, le dio unos papeles con varias direcciones en donde ir a trabajar y le deseo buena suerte al Hindú, al coger los papeles dijo el Hindú al de emigración, oiga no pasaré hambre, el de emigración lo miro en plan de reproche y le contestó, señor, aquí en Canadá nadie pasa hambre. A continuación el señor de emigración dirigiéndose a mi me preguntó, y usted señor Belmonte que sabe hacer, a lo que le contesté mi oficio desde la infancia es el de tallista de la madera, aunque en Francés no se dice tallista se dice escultor, y se lo repetí en Francés, el hombre hizo un gesto un tanto entusiasmado y siguió, usted hace esos dibujos tan bonitos y figuras en los muebles, si señor le contesté aunque todavía soy un aprendiz, el hombre me miro, con gesto complaciente y dijo, señor Belmonte usted aquí va a tener mucho trabajo y va a ganar mucho dinero; el hombre tenía razón y lo comprobé enseguida cuando dos talleres de muebles de lujo me ofrecieron trabajo a partir de ahí, comencé a trabajar para varios talleres de muebles de encargo para gente mui adinerada, cosa que tanto en España como en Francia cada vez era mas difícil pues por entonces había hecho su aparición el mueble moderno funcional o sea apenas sin madera tan solo tableros de aglomerado, por lo tanto todo liso y sin adornos de talla. La segunda cosa que me llamó la atención, fue que, al comenzar a trabajar en mi primer trabajo fue en una mui buena empresa cuyo dueño era Judío, había unos 40 obreros en varias secciones desde ebanistas a tapiceros y pulimentado res, y todos de distintas partes del Mundo y de todas las nacionalidades, a mi me gustaba relacionarme con todos para aprender de sus Países y sus costumbres, note que a casi todos les gustaba España aunque no supieran donde estaba España, uno de los primeros con quien conecté era un Siciliano, que me contó que había muchos Sicilianos que no se sentían italianos, lo mismo me pasó con un Griego de la Isla de Creta, y también otro de la Isla de Córcega que no se sentía Francés pero eso ya la había aprendido yo cuando estuve en Francia; también un Yugoeslavo de Croacia entonces perteneciente a Yugoeslavia, esta, es la que mas me impactó, como persona que desde pequeño me interesaba la lectura, estando en Francia yo ya sabía que, al terminar la segunda guerra mundial Rusia se anexionó toda la Europa oriental incluida Polonia, Estonia letonia y Lituania, y las regiones que componían Yugoeslavia como por ejemplo cosobo y Croacia la Segorbina, o Monte negro y algún País mas como Albania todos unidos a Serbia cuyo presidente de todos era Tito comunista impuesto por Moscú. Este conjunto de regiones o Países con capital en Belgrado serbia, tenían desde siempre una Historia mui enrevesada, con rencores y odios Históricos, unos eran cristianos, otros ortodoxos y otro musulmanes; siempre he dicho que las ideologías, las religiones, e incluso las lenguas separan a la gente, a esto se unió que, durante la segunda guerra Mundial la mayoría de estos pueblos o regiones estaban de parte de los Alemanes, excepto Serbia que luchaba contra la Alemania Nazi, y esto separó a un mucho mas a lo que se conocía por la Nación Yugoeslava, y sobre todo servía fue atacada a muerte por Croacia asociada con sus crímenes con el Vaticano; y apenas terminada la guerra, los líderes croatas afines a los Nazi por mediación del Vaticano ayudaron clandestina mente a llevar a los crímenes de guerra Nazi a Sudamérica e incluso a la España del Dictador Franco, y fueron muchos los Jefes Nazi que se salvaron gracias a los líderes Croatas y el Vaticano. A mi me encantaba que, los hijos de esos pueblos y compañeros de trabajo me contaran esas historias, ya que en mi niñez y adolescencia en mi País España yo conocía que había, los buenos y los malos dependiendo del bando que lo contara entre rojos y los no rojos claro que nada de esto se aprendía en público, sino sola mente en lo privado. También supe y siempre por mediación de mis compañeros de trabajo en Canadá que en la Isla de Chipre había parecidos problemas entre Griegos y Turcos, pues ambos dos pueblos se consideraban los verdaderos dueños esa hermosa e histórica isla, y que al final quedó partida en dos una parte Griega, y otra parte Turca.

Mientras yo aprendía estas cosas de Países Penínsulas e islas con su problema de divisiones o intentos de divisiones, yo no sabía nada de que en mi país también existían los mismos problemas de separatismo en algunas regiones Españolas pues sobre ese tema nunca me habían contado nada los refugiados políticos españoles con los que traté en Francia, además estando yo de los 18 a los 20 años de edad en la bandera paracaidista tenia trato con bastantes compañeros Catalanes y jamás ninguno me comento nada sobre este tema; pero lo que yo recuerdo que si sabía, no sabía cuales, pero si que había diferencias entre el norte y el sur de España pero esas diferencias supe algunas muchos años después como también supe que también había diferencias entre el norte y el sur tanto en Francia como en Italia y Grecia y muchos otros países con la diferencia como también aprendí y viví viviendo ya en Democracia que la diferencia en España eran mas graves al estar relacionadas con, la política insensata de los líderes separatistas que pretenden separarse y romper España. E considerado oportuno contar todo esto como relleno mientras no se celebren las elecciones municipales y autonómicas dándole un pequeño repaso a lo que aprendí durante mi estancia en Canadá trabajando con tantas gentes de tantas Nacionalidades que me contaban algo sobre su tierra y que por casualidad algunas de ellas guardaban un parecido al ser penínsulas y sus islas y sus historias como lo son, España Italia y Grecia; el caso es que, en estos Países Mediterráneos con tantas grandes e interesantes Historias eran tan diferentes a los países en donde estábamos trabajando yo por ejemplo en el último año de estancia entre Montreal Canadá y nueva York EEUU, y en mis desplazamientos de una ciudad a otra pasando de una ciudad a otra, por Albany y Saratoga, y pensando que esos dos hermosos y grandes Países que apenas tenían 300 años de historia en comparación con la larguísima historia que tenían todos los Países Europeos mediterráneos, y las grandes diferencias que había en todo entre los unos y los otros Países, aquello me hacía mucho, pensar y reflexionar. Todo lo que vi y viví en estos dos grandes y avanzados Países me gustó y lo considere mui positivo y el aprecio que les cogí lo sentiré el resto de mi vida, aunque también viví dos hechos que aun siendo yo extranjero me dolieron mucho. El primero fue la visita de, De Gaulle, el presidente de Francia a Montreal, y al final de una charla que dio desde un balcón gritó viva le Quebec libre, y aquella insensatez animó mucho a los separatistas francófonos a manifestarse exigiendo la separación del resto de Canadá, e incluso a hacer atentados con bomba, y lo otro que también me apeno mucho fue, el cobarde y salvaje asesinato de J, F, Kennedy, y a continuación también a su hermano Robert. Aquí también me veo en la obligación de repetir aquello que por aquellos días dijo J, F, Kennedy y que me llegaron al alma, sus palabras fueron la siguiente….No pensar en lo que vuestro País puede hacer por vosotros, sino pensar mas bien, en lo que vosotros podéis hacer por vuestro País.

Yo pienso que todo pueblo civilizado debiera guiarse por principio en esas palabras, y sobre todo mi País España, sería bueno para todos que se pudiese desterrar de las mentes insensatas la palabra separatista, y sobre todo siendo compatriotas y hermanos del mismo pueblo, pues la prioridad de la política sana y del pueblo sano, ha de ser la UNION, para eso hay que enfrentarse con rigor pacifica mente a esos líderes oportunistas insensatos que solo hacen desestabilizar y crear discordia y odio entre la población, que es, precisa mente, lo que está haciendo Putin el presidente Ruso con los Países Occidentales; ya lo dijo julio Cesar el Emperador romano, divide y vencerás, y esto, es lo que está intentando hacer este descerebrado loco bárbaro Putin presidente de Rusia; pero volvamos a, la enrevesada actualidad de nuestro país.

Antes de ayer ultimo Domingo del mes de Mayo por fin llego la fecha señalada para las elecciones autonómicas y municipales; yo como acostumbro a acostarme mui temprano a mi hora me acosté, a la mañana siguiente lunes, me entere de los resultados. Ante todo e de señalar, la torpeza y falta de sentido común de casi todos los grupos que casi toda la campaña electoral en todos sus sermones publicitarios están convencidos de que van a ganar; sobre todo el presidente, los ministros y ministras del gobierno, quizás lo hagan para animar a su gente, pero parece ser que todavía no han aprendido, de que no hay que vender la piel del oso antes de cazarlo. Tal y como están las cosas durante toda la campaña sea visto mui claro que, estas elecciones parecían mas bien elecciones generales que autonómicas y municipales. La cosa es que, ayer lunes después de asearme y de desayunar encendí la tele me quede alucinado como se dice ahora contento y satisfecho cuando vi los resultados, pues el partido popular de centro derecha moderado había vencido el solo a todas las izquierdas en casi toda España, y como no, incluido el gobierno, y casi todas las alcaldías y las autonomías en donde están gobernando, excepto en Castilla la Mancha en donde está gobernando un socialista que a criticada mucho a su propio jefe de partido o sea, el presidente del gobierno; esta victoria del PP a supuesto, ha supuesto un gran golpe para todas las izquierdas empezando por el presidente del gobierno y los suyos, pues por fin, un buena mayoría de Españoles se han dado cuenta y le están pasando factura al presidente del gobierno por su fullera y des honesta gestión y des sus pactos con los indeseables que pretenden romper España, y todo esto, a pesar de todos los regalos que ha estado ofreciendo ultima mente a la población.

Yo ya vengo diciendo a lo largo de estas páginas lo mentiroso, tramposo fullero e indeseable que es este presidente del gobierno, pues ha hecho tantas cosas malas, y negocios sucios e indecentes contra España tan solo con la idea fija de intentar llegar al poder, hasta el punto, de que algunos de sus barones y socialistas que gobernaron antes que el con Felipe González lo han criticado, pero a él le ha dado igual mientras él estuviera ocupando el sillón del poder, hasta el punto de que sea comentado de que muchos socialistas esta vez han votado en favor del PP, cuando se han dado cuenta, de que su jefe el presidente, no es de fiar, y es el campeón del juego sucio; mientras que el resto de los socialistas carentes de honor ni dignidad lo siguen apoyando mientras dure el goloso pastel de estar en el poder a costa de lo que sea. Y me quedo corto con todo lo que digo en contra de este presidente cuando vemos su reciente sucia jugada. Ayer lunes mientras aún está digiriendo con la bilis amarga su gran fracaso apareció en la tele anunciando elecciones generales para el 23 de julio, ósea, dentro de dos meses escasos; yo ignoro, otra clase de trampa tramará, pero lo que si se, es que tal y como yo lo veo observando siempre y pensando, e incluso lo he dicho en estas páginas, es que las elecciones generales en principio prevista para Diciembre posible mente se adelantarían y a causa de esas observaciones y presentimiento he acertado, aunque para mi, y sigo insistiendo es que los oportunistas del partido socialista no han hecho nada por desprenderse de su presidente como ya hicieron y por cosas menos graves de las que está haciendo desde que llegó al poder; aparte de esto que ya no tiene remedio hasta que las urnas no hablen de nuevo posible mente en su contra también he de anotar que, a la fecha que ha adelantado este presidente las generales el 23 de Julio no es la fecha mas indicada entre otras cosas, porque habrá mucha gente de vacaciones, claro que como ya he insinuado, esto también puede formar parte de alguna otra estratagema envenenada de este fullero y tramposo presidente, y ahora amargado merecida mente, presidente de España

233

que todavía está digiriendo mezclado con su amarga bilis el gran fracaso sufrido por todas las izquierdas en las recientes elecciones celebradas hace tan solo unos días, y sigo diciendo que algo estará tramando, porque tan solo apenas dos días después de la derrota a tenido en un encuentro televisivo desde el congreso de los diputados con la presencia de todos sus fieles lacayos y lacayas para desprenderse de la amarga bilis que lo está ahogando, ha pronunciado un largo discurso atacando a los vencedores o sea a la derecha con su clásico odio y maldad, con lo cual está demostrando una vez mas, su fullería, falta de honor y de dignidad al no poder digerir el que la derecha le haya arrebatado muchos alcaldes y presidentes comunitarios, y sin querer admitir que, de ese fracaso, tan solo el, es el único responsable porque ni antes ni ahora ha sentido nunca y en todos sus actos mentir, porque como autentico fullero ese es su estilo, pues al enemigo hay que atacarle y acusarle con argumentos no con mentiras para desahogarse de su derrota porque eso es de mal nacidos; pues un presidente honesto y justo, no puede acusar al jefe de la oposición y compararlo con el ex presidente de los estados Unidos Tran, que ordenó tomar por la fuerza el capitolio, ni compararlo con el ex presidente de Brasil Bolsonaro que también al perder las elecciones de su País ordeno también tomar por la fuerza la sede del gobierna en la capital Basilea, como tampoco este presidente tiene derecho ni motivos para acusar a los dos partidos de la derecha Española de Nazi, y que son un peligro para la Democracia, cuando el verdadero peligro para de Democracia son las izquierdas radicales sus socios junto con los separatistas que pretenden romper España; o sea, según el gobierno sus ministros y todos los que los defienden si el partido popular llegara a acuerdos con BOX también de la derecha aunque algo radical, es una desgracia para España, pero el socialista presidente del gobierno que está gobernando con los apoyos y los pactos con los comunistas radicales, mas con los separatistas Catalanes, y con el partido de BILDU amigo y defensor de los terroristas que tantos cientos de muertes de inocentes han causado y nunca se han arrepentido ni han pedido perdón, a pesar de toda esta basura con la que se entiende este presidente del gobierno resulta que los de todas las izquierdas son los buenos, y los de las derechas que defienden el pacto de la transición, defienden la Monarquía, y defienden la unidad de España son los malos. Yo, no llego a entender, o si lo entiendo el que tanta gente apoye y aplauda a este presidente y su gobierno; cuando está mas que demostrado que es un presidente indigno, inmoral, sin honor ni dignidad de hombre, y lo acaba de demostrar una vez mas cuando en las elecciones autonómicas y municipales del otro día al ganarles el partido popular a todas las izquierdas el presidente del gobierno que aún no ha digerido la derrota cada vez que habla en los medios es, para atacar e insultar al ganador, pues no es capaz de admitir la derrota, de ahí que paginas atrás yo apuntara que, la persona que no admite la derrota y que no sabe perder, es, una mala persona; y como astuta y mala persona apenas unas horas después de las elecciones, el mal perdedor presidente del gobierno en su sucia astucia se ignora lo que está tramando porque como digo tan solo unas horas después ha anunciado la celebración de elecciones generales para el próximo día 23 del mes de Julio; este sátrapa presidente del gobierno de España, ni tan siquiera ha tenido la normal y obligada acción de, reunir a sus barones para explicarles el porqué de esta repentina noticia de que, de nuevo se iban a celebrar elecciones tan solo unas semanas después de las ultimas; pero esto no es todo porque tan solo un día después y siguiendo lo que estará tramando el tan solo y por su cuenta y en público televisado, reta al jefe de la oposición y esa misma tarde le manda una carta anunciándole lo que había expuesto y retado en público que es, tener seis careos uno por semana todos los lunes, o sea, como imponiendo condiciones pues todavía le estaba amargando la bilis de la derrota; la persona sensata, a de admitir que, este reto tan apresurado y repentino no es normal. El presidente del gobierno sabe mui bien que, después de la derrota en las urnas del otro día, mas casi todas las encuestas, e incluso muchos de los suyos lo dan por perdedor en las próximas elecciones del mes de Julio, pues de momento lo tiene casi todo en contra incluso los socialistas que están gobernando en algunas comunidades y los alcaldes que han perdido en las pasadas elecciones culpan a su presidente; este presidente del gobierno chulo, engreído, y prepotente que tiene mal perder y que aún, no ha digerido su derrota y que se desahoga insultando al vencedor del otro día o sea, el jefe de la oposición y sin querer ver que, si ha perdido y que incluso ha hecho perder a muchos alcaldes y presidentes autónomos de los suyos, ha sido por su culpa ya que no se puede gobernar España asociado con grupos separatistas y defensores de los terroristas que para muchos socialistas y sus socios de las izquierdas comunista lo ven muy bien con tal de poder gobernar, pero que muchos socialistas moderados no han estado de acuerdo, y en las próximas elecciones generales ya no le van a votar.

Este político fullero presidente del gobierno, muy mal político ya que no es político de vocación sino que es político por interés personal y ciego de ambición de poder, a partir de la derrota electoral y conocer los resultados su cerebro ha sufrido un duro trauma, y si antes ha sido poco racional a continuación sea mostrado aún menos racional y era previsible esperar cualquier cosa no mui sensata de él, pues yo no creo, que sea mui sensato retar al jefe de la oposición a tener seis caeos los lunes de cada semana, ya que con un careo de dos horas vasta, pues la gente que nos interesamos un poco sobre el desarrollo de la política ya sabemos de qué, y como ven a hablar; es mas y según mi opinión particular, si yo fuera el jefe de la oposición, no le daría el gusto y rechazaría el reto con intención de desprecio y con intención de humillación contra él, pues es lo que se merece, y tal y como están las cosas, el rechazo del jefe de la oposición no sería un gesto de cobardía sino mas bien un gesto de dignidad y honor, cosas esenciales de las que carece este presidente del gobierno; un aspirante serio y honesto con honor y dignidad no debe rebajarse ni ponerse a la altura de un presidente que, no se merece ni tan siquiera prestarle la mínima atención, pues la atención y el respeto hay que saber ganárselo cosas de las que carece este fullero presidente del gobierno; y además el resultado del careo, o no careo, como ya está todo cacareado, lo dirán las urnas el próximo día 23 de Julio.

A parte de todo esto, los políticos de las izquierdas desde que han perdido las elecciones de hace unos días, y hasta las próximas generales del próximo mes de julio, están que explotan como una olla a presión, y es mas, la carga explosiva que aun amenaza que hay entre los socialistas y sus socios de gobierno de alguna manera aunque aún no ha explotado sigue encendida la mecha; pues ayer sábado 10 de Junio de este 2023 aunque en el gobierno siguen juntos, con esto de las elecciones van cada cual por su lado pues los socialistas solicitan los votos para su partido, y los comunistas del gobierno solicitan los votos para su nuevo partido denominado SUMAR, liderado por la nueva líder antes pupila del líder fundador de UNIDOS PODEMOS, y que ahora sea quedado en varias ramas casi todas absorbidas por esta nueva líder que, al igual que todos ilusos partidos nuevos, y alentada por sus seguidores y seguidoras, ya se ve como presidenta de futuro nuevo gobierno; pero aquí y así las cosas y en esta nueva situación entre todos los grupos de las izquierdas, y como siempre sucede todos pretenden ganar los socialistas por un lado, la nueva líder de SUMAR también y lo que queda del cada vez mas menguado partido fundados de los de mas partidos de las izquierdas, al verse arrinconado y con sus fieles seguidores, supongo que algo tendrá que decir antes de las elecciones, pues como es bien sabido, los ambiciosos lideres perdedores siempre mueren matando, así que, algo nuevo y no mui agradable a de surgir antes e incluso después de la fecha de las elecciones generales del mes de Julio entre los grupos de las izquierdas.

Por otra parte, ese mismo sábado del 10 de Junio, y también en las izquierdas, el aún presidente el socialista presidente del gobierno que aún no ha digerido la derrota por parte del partido popular y que está intentando vencer el amargo trance, ese mismo día 10 del mes de Junio en su chulería a seguido sacando pecho, de lo que según él ha hecho por España y por los Españoles y al mismo tiempo ha seguido insultando y arremetiendo con malas intenciones contra el partido popular; poro ese día en esa especie de triunfalismo, y de falsa celebración con los suyos, también ha supuesto un día de mal presagio, pues algunos de sus barones que están cabreados con él, por muchos motivos no han asistido a ese mitin, mas funerario que festivo ya que la derrota de hace unos días está mui presente, pues se está viendo mui claro que, esa buena parte de sus barones presidentes de algunas comunidades van a tener que dejar sus cargos en favor del partido popular por culpa de la mala gestión de su presidente porque si han perdido las elecciones y con ello sus cargos en sus regiones, ha sido sobre todo porque mucha gente se ha cansado de que el presidente del gobierno tiene pactos y compromisos con los separatistas que pretenden romper España y con los amigos y defensores de los terroristas o sea, ese grupo de Bildu que, en el congreso de los diputados su portavoz dijera desde el estrado, España a nosotros nos importa una mierda; así pues por mucho que quieran disimular después de haber perdido en estas elecciones repitiendo que han hecho mucho bien por España y los Españoles y a raíz de la perdida en las elecciones y de tantos puestos de presidentes y de alcaldes en sus regiones tanto el gobierno como sus socios de coalición se está moviendo dentro de una olla a presión que pronto tendrá que explotar, incluso antes de que se celebren las próximas elecciones generales dentro de seis semanas, y hasta esa fecha, todavía, muchas cosas mas malas que buenas tienen que pasar. Pero sigamos con el fullero aún presidente de este gobierno; de momento y en ese mismo día 10 a elegido y nombrado a los candidatos para su partido para después de las elecciones, y esta elección a cabreado aún mucho mas a algunos de sus barones regionales, ya que ha hecho la elección sin contar antes con los aún presidentes de esas comunidades, y como siempre, y como un sátrapa Oriental, porque también como siempre, el no solo miente y engaña a los Españoles, ya que también miente y engaña a los suyos, ya que casi todo lo que acuerda y hace, lo hace por su cuenta y sobre todo con quien nada consulta es con aquellos que les queda algo de dignidad, y no le lamen el culo; de momento a elegido para los puestos mas importantes a los mismos ministros y ministras, e incluso a incluido a des uno ex ministro, y una exministra que había prescindido de ellos hace un año, y para mas inri, ha asignado también un mui buen cargo a la presidenta de la guardia civil, cuando hace tan solo dos meses que la había hecho cargo de ese puesto tan importante; todos estos nombramientos, ya pueden darnos una pista sobre lo que está preparando esta fullero presidente del gobierno para según el resultado de las generales del mes de Julio. Yo observando y meditando un poco sobre todo esto que está ocurriendo, este fin de semana me ha invadido de nuevo la vergüenza ajena que siento por España y los Españoles, pues a las preguntas de los periodistas todos estos ministros y ministras después de haberles asignado de nuevo esos cargos en el supuesto nuevo gobierno y en las comunidades tanto ellos como ellas, todos y todas han respondido a los periodistas que, se sienten, mui orgullosos y orgullosas de que el presidente, contara de nuevo con ellos y ellas, y yo me pregunto cómo digo, sintiendo vergüenza ajena, como es posible que el sentirse orgullosos y orgullosas de seguir sirviendo al servicio de, de un presidente o personaje tan indeseable por déspota sátrapa mentiroso y embustero que está gobernando gracias a los pactos con los separatistas que pretenden dividir España, y con otros grupos amigos y defensores de los terroristas, que tantos cientos de crímenes de inocentes tienen sobre sus espaldas, y que para mas colmo desde la tribuna del congreso de los diputados dicen con mui mala leche, España a nosotros nos importa una mierda, y este traidor presidente del gobierno se lo permite y no dice nada; repito una vez mas, como es posible que toda esta gente ministros y ministras con estudios altos y de cierto buen grado de cultura y que tienen familia, e hijos e hijas, pueden decir tan alegre mente que, se sienten mui orgullosos de seguir sirviendo y a las órdenes de este fullero hipócrita chulo, narcisista y embustero, presidente que ha demostrado no tener el menor honor ni dignidad de hombre, al igual que todos y todas que lo defienden; y repito de nuevo, los cargos en todos los oficios hay que ganarlos por méritos propios no con chanchullos y malas artes; ¿Qué les van a contar esta gente a sus nietos?.

Y por otra parte, la parte de las izquierdas comunistas disfrazadas de Democráticas, y que todavía forman parte de este gobierno liderado por la comunista y ministra de trabajo, tema de tanta complejidad que no tiene ni idea, de ahí que sea un tanto demagoga porque está colocada en ese tan complejo puesto, por el también comunista y demagogo salva patrias el ex vicepresidente del gobierno, y que después su pupila le ha salido rana, ya que lo ha desplazado como líder del partido y ella sea apoderado del liderazgo y se considera aspiranta a subir al poder, y no sola mente eso, sino que la también astuta pero también seguidora también de una quimera alentada por ser ahora la líder y jefa de 17 grupos políticos de las izquierdas y sea permitido vetar en sus listas a la también comunista y líder de las feministas radicales actual pareja de él que la aupó como pupila el antes líder, y ex vicepresidente del gobierno, y como es de suponer en estas condiciones en que la olla a presión de las izquierdas cada vez el pitido es mas fuerte, por algún lado de aquí a las elecciones puede estallar. Junto con todo esto, esta tercera semana del mes de Junio ha sido otra semana de violentas campañas verbales de las desestabilizadoras izquierdas contra las derechas, o mas bien sobre todo al partido de BOX al que consideran de la extrema derecha, y lo peor y mas malo que ha podido surgir en España; y ya de paso endureciendo los ataques contra el partido popular de centro derecha moderado al que acusan sin parar de que cuando sea necesario, este partido pactará con la extrema derecha, o sea que este gobierno de las izquierdas tienen derecho y es normal que pacten con los separatistas que pretenden romper España y con los amigos y defensores se los terroristas, pero según las izquierdas el partido popular no debe pactar nunca con la extrema derecha, ¿Qué sentido de los derechos tienen estos políticos de las izquierdas? Y esto no es lo peor, lo peor es que una gran parte de los periodistas su unen y apoyan estas ideas de las izquierdas en contra de la mal llamada extrema derecha, pues no puede ser de extrema derecha un partido que defiende la Constitución, la Monarquía parlamentaria y la unidad de España cosa que están en contra los grupos de ideología comunista, ni los separatistas ni los amigos y defensores de los terroristas; así pues juzgando con sensatez quienes son peor, ¿la mal llamada extrema derecha, o insensata rencorosa extrema izquierda comunista?. Aparte de todo esto, también esta tercera semana del mes de Junio, de nuevo está mostrando España en general la falta de cultura, sobre todo, en los que se supone tendrían que poseerla debido a sus estudios de instituto y universitarios en los cuales se supone estén preparados tanto en lo social como en lo político; y pondré un par de ejemplos nada mas. En unas respuestas a los periodistas un alto cargo del partido de BOX de la llamada extrema derecha, en respuesta a las feministas y a todas las izquierdas por todos sus ataques contra este partido de la derecha sobre el tema de la violencia machista, este entrevistado de la extrema derecha cansado de tantos ataques sobre su partido, en un momento dado a respondido a los periodistas así, la violencia machista no existe, y la violencia de género no existe, un rato después este hombre ha rectificado un poco, lo cual no ha servido, porque ha quedado creyendo en lo que ha dicho primero, y hay sea zanjado la cuestión, pero a pesar de sus estudios su experiencia por su edad, tenía la obligación de extenderse y contar lo que siente y el por qué, cuando dice que la violencia machista no existe, porque en verdad la violencia machista existe pero también hay que explicar el porqué, pero esto es mui largo de contar y ese hombre que no es un analfabeto y está preparado le tenía que haberle contestado al periodista los motivos y las distintas clases de motivos para que un hombre violencia mal llamada machista ya que machista incluye a todos los hombres y eso no es justo, aparte de esto, un hombre civilizado sin motivos provocados de su pareja, o mismo provocados mismo así, no tiene ningún derecho a abusar de su fuerza ni tan siquiera a abusar de ella ni maltratarla ni pegarla y menos aún herirla, pues con cortar automática mente, las relaciones y cada uno por su parte vasta, ha de quedar bien claro que sea en las circunstancias que sea el hombre jamás ha de abusar de su fuerza y maltratar a la mujer; aunque yo por mi larga experiencia, digo que, muchas veces se lo merecen como también selo a merecido y se merece el hombre desde todos los tiempos. Anoto este caso de este hombre de BOX que lea contestado al periodista que, la violencia machista no existe y que la violencia de género no existe, lo anoto porque, los medios de comunicación y todas las izquierdas durante varios días han estado atacando y acusando a este hombre por sus palabras, pero por su culpa, porque no ha tenido la atención de exponer y explicar mas argumentos sobre él porque él y tantos otro y otras como el, piensan así y tenemos otro concepto del porque desde hace unas décadas ocurren mas casos de violencia machista o de género.

El segundo caso sobre la falta de cultura en general, es el de un cargo del gobierno este de coalición socialista comunista es el siguiente, y ha sido en un mitin. Como se está hablando de que en las próximas elecciones generales del mes de Julio se está diciendo que, en estas elecciones el gobierno no va a pactar con BILDU, o sea el partido de los amigos y defensores de los terroristas Vascos, porque si el gobierno pacta otra vez con este partido mucha gente no le va a votar; en vista de esto, este alto cargo del gobierno en el mitin y con el fin de apoyar y de defender al gobierno a dicho que, el gobierno ha hecho mui bien cuando ha pactado con BILDU, y a agregado mui convencido de lo que decía que, el partido de BILDU ha hecho mas bien por España y por los Españoles, y ha ahorrado muchas vidas a los Españoles y Españolas; por la tarde este ministro indecente ha intentado rectificar, pero el mal ya estaba hecho, pues bien, esta barbaridad dicha por un ministro en favor del partido de los terroristas, al contrario que en el caso anterior tan divulgado en los medios durante varios días por haber dicho que la violencia machista no existe, y en este caso en favor del partido de los terroristas dicho por un ministro del gobierno apenas si lo han mostrado dos veces en la tele visión; con lo cual se demuestra una vez mas que contra los ataques a las derechas no hay piedad, y sobre los defectos y las faltas de las izquierdas no se admiten acusaciones mismo si los casos mas graves se cometen por parte de las izquierdas.

Ya se están llevando a cabo los cambios de algunos alcaldes y gobiernos regionales desplazando los de las derechas a los de las izquierdas, con estos cambios que se están produciendo las derechas le están dando un buen repaso a las izquierdas ya que la derecha del partido popular en las últimas elecciones de hace unas semanas le ha ganado el solo a todas las izquierdas juntas, y si ha ganado el partido popular y han perdido sus gobiernos muchos alcaldes socialistas y presidentes de gobiernos autonómicos no ha sido por culpa de ellos como socialistas, pues ha sido sobre todo por culpa de su presidente el también socialista jefe del gobierno; aunque la verdad sea dicha, todos los socialistas son culpables de esa derrota, pues hace cinco años los socialistas siendo el ahora jefe de los socialistas estaba haciendo las cosas tan mal que lo depusieron de su cargo, y después este presidente que había sido desahuciado por sus mismos compañeros con muchas mentiras, juego sucio y malas artimañas que en todo esto es especialista, desde que alcanzo el poder de sucia manera que todos sabemos, mas todo lo malo que ha seguido haciendo, los mismos socialistas que ya lo habían desahuciado una vez, ahora cuando gobernaba también tenían la obligación y el deber de echarlo del poder y poner a otro compañero mas sensato en su lugar, pero no lo hicieron porque como fulleros ambiciosos les interesaba estar en el poder de la manera que fuera aunque eso supusiera perder el honor y la dignidad y ahora al perder el poder estáis los socialistas pagando las consecuencias, como es mui posible que el próximo 23 de este mes de Julio perdáis también el gobierno de España porque a pesar de todo lo que presumís, lo tenéis bien merecido primero porque sois el gobierno que mas daño le habéis hecho a España, y segundo porque habéis traicionado al auténtico partido socialista obrero español. Estos malos socialistas no paran de acusar al partido popular cada vez que en alguna región tiene que pactar con ese BOX de la extrema derecha, y sin embargo ellos los socialistas llevan pactando desde el principio con los separatistas y con los amigos y defensores de los terroristas, y encima un ministro del gobierno socialista se permite decir por televisión que, los terroristas han salvado y han hecho mucho bien por España y los Españoles, mientras que la portavoz de estos amigos de los terroristas, se permite decir desde la tribuna del congreso de los diputados, a nosotros España nos importa un mierda, y todo consentido por este gobierno de coalición socialista comunista; pero sigamos.

Esta cuarta semana de junio los días 27 y 28 el primero ha sido, la peregrinación a la Meca de los musulmanes de todo el Mundo, todos los pueblos adoctrinados por los líderes religiosos del islam, adoctrinados y domesticados sin opción ni derechos a elegir otras reglas que no sean de su doctrina religiosa. Contra esos pueblos si se puede decir que desde el momento en que se les prohíben tantas cosas a las mujeres si se puede decir que, esos pueblos se rigen por la violencia machista, y es tan grande el adoctrinamiento y la domesticación que, casi todas las mujeres porque alguna rebelde habrá, el resto, a pesar de que están privadas de tantos derechos lo asumen con toda normalidad, hasta donde llega la convicción de su fanatismo religioso irracional e injusto que, hace algún tiempo le pregunte a una mujer musulmana si ella seria Cápac de probar, por curiosidad el magnífico y sabroso jamón serrano Español, y sola mente por haberlo nombrado a la mujer le produjo arcadas, le entraron nauseas, y poco le faltó para vomitar, sola mente por nombrarle el jamón; a todos esos Países si se les puede acusar y con toda la razón de injusto machismo y de fanatismo.

Al día siguiente 28 nos encontramos en España con todo lo contrario, pues se celebraba la libertina e inmoral gran fiesta del día del orgullo, gay, o sea, la gran fiesta de los homo sexuales y las lesbianas o sea de todas las personas de sexualidad anti natura; toda esta gente en su filosofía y sentimientos en sus actos proclaman mui convencidos el amor, y amor libre por supuesto, o sea aparearse entre ellos y ellas, como sea y donde les plazca, o sea, le agregan la sagrada palabra amor al sexo, las personas se rejuntan y practican sexo sin compromiso e incluso con compromiso, y a eso le llaman amor, cuando es simple mente deseo, e instinto carnal; pues, el amor, amor verdadero es otra cosa, un sentimiento que no guarda ninguna relación con el sexo, pues el sexo, tan solo está relacionado con el placer de la carne y es pasajero, pues el amor verdadero no tiene fecha de caducidad no tiene malicia, es puro y eterno, ese amor puro tan solo lo conocen los padres que tienen un hijo pequeño mui enfermo y muriendo poco a poco cosa que por suerte a mi nunca me ha pasado, pero lo he vivido cercano y lo he sentido, como he el amor que sigo sintiendo por mi madre de la que nunca pude disfrutar de ella, de ella, ni ella de mi su hijo, porque murió mui joven cuando yo tenía dos años, cuando agotó hasta la última gota de su pecho en mi, para salvarme y ella murió a los 22 años de edad, por falta de alimento, en 1942, en plena pos guerra civil Española, debió de ser mui duro y amargo lo que ella sentía por mi, sabiendo que se estaba despidiendo de mi, y lo que yo en mi vejez sigo sintiendo por ella; estos son dos ejemplos de amor puro, y por lo tanto llamarle amor al sexo es, ultrajar al verdadero amor que es tan sola mente propio de los seres humanos racionales, que como tales y nada tienen que ver con las bacanales del sexo entre las personas de cualquier tendencia, anti natural, ni con las ideologías políticas que defienden esa clase de amor, ni tan siquiera el amor que los líderes religiosos nos predican que hay que sentir por los Dioses.

Siempre sea dicho que, la virtud está en el centro, aunque hay quien la ve en los extremos, no se quieren dar cuenta de que los extremos nunca han sido buenos, y yo agrego. La virtud, el civismo, la moral, y la racionalidad palabras que junto con algunas mas también sensatas son todas las mas propias del sentido común de la especie humana civilizada, pero por desgracia con sus actos faltos de civismo y racionalidad, se están deshumanizando cada vez mas, pues la doctrina Islamista represora y falta de libertad del pueblo, no es humana ni racional, y por el otro lado la doctrina libertina y desmadrada, inmoral y su falta de pudor y de civismo racional, tampoco se la puede considerar humana; podía poner muchos ejemplos mas, pero de momento con esta pequeña muestra vasta. En estos 8 libros mis sobre la España Real, de crónica, opinión, y denuncia, vengo anotando la pobre mentalidad y cultura en general de la población española, y estas últimas semanas y últimos días con lo que está aconteciendo, se está demostrando una vez mas; veamos, ha sucedido como siempre en la romería de la virgen del Rocío en Huelva, que según la costumbre, miles de romeros y romeras y penitentes, en los varios días que dura la fiesta; tanto la gente a pie, como las carrozas y carros, como la gente a caballo han de hacer varios kilómetros de recorrido hasta la hernita del rocío caminando por las marismas pero este año de tanta sequia no corre agua por el riachuelo o la rambla, y los romeros le han pedido a las autoridades que, de la manera que sea trasvasen agua para que recorra, por todo el trayecto del recorrido, porque sin agua la romería no es completa, pues al no correr el agua por ese riachuelo o rambla no se puede realizar el rito de bautizar a la gente, ya que la costumbre es imitar la escena del bautismo de Jesucristo de las manos de su primo Juan el Bautista en el rio Jordán; y después la fiesta en honor a la virgen del Rocío haciendo algunos ritos mas, un tanto insensatos y brutos, pues cientos de jóvenes y no tan jóvenes se agolpan brutal mente unos contra otros intentando ser los primeros en saltar una alta verja de hierro para intentar llegar hasta la virgen, incluso muchas madres ponen en peligro a sus hijos mui pequeños alzando a las criaturas entre el gentío con el fin de que la criatura pueda rozar el manto de la virgen con el fin, de que la criatura se vea protegido por la virgen; madres padres y abuelos a las preguntas de los periodistas respondes emocionadas debido a los momentos que están viviendo…Esto es lo mas grande del Mundo; y yo como observador repito y pregunto, ¿Qué clase de mentalidad y de cultura es esta? Y tan esparcida por toda España Ya que no hay una comunidad que no tenga una romería y sus fiestas religiosas a las que se entrega la gente con júbilo, y todos dicen…Esto es lo mas grande del Mundo; y lo que es peor, ninguna de estas personas mujeres y hombres siempre faltan a, algunos de los diez mandamientos de la Ley Cristiana así, que repito, ¿Qué clase de mentalidad y cultura es esta?, hipocresía, siempre y el todo pura hipocresía.

Yo expongo estos casos, ya no, como ateo convencido desde que era un crio, lo expongo como ciudadano de a pie, que pertenezco y formo parte del pueblo y su gente, que me alegro por ellos, si con estas cosas se sienten felices, y considero que ni yo sobre todo, ni nadie tiene derecho a intentar cambiarlos de ideas ni costumbres, pero como persona libre pensador que pe considero me duele que la que yo considero mi gente y mis compatriotas sean de la parte de España que sean, su mentalidad, su cultura y sus actos no esté ligados a cosas reales, que mejoren la sociedad en todos los sentidos y dejen de lado, tanto a, las creencias no fundamentadas pero predicadas por líderes religiosos de predicas engañosas, como tampoco deben de dejarse llevar por ambiciosos y fanáticos líderes políticos que ofrecen un mejor mundo, predicando populismo y una política quimérica salvadora como la que ofrecen los líderes religiosos. Ahora y desde hace ya bastante tiempo la sociedad Española tiene muchos medios para aprender y cambiar de mentalidad hacia una mas positiva, como lo son por ejemplo todos estos aparatos modernos que tienen tanto cuando se está estudiando como en el trabajo como en la casa y en el bolsillo o la mano, pero se está comprobando cada vez mas que los utilizan mas, para lo negativo que para lo positivo, con lo cual se está demostrando y los hechos lo demuestran que, la sociedad actual no va por el camino de aprovechar todo lo que tiene a mano y ni tan siquiera la Democracia y la libertad para mejorar y avanzar como sociedad preparada, ni cultural mente, ni cívicamente, ni responsable, ni racional. Y se está demostrando también y reciente mente, por lo que expongo a continuación.

Estos últimos días del mes de Junio, y primeros de Julio, aparte de los ataques y de la guerra verbal entre los partidos políticos la noticia mas señalada comentada y exhibida, es la de la fiesta del orgullo Gay, otra ideología que la componen y la comparten varios millones de personas de ambos sexos que tanto los unos como las otras repiten sin cesar que, están mui orgullosos de cómo son siendo homo sexuales y lesbianas o transexuales que no tengo ni idea de lo que eso significa; el caso es que, todos y todas por lo visto y oído se sienten mui felices de como son, y disfrutan de su gran fiesta y exceso de exhibicionismo demasiado descarado, libertino, e inmoral por todas las grandes avenidas de las ciudades de España, con muchas carrozas, manifestaciones, mucha juerga y mucho desmadre y demasiado exhibicionismo innecesario porque lo que para esta gente es orgullo y felicidad y libertad, para mi es libertinaje e inmoralidad, pues hay cosas intimas y privadas y no es de buen gusto ni moral exhibirlas en público y por otra parte que nada aportan cultural mente a nuestra sociedad; pero volvamos de nuevo a lo que se entiende por mentalidad y libertad que nos brinda la Democracia; si todas estas gentes creen que todo esto forma parte de la libertad de la

Democracia, todos y todas están mui equivocados, ya que como tantas veces he dicho, aún no han entendido el verdadero sentido de la Democracia, y la libertad y la Democracia no pueden ser ultrajadas ni ofendidas, ni ensuciarlas con la inmoralidad, y en estos tiempos hay demasiada inmoralidad el nuestro País en todos los sentidos. En lo referente a lo que la gente llama amor, yo ya he dicho varias veces que cada persona hombre o mujer tiene derecho según su inclinación, a elegir ser hembra o barón, o sea femenino o masculino, tiene derecho a elegir, pero también ha de entender que eso es anti natural, y no sola mente no lo quieren entender, sino que encima cuando se acoplan hombres con hombres, y mujeres con mujeres en nombre del amor presumen en público de su anti naturalidad haciendo exceso de exhibicionismo inmoral por las calles cuando lo dicen y lo sienten de que es amor no es amor pues el amor es algo puro y limpio y toda esta gente lo ensucia demasiado; nunca hay que comparar el amor puro y limpio, con lo que tan solo es instinto y atracción carnal; y sobre el sentido de la libertad que esta gente entiende, no se puede llamar derecho a la libertad cuando a la hora de protestar muchas mujeres lo hacen echando sus pechos al aire, o ir casi desnudas en las playas en incluso desnudas del todo en otras playas pues, eso que esta gente practica porque consideran que es un derecho a su libertad, para la gente cívica y sensata es indecencia, e inmoralidad.

E anotado un poco este teme impulsado por lo que he visto de pasada estos días en la tele sobre la gran fiesta por las calles celebrando el día del orgullo GAY, que no sé lo que significa ese gay, viéndolos por la tele en manadas celebrando su fiesta, me he dado cuenta, y he pensado que hay varios millones de estas personas de ambos sexos torcidos en España, y que tanto ellos como ellas, tienen en común la misma ideología o doctrina distinta a las demás por anti natural aunque asociada a las izquierdas en su política feminista, aunque como es bien sabido que, entre toda esta gente también habrá mucha gente de derechas que ignoro como soportaran todo el desprecio los ataques y los insultos continuos de las izquierdas contra las derechas, y esto es mui importante a la hora de votar, porque toda esta gente GAY lo tiene mui claro el de votar a las izquierdas, pero los GAY de las derechas no se a la hora de votar quien les tirara mas si su acercamiento al Mundo gay al que pertenecen, o a su inclinación hacia con las derechas, pero todo esto es, una reflexión que yo me hago a mi mismo porque tiene mucha importancia a la hora de votar; de todas maneras insisto toda esta gente gay y feminista que apoyan y votan a las izquierdas viven mui engañadas, pues se inclinan por las izquierdas porque las izquierdas están con ellos con los gay y las feministas por puro interés pues las izquierdas en su tiempo vieron en las feministas y en los gay un filón de votos y se unieron a esos grupos haciéndose feministas, y enemigos de la llamada violencia machista, y todos los hombres de las izquierdas exceptuando a los gay, son tan machistas como los que ellos atacan, así pues como siempre pura hipocresía pues lo que interesa a los líderes de las izquierdas son los votos y toda esta gente gay que bota a este presidente por el mero hecho de que este los defiende y dice estar con ellos aunque no de corazón sino por puro interés, mientras que esta gente del mundo gay no se dan cuenta que están entregando sus votos a la persona que por mucho que lo predique en desear lo mejor para España y los Españoles es falso, y también hipocresía pura, pues en estos cinco años de su mandato ha demostrado en muchas ocasiones que, a el, ni le importa España ni los Españoles ya que sola mente se importa así mismo, y alimentar y satisfacer su ego, al ser el amo de España y de las instituciones, y el representante de España en el extranjero ya que es, una de las cosas que el mas aprecia por su exhibicionismo ante los demás; o es que acaso nadie sea dado cuenta de todos sus pasos y de todos los malos hechos cometido con tal de poder llegar a gobernar, y de todo mal que ha hecho con sus fullerías desde que está gobernando,

Yo ya vengo denunciando a lo largo de estos 8 libros sobre la España Real que hace ya 45 años que llegó la Democracia fue como el maná que saciaba nuestras necesidades; poco tiempo después ya como País libre y Democrático, y sin la censura fascista del dictador Franco se reunieron las fuerzas tanto de centro, y de derechas e izquierdas, incluidos franquistas y comunistas, y con la mochila y la mente cargados de la mala experiencia que había supuesto el error y horror de la guerra civil española decidieron dejar atrás el pasado y ponerse de acuerdo y unirse para trabajar todos cada cual dentro de su ideología pero juntos con la misma idea de curar las heridas hasta cicatrizarlas, y levantar a España, y con este sensato y necesario pacto, se produjo la vendita transición; poco tiempo después se produjo la presentación de la nueva Constitución, la que incluía el sistema de la Monarquía parla mentaría aprobada por la gran mayoría de los Españoles, se había acordado entre las fuerzas políticas y demás representaciones dejar a un lado la Republica, porque como en tantos otros sistemas de gobierno anteriores no era un País gobernable, nuestra segunda República tampoco fue Cápac de armonizar España; a partir de la transición, y España ya armonizada no cayó otro gran premio, como lo fue, la entrada de nuestro País en la Unión europea, y que gracias a los fondos Europeos para modernizar España, mas las grandes empresas internacionales que se instalaron en nuestro País, mas la nuevas avalanchas de turistas extranjeros que preferían a España por considerarlo un País exótico debido a nuestro retraso ancestral, cosa que a mi nunca me gustó que tuvieran a nuestro País como un País exótico ya que eso quiere decir atraso e incultura; pero el caso es que, todo que se produjo en España con estos nuevos acuerdos, entre los fondos Europeos, la nuevas grandes empresas y tanto turismo, produjeron muchos millones de puestos de trabajo con lo cual, España dio un gran salto hacia el progreso, el bien estar, y la estabilidad, cosas que antes nunca el pueblo Español había disfrutado, mientras tanto en el País se fueron sucediendo en los gobiernos los socialistas moderados y el centro moderado, con los normales tira y afloja y acusaciones normales como suele ocurrir entre los partidos con el fin de ganarse adeptos pero nunca ocurrieron cosas mas graves pues en nuestro País hubo mas concordia que graves enfrentamientos y seguimos viviendo en estabilidad, pero esto duró 35 años, pero hace ahora nueve o diez años coincidiendo con la crisis mundial y con la crisis la aparición en el mundo de la política aparecieron los nuevos oportunistas, que venían a salvar el Mundo, pero como siempre suele suceder con los supuestos salva Patrias, predicando la demagogia y el populismo con su doctrina quimérica; estos nuevos revolucionarios jóvenes salva Patrias consentidos mal criados ignorantes de la gran complejidad de la vida real, resultaron ser rencorosos discípulos de la doctrina comunista radical y anti sistema, que en estos 9 o 10 años han intoxicado con su perversa y utópica doctrina, a una gran parte de la sociedad Española, aprovechándose de la incultura de esa gran parte de nuestra sociedad; esta gente, con su ideología anti todo lo que es sensato y racional junto con su feminismo radical y libertino indecente e inmoral han esparcido en la buena siembra de nuestro País la cizaña intoxica dora, y maligna; todas estas izquierdas y su feminismo radical y libertino tan alejado de las buenas maneras, de la moral, y de la realidad de la vida en general y sin tener ni idea de la complejidad y formas de ver, y actuar en la vida para la subsistencia de cada clase de ciudadano porque como es bien sabido cada cual tiene su forma de ver, y de actuar en la vida, vosotros los supuestos salva Patrias anti todo que no admitid, ni aprobáis a nadie que no piense como vosotros y vosotras por vuestra ignorancia de la complejidad en todos los estamentos de la vida real, por mucho que os creáis que estáis preparados y preparadas para la defensa de vuestra ideología, en absoluto tenéis los conocimientos ni estáis para ofrecerle al pueblo una vida mejor, sino todo lo contrario, pues vuestro fanatismo insensato en vuestra doctrina aparte de utópica con vuestro feminismo radical además de libertino y amoral, mas vuestros ataques a todos los que son ricos empresarios pero no tenéis en cuenta la cantidad de los millones de puestos de trabajo que crean, con esa doctrina que predicáis los unos y las otras, es lo mas nocivo que, se le puede inculcar a la sociedad. Es por esto y por lo que considero que estáis esparciendo la cizaña en la sociedad que estoy mui cabreado con todos vosotros y vosotras y me da mucha rabia, de ver que sois tan jóvenes y tenéis tanta vida por delante, y la estáis dedicando a hacer lo que es nocivo para la sociedad sembrando cizaña y pervirtiendo a la gente fácil de convencer debido a su ignorancia, mientras que estáis preparados y preparadas para invertir vuestro tiempo y vuestra mentalidad en otros medios mas sanos y racionales para mejorar esta sociedad que ahora estáis pervirtiendo, amparados y amparadas por el derecho que os brinda la libertad; esta libertad en la que tan mal estáis empleando vuestro precioso tiempo y vuestro cerebro de personas capacitadas para intentar ser mas sensatas y racionales, y no veo justo que para daros cuenta tenéis que esperar hasta que seáis ancianos y ancianas; estas cosas son como un tatuaje que en vuestra ignorancia juvenil os lo tatuáis con mucho gusto, pero que cuando se llega a cierta edad os arrepentís y queréis borrarlo.

Acabo de decir que desde que aparecisteis en la escena política y con vuestra doctrina revolucionaria y vuestros siguientes pasos sembrando cizaña en nuestra sociedad me sentí mui cabreado e impotente, pero me cabree aún mucho mas hace cinco años con la aparición en escena de este aun hoy presidente del gobierno y os unisteis todos juntos, socialistas, comunistas separatistas Catalanes y Vascos y en el mismo plato de la balanza la feministas, y con este coctel entre todos y todas, vuestro recorrido, como habéis desestabilizado España, y como habéis abierto las heridas de nuevo, cuando ya habían sido curadas y cicatrizadas. Se han pasado los 9 o 10 años, y sean pasado los últimos 5 años y al igual que sea desestabilizado España, también se desestabilizado el primer compromiso de aquellos revolucionarios que vinieron a cambiar el Mundo; ahora ya el 2023 hace un par de meses se celebraron elecciones municipales y autonómicas, y el partido popular de centro derecha al que tanto odiáis y no sé porque, ya que esta derecha no tiene nada que ver con la derecha de la guerra civil, pero vosotros y vosotras las izquierdas no podéis evitar guardarles rencor; o sea, sois mui jóvenes, pero no habéis evolucionado, vuestro fanatismo os lo ha impedido, y de ahí viene todo lo ocurrido en estos últimos 9 o 10 años y sobre todo los últimos 5 años; pero como decía en estas elecciones recientes esa derecha que tanto odiáis un partido solo le ha ganado a todas las izquierdas juntas, y eso os ha dolido mucho, porque aparte de sembradores de cizaña, también tenéis el defecto de no saber perder, y eso no es de personas nobles.

El presidente del gobierno que no ha sabido tragarse la derrota, derrota que aún no ha digerido como no es sensata y solo sabe improvisar a puesto fecha para las elecciones generales y con mucha mala fe a elegido el 23 de Julio en plenas vacaciones, a partir de aquí, todas las encuestas dan como ganador, de nuevo al partido popular excepto las encuestas del gobierno que dan como ganador como no, al presidente del gobierno, pero esto ya se verá el día después de las elecciones. Ya desde antes de las elecciones de hace dos meses estoy avergonzado por la táctica que ha estado empleando y sigue empleando en la propaganda electoral táctica sucia y marrullera este presidente del gobierno en sus ataques contra las derechas, pues esa clase de propaganda contra el jefe de la oposición está siendo demasiado barrio bajera, lo cual demuestra de nuevo la falta de cultura en general de la España moderna, pero aun atrasada, no cesa de acusar al jefe de la oposición de que si gana las elecciones va a pactar con el partido de la extrema derecha, lo reprocha y lo repite sin cesar, pero él no quiere ver que el este fullero presidente del gobierno para poder llegar al poder fue gracias a los pactos que el hizo con los enemigos de España o sea los separatistas Catalanes y

Vascos, y con los amigos y defensores de los terroristas Vascos; sin embargo el sensato y juicioso jefe de la oposición, le ha propuesto al presidente del gobierno lo siguiente, en estos términos….Si yo gano las elecciones y para yo poder gobernar usted se abstiene y así no tengo que pactar con la extrema derecha, y si usted gana las elecciones, yo me abstengo y así usted no tiene que pactar con los separatistas; ante esta sensata oferta del jefe de la oposición, el fullero y marrullero presidente del gobierno sea negado; esta insensata e inculta fullera negación lo dice todo contra aún presidente del gobierno que nunca ganó su respetable puesto por méritos propios, dentro de unos pocos días de este mes de Julio de 2323 se verá, si la mayoría del votante Español es un poco mas sensato y rechaza al ambicioso fullero, mentiroso narcisista vanidoso político engreído falto de escrúpulos a la hora de pactar, para poder conseguir a no importa qué precio poder llegar a gobernar; a pesar de que con su currículo vitae político, ha demostrado ser, el peor presidente de España desde la llegada de la Democracia.

Tres días después de decir esto, me siento de nuevo mui avergonzado por culpa de una gran parte de la sociedad Española, pues ayer 23 de Julio de este 2323 se celebraron las elecciones generales, el partido popular de centro derecha las ganó, pero no por mayoría absoluta, para poder gobernar, mientras que el partido del gobierno socialista que está gobernando perdió las elecciones mismo después de haber ganado unos pocos escaños mas que en las últimas generales, y mismo después de haber perdido estas elecciones en mejores condiciones por falta de los apoyos que siempre hacen falta para poder formar gobierno, ya que en España no puede formar gobierno el que gana, sino el que mas apoyos puede conseguir.

Yo en estos escritos vengo anunciando sobre la pobre mentalidad y falta de cultura generalizada en una gran parte de la sociedad Española, y estos resultados de anoche de nuevo lo viene a demostrar, pues el partido del gobierno de coalición socialista comunista aunque hayan perdido las elecciones y mismo subido un poco en escaños, pero han perdido, la pregunta es; ¿Cómo es posible que haya vuelto a votar tanta gente de nuevo a un gobierno tan impresentable que ha gobernado una legislatura tan vergonzosa, fullera y marrullera con un líder que llegó al poder sin méritos propios durante estos cuatro años, y vuelven de nuevo a votarlo?. Se supone que, hay que felicitar y votarle de nuevo y estarle agradecidos al aspirante a gobernar que lo consiguió por méritos propios, y que ha gobernado con sensatez y sentido común comprometido con el pueblo de corazón entregado a mantener la unión y la estabilidad, ese presidente sea de la ideología que sea pero siempre moderada y nunca radical esa persona tiene todo el derecho a gobernar y ser respetado o respetada, por toda la sociedad seria, culta y sensata; pero un presidente que llega al poder como este de ahora y que aún aunque haya perdido las elecciones tiene aún la posibilidad de poder seguir gobernando, ¿pero por qué? Pues sencilla mente porque gracias a una gran parte de nuestra sociedad es una lacra y por tanto un mal ejemplo para la sociedad; ya que con su libertina política anti social siembran la cizaña, contaminando a una buena parte de nuestra sociedad; afortunada mente aún queda una buena parte de nuestra sociedad, seria y con sentido común que es inmune a esa plaga infecciosa que forma parte de este gobierno de coalición y sus votantes llamados progresistas, ¿pero progresistas en qué?. Veamos de nuevo que clase de progresistas son estos y estas sobre los y las que ya denuncie algo en estas páginas; así pues veamos de nuevo esta clase de progresistas.

Unos y unas, aunque no lo digan son de tendencia socialista de la izquierda radical, y otros y otras también radicales y aunque no lo digan repito, de tendencia comunista; y mismo sabiendo que aunque ellos y ellas dicen ser Demócrata cuando saben perfecta mente que, en ningún País comunista hay Democracia; otros grupos tenidos por progresistas que apoyan a este gobierno socialista que no merece tal nombre porque este gobierno ha traicionado al buen partido socialista de centro moderado, el sensato y de sentido común de Felipe González y Alfonso guerra y tantos otros, este gobierno socialista de esta última legislatura está dirigido por un líder demasiado ambicioso, que no tiene honor ni dignidad de hombre, ya que está vendido a los separatistas Catalanes y Vascos con los que sigue endeudado con ellos, todos estos y estas llamados progresistas mismo así le han entregado sus votos. Otro grupo o grupos de progresistas que le han entregado sus votos a este fullero presidente son los miles y miles de personas que viven bajo la bandera del arco iris los llamados GAY tres letras que no sé lo que significan pero si sé que es donde se agrupan y se unen los homo sexuales y las lesbianas gentes que viven y se comportan distinta mente al resto de la sociedad mas normal, pues las personas normales no presumen tanto al no ser tan inmorales y libertinos y libertinas ni del inmoral exhibicionismo callejero vestidos como fantoches besándose en los morros hombres con hombres y mujeres con mujeres y gritando viva el amor, ese mal llamado amor libertino que practican y aconsejan cuando eso nada tiene que ver con el amor eso es tan solo atracción y deseo carnal pues el amor de verdad es un sentimiento mucho mas puro y serio.

Toda esta gente que dice que tiene derecho a ser como son, yo no tengo derecho a estar en contra sola mente que veo mui mal su indecente exhibicionismo en cosas que pertenecen a la privacidad y la intimidad y no airearlas; lo demás es, libertinaje; de todas maneras sin exhibicionismo inmoral yo también tengo derecho a opinar sobre lo que ocurre en la sociedad a la que pertenezco y su gente, y aquí va mi opinión sobre este asunto. Todo lo que compone este nuestro mundo es obra de la naturaleza, tanto la flora como la fauna, los animales y nosotros mismos los humanos. La naturaleza en muchos casos es perfecta, y en otros casos no; por ejemplo en la naturaleza aparecen árboles y algunos dan frutos y en otros no, pero los árboles que dan frutos son frutos salvajes y sus frutos son amargos o sea poco comestibles para los humanos, pero los humanos cuando avanzaron corrigieron a la naturaleza, cogieron a los arboles de frutos amargos los injertaron, del injerto nació una nueva rama, esa nueva rama dio nuevas hojas y frutos comestibles y deliciosos; por las circunstancias que sean, a veces de nuestras uniones carnales nos nace una criatura deforme o con una enfermedad mala, y la ciencia a veces corrige a la naturaleza y sana a esa criatura; con todo esto quiero decir que, toda esta gente que se siente orgulloso y orgullosa siendo homo sexual o lesbiana, y que al hombre le atrae el hombre, y a la mujer le atrae la mujer eso no es bien, porque no es anti natural, la persona que siente inclinación distinta a la que ha nacido, podrá sentirse a gusto y conforme, pero es anti natural; porque la persona que nace con pene es macho, y la persona que nace con clítoris y vagina es hembra, o sea, hombre y mujer; y en lo que la naturaleza sea desviado, la ciencia tiene la capacidad de corregir a la naturaleza; y si no os interesa corregirlo y preferís siendo anti natura, no reprochéis a los demás que os critiquen los que si somos naturales, hombre y mujer y macho y hembra como pareja, ya que lo otro, hombre con hombre, y mujer con mujer resulta bastante asqueroso, por ser, anti natural; pero a lo que iba, que es, vuestra posición en estas elecciones generales, vosotros y vosotras habéis elegido también entregar vuestros votos a quien no se los merecen, aunque yo creo mas bien que este fullero presidente os los ha comprado porque suponéis varios millones, porque yo no creo que, este presidente y todos los miembros del gobierno ellos y ellas, estén de acuerdo que haya tantos travestis, ni tanto sexo libertino entre hombres con hombres, y mujeres con mujeres, porque se ponga como se ponga esta gente que se protege en su particular bandera del arco iris, son, anti natura

Aparte de estos grupos que he nombrado en estas líneas también llamados y llamadas progresistas y también algún que otro millón de mujeres también tenidas como progresistas, aunque bastante libertinas descarriadas y carentes de moralidad, y también un mal ejemplo para nuestra sociedad, que lo son estas feministas radicales y libertinas partidarias del amor libre lo cual es sembrar el incivismo y la cizaña maligna, y que tienen declarada la guerra y la venganza al hombre por las injusticias de estos contra ellas en tiempos pasados, e incluso los imitan en la infidelidad. Ya esplique en un apartado de estos libros por qué en la venganza contra el hombre muchas mujeres se hicieron feministas radicales, desprestigiando así, el gran honor de ser hembra y madre, portadora de la vida; en su radicalismo progresista como ellas también se consideran, estas feministas vengativas, libertinas radicales que predicar el amor libre y que tienen la ignorancia de llamarle amor al sexo, estas mujeres que no son un buen ejemplo para la sociedad, junto con los otros grupos que acaba de anotar, también han optado por entregarle sus votos en estas elecciones de ayer, en favor de este fullero falso hipócrita y embustero presidente socialista del gobierno que no consiguió llegar al poder por méritos propios, y lo que es peor que, a pesar de haber perdido las elecciones, gracias a los grupos de estas gentes indecentes que estoy nombrando aquí, y sus socios mercenarios que también lo auparon al poder, es posible que pueda volver a seguir gobernando; un presidente que llegó al poder y que puede posible mente llegar a conseguirlo gracias a toda esta clase de gente, aparte este presidente de carecer de moral, ni de honor y dignidad, sus descendientes, no podrán tener ningún motivo para sentirse orgullosos.

El partido popular acaba de ganar las elecciones generales también, pero al no sacar mayoría absoluta le faltan 7 escaños mismo contando con el apoyo de la llamada extrema derecha de BOX, y al que todos los demás partidos no aprueban y están en contra de él; cuando sin embargo en los demás partidos que apoyan a este fullero presidente están los comunistas radicales de la extrema izquierda mas los partidos separatistas y el partido vasco de BILDU amigo y protector de los terroristas, que todos ellos son las nocivos, y mas peligrosos la extrema derecha; repito esto, porque hay que recordarlo, además de que es injusto, ya que este partido es Constitucionalista, defiende la unidad de España y está de parte de la Monarquía los otros defectos que pueda tener como por ejemplo eliminar las autonomías este nunca va a suceder aunque se asocie con el PP, además de que ese partido por si solo nunca va a gobernar, a si pues no hay ningún motivo para tener miedo, porque precisa mente, el miedo de verdad, es el que emplean todas las izquierdas para asustar a la gente con la sucia propaganda engañando a la gente de que este partido es lo peor, cuando la verdad es que lo peor son ellos, ósea toda la lacra que suponen las izquierdas comunistas radicales y sus amigos y socios los separatistas de cualquier región; y lo mas terrible y que creo que, tan solo puede ocurrir en España, por ser tan diferente a los Países mas civilizados es que, el prófugo líder de los separatistas Catalanes que está en Bélgica huido de la justicia española por haber cometido delitos muy graves contra la Constitución; pues bien, tal y como están las cosas y tan solo un día después de las elecciones, si el PP, no consigue cosa que está mui difícil esos 7 escaños mas, este delincuente separatista fugado, en sus manos tiene, el que el gobierno que ha partido el gobierno de coalición, y que han perdido las elecciones pueda seguir gobernando, y todo depende del prófugo, o sea, el colmo del surrealismo Español.

Llegados hasta aquí, refresquemos un poco la memoria para no olvidar lo ocurrido en estos últimos cinco años; hace cinco y seis y siete años gobernaba en España el partido popular de Mariano Rajoy, que había ganado las elecciones generales, pero al igual que ahora para poder formar gobierno le faltaban seis escaños, el por entonces el fullero secretario general de los socialistas se negó a prestas los seis escaños de seis socialistas, con mucha mala leche, y cero en sentido común; y obcecado en su negación con su no, es no, con toda su mala leche en prestar los seis escaños y plantado en su famoso no, es no, provocó que,

España estuviera 11 meses atascada y sin gobierno con todo el mal que eso produce; fue tal su tozudez que, sus mismos compañeros lo relevaron de su cargo, de secretario general con el que aspiraba a gobernar pues su ambición de poder hacía de, él una persona dañina así las cosas y el fullero líder de los socialistas degradado los sensatos socialistas permitieron que seis de los suyos a la hora de poder formar gobierno Rajoy se abstuvieran; y así Mariano Rajoy del partido popular ya pudo decirle al Rey que tenía los suficientes escaños para poder formar gobierno, y así fue, como el PP pudo empezar a gobernar después de 11 meses estar España en un laberinto sin salida atascada; pro aquello el destronado de su cargo el fullero líder de los socialistas nunca lo perdonó y empezó a maquinar su venganza. Rajoy presidente del gobierno era un hombre muy prudente y sensato según mi opinión, en aquellos años de la gran crisis internacional, el evito que, España fuera rescatada, como lo habían sido otros países, pues de haber pedido el rescata Rajoy él sabía que aquello suponía una gran y pesada losa que oprimiría a España, pero él lo evitó, se rescataron las cajas de ahorros, porque estaban mal dirigidas por sus directores, pero no los bancos como en otros Países, por lo tanto Rajoy, nos libró de aquella gran losa; a cambio y mismo doliéndole sabiendo que actuaba en contra suya, congelo los salarios y las pensiones. A raíz de estos recortes a la clase obrera y a los jubilados, y junto con que las izquierdas quisieron ganar en las calles lo que no habían conseguido en las urnas organizaron muchas manifestaciones y huelgas por todas partes, e incluso dos huelgas generales, y sin tener en cuenta que Rajoy había librado a España de ser rescatada, y que con ello nos quitó un grana gran carga de encima, pero es que hay, muchos líderes políticos demasiado insensatos e envidiosos, y con mucha mala fe; para no alargarme mucho contando 100 detalles, seguiré contando que el ex secretario general antes desbancado de su cargo, pero el maquinando su venganza y su trazado plan, se presentó de nuevo junto con otros tres aspirantes para secretario general del partido y guiado por su gran ambición y mucha astucia de nuevo fue elegido secretario general del partido, y como no, empleando su marrullería y malas artes como por ejemplo en su discurso prometió que, si lo elegían como jefe del partido y aspirante a presidente de la Nación, prometió que, jamás daría un paso, sin antes haber consultado con todas las bases, cosa que nunca cumplió. Cuando en 2018 con sus clásicas artimañas como ahora explicaré consiguió saciar su gran ambición y llego al poder, desde el principio, empezó a gobernar como un Sátrapa, pues nunca consultaba nada se adjudicó un ejército de asesores, pero el por su cuenta ha hecho siempre y en todo, lo que le ha dado la gana, y mira que ha hecho, cosas graves y muy graves; porque según su estrategia, lo primero era eliminar al gobierno de Rajoy, y marrullera mente y con malas artes preparó en secreto el terreno, y con algunos allegados socialistas radicales, unió a su grupo a los demás grupos enemigos de España con ello, completó su malvada estrategia garantizada, ahora hace cinco años le presentó una moción de censura al presidente del gobierno Mariano Rajoy, motivo, escusa, y argumento; la corrupción, dentro del partido del gobierno de Rajoy dentro de algunos regionales del PP, había bastantes manzanas podridas, como las ha habido siempre en todos los partidos, son gentes que, siempre se arriman al sol que mas calienta, o sea, bien en la política o cualquier otro negocio o empresa en donde tengan la posibilidad de ser acoplado en algún puesto de responsabilidad y tengan la posibilidad de hacer fortuna que su meta, tanto en cualquier empresa como en la política.

La estrategia, y jugada sucia y oportunista, la jugada sucia y oportunista e incluso traicionera para España fue, buscar los apoyos de los grupos que pretenden romper España, así pues, con el de las izquierdas y todos los demás grupos de mercenarios el jefe de los socialista que bien poco le importó quedar en deuda bien cara con ellos ya que estos le pusieron precios mui altos, incluso anti Constitucionales, mismo así, como su meta trazada al precio que fuera consiguió cumplir su venganza de la humillación recibida hacia cinco años, y salió victorioso en la moción de censura contra Rajoy.

Ahora ya, ha gobernado una legislatura completa de cuatro años, y en estos ocho libros míos sobre la España Real sobre crónica, opinión, y denuncia ya e explicado el recorrido político de este presidente socialista fullero embustero sin honor ni dignidad de hombre además de traidor a España, porque este presidente pregone de que con él ha habido concordia y estabilidad entre Cataluña, los separatistas y el Estado Español, su política en general demuestra que, a este ambicioso líder de las izquierdas del partido socialista, no le han importado nada ni los Españoles ni España, pues tan solo le ha importado el poder.

Ahora hace un par de meses se ha celebrado elecciones municipales y autonómicas que las ha ganado el partido popular, y hace unos días se han celebrado elecciones generales que también las ha ganado el partido popular, pero el PP, no ha ganado con mayoría absoluta y de nuevo le faltan seis escaños para poder formar gobierno contando con el apoyo del partido de la extrema derecha, mientras que las izquierdas son 18 partidos entre Nacionales y regionales, mas los apoyos de los grupos separatistas; el fullero presidente en funciones ya nos hemos enterado de que ha empezado a mover ficha de nuevo con los separatistas, y que estos, piensan aumentar el precio por sus apoyo. El PP, ha ganado las elecciones, al igual que las había ganado Rajoy pero como este fullero presidente del gobierno es un insensato y mala persona y sin escrúpulos, sigue en sus trece de su no, es, no, no le va a prestar seis abstenciones de los suyos, porque en vez de emplear la cordura y el sentido común para que pueda gobernar quien ha ganado las elecciones y es un partido Constitucionalista, pero sin embargo, y porque quiere seguir gobernando el, prefiere de nuevo contar con los votos de los grupos que pretenden romper España, es por todo esto que yo un anciano antes siempre de las izquierdas moderadas de Felipe González, maldigo desde hace tiempo, a este presidente en funciones de este gobierno, y maldigo a todo aquel y a aquella cómplices de este embaucador falso y mentiroso cuya prioridad de su vida no es otra que su ambición de poder, y seguir gobernando al precio que sea aunque esto sea venderse de nuevo a los que desprecian a España y pretenden romperla; y añadir que, con todo lo que presume del bien que ha hecho por España, por la clase trabajadora, por el campo Español, las empresas y los negocios y las subvenciones a los jóvenes; él y los suyos no han puesto nada, pues todo procede del fondo de la Unión Europea.

Aquí termino por ahora sobre este apartado, pues conforme se vayan desarrollando los acontecimientos, los iré plasmando en este mi último libro el numero 8 sobre la España Real, de crónica, opinión, y denuncia.

En todos estos últimos meses que llevan los políticos de campaña electoral para tratar de convencer y ganarse al público ignorante y mal preparado sobre todas las cosas mas esenciales, ya que en España quedan muchos temas que plantear y resolver, pero otra vez de nuevo, el presidente de este gobierno en funciones, como digo, en esta ,ha hecho, según él, y que acabo de reseñar; y en esta estrategia va incluido también inculcar el miedo a la gente sobre el peligro que supone que saliera ganador el partido popular y con los apoyos del partido de la extrema derecha; han sido unos meses de campaña electoral de todas las izquierdas unidas al presidente del gobierno, un presidente del gobierno que ante todo desea seguir gobernando, este presidente que ya sabemos todos los Españoles de buena fe, su recorrido político hasta hoy, desde que consiguió por segunda vez llegar a ser el secretario general del partido socialista que no es la sombra del partido socialista que fue, y todo por culpa de este fullero y tramposo presidente, un presidente Sátrapa que se cree dueño y señor de todo y nunca dice la verdad de todas sus tramas tanto nacionales como internacionales;

como tampoco dice la verdad cuando intenta inculcar el miedo en la
población acusando al PP y a la extrema derecha ya que este último
partido también es Constitucionalista defiende a la Monarquía y
defiende de corazón la unidad de España; por el contrario, el miedo real
y el peligro este líder socialista desde el momento en que este fullero y
ambicioso líder de los socialistas para poder conseguir ser presidente se
alió con todas las lacras peligrosas y desestabilizadoras expuestas en
estas páginas de comunistas radicales, y de separatistas Catalanas y
Vascas, y los amigos y defensores de los terroristas. Todas estas lacras
que con las que este aún presidente está gobernando y que desde los
primeros minutos después de las elecciones ya está de nuevo
parlamentando con todos ellos, y mismo sabiendo que, todos estos
grupos, desprecian, y pretenden romper España; y aun mas, pues acabo
de enterarme que, todos estos grupos de Catalanes y Vascos esta vez
para apoyar al fullero aspiran a mucho mas, ya que por lo visto, no solo
aspiran a salirse de España, sino que aspiran y quieren que, España salga
de sus comunidades y de sus fronteras territoriales, todo si es el
verdadero peligro y el miedo para nuestro País y nuestra sociedad,
mientras que el miedo y el peligro que toda esta gente está predicando
contra el partido de la llamada extrema derecha, que son todo lo
contrario, ya que defienden la monarquía junto con la unidad de España,
así pues, lo único que yo veo mas malo y peligroso en la extrema
derecha, es que su ideario está suprimir las autonomías en las
comunidades autónomas, de hecho, y como todos sabemos, en 2017 el
gobierno separatista de Cataluña apoyo en pleno la separación de
España, y proclamaron y firmaros todos y todas mui felices la Republica
Catalana; y esto, entre otras cosas que perjudican la estabilidad y la
unión de España, es precisa mente lo que este partido de la extrema
derecha quiere evitar. Ese 2017 debido al ataque de la Constitución
Española por parte de los separatistas Catalanes, en aquel momento
gobernando el PP con Mariano Rajoy, de centro derecha moderada,

apenas producido aquel golpe de estado por parte de los insensatos fanáticos separatistas Catalanes el presidente Rajoy consulto con la oposición de los socialistas y después de haber consultado y ponerse de acuerdo, el gobierno impuso en Cataluña el articulo155 de la Constitución, el gobierno se hizo cargo de la dirección del gobierno separatista catalán, arrestó a varios de sus miembros, mientras que el presidente del gobierno de Cataluña junto con cuatro mas huyeron al extranjero y de la justicia Española como inmundos cobardes mientras que sus demás compañeros ingresaban en la cárcel, y desde allí, y viviendo como un marajá sigue gobernando su partido, y para colmo y vergüenza de gran parte de la sociedad Española, todavía tiene en sus manos la gobernabilidad de España; y todo como siempre, por culpa de este fullero presidente del gobierno que todavía cuenta con él para que lo haga de nuevo y por segunda vez presidente del gobierno de España; después de todo esto, ¿Quiénes son la lacra de España el miedo y el peligro, en el partido de la extrema derecha, o en este socialista y sus comunistas radicales y su banda de mercenarios?.

Por otro lado, este presidente del gobierno en funciones y todos sus ministros y ministras y demás seguidores, todos juntos un atajo de lameculos depredadores a las órdenes del chuleta y engreído Sátrapa moderno de España, todos al igual que el jefe son tan falsos e hipócritas que sin el mínimo pudor andan divulgando y presumiendo, de todo lo que han hecho de bien por España y los Españoles durante toda la legislatura de este gobierno de coalición socialista comunista, y los mercenarios que de alguna manera también suponen con sus servicios la estructura del gobierno y siguen formado parte de esa estructura, ya que el presidente en funciones, y sigue contando con ellos y depende de su jefe el prófugo para seguir gobernando en España, así pues de nuevo hago la pregunta, ¿Qué méritos tiene este líder socialista para haber gobernado y posible mente poder seguir gobernando? Un socialista que con sus inmorales acciones, falto de honor ni dignidad de hombre, irresponsable e incompetente para dirigir por el buen camino nuestro País, que no sea preocupado para nada en educar y actuando con el ejemplo, cual es el verdadero sentido de la Democracia y de la libertad, ya que estas dos cosas son esenciales para formar una sociedad mas educada y mas responsable y con una mentalidad que, ame y respete mucho mas a la Democracia y la libertad, en vez de ultrajarlas tanto y abusar de ellas, como gentes incívicas e irracional, que es en lo que sea convertido una gran parte de nuestra sociedad, y que tiene muchas facilidades para contaminar a los incautos e incautas ignorantes que son arrastrados a la degeneración y la irracionalidad. Todo esto practica mente reciente y de rabiosa actualidad, desde hace unos años, que como padre, abuelo y bisabuelo, me tiene muy preocupado, yole pregunto a todas estas gentes de las izquierdas incluido el mundo gay, y al feminismo radical, que es lo que, entienden ellos y ellas por cultura, civismo, ética y moralidad?, pues todo esto que, toda esta gente la llama libertad, actos y hechos que yo llamo indecencia, anti cultura, y abuso salvaje incívico e irracional contra la libertad, mal utilizada, y abuso insensato y delictivo contra esto tan preciado que es, la libertad; pues como ya he dicho tantas veces, la libertad que nos brinda la Democracia, está para mejorar la sociedad en todos los sentidos, no para ultrajarla y prostituirla. Debido a todo este incivismo, y libertinaje, la familia ya no es lo que Hera, incluso los pocos matrimonios que se sigue celebrando ya se unen con fecha de caducidad; las parejas sin compromiso que ahora son la mayoría pronto de van cansando y se van cambiando ellas con otros, y ellos con otras, uniones caprichosas que también pronto se van rompiendo, y que van dejando atrás niños desorientados, uno de cada padre, y todo esto y mucho mas a causa de la ideología insana que predican y aconsejan, todos los grupos de las izquierdas comunistas, y las feministas radicales que se aprovechan de la libertad de la Democracia para convertirla en libertinaje y confunden el amor asociándolo con el sexo libre de los animales; y nada de todo esto por mui liberal y placentero que sea, está muy lejos de haber mejorar nuestra sociedad, sino todo lo contrario, pues la ha contaminado y a salvajada, Porque, qué clase de mentalidad salvaje y Espartana es esta que, nos dicen los ministros y ministras del gobierno, de que los hijos no pertenecen a los de Stalin, la Alemania de los Nazi, y la España del régimen fascista de Franco, que la única educación valida era, la que ellos imponían a los niños y niñas, como también esta gente que nos está gobernando hace algunos años, le retiraron a los padres y a los maestros la autoridad sobre los niños, al mismo tiempo que, impusieron en las escuelas el aprendizaje y la enseñanza a los niños y niñas sobre el sexo, cosa que, tan solo es competencia de los padres y las madres, al ser este un problema intimo personal y familiar; por lo tanto, por lo delicado, lo reservado e íntimo del tema, nunca es adecuado ni sensato para ni para los padres ni para los niños ni las niñas enseñar este tema privado y familiar en las escuelas; pero esta gente de ahora tan moderna y libertina y su anárquica mentalidad y despreciando tantas reglas de la sociedad responsable y civilizada no son capaces de ver que, este tema tan delicado personal e íntimo no es adecuado para imponerlo, ya que para los niños y las niñas y los padres, es desagradable explicarlo en clase y en voz alta entre tanta gente pequeña que debe sentirse ruborizada al ser aún puras y no estas contaminadas con la inmoralidad como si lo está las maestras que quieren adoctrinarlas, que al igual que esto predican también el amor libre que llaman amor cuando la verdad es, el sexo libre; como también dicen y están convencidas, de que el matrimonio o la pareja son una cosa, y el sexo es otra, pues como dicen ellas, mi cuerpo es mío y hago con él lo que yo quiera, eso sería justo y parte de su derecho, en una mujer soltera y sin compromiso, pero estando comprometida o comprometido se pierden esos derechos, ya que dejan de ser derechos desde el momento en que una persona se compromete a otra, y eso no tiene nada que ver con lo religión ni con las ideologías, eso es cuestión de principios de gente honesta y racional;

y lo digo yo, un simple obrero ciudadano de a pie medio analfabeto, y ateo convencido desde mui pequeño.

En general una gran parte de estas dos últimas generaciones es lamentable que hayan adquirido esta mentalidad tan irresponsable y libertina, ya que entre otras muchas cosas, le llaman libertad al libertinaje que lo tienen como natural, como ven natural y defienden la libertad de estar casi desnudas en las playas y en otras playas desnudas del todo tanto mujeres como hombres, con la insensata irracionalidad de que está en la naturaleza y lo natural; ¿pero si vivieran en el polo norte irían desnudos y desnudas? Una sociedad civilizada en su ser, va incluido el pudor y la vergüenza, lo contrario desvergüenza que no siente pudor, lo cual los pone a la altura de los animales; y todo esto, es debido a que?, a los modernos métodos de educación, y aquí, me veo obligado a decirlo de nuevo; sea educado mas a la gente, en los derechos que en las obligaciones, con lo cual en cualquier situación, anteponen el derecho, por otra parte también, en los libros de testo, eso sí, educan en el sexo, pero no educan ante todo, en la disciplina el orden y el respeto, cosas esenciales que conllevan a la responsabilidad. Todo esto expuesto aquí y a lo largo de estos ocho libros sobre la España Real , sobre crónica opinión y denuncia, lo ha sembrado con mala hierba y contaminado, desde el gobierno socialista de Zapatero, y los nuevos líderes de la ideología comunista radical, con su doctrina de cambiar nuestra sociedad, asociados con este gobierno de coalición bajo el mando de esta líder socialista y ahora presidente en funciones, mas con el apoyo y la complicidad de las feministas radicales; y sí, en cierta manera han cambiado a una gran parte de nuestra sociedad, pero a peor con sus ideologías sus políticas y sus doctrinas envenenadas. Pero como estamos en Agosto y la política está un tanto paralizada debido a las vacaciones vamos a seguir un poco mas con un apunte, sobre el escabroso tema, de la violencia machista.

Para mí, desde que tengo uso razón, y las experiencias que he ida adquiriendo en mi larga vida, en los últimos tiempos, hay dos entre tantas otras cosas que mas efecto negativo han hecho en mi; una es que, en tiempos de crisis que he sufrido muchos, al estar sin trabajo y no encontrarlo ya que en España siempre ha habido mas demanda de trabajo que de oferta no como ahora que hay muchas ofertas pero que demasiada gente pasa de ellas unos porque no le gustan, otros por parásitos que viven de los demás, y otro por vagos; pero esto no lo dicen en las noticias ni los sindicatos ni los gobiernos de turno, pero donde si lo saben bien es en las oficinas del paro, pero tampoco lo denuncian, ya que en nuestro País, todo es, un circulo viciado, a parte del País de, sálvese quien pueda, aunque ni mucho menos, con la disciplina del TITANIC. La otra cosa mas efecto negativo ha hecho en mi, ha sido, la ruptura cada vez mas de los matrimonios y de las familias, y casi siempre con hijos pequeños desorientados por él y traumático cambio en sus jóvenes vidas, junto a un padre que no es el suyo, o una madre que no es la suya, y viéndolos en la cama que antes había sido de su verdadera madre y padre. Digo esto, porque guarda mucha relación con la mal llamada violencia machista. La gente habla y condena por principio a todos los hombres de la violencia machista pues siempre dicen machita y nunca dicen algún machista, y mismo siendo alguno lo acusan por principio a él al hombre, y toda esta gente se olvida que, el primer motivo de las rupturas de matrimonios o parejas, es la infidelidad, pues normal mente un hombre no maltrata ni mata a la mujer por capricho, como ya dije antes en estas páginas, si un hombre pierde la cabeza y comete una salvajada algo ha tenido que haber provocado la bárbara violencia en el individuo, a partir de este hecho, que cada cual saque sus conclusiones.

Esto de la infidelidad y los cuernos desde pequeño a mi mea llamado siempre mucho la atención, y conforme fui creciendo y observando aprendiendo y experimentando mientras fui soltero, mea intrigado y mea asqueado, por tanto mal que, hacen tanto los matrimonios como las uniones ahora llamadas parejas, y sobre todo, si hay, hijos de por medio, y esto es cada vez mas normal el que, haya tantos matrimonios y parejas, con fecha de caducidad como cualquier mercancía comprada o alquilada; y que no lo veo tan mal, cuando son parejas sin hijos y sin compromiso, pero en matrimonios comprometidos y con hijos y sobre todo pequeños, y esto ocurre, hay, nunca ha habido, ni amor de verdad, ni respeto ni responsabilidad; y aunque no se hable de ello, todo esto conduce, a la infidelidad y los cuernos que siempre en otros tiempos siempre había sido el machismo infiel del hombre, pero que desde unas décadas la mujer sea puesto a su altura e incluso lo ha superado, pero de esto, nadie dice nada y esto no es justo.

En mi pueblo que siempre ha sido un pueblo grande, y precisa mente en mi barrio, cuando yo era un crio, a veces se hablaban y se comentaba algunos casos de cuernos en los matrimonios, en algunas ocasiones me enteré que, un hombre que su mujer le había puesto los cuernos, el ofendido fuera de sí y alocado iba en busca del otro hombre para matarlo por la ofensa hacia él, y supuesta mente para salvar su honor pues esa era la manera que se utilizaba; yo no recuerdo si alguna vez se había cumplido la amenaza de muerte contra que se había acostado con la mujer, aquellos pocos casos aislados siempre me llamaron mucho la atención ya que se salían de la rutina del pueblo y eran casos excepcionales, pero cuando ya fui adolescente y sonaba algún que otro caso de cuernos yo reflexionaba y pensaba sobre el porqué el ofendido y va como un loco en busca del otro con la intención de matarle, y yo me decía para mí; pero porque este hombre va como un loco en busca del otro para matarle si la culpable es la mujer que sea entregada a él, ella sea ofrecido y lo ha consentido, pero era la mentalidad de aquellos tiempos, cuando muchos maridos o novios, a veces se juntaban y se iban de juerga y de putas a la capital, pero repito era y en muchos casos aun hoy en día sigue siendo las normas de la mentalidad; uno de los casos que mas me intrigó mismo siendo yo aún un crio ocurrió en mí barrio y cerda de casa; un hombre descubrió que, su mujer esperaba un hijo y el padre era el jefe de la mujer ella trabajaba en una fábrica de conservas, el marido cuando lo supo se volvió como loco y con un cuchillo le bajó la barriga a la mujer y la mató; esa mañana algunas personas decían que lo habían vista por la calle que no contestaba a los saludos pues según ellos iba como ciego y como perdido, el hombre entró en la taberna de siempre y si decir los buenos días seca mente pidió un café la tabernera le ofreció el cacho de bollo de siempre el hombre dijo que no, porque ya había desayunado carne, lo de la carne lo dijo pensando en la matanza que acababa de hacer, a continuación se encamino a la estación del tren que estaba a unos cien metros dejando a la tabernera mui preocupada por la actitud de aquella mañana de su cliente; una vez en la estación el hombre el que era conocido por el tío salero, fue derecho al andén bastantes metros retirado del centro del quiosco de la estación, llegó el tren y paró unos segundos cuando arrancó de nuevo el tío salero bajo del andén, la máquina del correo lo sobre pasó, entonces el hombre se arrodillo en el suelo dejó pasar casi todo el tren, y al llegar a la altura del último vagón puso su cuello en el rail, y la última rueda del último vagón se lo segó, quedo el cuerpo a un lado del rail de la vía, un cuerpo muerto pero que aún se movía, y la cabeza entera al otro lado del rail con los ojos abiertos como interrogando a la gente que había acudido cuando se percataron desde la distancia de la desgracia que acababa de ocurrir; entonces no existía esto de la violencia machista, y aquel día hace tantos años siendo yo un crio, hubo violencia machista, ¿pero por qué? Aparte de la mentalidad un tanto medieval de aquellos tiempos, si la mujer del tío salero no subiera entregado en la cama a su jefe, aquella tan gran desgracia, nunca habría ocurrido.

Ahora tantas décadas después todavía hay hombres con la misma mentalidad de venganza y la mayor parte de las veces por una infidelidad, pero a todo lo llaman violencia machista pero nunca dicen los motivos que provocaron esa violencia machista; de todas maneras por ningún motivo por muy grave que este sea, nadie tiene derecho a quitarla la vida a nadie, ni nadie tiene que sentirse ofendido s su mujer o pareja le ha engañado, pues la persona civilizada aleja a la otra persona de su vida, y con la experiencia aprendida se emprende una vida nueva, porque insisto, nadie tiene derecho a tomarse la justicia por su mano por mucho mal que le hayan hecho; y todo esto sabiendo que, para la mentalidad libertina y salvaje de ahora el poner los cuernos no es ningún delito, ya que con esta mentalidad moderna e internacional el matrimonio o la pareja es una cosa y el sexo es otra cosa, y cada cual como su cuerpo es suyo, puede hacer con él lo que quiera y ofrecérselo cuando le plazca a quien le dé la gana; esta es la mentalidad y la manera moderna de atizar la libertad, cambiar la moral y la responsabilidad de los compromisos por como ellos y ellas dicen el amor libre, cuando en realidad es el sexo libre pues el amor es otra cosa muy distinta que solo lo entiende la persona racional, mientras que el sexo es simple mente el deseo de la atracción carnal y tan solo es pasajero, mientras que también el amor de verdad puro limpio y duradero y existe el respeto, es para siempre. A sí pues, después de lo dicho hasta ahora, mas todo lo que guardo aún, sobre mi opinión sobre el tema y a raíz de mi larga experiencia por haber trabajado desde niño con jovencitas y con mujeres maduras, y todo lo aprendido e incluso practicado mientras fui soltero, mas todo lo que está ocurriendo en nuestro País con tantas familias y parejas rotas y niños desorientados, e incluso traumatizados, y partiendo de la base de que el primer motivo de separaciones y rupturas son debidas a la infidelidad, toda esta gente que tanto ataca a la mal llamada violencia machista, sean, algo mas sensatos y sensatas y justos y justas, y no carguen todas las culpas tan solo con los hombres; y sobre todo no mezclar, a los que por un ataque de locura matan con los que no matan ni emplean la violencia, y soportan y aguantan lo inaguantable por causa de su esposa o pareja, hasta que la última gota desborda el vaso se rompe la unión, y la familia y la mujer sale mas beneficiada porque se queda con la casa y los críos y el sin nada, y la vida destrozada; por todo esto que, nadie comenta en ningún programa de los medios, injusta mente, yo insisto en que como ya dije, poner los casos sobre la balanza, porque por lo que yo sigo observando, y sobre todo en estas tres últimas décadas, en nuestra sociedad y mui injusta mente está cayendo sobre todo contra los hombres el peso, o la injusticia de la ley; pero veamos, un último apunte sobre el tema para poder sacar mas conclusiones; así pues hagamos un pequeño recorrido sobre el historial de las bisabuelas, las abuelas, las madres, las hijas y las nietas.

Hasta la década de los años 70 del pasado siglo XX e incluso de los 80, la máxima aspiración de las mozas era casarse, algunas ya llevaban varios años de noviazgo; noviazgo aburrido y monótono, y sobre todo ellas lo llevaban mucho peor, pues seguían bajo la tutela de los padres controlada y sin apenas libertad para andar por las calles, y sobre todo en los huateques festivos, y en los pueblos peor porque cuando salían de paseo todavía llevaban carabina jamás podían estar solos un raro el novio con la novia, pues por todos los medios, había que evitar las malas tentaciones, por el contrario el novio lo tenía mucho mas fácil para echar una cana al aire; ya que de tanto en tanto, se juntaban unos amigos y se iban a la capital al barrio de las prostitutas, mientras que las novias lo mas que podían pillar, era de vez en cuando un pequeño beso furtivo; de ahí, y esta situación, las mujeres en general su máxima aspiración era poder casarse, tener su casa mejor o peor para ella y su marido, su cocina y su dormitorio; por entonces y en aquella situación las mujeres no eran mui exigentes, para entablar relaciones con algún pretendiente, luego el amor amo, el amor verdadero no primaba, pues lo que primaba era casarse salir de la tutela de sus padres y tener un marido, y un lugar donde vivir para hacer las cosas a su gusta y tener una familia. A veces se daban casos, en los que alguna pareja de novios cansados de tantos años de noviazgo y sin los medios para poder casarse como se decía, como Dios manda, sin avisar a nadie se iban los dos unos tres días a una pensión barata de la capital, y allí se consumía su boda, y su luna de miel; cabizbajos los tres días volvían y un tanto avergonzados por la falta de respeto hacia con los padres, pero todo el mundo en el pueblo lo entendía, y los daban por casados, a continuación los casaba el cura y después en el ayuntamiento por lo civil se habían ahorrado los dineros que no tenían pata una boda como Dios manda, y entre las familias y los amigos les ayudaban a buscar un vivienda barata que entre todos adecentaban; y así, de esta manera y en aquellas situaciones casi generalizadas, comenzaba la vida de una nueva familia y sobre todo la mujer era feliz porque por fin se había cumplido su máxima aspiración que lo era casarse y no quedarse solterona que por entonces era como un castigo para la mujer y una maldita y amarga condena; pues normal mente, las solteronas llevaban una penosa vida al no tener la suerte de haberse casado como las demás incluidas sus amigas se pasaban la vida trabajando sin parar, y cuidando de los padres, y en los ratos libres con los padres vivos y después de muertos por las tardes las solteronas se reunían en la iglesia a cuidar y preparar las imagines religiosas tricotaban, hacían labores de ganchillo y de bolillos, hacían sus novenas y rezaban el rosario, y en el pueblo eran conocidas no solo por las solteronas sino que también por las beatas; incluso hubo algún caso de que alguna moza ya hecho mujer se pasaba el tiempo y no se casaba desparecía del pueblo y con el tiempo se comentaba de que, estaba en alguna capital vecina ejerciendo de prostituta.

Aparte de esto, también había en el pueblo los llamados maricones, como el pueblo era grande yo conocía a seis o siete posible mente habría mas que yo no lo sabía, los que yo conocía no trabajaban ni en fábricas ni talleres y en la huerta ni en el campo, pues cada uno trabajaba por su cuenta, uno tenía un bar de categoría, otro tenía un puesto de pescados en la plaza de abastos otro una floristería otro de ayudante en una panadería, lo que si recuerdo es que mucho mas educados que la mayoría de los demás hombres, también eran mui buenas personas, seme olvidaba que dos de ellos tenían cada uno una sastrería, y otro también tenía un mercadillo ambulante, nadie se metía con ello, ni los insultaba nunca, se llevaba bien con todo el mundo y nunca hacían cosas desagradables por la calle ni en sus negocios, ni ninguna clase de exhibicionismo pues además de educados eran prudentes; posible mente a veces ellos se reunirían en cualquier lugar y celebraran su fiestas privadas, por lo demás eran ciudadanos normales dentro de la sociedad.

Pero a finales de los años 70 y principios de los 80 llegó a España el gran cambio que en nana empezó a compararse con las décadas anteriores en ningún sector de nuestra sociedad, todo empezó con la vendita transición pacífica cosa que nunca había sucedido en España, así pues con la transición, también con la vendita Democracia y con ella la libertad, aquellos sonaba como decía la propaganda de los socialistas, a mejores tiempos, y mui buenos aires sanos que según el anuncio socialista entraban en las casas por las ventanas de par en par, viertas; todo aquello a la mayor parte de la sociedad nos infundo ilusión y esperanza, pues con la transición, la Democracia y la libertad ya en marcha le siguió por derecho que ates nunca habían disfrutado, la emancipación de la mujer, entre tantos otros derechos. Aquello, sí que fue el gran cambio con relación a lo que se había quedado atrás. Pues ya no se usaba en general la sana costumbre de que un aspirante a tener relaciones de noviazgo presentarse y pedirle permiso para poder frecuentar a su hija. Además de esto, también desapareció la orden del padre y la obligación de la hija de estar a las diez de la noche en casa y desapareció de las parejas de novios la vigilante espía y chivata carabina, también desaparecieron las pequeñas fiestas de los guateques, y ocuparon su puesto las discotecas con mucha juerga; con las discotecas y sus horarios los jóvenes novios i no novios ya no tenían horario para entrar en casa, y se divertían hasta la madrugada, con tantas horas juntos y tanta fiesta, ya no tenían necesidad las parejas de, escapar de casa porque nunca tenían tiempo de casarse de incognito e incluir el derecho al sexo, sin tener que esperar años y años, en esta nueva y libertina situación, los compromisos ya no fueron necesarios, los jóvenes incluso sin conocerse de antes se atraían mutua mente, y cada vez mas después de las noches de juerga aparecía en casa una chica embarazada, cosa que se produjo cada vez con mas frecuencia, y cada vez, sea ido haciendo mas grande la lista de jóvenes madres solteras; y con el paso de los años, también cada vez, se han ido multiplicando mas, la ruptura de los matrimonios y de las parejas dejando por el camino muchos niños desorientados conviviendo con alguien que no es su padre o con otra mujer que no es su madre, e incluso en muchos casos, convivir do o tres hermanos en casa, y que son, cada uno de un padre; con este gran can cambio y con su derecho adquirido de la emancipación de la mujer, su prioridad como mujer ya no era como la antes el casarse para salir de la tutela del padre y poder fundar un hogar y una familia, a partir del gran cambio eso ya no era necesario pues la mujer moderna y con sus derechos era y lo es dueña y señora de su vida, y pasado el tiempo ha ido aspirando a mas, por derecho, tanto en autonomía como en libertad, e incluso sea acostumbrado a abusar de esa libertad pues una buena parte de la mujer morena su prioridad desde hace tiempo ya no es casarse, pues su prioridad es tener un trabajo y su propio piso y su coche, y hacer de su vida y su sueldo todo lo que mas le plazca, y sin tener que rendir cuentas a nadie; incluso disfrutar de la sexualidad cuando le apeteciera y con quien quisiera, y sin compromiso alguno con nadie; así pues este gran grupo o, partido ideológico radical de mujeres, son, las que mas ventaja han sacado de la libertad, como también ha sucedido con los homo sexuales, que conforme y gracias a la libertad de que tanto ellas como ellos están abusando apenas han salido del armario; porque tanto ellas como ellos, tenían derecho a la libertad pero lo que yo veo negativo es que todas esas mujeres y esos homo sexuales no han sabido, o no han querido racionalizar ese derecho a la libertad; ya que por un lado y a causa de muchas de esas mujeres han sido y están siendo la causa se han muchos matrimonios por abusar de su concepto de la libertad; y por otro lado, los homo sexuales o tran, que no sé lo que significa ese tran, ni lo que quiere decir, también han abusado y corrompido su libertad, pues se exhiben en público sin ningún pudor lo que debiera ser privacidad como por ejemplo los hombres besarse en la boca vulgar mente y mismo delante de los niños cosa que es, anti ético, y anti natural; pienso yo como hombre natural y libre pensador que, todas esas mujeres feministas radicales, como las lesbianas y los homo sexuales junto con los políticos que están del lado de estos grupos tan solo por hipocresía e interés en conseguir sus votos y todos se parecen entre sí, porque todos tanto ellas como ellos, no soportan y desprecian a todos aquellos y aquellas que no piensan ni son como ellos; y que por lo tanto, tan solo ven la paja en el ojo ajeno, y no ven la viga en el suyo. Yo, un simple ciudadano de a pie y medio analfabeto sin ninguna clase de estudios y mi único título es la experiencia de la vida, que no creo en las utopías incluidos los Dioses pienso que, todos estos grupos con sus actos incívicos, anti naturales y fanáticos sectarios son, una plaga maligna infecciosa que, infecta y contamina nuestra sociedad, y tienen todos y todas sobre todo todas muchas posibilidades de ser escuchadas por mucha gente ignorante y poco preparada, ya que las que predican su sectarismo fanático y bárbaro por las televisiones y demás medios de comunicación entre ellas algunas ministras de las izquierdas radicales y también algunas periodistas, salvaje mente dicen mui convencidas, de que los machistas matan a las mujeres por el mero hecho de ser mujer; esta bárbara afirmación corrobora la clase de gente que son, estas personas que se llaman progresistas, pero parece ser que su clase de progreso es, contaminar y envenenar a la sociedad con esas afirmaciones bárbaras y con mucho odio contra los hombres; ¿porque en que cabeza racional cabe que y afirme que, un hombre mismo siendo machista, mate a la mujer por el mero hecho de ser mujer?; pero veamos ahora la última faena por ahora de este feminismo radical y tan enemiga do los hombres, y siempre viendo la paja en el ojo ajeno pero no ven la viga en el suyo.

El otro día estaba yo viendo la final de la copa del mundo de futbol femenino; a mí, el futbol desde siempre, ni fu, ni fa; pues tan solo me gustaba ver a la selección Española cuando yo estaba en extranjero de emigrante para que cada vez que ganaba España poder yo ir con la cabeza muy alta y orgulloso ante las gentes de otras Naciones, pero el otro día viendo a las mujeres jugar una final del mundo y vi lo bien que jugaban que incluso pensé que estaban jugando mejor que los hombres. Las Españolas, y con mucho mérito vencieron a la poderosa Inglaterra, y ganaron la copa del mundo; todo el mundo que compone el futbol Español y los Australianos también al igual que la mayor parte del mundo empezando por España nos volvimos locos de alegría, pero de pronto ocurrió algo muy propio de la pobre cultura Española que ahogó la fiesta. A la hora de recoger las medallas de oro y la copa, todos y todas que componen los cuadros de todo lo relacionado con el futbol desde el presidente de todo lo relacionado con el futbol creo que lo que llaman la FIFA, e incluso la Reina de España y su hija la infanta, todos se pusieron en fila unos para ir entregando el saludo y los premios y las jugadoras mas contentas y felices que nadie porque eran la heroínas, una a una iban recibiendo un abrazo las felicitaciones y colgándoles las medallas al cuello. En un momento dado, cuando una de las ganadoras llegó a la altura del gran jefe de todos y todas, al darse el abrazo, de pronto el cogió con sus dos manos abiertas la cabeza de la jugadora y además del fuerte abrazo, y el beso en las mejillas, también, le espetó un beso en la boca y dado el beso ella le dio unas palmaditas en los costados al jefe y se separó sonriendo. A partir de ese beso en los labios que ellos llaman piquito, se armó la de Dios, como se dice vulgar mente, todo el mundo o, casi todo el mundo la emprendió contra el presidente. Desde entonces hace ya casi dos semanas tos los medios de comunicación en España e incluso en el resto del mundo se habla del tema del beso del presidente a la jugadora en los labios, sobretodo en España sigue el alboroto diario en todos los medios y las conversaciones poniendo a parir al presidente incluido el gobierno, las feministas ha visto otro filón de condenas y acusaciones acusando de violento machista al jefe incluso el grupo que componen la FIFA o sea sus compañeros de momento le han expulsado de su cargo por tres meses porque pensaban que él iba a dimitir, pero el ante todos y por la tele a dicho claro y alto que, no piensa dimitir, porque según dice el, el beso o el pico, había sido consentido por parte de ella, y esto ha provocado aún mas ataques contra él. Ahora como yo he estado siguiendo y observando este asunto porque me viene bien para este libro de crónica, opinión, y denuncia, después de lo observado quiero dar mi versión que no va a gustar nada a todas estas feministas radicales para las que todos los hombres somos unos maltratadores machistas y que afirma que matamos a las mujeres por el mero hecho de ser mujeres. Lo primero que tengo que decir es lo siguiente; era tal la merecida euforia entre toda la gente por que un equipo de mujeres futbolistas valientes que acababan de ganar la copa del mundo posible mente lo mas grande que posible mente hasta ahora habían conseguido en la vida, y lo ganaron por méritos, es normal que, ante tanta euforia al recibir los premios se agrazaran y besaran en las mejillas, hasta ahí, todo normal, y todo bien, pero de lo normal y espontáneamente ocurrió, algo anormal, y de mal gusto a pesar de la euforia, cuando una de las jugadoras llegó a la altura del presidente, ella lo abrazó por la cintura y lo levanto tres palmos del suelo para darse ambos el abrazo y el beso en las mejillas, al posarlo ella en el suelo él le dio el beso en los labios, y digo yo, según mi cultura y mi educación, en el momento de que el hombre se permite darle un beso en los labios, una mujer decente le dan una hostia en la cara y un empujón al hombre, para afrentarlo ante la gente por atrevido y abusón; pero ella no lo hizo, y mientras se soltaban, ella en vez de eso, mientras se soltaban del abrazo le dio unas palmaditas en los costados mientras sonreía feliz. Al presidente todo el mundo se le ha echado encima y todo el mundo la defiende a ella y está de su parte, el presidente el esa reunión de los jefes y cuando todo el mundo pensaba que iba a declarar su dimisión, el para sorpresa de todos dijo alto y claro cinco veces, no voy a dimitir, el de momento lo han echado de momento para tres meses, pero la historia no ha terminado; pero de momento cambiemos de asunto.

El partido popular ganador de las elecciones, mendiga a los demás partidos cuatro votos que le faltan para poder formar gobierno, y todos los partidos se los cuatro votos, y al mismo tiempo, los socialistas y los comunistas de este gobierno en funciones los dos partidos si le prestan seis votos a los dos principales partido de los separatistas Catalanes, para que ambos partidos puedan tener grupo propio en el congreso se los diputados, cosa que les aporta grandes ventajas a los separatistas en todos los sentidos, incluido en lo económico ya que percibirán mas dinero; cosa que supone un nuevo regalo para los separatistas de parte del gobierno para que de nuevo los separatistas lo apoyen y puedan llegar a seguir gobernando cuando el partido popular que ganó las elecciones no pueda formar gobierno a causa de esos cuatro votos que le faltan ya que este fullero tramposo presidente del gobierno se los ha negado; pues prefiere, regalárselos a los separatistas que pretenden romper España que, a la derecha moderada que es, Constitucionalista, y defiende sobre todo la unidad de España; pero veamos otra barbarie muy peligrosa protagonizada por estos separatistas que este gobierno por no molestar a los separatista días a comenzado la vuelta ciclista de España, las cuatro primeras etapas se desarrollan por la comunidad autónoma de Cataluña, algunos separatistas, en cierto lugar de la autovía por donde tenían que pasar los corredores un grupo de separatistas encima de un túnel tenían preparado 400 litros de aceite con un sistema y una gruesa manguera para esparcir el aceite en la autovía cuando vieran que se aproximaran los corredores, un poco antes de esto, la policía que vigila la seguridad de la vuelta, ha descubierto el tingado que habían montado estos criminales, porque eso es, un atentado criminal fallido, pero la idea es criminal; el caso es que, la policía ha cogido cuatro sujetos alguien los ha interrogado y a continuación han salido en libertad; y aparte de esto, lo que también es intolerable el que, a la salida de la comisaria había muchas personas esperándoles y aplaudiéndoles; así, está marchando España como estamos viendo en este escrito que ando denunciando, y por lo que la mayoría de los Españoles debieran de estar indignados, o sea, al PP, que ganó las elecciones ningún partido le quiere prestar cuatro votos para que pueda formar gobierno, mientras que los socialistas y los comunistas de este gobierno en funciones les presta seis votos a los separatistas que España no les importa nada y quieren separarse de ella. Esto por un lado, mientas que por otro lado y en los mismos días todos los medios de comunicación de toda España e incluso del extranjero le dedican días y días y cientos de reportajes acusando de violencia machista a un jefe de deportes porque al recibir el premio las vencedoras que han conseguido la gran proeza de ganar la final de la copa del mundo, y ante tanta euforia, un jefe chulo engreído entre los abrazos, el chulo engreído debido a su superioridad, aprovecha y leda un beso en los labios a una de las ganadoras, beso que por otra parte supuesta mente fue consentido, y por ese chulesco acto, todo el mundo lo está machacando y acusándolo de machista abusón y no sé cuántas cosas mas contra las mujeres; mientras que por otro lado y en las mismas fechas cuatro separatistas que habían preparado un posible asesinato en masa contra los ciclistas, lo han anunciado tan solo un día en las noticias, y encima que los dejaron libres, y mucha gente en la calle los recibieron con aplausos, esta es nuestra España de la que debiéramos avergonzarnos todos, como me, avergüenzo yo.

Yo me dediqué a escribir estos ocho libros sobre la España Real hade unos nueve o diez años a raíz de que apareció en España en la escena política un nuevo partido de la extrema izquierda radical comunista que nada mas empezaron a actuar vi que, era una gente llena de rencor y odio que buscaban la venganza contra las derechas que habían ganado en la guerra civil Española hacía ya casi ochenta años, así pues pensé que entraban con mal pie, pues desde la transición en España justo después de la muerte del Dictador y que en España estaban gobernando el partido socialista moderado de izquierdas, y el partido popular de derechas moderado, a pesar de los siempre inevitables problemas en asuntos de la política y sus diferentes puntos de vista sobre las cosas de las ideologías en España había concordia y estabilidad, entre otras buenas cosas, que estos recién llegados rencorosos nietos y bisnietos de los radicales comunistas Españoles discípulos de Lenin y de Stalin estos jóvenes de ahora vinieron predicando que había que exterminar de España a los gobiernos que ellos y ellas consideraban casta, o sea, el partido socialista y el partido popular porque ambos dos partidos eran moderados y Constitucionalistas, y protegían la Monarquía cosa que también ellos odiaban y siguen odiando; como he dicho, yo sabía que esta gente iban a traer muchos problemas debido a su doctrina política anti capitalista y anti sistema, y no me he equivocado ya que desde entonces se acabó la armonía y la estabilidad, y debido a su fanatismo doctrinal una de las cosas mas malas que provocaron fue el abrir de nuevo la herida de la guerra civil Española que con la transición había cicatrizado y pocos años después, con la llegada del nuevo secretario general de los socialistas y su unión con estos comunistas y con los separatistas todos ellos juntos la armonía y la estabilidad surgida de transición, han quedado grave mente dañadas y todo por culpa de estas gentes que, debido a sus ambiciones y de ignorancia sobre la realidad de la vida que no han sabido mejorar en todos los sentidos al País y a la sociedad, cosa que en estos últimos años toda esta gente de las izquierdas y los separatistas han infectado y contaminado y dividido de nuevo nuestra sociedad, con lo cual yo como Español que amo mi País, aunque me llamen viejo atrasado que no he evolucionado, estoy muy orgulloso de la transición y la concordia y la estabilidad que nos trajo, que no el desmadre en casi todos los sentidos que toda esta gente ha traído a España que en su modernidad avanzada han dejado olvidado algo tan esencial para toda sociedad, como lo son, la disciplina, el orden y el respeto que conllevan a la responsabilidad de lo que ya he expuesto vario ejemplos en estos escritos sobre crónica, orden y denuncia.

Yo nací, en 1939el mismo año que acabó la guerra civil Española, de niño y adolescente me tragué mui injusta mente 40 años de dictadura Franquista, y con ello toda la cruda y cruel pos guerra; esperé tanto tiempo todos aquellos 40 años la muerte del Dictador, convencido de que su Dictadura no duraría para siempre, y que en mi País algún día llegaría la Democracia, y con ella la libertad; y al final llegó, la tan ansiada Democracia; cinco años después de mi regreso a España, El Dictador murió, y mui poco después se produjo la transición, y con ella la Democracia y la libertad, por fin iba yo a vivir como en los Países que había sido un emigrante mas, pero tratado con el mismo respeto y atenciones que los ciudadanos de esos Países en donde había estado trabajando; ciudadanos con cultura, sociedades disciplinadas, ordenadas respetuosas y responsables, y competentes y amantes del trabajo.

Como ya he dicho hasta que me hice adulto y después cuando regrese del extrajera, como nací en 1939 me trague toda la posguerra y 20 años de Dictadura, y cuando volví, cinco años mas de Dictadura hasta la muerte del Dictador, y empezamos a respiras aire nuevo el de la Democracia; y con la vendita la Democracia la libertad en, nuestras vidas, también he vivido estos últimos cuarenta y tantos años de Democracia y libertad; y que yo pensaba que, después de la Dictadura, y en estos cuarenta y tantos años de Democracia y libertad, mental mente, y cultural mente y en lo referido a la responsabilidad en general, mi País iba a recuperar el tiempo perdido, e iba a avanzar y ponerse a la altura de los demás Países mas avanzados de la Europa Occidental, cosa que no ha sucedido. Si, en verdad España se ha avanzado en algunas cosas modernas de la tecnología que en las empresas van bien, pero no se puede decir lo mismo con los termologías personales, en las que en general se les presta mas atención que en las cosas mas responsables; al igual que en las cosas personales tanto en la responsabilidad, como en la moral, y en la familia, también las cosa en vez de mejorar han empeorado. Toda esta gente que se denomina, se siente, y define como progresista, defienden, y están convencidos de que nuestra sociedad ha avanzado mucho y por lo tanto, que ha mejorado, yo por mi experiencia opino todo lo contrario; claro que todo, es cuestión de gustos y de mentalidad, y los hecho demuestran que, esta mentalidad moderna de ahora no es la mas sensata ni recomendable en una sociedad avanzada, civilizada; pero esto mismo con cuarenta y tantos años de Democracia y libertad no lo ha aprendido aún la mayor parte de nuestra sociedad, ya que como ya he dicho muchas veces, no se han interesado en aprender y practicar, el verdadero sentido de la Democracia, cuyo fin y sentido es, mejorar en todos los sentidos la sociedad, cosa que, no ha ocurrido en España; porque si la sociedad Española estuviera en verdad fuera una sociedad avanzada mas cívica y responsable en todos los comportamientos y obligaciones de nuestras vidas, nuestra sociedad, seria inmune a, esta plaga infecciosa y maligna que sea dejado infectar, y sin antídoto que lo pueda atajar, por culpa de nuestra pobre mentalidad, y falta de nivel cultural; pues está mas que demostrado que, un País culto y de mentalidad avanzada y racional tiene muchas mas ventajas para el bien general de su sociedad que, un país mas atrasado; y todo esto, depende de, la educación recibida desde la escuela primaria, y por supuesto de la mentalidad sentido común y racionalidad del profesorado, cosas muy básicas que nunca se han dado en España.

Somos un País mal educado en general, además de inculto e ignorante, y por tanto irresponsable, que tenemos el fracaso escolar mayor de Europa, y esta gran cantidad de irresponsables lo mismo que no les atraen y desprecian los estudios, tampoco les interesa aprender un oficio; mientras que por otro lado, los empresarios buscan y no encuentran trabajadores en todos los oficios, cualificados, o no cualificados, mientras que hay, tres millones de gente activa en el paro; lo cual demuestra que hay demasiada gente en España de vividores que, no tienen ningún aprecio al trabajo, y son unos irresponsables que viven de los demás; pero sin embargo si que saben exigir derechos que no se han ganado; esto, no es de buena educación, ni cívico, ni culto ni responsable; y lo peor es que, en ya mas de 40 años de Democracia nadie se ha ocupado en rectificar esa mala educación que sea estado dando, ni de avanzar en mentalidad. Y siguiendo con el trabajo y la Proción y la enseñanza en la escuela inculcando a los niños y los mayores algo tan elemental como lo es, la disciplina, el orden y el respeto que conlleva a, las obligaciones y la responsabilidad; al carecer en general de todo esto, nuestra sociedad no es una sociedad ni lo cívica y culta que debiera ser, ni responsable ni competente. Nuestra sociedad aparte de algunas pocas excepciones lo que hemos prosperado desde la llegada de la Democracia y con ello nuestra acogida dentro de la Unión Europea este progreso ha sido debido a, los fondos Europeos, a las empresas extranjeras que se han instalado en España, y al turismo extranjero; pero como ya he dicho alguna vez, si por el motivo que sea, político comercial de los negocios o por fenómenos naturales no recibiéramos mas fondos Europeos, las empresas extranjeras se marcharan, y los turistas extranjeros ni vinieran, la gran mayoría de la población estaríamos como en Etiopia o algún otro País por el estilo. La pena y el delito es que, mismo siendo nuestro País además de hermoso y con tantas ventajas además de tan rico y productivo, que en casi todo podíamos ser auto suficientes, pero hasta ahora, nadie ha sabido gestionar en nuestro gran País, a excepción del mandato político de José María Aznar; pues antes de él, y después de él, cuando en nuestro País ha aparecido un posible filos de algo para crear riqueza, los Países extranjeros sobre todo los astutos Ingleses, se han hecho cargo de la explotación de la empresa, pues los emprendedores y competentes, nunca han sido, muy prolíferos en nuestro País, excepto como ya he dicho unos pocos valientes que debieran de tener sus monumentos en España y puestos de honor por la gran cantidad de riqueza y de tantos miles de puestos de trabajo, y que por el contrario, están siendo atacados, y acusados de explotadores, por estas izquierdas radicales insensatos ignorantes populistas; esta gente junto con las feministas radicales son los que pretenden imponer en las escuelas esta clase de educación unos educando todos estos temas inmorales y libertinos que acabo de decir, mas, junto con la enseñanza insensata de, enseñar a la gente en, defender ante todo sus derechos, pero sin incluir las obligaciones, porque debieran de saber que, antes de recolectar hay que sembrar, y las feministas radicales que, prefieren imponer la educación en los críos sobre el sexo, y que los hijos no pertenecen a los padres y una serie mas de barbaridades que he ido anotando en este escrito; es por todo y mucho mas que, insisto en que esta sociedad de ahora no se parece en nada a la recién nacida sociedad de la transición, de hace ya mas de 40 años, cuando se turnaban gobernando el partido socialista o el partido popular, incluido el partido comunista que al igual que en el resto de Europa cada vez iba a menos hasta el extremo que, hasta en la misma Rusia también llegó su transición con Gorbachov, pero en lo que respecta a España, con la llegada a la escena política hace unos años de estos nuevos revolucionarios discípulos descendientes del viejo comunismo y su política anti sistema, que con su fanatismo político como religión aprovechándose de la poca cultura en España de una mui buena parte de la población, contaminaron a gran parte de la población Española, y con el odio heredado ancestral la emprendieron contra los dos partidos que se iban gobernando el socialista y el PP, acusándolos de ser la casta y con la semilla envenenada que iban sembrando, abrieron la herida de las dos Españas, herida que ya había cicatrizado a raíz de la transición; poco después apareció en la escena política el arrogante chulesco fullero embustero como nuevo secretario general del partido socialista, este ambicioso de poder hijo bastado y renegado del partido socialista moderado, y como su única y sola ambición era poder llegar a gobernar, se buscó como compañero de viaje al líder de los nuevos revolucionarios comunistas, el supuesto socialista que paso a paso y urdiendo su estrategia, y como ambos dos grupos odian a la derecha, para poder vencerla en las urnas o, como fuera se buscaron como socios también, a los que también odiaban a la derecha o sea, a los separatistas catalanes y Vascos, y como este fullero ambicioso carecía y carece de escrúpulos, también buscó mas apoyos en el grupo Vasco amigo y defensor de los terroristas, contando con todos esos apoyos de indeseables, le ganaron en una moción de censura a Mariano Rajoy del partido popular que estaba gobernando, y el ambicioso fullero sin escrúpulos de la manera mas sucia y rastrera se cumplió su gran y ambicioso deseo, y llegó al poder.

Y mientras ocurría todo lo que ha ocurrido en toda la legislatura incluido los ataques y las ofensas contra el partido popular acusándolo de fascista, y atacando y ofendiendo a la corona prendiendo fuego a las fotos del Rey y a la bandera Española, y haciéndole favores a los que odian a España y pretenden romperla y dividirla mientras todo esto ha ocurrido, y sigue ocurriendo, ¿Qué hace y donde está la parte de la población Española, moderada y sensata? Es que acaso esta parte de la sociedad, ya no siente nada, está, acaso aletargada se ha vuelto cómoda y pasota, y nada le afecta; en nuestro País España con nuestra experiencia histórica reciente al igual que en Europa sea aprendido a que cuando en cualquier País Europeo por el motivo que sea está en peligro la paz y la convivencia, o mismo como en España las amenazas de querer dividir el País, ya no se soluciona con revoluciones ni con la violencia de ninguna clase ni con falso y amenazador dialogo que emplean los separatistas, pues la paz, la harmonía y la estabilidad se soluciona practicando al pie de la letra lo que manda la constitución y todo aquel que no la cumpla tendrá que atenerse a las consecuencias, y cumplir lo que haya impuesto la ley, y sin derecho a indulto alguno, pero este presidente d gobierno, cegado por su ambición de poder, y contando aun con el favor y los apoyos de los grupos de indeseables que lo han estado apoyando, está empeñado en poder seguir gobernando con su falta de escrúpulos sin honor ni dignidad que posible mente nunca los haya tenido, y mismo si está haciendo mucho daño y avergonzando a su partido, al igual que al resto de la España mas sensata; y sobre sus defensores y admiradores y simpatizantes que están de su arte y lo votan demuestran al igual que el que, también a parte de insensatos también carecen de honor ni dignidad, y por lo tanto al igual que a su líder y consentirle todos los favoritismos que les está concediendo a todos esos que pretenden romper España, de muestran también al igual que su líder no se les puede considerar, ni sensatos, ni cívicos ni cultos, ni de responsables ni racionales. Junto a todo esto, también no dejo de preguntarme el que, adonde está también el honor y la dignidad del resto de la ciudadanía Española, que parece que nada le importa de todo lo que está pasando en nuestro país, ya que está consintiendo todos los atropellos insultos y ofensas por parte de los comunistas y los separatistas contra el pueblo Español y contra la Monarquía que lo mejor que nunca ha habido en España; y es que parece ser que la parte de la ciudadanía sensata está dormida, y aletargada, o es que sea hecho pasota, y pasa de todo, pues hay demasiados motivos para manifestarse una y otra vez pacifica mente, pero que se oigan las protestas contra toda esa gente que desde que aparecieron y están gobernando han sembrado una epidemia maligna infecciosa y que tato daño está causando, y no sigo, porque me da la impresión de que me estoy repitiendo demasiado, pero lo hago, para que el futuro posible lector de este libro no se le olvide y lo tenga siempre bien en cuenta.

Aparte de todo esto, quiero añadir un apunte mas, que está relacionado con la justicia. Yo ya lo he dejado anotado en estos escritos, y según mi libre pensamiento, la fe y la esperanza del hombre ante todo, hay que ponerlas en la justicia y en los médicos, pues son las dos principales entidades que nunca a da fallarle a la población, pero en estos tiempos que estamos viviendo yo esto viendo que la justicia en muchos aspectos le esta fallando a la población Española; yo siempre he pensado que, sobre y por encima de la justicia no ha de haber nadie, ni el presidente del gobierno, ni el Rey, ni el papa de Roma, pues la palabra justicia ha de ser lo máximo en nuestra sociedad, y en cualquier sociedad; como también siempre he pensado que, los jueces siempre han de ser neutrales, y no se deben dejar influenciar por ninguna ideología política ni ninguna religión, sobre todo a la hora de juzgar y de condenar; pues con las cosas que están pasado ultima mente da la impresión de que, la justicia Española está aletargada como la mayor parte de la población, y se está dejando llevar irresponsable mente a ser, sierva de este gobierno; de hecho, ya lo dijo el presidente del gobierno una vez en un programa televisivo que, era el que mandaba en la justicia, y además de que con todo lo que está pasando la justicia no lea plantado cara a este gobierno un tanto déspota, y demasiado irresponsable e incompetente para guiar nuestro País por el buen camino. En España están ocurriendo muchos atropellos y muchas injusticias que la justicia tienen la obligación de subsanarlos y evitarlos sin la intervención del gobierno pues en todo lo relacionado con la justicia no tiene que intervenir para nada ningún gobierno pues si el gobierno es un incompetente y mal gestor por el bien general, la justicia cuando es incompetente y mala gestora por no imponer su condición como justicia, es mas grave aún de que lo que hace el gobierno.

Acabo de anotar algo mas atrás en este escrito que, contra esta plaga infecciosa, maligna y contaminante no poseemos el antídoto, porque esta clase de plaga provocada por gente maligna no hay antídoto con ninguna medicina, pero si hay antídoto y remedio, y lo posee, la sociedad empezando por la justicia, ya que en las manos de la justicia está impedir las injusticias, pues empezando por algo que apenas si se le da importancia ya que no le afecta al que puede evitarlo, como por ejemplo el gran problema que sufre la familia que de pronto unos ocupas se apoderan de su casa una propiedad privada a la que no tienen ningún derecho y los jueces permiten que, esa familia siendo la propietaria se encuentre en la calle con los graves problemas que eso acarrea, la política es la política, y la justicia es la justicia, y en estos descarados e injustos casos los ayuntamientos y los gobiernos no hacen nada por evitarlo, y al no ser justo, la justicia ha de ser la primera en intervenir y desalojar a los ocupantes en 24 horas antes de que destrocen la vivienda que no es suya, pues la gente o sea los propietarios, no tiene por qué pulgar una injusticia que no se merecen; pero sigamos denunciando otros muchos mas casos en los que la justicia Española no está demostrando la responsabilidad que le corresponde en tantos casos que están sucediendo en nuestro País.

Estaremos de acuerdo en que, los delincuentes en todos los casos que sean han de ser, juzgados y condenados por los jueces. Atentar contra la Constitución y sus normas los jueces lo condenan, y esa condena impuesta por la justicia, nadie, ni el gobierno ni el Rey tienen derecho a contradecir lo impuesto por la justicia ni indultando y sin amnistiando lo que impuso la justicia; por otra parte, los jueces no han de permanecer callados y no mover ni un dedo cuando las feministas insensatas radicales los acusan de machistas por no hacer algunas condenas al gusto y deseo de ellas. Si la gran mayoría de la sociedad Española no tuviera tan bajo grado de mentalidad ni tan pobre en cultura general, e incluso tan insensata e irresponsable en todas sus obligaciones, se unirían en masa y en protesta en contra de tanta inmoralidad que sea asentado y produciendo en nuestro país tanto en gran parte de la población, y sobre todo en este gobierno nocivo y perjudicial para la nación, nuestra Nación que, está vendiendo por lotes a los separatistas que pretenden romperla y que por culpa de este gobierno cada vez, se acercan mas a ello mientras que la parte de la población sensata y moderada que muy a menudo se manifiesta y protesta por cosas mucho menos importantes, y esta que es muy grave no hacen ni puto caso, mientras que, estos grupos políticos nocivos y desestabilizadores, como los socialistas de este gobierno junto con los comunistas rencorosos e insensatos y los separatistas que su finalidad es romper España incluido el grupo Vasco que también odia a España y ellos, los amigos y defensores de los terroristas, mismos lo ratificaron cuando en el congreso de los diputados desde la tribuna dijeron con mucha mala leche, a nosotros España nos importa una mierda; todos los Españoles de bien, estamos en sus manos y nuestra gobernabilidad depende de ellos, por culpa de este presidente socialista en funciones que les ha vendido España tan sola mente por el placer de, haber gobernado y de seguir gobernando; es que acaso no se da cuenta la gente moderada y sensata de nuestro País que, lo que está ocurriendo en España es imposible que ocurra en un País civilizado y de que estas cosas tan sola mente ocurren en los Países sud desarrollados tercer mundistas Pero por si todo esto fuera poco, también tenemos la maligna plaga de las feministas radicales con su doctrina de la inmoralidad que ponen como defensa de ellas lo de la violencia machista, cuando en la mayoría de los casos, son ellas las que lo provocan, y lo vuelvo a repetir, la gran inmensa de los hombres no son mal tratadores por capricho, sino por algún motivo que le hace perder la cabeza, lo mismo que ninguna mujer que acomete contra su hombre marido o pareja, tampoco, lo hace por capricho. Es por todo esto que insisto, todos estos grupos nocivos y malignos que vengo denunciando en este escrito, debido a su insensatez y fanatismo, debido a ese fanatismo irracional, tan solo ven la paja en el ojo ajeno, pero no ven la viga en el suyo; y digo todo esto, yo como persona de a pie sin compromiso con ninguna ideología política, ni religiosa ni sectarita, porque para todos estos grupos que acabo de enumerar, según ellos y ellas, la plaga mas maligna y peligrosa que hay en España es, el partido de la extrema derecha de BOX, box palabra que no sé lo que significa; pero este partido que es legal al igual que todos los demás, aunque sin embargo hay una gran diferencia, y la gran diferencia con respecto a los otros partidos es que box ante todo, ama y defiende a España, a la unión de España, y a la corona al igual que la gran mayoría de la población Española y no atenta contra nuestra Constitución, y defiende la transición; cosas todas estas que, no aprueban, ni quieren ni respetan todos los otros demás grupos que, todos ellos juntos los que han provocado, la gran epidemia nociva y maligna que ha infectado a la población Española, epidemia cuyo antídoto como ya dije, no tiene remedio con la ciencia médica, pero que si lo tiene el remedio y el antídoto contra esa peligrosa epidemia justo con la unión y colaboración de, nuestra sociedad sensata y moderada, cívica y racional; uniendo sus votos, y con ello impidiendo que, se queden cortos, todos esos grupos radicales fanáticos insensatos, desestabilizadores e irracionales, ya que en un País Democrático y civilizado no hay lugar para los que atentan contra la Constitución, y pretenden romper España, ni para el gobierno que lo permite tan silo por el mero hecho de poder seguir gobernando quedando en deuda con los separatistas, y dejando a España ultrajada, y todo esto, ningún Español de buena fe, lo debe tolerar.

Estoy a tope de mis castigados nervios y cerebro que, tanto me están castigando y torturando, a causa de tanta vergüenza que estoy sintiendo a ver esta degradante y humillante y vergonzosa situación que, nuestro País está sufriendo con estas continuas estampas surrealistas producidas por todos estos grupos que han creado y expandido esta epidemia maligna que está envenenando a una buena parte de la sociedad Española; esta parte de nuestra sociedad insensata, ignorante que se deja llevar por un puñado de líderes que están desestabilizando nuestro sistema de vida Occidental e intentando romper y crear enfrentamientos entre las distintas regiones españolas, unos por ambiciones pura mente ambiciosas y sedientas de poder, otros por Nacionalismos medievales, y otros por, y en nombre de ideología retrograda comunista, que ya fracasó en todo Occidente. ¿Por qué tanta gente apoya a este presidente socialista rebelde socialista? Yo he llegado hace tiempo a la conclusión, de que toda esta gente de las izquierdas junto con los separatistas guardan aún mucho odio y rencor contra las derechas por haber sido vencidos en la guerra civil Española de hace ya mas de ochenta años, y sin querer ver que los culpables de la guerra fueron tanto las derechas como las izquierdas; pero todo aquello ce zanjó, cuando a la muerte del Dictador con ello, llego la transición hace ya mas de cuarenta años, en donde izquierdas y derechas se dieron la mano, y a causa de esa transición pacífica y civilizada comenzó en España una nueva etapa de su historia intercalándose en el gobierno, tanto las izquierdas como las derechas, ambas dos moderadas, a continuación, en el año 1981 hubo una intentona de golpe de estado protagonizado por un grupo de la guardia civil y de ejército que fue fallido gracias al Rey que unió aún mas a las derechas y las izquierdas; todo ha ido bien en nuestro País, hasta que hace unos años como ya he dicho, aparecieron en la escena política los nuevos comunistas revolucionarios que contaminaron España con, doctrina populista envenenada que, arrastró con ellos, a mucha gente ignorante de la realidad de la historia; e incluso con doctrina populista revolucionaria, en plena Democracia como vándalos salvajes intentaron asaltar el templo del pueblo, o sea, el congreso de los diputados. Poco tiempo después, apreció en la escena política un nuevo líder de los socialistas ese fullero bastardo de los socialistas que hoy es, el presidente del gobierno en funciones de ahora, a finales de Septiembre de 2023. Todos estos últimos años desde la aparición de estos jóvenes comunistas revolucionaros predicando una quimera con un credo populista contra nuestro sistema Occidental, y después la aparición de otro líder de los socialistas capaz de venderle su alma al diablo por alcanzar su máxima ambición que era y sigue siendo alcanzar, y seguir en el poder; pues por culpa de estos insensatos mas los sus socios los separatistas que pretenden ir para atrás dividiendo España como en la edad media, sin importarles nada el mal que le están haciendo a España además de estar provocando la división y el odio entre la población Española; todo esto que está sucediendo me tiene enfermo de los nervios, y me siento impotente por no poder hacer nada por evitarlo, así que mi pequeño consuelo es denunciar en mis escritos para que los posibles futuros lectores sepan algo mas sobre este actual capítulo de nuestra historia sobre las primeras décadas del siglo XXI, y mientras tanto yo me pregunto, ¿cómo es que haya tanta gente que apoya y vota a toda esta gentuza que, tanto daño le está haciendo a España y a nuestra sociedad. Ahora en estos primeros días de Otoño de 2023 con el gobierno en funciones, se está librando la gran batalla entre las izquierdas y las derechas mas los separatistas, por ver que van a ser quienes van a con él; y lo sigue repitiendo muy convencido, porque como ya he dicho en varias ocasiones, al ser por norma genética tan fullero, juegan con trampas, y por lo tanto con ventaja, ya que él, tampoco podía ni puede formar gobierno, por tener muchos votos menos que el partido popular ni juntando los votos socialistas con los votos de todos los demás partidos de las izquierdas comunistas; pero a pesar de esto, siempre le queda la baza de los grupos separatistas tanto

Catalanes y Vascos, mas los del grupo Vasco amigo y defensor de los terroristas, o sea, todos los mismos grupos que lo apoyaron 4 años atrás, para hacerse presidente a precios muy altos y que aún no los ha pagado todos y sigue en deuda; y ahora estos socialistas y sus socios comunistas de coalición y que están en la misma situación que hace 4 años y pico, siguen dependiendo para poder seguir gobernando dependen de los grupos separatistas, y lo que estén tramando entre todos ellos lo hacen en secreto cuando el pueblo tiene el derecho a saber qué clase de cosas se están prometiendo entre los unos y los otros, aunque algunos rumores comentan que, el trato ya está hecho, y posible mente por esto, el fullero presidente en funciones repite tan ufano y seguro que él va a seguir gobernando; aunque estas afirmaciones no casan con lo que siguen exigiendo los líderes separatistas que no se conforman con la amnistía a los que llevaron a cabo a sedición de hace seis años, ya que también exigen un referéndum en Cataluña, y no sé cuántas cosas mas hasta llegar a conseguir, la total separación de España y proclamar la Republica Catalana, a la que nunca van a renunciar; mientras por parte del presidente socialista fullero en funciones, no para de repetir que, no concederá nada que esté fuera de la Constitución, así pues, aun hemos de esperar a que saque cuando le toque, otro nuevo AS de la manga haciendo honor a su estilo de, tramposo embustero fullero. Este presidente de gobierno en funciones y sus ministros y ministras, dicen cada día por la televisión que, todos los tratos con los separatistas siempre serán dentro de la Constitución; mientras que por su parte el prófugo líder de los separatistas nos dice a todos que, los tratos se hacen como en los bancos, y que para cualquier ayuda o préstamo por parte del cliente, las condiciones las pone el banquero; y en el caso que nos ocupa, el cliente solicita el préstamo, es el fullero socialista, y el que pone las condiciones es el, prófugo desde Bélgica huido de la justicia Española, o sea, el que tiene la sartén por el mango y a pesar de ser un prófugo de él depende que el fullero pueda volver a seguir siendo presidente o no, así pues el banquero o prestamista del que depende el fullero para poder seguir gobernando o no, ha dicho que, antes de empezar a conceder el préstamo, el presidente fullero debe entregarle antes de nada y por escrito la amnistía a todos los implicados en aquella especie de golpe de Estado de hace seis años que son unos 80 incluidos también en la amnistía el líder prófugo y los que están con él en Bélgica, y después dela amnistía seguirán hablando y exigiendo. Después de estas condiciones y exigencias del prófugo, separatista, veremos si el presidente fullero y sus ministros y ministras, siguen diciendo que, ¿no se tratará nada que pueda estar fuera de la Constitución? Cuando la verdad es que, muchas de las cosas que están haciendo unas a las espaldas del pueblo y mismo otras en público, están fuera de la constitución; pero veamos. Todas las izquierdas y los demás partidos que apoyan a este fullero socialista le niegan al partido popular los cuatro apoyos que le faltan para poder este formar gobierno, con el argumento y la excusa de que el partido popular esta aliado con el partido de la extrema derecha ya que para todos esos grupos este partido de la extrema derecha es, una maldición y un gran peligro para España, mismo sabiendo todos esos partidos que, este partido de la extrema derecha es un firme defensor de los buenos valores que se están perdiendo en España, que aprueba y defiende la Monarquía y la Constitución, y que defiende la unidad de España, cosas que no aprueban todos los demás partidos, y que el partido socialista del gobierno, peca de contradicción, porque en la letra, también aprueba la Constitución y la gobernando dicen Fender la unidad de España, pero sin embargo por el mero hecho de poder seguir gobernando se asocia con todos esos partidos que poco les importa la unidad de España, y busca como apoyo y aliados a los separatistas que pretenden romper nuestro País la gran España; y mientras siguen acusando al partido de la extrema derecha de una maldición y un grave peligro para España, cuando la verdad es todo lo contrario, porque como vengo denunciando basándome en las cosas que vengo observando cometidas por todos esos grupos de las izquierdas y los separatistas, los la plaga contaminante infecciosa y maligna, son todos ellos y ellas, y como fanáticos insensatos e irracionales que son, tan solo ven la pala en el ojo ajeno, pero no la viga en el suyo.

Esta primera semana de Octubre, el principal tema en la política es, la palabra amnistía, en favor de los separatistas implicados en el golpe de Estado de 2017 y de su jefe el prófugo huido de la justicia Española; todos los insensatos e insensatas de las izquierdas Española, se muestran en favor de esa amnistía como si el delito de todos estos separatistas fuera un simple hurto en un huerto de manzanas; el fullero presidente del gobierno en funciones no ha pronunciado aún la palabra amnistía, y en todos sus discursos esa palabra la está disfrazando con otra palabras técnicas que casi nadie conocemos pero que si entendemos que significa amnistía; mientras que por el otro lado, los líderes separatistas son mucho mas claros y dicen que, lo de la amnistía es segura, y agregan también que están seguros de que después de la amnistía llegara el turno al referéndum en Cataluña, y que no pararan, hasta que no consigan sacar fuera de Cataluña a España y proclamar la Republica Catalana; y mientras ellos no paran de proclamar esta insensata amenaza el fullero presidente en funciones no para de repetir que, en los cuatro años que ha gobernado entre Cataluña y o, con el resto de España sea establecido mucho mas la armonía el entendimiento y la concordia, pero se le olvida decir como siempre la realidad, y la realidad contradice todas las mentiras que nos cuenta este fulleros e indigno presidente que casi nada de todo lo que dice no es digno de crédito, porque no es digno de crédito desde el momento en que empujado por su gran ambición busco y buscó alianzas con quienes pretenden romper España, y con los que son los amigos y defensores de los terroristas y que con esa acción no sola mente perdió la credibilidad, sino que también perdió la dignidad y el honor que debe tener todo hombre de bien.

Dentro de unos días nos enteraremos si hay amnistía o no, si no la hay habrá nuevas elecciones, pero si la hay es porque de nuevo este fullero a humillado de huevo a España poniéndola en manos de quienes la quieren dividir y romperla por simple ambición personal que repito, nada le importa España ni los Españoles porque por mucho que cacaree que ha hecho muchas buenas, y si es que las ha hecho, no las ha hecho ni por España ni por los españoles, pues tan sola mente las ha hecho por saciar su ego y su gran ambición con sus exhibiciones vanidosas Nacionales y por el extranjero con su avión particular y codeándose con todas las grandes personalidades Mundiales que es lo que le va a quedar para la vejez esas fotos y esos recuerdos y el a veces haber sido anfitrión, pero en lo que respecta a lo principal como en el haber sido buen gestos y buen político competente sensato con sentido común a la hora de entregarse por completo a gobernar para la igualdad y la unidad en todas las regiones de España olvidándose de las ambiciones personales, de eso nunca podrá presumir y será para siempre la mancha negra en su currículum político. Y volviendo al tema de la amnistía, si en verdad fuera concedida como casi todo el mundo apunta, debo decir una cosa, si todos los separatistas que cometieron graves delitos y encima continúan diciendo que lo seguirán haciendo fueran amnistiados; todos los delincuentes que están en las cárceles que no tienen intención de romper España y no tienen delitos de sangre, tienen todo el derecho a reclamar a ser también amnistiados.

Así las cosas, con este ovillo de la política mui enredado hasta dentro de unos días o unas semanas a pesar de que el presidente fullero presume de que todo está controlado y acordado, pronto será de nuevo presidente del gobierno de España, y en las mismas condiciones que hasta ahora, en lo que respecta a la población Española, el ovillo de la madeja, seguirá aun, demasiado seguirá sin ser desenrollado, y con el mismo embrollo; hasta que no se sabe cuánto tiempo puede llegar un día que, algunos políticos mas sensatos y con sentido común, mas competentes y mas responsables, desenreden la madeja, y empezando por la punta tricoten una pieza a medida de, todas las regiones de España, y sin ninguna clase de privilegios y favores a ninguna región mas que a otras, y para que las próximas generaciones y partiendo de ya; para que ya de una vez, nuestra sociedad sea mas culta y civilizada hay que empezar ya desde la escuela a educar en el mismo sistema de estudios en todas las regiones y escuelas de España, y sin jamás adoctrinar en ninguna ideología, ni política ni religiosa y mucho menos separatista. En las escuelas ante todo, hay que educar, en la disciplina, el orden, y el respeto, las obligaciones y la responsabilidad; y sobre la religión muy acogida por tantos millones de gente, al formar parte de la libertad, ha de ser privada de cada persona, pero no en las escuelas; la prioridad en una ciudadanía culta y civilizada no debe dejar ni consentir nada que atente contra la estabilidad, pues en el derecho a la libertad, no cabe todo. Si estas necesarias normas cívicas se hubieran impuesto en las escuelas y a continuación en los institutos desde el mismo momento de la transición y la llegada de la Democracia, nuestra sociedad de ahora sería mucho mejor sociedad en todos los sentidos; pero volvamos de nuevo a las andanzas de este fullero presidente en funciones de este gobierno incompetente, mal gestor y sucio, por gestionar sucia mente y sin la mínima moral la gestión y la gobernabilidad de España, y que para colmo y con tal de poder seguir gobernando, se arrastra ante un líder separatista prófugo de la justicia Española.

Este fullero presidente en funciones, no cesa de repetir que, será de nuevo elegido, para otra nueva legislatura de otros cuatro años, y lo dice muy convencido, mismo si aún no está todo el pescado vendido, o si?, y si lo dice muy convencido, posible mente, como es tan fullero, aun pudiera ser que tuviera otro AS en la manga, o el pacto secreto ya garantizado, ¿a saber a qué precio,? Y mismo a pesar de que él siempre dice que, todos los acuerdos con los separatistas ha de estar, dentro de la Constitución,? Aunque por otra parte, todos los líderes separatistas, no paran de decir en los medios que, para apoyar al fullero para que de nuevo sea presidente a, subido el precio, y mismo con esta nueva amenaza por parte del prófugo del que todo depende, y mismo así, el fullero presidente en un mitin en Sevilla acaba de decir que, él va a ser el presidente del gobierno de España para la próxima legislatura; así pues entre el uno y el otro, tengo la impresión y me temo que, nos están tomando el pelo a la ciudadanía.

Como decía, el presidente del gobierno en funciones muy seguro de sí mismo, nos dice desde Sevilla que, va a seguir gobernando en un gobierno progresista por el bien de España, por lo tanto, y después de oír las versiones de ambos líderes, las del prófugo y el fullero, me da la impresión de que se están riendo y mofando de la ciudadanía española; pues no debemos de olvidar que, el prófugo líder separatista ya dijo que el negocio que llevan entre el fullero y el, es igual que el negocio que se hace entre la persona que va al banco a solicitar un préstamo, y el banco es quien pone las condiciones; y al ser así, el fullero presidente es el que pide el préstamo, y al estar este, en inferioridad de condiciones al verse en la necesidad de pedir ese o incluso suplicar ese préstamo empujado por su gran ambición de poder seguir gobernando y sin importarle nada su falta de honor y dignidad; se sigue arrastrando de nuevo, a cambio de precios siempre en favor de sus acreedores, que lo son, el grupo Vasco amigos y defensores de los terroristas, y mismo sabiendo el fullero indigno del mínimo respeto que, la porta voz de este grupo, desde lo alto del pupitre del congreso de los diputados que, a ellos, España les importaba una mierda, y el fullero presidente oye esto, y ni se inmuta y no se molesta en llamarles la atención sobre sus ofensivas palabras contra España, y no sola mente eso, sino que encima al carecer de honor ni dignidad les sigue pidiendo su apoyo para que el pueda seguir gobernando, al igual que con el prófugo separatista el fullero indigno del mínimo respeto, se arrastra como un gusano implorándole su apoyo, en vez de dedicarse a hacer todo lo posible para que pueda ser extraditado a España para ser juzgado por la justicia Española pero en vez de eso, el fullero presidente sigue implorando el apoyo del prófugo, mismo sabiendo que este sigue predicando y entregado a la insensata causa de, separarse de España, y proclamar la republica Catalana. Este fullero presidente sin honor ni dignidad, que se arrastra ante esta clase de gente; y digo se arrastra, porque como es bien sabido, cuando hay negocios o problemas a tratar entre el presidente del gobierno y cualquier otro presidente de cualquier comunidad automa, lo normal es que, el presidente de tal o cual comunidad se desplace hasta la sede del presidente, pero en este caso de los amigos de los terroristas, como en el caso del prófugo, ha sido el gobierno, el que se rebaja y, sea trasladado a las sedes de estos grupos enemigos de España. Todos los ministros y ministras del gobierno repiten a menudo que, los problemas se solucionan llegando a acuerdos dialogando, pero esta política y acuerdos con estos grupos malignos do es dialogo, esto es, simple mente arrastrarse implorando apoyos a toda esta gente maligna a cambio de ventajas y facilidades que atentan contra España, así pues repito, ¿después de estas lamentables y vergonzosas negociaciones y acciones, es acaso digno de mérito y de gobernante, para que este fullero presidente pueda seguir gobernando en España.

A todo esto, también hay que agregar el papel que está jugando en la política Española, esta meiga Gallega vice presidenta del gobierno, y líder del grupo comunista de (sumar) que con su política radical y utópica, también va este que ella lo apoya en sus demandas pro Catalanas. ¿Pero porque esta joven meiga tan zalamera y melosa y pelota, va ofreciéndose ella y sus seguidores y seguidoras en favor del prófugo y del fulero presidente socialista? Pues sencilla mente, porque como vicepresidente también en funciones de este gobierno de coalición, al formar parte ella de este gobierno que al no estar el pacto concretado todavía hay la posibilidad de que pueda fracasar; y si esto ocurriera y tuvieran que celebrase nuevas elecciones, ella pasaría de vice presidenta de nuevo a la nada, como ya le ocurrió al partido de (ciudadanos,) y le está ocurriendo al partido de (podemos); así pues, esta zalamera besucona pelota tanto del presidente del gobierno en funciones como del prófugo de quien depende que esta gente pueda seguir gobernando, o no, tanto el presidente como la besucona meiga gallega para poder seguir en la cima del poder, se arrastran los dos como gusanos ante los pies del prófugo, implorándole su apoyo para poder seguir gobernando, aunque sea a costa del honor y la dignidad. Por cierto que un famoso presentador de televisión en su programa de la tarde, confirmo lo que yo pienso sobre la mentalidad tan nociva y perjudicial de la sociedad de estas últimas generaciones, pues en un momento dado con uno de los invitados salió a colar la palabra honor y dignidad, y el director del programa llamado Risto Megide, de mas de 50 años de edad dijo mui seguro de sí mismo; las palabras honor y dignidad no sirve de nadan pues son palabras de la edad media; cuando una sociedad echan fuera de su mentalidad y su uso de las palabras honor y dignidad, es una sociedad en decadencia y por lo tanto, incívica e irracional por lo tanto nada bueno se puede esperar de una sociedad que, desecha la sensatez y las buenas maneras y se apropia asumiendo para su cultura palabras, actos, y hechos nocivos y perjudiciales, y todo esto repito por, no haber aprendido desde pequeños en la escuela esta asignatura tan esencial que vengo diciendo, como lo es, la disciplina, el orden y el respeto que nos llevan a la responsabilidad, tan sol añadir en este apartado que, entre tantas otras cosas malas que se están haciendo mucho daño en muchos sentidos a nuestra sociedad y que forma parte de esta mentalidad de ahora, otro de los ejemplos es que, en los hogares Españoles, hay mas perros que niños, y esto también además de anti natural es, insensato e irracional; pero volvamos a donde estábamos. Esta besucona zalamera y meiga Gallega li der del partido de (sumar), con el están coaligados varios partidos mas, esta líder de tendencia comunista y hoy vice presidenta del gobierno en funciones, a vasa de sus zalamerías y peloteos, en muy poco tiempo ha subido a lo mas alto del gobierno, y en estos momentos está tan sola mente centrada en hacer todo lo posible para intentar que, el prófugo desde Bélgica le dé su apoyo al fullero, para así ella poder seguir siendo la vice presidenta, ya que sin el apoyo del prófugo habrá nuevas elecciones y tanto el partido socialista y el suyo tendrán que ir cada uno por su lado, y en esa situación ella ya no podrá seguir siendo la vice presidenta del gobierno, y ni tan siquiera seria jefa de la oposición; y de llegar un día como ya se comentó que ella sería la primera mujer que llegaría a ser la presidenta del gobierno de España, todo quedaría en agua de borrajas, y su gozo en un poza, y se rompió el cántaro de la lechera del cuento, y como ya he dicho, al estar el cántaro roto, adiós a sus sueños, y terminará en su hermosa Galicia sembrando grelos, que eso, es mas honrado y honesto que la política que esta haciendo ahora como lideresa de los derechos laborales sin la experiencia de no haber trabajado nunca en un taller ni en ninguna fabrica y por lo tanto ignora por completo la complejidad del mundo laboral, y de ahí, que tan solo predique, el populismo, la demagogia y la utopía quimérica; pues en el mundo avanzado y competitivo moderno y civilizado, no cabe, este comunismo falso e interesado predicando falsa mente la igualdad entre todos con su populismo demagógico y utópico, pues ya no es tiempo de dictaduras de ninguna clase cuyos líderes de todas ellas tanto las de las derechas como las de las izquierdas su filosofía y constitución es, que ellos y sus gobiernos son los únicos capacitados para saber gobernar a los pueblos empezando por ser la única empresa y empresas de todos los sectores como únicos dueños gestores y controladores, negándoles la libertad de desarrollarse a todo empresario que desee ser autónomo; afortunada mente ese sistema que no permite la libertad de la autonomía en la población, hace ya mucho tiempo que desapareció del mundo Occidental.

Pero decía yo antes que iba a continuar, con las andanzas insensatas de, este fullero socialista descarriado, hoy presidente del gobierno de coalición en funciones, que según presume en sus intervenciones muy convencido y feliz, de que está seguro de que va a seguir siendo presidente del gobierno; y si lo dice tan convencido, es porque y aun sin mostrar su penúltima carta que siempre tiene reservada bajo la manga, es porque el pacto en el que también va incluido la amnistía exigida, o mas bien impuesta por el prófugo separatista, es porque ya hace tiempo que está acordado y el fullero haciendo honor a este nombre ya lo sabía de hace tiempo y no ha tenido el valor de hombre a hacérselo saber al pueblo pero, así, es el cobarde tramposo y embustero si honor ni dignidad; y como él es así de cobarde y fullero no se atreve a decir en público que, el prófugo que lo tiene cogido por los huevos, le ha dicho que, el precio por sus apoyos ha subido; y mismo así, este fullero presidente en funciones después de haber dicho cien veces que todos los tratos que haga con el fugitivo líder de los separatistas, todo ha de estar, dentro de la Constitución, cuando todos estamos viendo que, ya en varios hechos, sea pasado la Constitución por el forro. Pero sigamos, y veamos cómo están las cosas después de varias semanas rebajándose, y haciéndole la pelota al prófugo, para que este le preste los votos de los separatistas de los que depende para poder llegar de nuevo a ser presidente del gobierno ¿o, no; pues en estos últimos diez días, de este mes de Octubre de 2023, ya que parece ser, qué el prófugo y jefe de los separatistas está jugando con el fullero porque sabe que este depende de él, haciendo que se le atraganten esos apoyos que pueden salvar al fullero, porque el fullero hada presumiendo de que ya cuenta con los apoyos de todos los grupos; y hasta ahora si sabemos que tiene seguros los de (sumar) de la melosa zalamera, besucona comunista y líder de los comunistas, ahora ya divididos en varios grupos, sus hasta ahora socios del gobierno en funciones, aunque ahora aunque estén divididos los comunistas siguen pegados al fullero sobre todo para que en caso de ser elegido de nuevo presidente ellos y ellas poder seguir formando gobierno con él, en suma todo, por puro intereses personales de cada uno y una, y todos juntos unos y otros también sin honor ni dignidad también y sin la mínima moral, todos apoyan las demandas del prófugo separatista que su prioridad irrenunciable es romper España, pero a todos estos grupos de las izquierdas radicales al igual que al prófugo bien poco les importa, todo el mal que le están haciendo a España. Pero porque tanto interés por parte de toda esta gente de los grupos de las izquierdas radicales comunistas? Pues sencilla mente, porque si el fullero, por cualquier motivo, no lograra conseguir el apoyo del prófugo habrá que ir a nuevas elecciones, y por lo tanto, los mas perjudicados serían los socialistas que están gobernando, y detrás de ellos los partidos comunistas que hasta ahora, están gobernando con los socialistas, y se acabaría el chollo para estos ministros y ministras incordian tés, por incapacitadas e insensatas, además de populistas demagogas predicadores y predicadoras de la utopía; y junto con ellos y ellas también se irá, el fullero ambicioso, comerciante tratante tramposo, que aun después de bajarse tanto los pantalones y humillarse ante el prófugo, este líder separatista que también está medio loco, se le cruzaran los cables y no le prestara esos malditos siete votos al fullero, y que seria, lo mejor que le puede ocurrir a España; porque por muchos apoyos que este tenga de toda la gente que lo ha apoyado hasta ahora, este fullero socialista en sus cinco años de recorrido que está gobernando y que empujado por su gran ambición personal y su falta de sensatez y de escrúpulos como de honor y de dignidad a buscada los apoyos a precios mui altos con todos los grupos que desprecian y pretenden romper España. Este fullero tramposo embustero peligroso, según nos cuenta en sus intervenciones en público en los medios está mui convencido, de que tiene asegurada la próxima legislatura, pero mismo así se le nota que está de los nervios, pues no debe estar tan seguro porque el endiosado prófugo que se considera el presidente de la soñada Republica Catalana, no es de fiar, y pudiera suceder que, después de arrastrase y de humillarse el fullero ante el prófugo que hasta ahora y por culpa del fullero y aprovechándose del grado de fama y de poder que posee está humillando a España, y para mi yo creo que, tiene la intención de seguir humillándola aprovechándose de la ambición de la debilidad, la falta de ética y de pudor, junto con la falta de honor y de dignidad de este fullero socialista hoy aun, presidente del gobierno con el que el prófugo que se considera superior, y que está jugando con el fullero al gato y el ratón, y el gato es el prófugo, un prófugo delincuente que se tiene por tan importante, hasta el punto de que, no tan solo está jugando y doblegando al fullero presidente del gobierno, sino también, al Estado Español, e incluso también a la justicia Española. Y mismo a pesar de todo esto, el fullero presidente del gobierno, ayer sábado 28 de este mes de Octubre de este 2023, en una concentración mitin con todos los lame culos socialistas y los borregos ignorantes seguidores, en este mitin ha demostrado de nuevo, lo fullero y tramposo que es, y de no tener el mínimo honor ni dignidad, al anunciar que, en nombre y por el bien de España y de los españoles, además de por la concordia y de la estabilidad, va haber amnistía. Veamos, este fullero e irresponsable carente de la mínima ética y de la moral, tan solo pensado en él y su ambición de poder, dice que, en nombre de España y por el bien de España, por la concordia y la estabilidad; va a conceder la amnistía a todos los delincuentes golpistas separatistas catalanes, cuando la gran parte de la población Española, incluidos muchos socialistas estamos en contra de esa inmerecida amnistía en favor de quienes siguen empeñados y comprometidos con la insensata idea de separarse de España. Aparte de esto y para cuando se conceda la posible y prometida amnistía, como ya creo haber dicho en estas páginas, todos los presos y delincuentes que hay en las cárceles, y que no tengan delitos de sangre, también tienen derecho a ser amnistiados; haber lo que hace el fullero presidente del gobierno, si llegara a cumplirse esta injusta e inmerecida amnistía.

Llegados hasta aquí, y en estas incívicas circunstancias, quiero refrescar un poco la memoria sobre la historia de nuestro País España.

Desde tiempos inmemoriales. Nuestro gran y hermoso País es el gran País de la península ibérica, desde siempre nuestro País ha sido un gran caramelo para las hordas conquistadoras de otros pueblos lejanos; nuestra Iberia o Hispania, o Hispaniká como nos llaman los griegos. En este nuestro hermoso país de los Iberos, uno de los primeros pueblos que nos visitaron, fueron los fenicios, y después los griegos. Estos dos pueblos de navegantes, vinieron en son de paz, tan solo a negociar, después llegaron en plan bélico y con la intención de quedarse, los cartagineses; tanto los griegos como los cartagineses fundaron nuevas colonias en nuestra Iberia, después y en plan de conquista llegaron los romanos, lucharon contra los cartagineses los vencieron y los Romanos se hicieron los dueños de Hispania, pero como nada es eterno, las hordas bárbaras del centro t norte de Europa acabaron con el Imperio Romano, Hispania que do en manos de los Godos, Visigodos y demás tribus también invasoras, que acabaron con el Imperialismo Romano, estos llegaron ya convertidos al Cristianismo, y España dejo de ser una gran colonia Romana; a partir de los Godos empezaron a nacer los diversos reinos de España, todos Reinos Cristianos.

A finales del siglo séptimo el caramelo y Paraíso que era la península Ibérica ya España, nuestro País fue invadido por un nuevo pueblo con otra distinta religión, que dos siglos antes, o sea, en el siglo quinto que nació de un fundador Árabe llamado Mahoma, fundador como he dicho, del pueblo Mahometano este hombre fanático guerrero basándose en la religión de los Judíos y la religión Cristiana se inventó la religión mahometana y su Dios Alá, y al igual que el cristianismo que se impuso por la espada, igual ocurrió con la religión de Mahoma, el cual tenía como misión prioritaria convertir a todos los pueblos conquistados a su religión y en nombre de Alá. Este nuevo pueblo invasor conquistó a casi toda la península Ibérica, y su invasión y conquista duró 800 años, pero desde el principio de la invasión y conquista la España Cristiana no aceptó al pueblo invasor, y menos aún su religión pues el clero Español, no admitía la competencia de otra religión, por lo tanto gracias sobre todo a la religión Cristiana comenzó y acabó, triunfando la reconquista Española, que terminó en el siglo XVI con la conquista de granada por los Reyes católicos.

E hecho este pequeño recorrido de nuestra historia, a partir de ahí, todos los Reinos de España ya se habían unido, y nuestro País se convirtió en una sola Nación; una Nación con cincuenta provincias, que ahora y por el bien general son 17 comunidades autonómicas, con sus correspondientes gobiernos en cada comunidad y con sus correspondientes competencias cosa que por el bien general, antes jamás nuestro País ha podido disfrutar, y ahora en los tiempos que corren después de mas de 40 años que hemos estado disfrutando desde la transición, hace unos años apareció en la vida política un insensato ambicioso sin escrúpulos, sin honor ni dignidad, que tan solo por satisfacer su gran ambición de poder, que ha gobernado con trampas gracias a que sin ningún pudor ni ética ni dignidad buscó los apoyos en todos esos grupos de indeseables que desprecian la Monarquía atentan contra la Constitución, y que pretenden romper España, y que ahora después de cumplir la legislatura, y siempre guiado por su gran ambición, quiere seguir gobernando al precio que sea, y de nuevo se sigue arrastrando como un gusano y se rebaja de nuevo ante los delincuentes se pasatistas que siguen empeñados en su insensata idea fanática de querer romper España; veamos. Ayer martes 31 de octubre, la princesa Leonor cumplía la mayoría de edad a los 18 años, que se conmemoro en el congreso de los diputados en presencia de todas las fuerzas e instituciones del estado para celebrar el juramento a la Institución por parte de la princesa y posible futura próxima reina de España, a este acto tan importante y constitucional para España como es natural, además de todas las intuiciones también por respeto al Real acto también acudieron los presidentes representantes de las comunidades autónomas, excepto como no, de los representantes separatistas con su desprecio, esos que, al mismo tiempo, el fullero presidente en funciones se sigue arrastrando ante ellos, y ofreciéndoles de momento todo lo que ellos están demandando a cambio de sus apoyos, un desprecio asqueroso e insensato e injustificado que, no sentó nada bien en la gran mayoría de la población Española; también hay que anotar que, el acto institucional tampoco asistieron, ni los ministros ni ministras comunistas que forman parte del gobierno de coalición; para mi personal mente sigue demostrando que, con estos ejemplos se sigue demostrando que, sigue habiendo en nuestro País una gran parte de hombres y mujeres incivilizados y lo que es peor fanáticos irracionales de sus correspondientes ideologías desestabilizadoras, y por lo tanto nocivas para cualquier sociedad. Recordemos que este fullero presidente del gobierno en funciones, lleva diciendo desde hace meses que, no habría amnistía para los delincuentes separatistas, ni que se les concedería nada que estuviera fuera de la Constitución; pero como acabamos de oír y de ver en su propia jeta que es dura como el cemento, acaba de anunciar que, por el bien general de España y por la concordia entre los Españoles, va a haber amnistía, o sea, por el bien general de España y la concordia entre los Españoles, ¿pero cómo va a ver el bien general y concordia con gente que su prioridad irrenunciable es, intentar de nuevo separarse y romper España y proclamar la Republica Catalana? Y al mismo tiempo que el fullero nos daba la noticia de la aprobación de la amnistía mandaba a su tercero de abordo como negociador a, Bruselas en Bélgica a la sede del prófugo separatista también a arrastrase como un gusano ante el prófugo del que dependen, para poder seguir gobernando y sin importarles nada la dejadez y la humillación para España.

Por otra parte no sola mente todos esos grupos de indeseables atentan contra España pues también contribuyen a ello muchos periodistas; veamos. A raíz del día de la jura y el compromiso con la Constitución de la joven princesa, un famoso presentador de la televisión que se llama Risto mejido, dijo en su programa que, esto de la monarquía no sirve para nada, y que eso es cosa de la edad media; lo cual quiere decir que, la Monarquía del Reino unido, o la de Bélgica, como todas las monarquías Europeas que son muchas y todas ellas nos llevan 100 años de ventaja en todos los sentidos, ¿también están viviendo en la edad media?. Como sabemos en Europa hay mas Monarquías que Republicas, y ninguna Republica de Europa, es mejor que ninguna de estas monarquías.

Estos escritos míos sobre la España Real del uno al ocho, o sea este último el 8, y que será el último, en los que tratan de, crónica, opinión, y denuncia, pues en estos 8 libros y no por capricho vengo atacando y poniendo verde a este ambicioso sin escrúpulos, ni de ética, ni moral ni dignidad ge hombre, el fullero socialista y presidente del gobierno en funciones, y que el mismo se sigue retratando con lo firmado por el mismo ayer día 9 de noviembre y con lo cual, el mismo me daba la razón, en todo lo que yo tenía y sigo teniendo motivos mas que suficientes, para ensañarme contra él; porque como digo, ayer y como siempre sin escrúpulos, al final, y sobre todo por fin, para su tranquilidad, y su primordial deseo, ratificaron el pacto entre el fullero y el prófugo traidor el líder separatista Catalán; al que el ambicioso y también traidor, lea concedido la amnistía; con lo cual el prófugo junto con mas de 400 mas implicados en el golpe de Estado contra España de hace siete años, todos quedaran libres de todos sus delitos; y todo a cambio de 7 votos en favor del fullero, para que este, pueda seguir como presidente del gobierno de España, y sin importarle lo mas mínimo, a este traidor fullero que por satisfacer de nuevo su gran ambición de poder, a ultrajado y humillado a nuestro país al permitir que un prófugo delincuente huido de la justicia española sea premiado con lo que no se merece, siga riéndose de España, y declarando en público que, seguirá entregado a seguir su deber de separar a Cataluña del resto de España; y toda esta humillación y traición a España, por culpa de, este líder socialista ambicioso tramposo embustero, sin el mínimo pudor, ni ética ni pudor ni dignidad de hombre, que como ya he dicho en varias ocasiones, no le importa, ni España ni los españoles, ya que sola mente, con sus perversas acciones demuestra que, tan solo le importa el poder.

Por otra parte yo pienso en que este fullero presidente en funciones junto a sus socios comunistas de su gobierno, en que es, lo que tienen por cerebro, e incluidos todos aquellos y aquellas que los votan, pues los lideres tanto de un partido ideológico como el otro, de estos socialistas y comunistas es tan demostrando ser, malignos destructores y desestabilizadores, y sus votantes, por cómplices de estos líderes que siguen y defienden las normas de estos líderes no son merecedores de crédito alguno, pues todos y todas saben muy bien que, el líder con quienes están aliados o sea el socialista y presidente del gobierno, tanto el cómo sus ministros y ministras ha pregonado en mas de una vez que jamás se aprobaría un amnistía a el prófugo y los suyos porque eso no está en la constitución, por lo tanto y si todos y todas habéis aprobado y consentido esta amnistía en favor de unos enemigos de España y tienen como obligación insensata intentar de nuevo dividir nuestro país, vuestro cerebro no es racional; porque ninguna persona sensata y en su sano juicio cree que es mejor separar a los pueblos, y menos aún, de la misma Nación, pues por racionalidad civilizada es intentar unir a los pueblos y no separarlos, pues aquello de divide y vencerás, no es propio ni nada sensato ni bueno en estos tiempos, mismo por varios desencuentros que halla entre unos y otros. El fullero presidente y jefe de también de esos dos grupos de ideología comunista, este jefe y sus pupilos y pupilas todos dijeron que nunca habría amnistía para los delincuentes separatistas, pero primero su líder el ambicioso fullero por mantenerse en el sillón del poder, y después por todos los suyos, socialistas y comunistas por conservar sus sillones en el poder, faltaron a su palabra y concedieron la amnistía, eso no es, ni amar a tu país ni mejorar el país, eso es, de personas sin escrúpulos, personas faltas de ética ni moral, y sobre todo sin dignidad ni honor. Por cierto, y porque viene al caso, hablando de honor ni dignidad, por lo visto son cosas que se han perdido en España, pues el otro día en la tele el presentador de televisión el tal Risto Mejide el mismo también hace unos días dijo sobre la Monarquía que eso ya no vale, que eso es, cosa de la edad media, pues como digo hace unos días también dijo que la dignidad y el honor ya no se lleva pues eso son cosas de la edad media; menuda mentalidad esta de las dos últimas generaciones; pues una persona sobre todo el hombre sin honor ni dignidad no es un hombre pues un hombre es mucho mas, de los que se tienen por hombres en estos tiempos de ahora. Un poco mas atrás yo me preguntaba sobre qué clase de cerebro tiene esta gente de ahora sobre todo algunos líderes políticos y sus votantes sobre todo los de las izquierdas, y aparte de estos políticos también muchos periodistas que piensan como ellos, y yo, me imagino el porqué, y por lo tanto, pienso que sobre todo es, por su odio y rencor ancestral, contra la derecha; y el motivo es, porque la derecha Fascista ganó la guerra civil Española que acabó hace 48 años, estas izquierdas radicales de ahora y sobre todo estos nuevos comunistas han recibido de bisabuelos a abuelos, y de estos a sus hijos y de hijos a nietos, han pasado el rencor y el odio de la derrota de unos a otros, acusando a la derecha Fascista de Franco de todo lo peor, por todo los males, y los crímenes cometidos contra el pueblo; y esto, los de las izquierdas tienen toda la razón; pero al adoctrinar las izquierdas Republicanas a sus descendientes, pero los de las izquierdas Republicana supuestos defensores que luchaban por, y para el pueblo, tanto los de la guerra como los de ahora, se olvidan de decir que, las izquierdas ya antes del golpe de Estado de Franco líder de las derechas Fascista, los anti Fascistas las izquierdas ya hacían su guerra callejera provocando disturbios e incluso quemando las iglesias y asesinando a curas y monjas; como tampoco que las izquierdas, contaron a sus descendientes que, la Republica para quien luchaban también tuvo su gran parte de culpa que dio lugar a aquel golpe de estado que dio lugar a la guerra, entre los Españoles hermanos; ya que aquella, la segunda República en todos los sentidos fue una Republica incompetente y mal gestionada; y si perdió la guerra fue, aparte de lo ya dicho, sus fuerzas mismo con la ayuda de Nazi y de los Fascistas Italianos, las fuerzas de la Republica eran muy disciplinadas, pues cada bando, hacia la guerra por su cuenta, los soldados de la Republica hacían la guerra por su lado, los socialistas por otro, igual que los anarquistas, incluso los comunistas que luchaban por la Republica daba la impresión de que, defendían mas una Republica pro Rusa soviética, que, pro Española. Aparte de esto, la cosa esta clara, pues en nuestra guerra civil y entre hermanos, tan culpables fueron las derechas como las izquierdas; por lo tanto no es justo por parte de las izquierdas echarle toda la culpa a las derechas, y mucho menos ahora en estos tiempos que, nada tiene que ver la derecha del partido popular moderado y Constitucional con la derecha Fascista de Franco, y mucho menos aún, cuando de todo lo malo que está ocurriendo en nuestro País todo es por culpa de las izquierdas que están traicionando la transición, y la Constitución, y la Corona, aprobada por la gran mayoría de la población Española y por el contrario, las izquierdas siguen faltando a la Constitución cuando todas las izquierdas aprueban conceder la amnistía a los separatistas que pretenden romper España, y es por todo esto, y mucho mas que, yo acuso de las izquierdas de ahora sois una plaga nociva para España; pues vosotros los de las izquierdas tanto hombres como mujeres que habéis vuelto a traer de nuevo el rencor y el odio, también debido a, vuestra plaga nociva habéis vuelto a reabrir la herida que ya estaba cicatrizada desde hace mas de 40 años con la Transición y la concordia acordada entre todos los partidos de derechas y de izquierdas; y es una pena y aparte de un peligro que siendo esta joven gente de ahora tan estudiada y supuesta mente culta y preparada y civilizada y debido a su fanatismo ideológico ideología que por no acode a los tiempos ya fracasó, no quieran darse cuenta y sigan montados y predicando su credo utópico que tiene cabida en ninguna sociedad Occidental en estos tiempos, quizás en otros tiempos a causa de grandes catástrofes naturales en las que todos seamos iguales al tener que racionar igual para todos, ricos y pobres el pan y el agua algún día cuando que será necesario y obligado y que nadie de los que vivimos ahora en todo el Mundo estaremos para contarlo, mientras tanto, hagamos todos lo posible por tratar vivir la vida en, PAZ y harmonía; PAZ y armonía que veo muy lejana, a causa de todo lo malo que está ocurriendo en España debido como siempre a las ideologías enfrentadas, el afán de poder de algunos líderes unos mas que otros, y además de su ambición, su falta de cordura y de sensibilidad, y de racionalidad, y eso para mi, a pesar de tanto adelanto en todos los sentidos la gente que no tiene cordura, ni sensibilidad ni sensatez, ni racionalidad, es porque tienen el cerebro un tanto trastornado; y todos estos son tanto ellos como ellas, todos los dirigentes de las ideologías radicales tato de las izquierdas como las de derechas, y los separatistas; pero sigamos con lo mas actual como es el protagonista fullero que acaba de cumplir su mandato y está luchando a muerte por conseguir el segundo caiga quien caiga, y cueste lo que cueste, y este es uno y líder de los de cerebros trastornados.

Dicho todo esto, si este fullero de cerebro trastornado si en vez de buscar apoyos con los que pretenden la división de España si hubiera sido una persona sensata y de sentido común en vez de tan ambicioso, habría ordenado repetir las elecciones pero como sabía que las tenía perdidas de ante mano y que su ambición no sería satisfecha, optó por lo peor, o sea, buscar el apoyo en un delincuente político prófugo de la justicia Española, esto me lleva a pensar que, los políticos Españoles nunca han sido previsores, pues siempre han sabido la intenciones de los descerebrados fanáticos separatistas de Cataluña; y digo lo de no previsores, porque si hubieran sido previsores como políticos responsables y competentes, desde la llegada de la Democracia hubieran hecho una ley Constitucional que cuando un gobierno quisiera formar gobierno, nunca podría contar con los apoyos de los que adoctrinan, y atentan contra la integridad de España con la intención de dividir la Nación; pero este fullero traidor así lo ha querido en contra de la opinión general y como no tiene ni escrúpulos, ni dignidad ni honor de hombre, ya que ni tan siquiera el a exigido poner el precio lo han puestos los separatistas encabezados por el prófugo, y han sido ellos los que han puesto el precio, un precio demasiado alto, que va a traer muchos problemas y disturbios en nuestro País aparte de las grandes manifestaciones de protesta que ya han comenzado; pero todo esto se podría haber evitado si como digo los políticos desde la transición, hubieran sido mas precavidos, mas previsores, y menos improvisadores cosa mui normal en España. De una manera o de otra, y esto ya no tiene remedio porque este fullero presidente acaba de nombrar su nuevo gobierno y que ha empleado la misma y peligrosa arma que utilizó en la primera legislatura, como su ambición es tan grande que ha preferido tropezar dos veces en la misma piedra y con el precio a pagar aún mucho mas alto, tengo la impresión de que en la pasada legislatura el pueblo Español le va a hacer pagar a este fullero tramposo porque se está riendo demasiado de la gran mayor parte de la población Española, ya que no es normal que, este fullero pueda seguir gobernando después de haber perdido las elecciones, y al perder las elecciones y encima poder gobernar de nuevo gracias a los apoyos de los que no se consideran españoles que están contra España y humillando al Estado español, eso tiene, mucho delito y antes o después tendrá que pagarlo, ya que antes o después, primero el pueblo, y después también la historia lo juzgará e incluso su propio partido, socialista obrero Español su partido de verdad, no este de ahora que también por ambición de sillones y despachos han demostrado ser tos, unos lame culos descerebrados; y que incluso sus familias si son honestas los despreciaran incluidos los y las comunistas que forman parte de este gobierno recién formado, e incluso las feministas radicales fanáticas que no ven lo que no quieren ver, todos y todas juntos habéis y estáis haciendo mucho mal a España y a nuestra sociedad .

Yo como ciudadano Español, libre pensador medio analfabeto y de clase del pueblo llano, sin tener ningunos estudios, y sin estar comprometido con ninguna ideología política ni religiosa, siempre he pensado que la persona, como persona civilizada y racional, debiera tener presente sobre todo, poner su fe y su esperanza en los médicos y en los jueces, el medico porque su misión ante la sociedad, es poner todo su empeño y conocimiento en procurar curar al enfermo, y el juez, para con la ley en la mano, luchar, contra la injusticia en favor del inocente, tanto en lo civil, como en la política, ya que nadie ni la política está por encima de la justicia; cosa que estamos sufriendo en estos tiempos la ciudadanía Española, ya que en muchos casos este gobierno incompetente de ahora está anulando a la justicia, cosa que debiera ser un delito como delitos es en, los Países mas civilizados que el nuestro, ya que aquí en España nuestra cultura en general y nuestro civismo y racionalidad, todavía no hemos llegado cosa que, debiera de avergonzarnos, pero parece ser que los gobiernos y los educadores aún no se han dado cuenta por ignorar tanto los unos como los otros el verdadero sentido de la democracia, ¿y así nos va?. Yo siempre he pensado, y lo vengo exponiendo en estos 8 libros sobre la España Real, que tratan de, crónica, opinión y denuncia, en ellos siempre digo que por encima de institución de la justicia no hay nada, ni ningún gobierno Democrático, ni el propio Rey, ni el papa de Roma; y siempre ante cualquier problema sea este del índole que sea siempre ha de ser, exclusiva mente competencia de la justicia, tanto en lo civil, como en lo militar; y digo todo esto muy enfado cabreado e impotente, porque este presidente del gobierno de coalición de ahora de socialistas y comunistas este presidente, se está comportando como un auténtico Sátrapa debido a todos los problemas que está causando sin importarle el daño que está haciendo a España con tal de poder seguir gobernando; pues entre otras tantas cosas, ha desacreditado y desjudicializado y politizado lo que son sola mente competencias de la justicia, coloca al frente de la justicia y de los fiscales a políticos de su partido, y yo que siempre he puesto tanta fe en la justicia y como esto concierne y afecta a la población Española, la justicia mea defraudado, porque la justicia, en Democracia, y máxima protectora de la sociedad, cumpliendo con su juramento y deber, tenía la obligación de evitar las cacica das, de este insensato presidente de nuestro gobierno, pues la justicia sabe muy bien que, todos estos favoritismos y la amnistía en favor de los delincuentes separatistas que pretenden romper España, y que encima presumen que cuando puedan volverán a hacerlo; todos esos favores y esa inmerecida amnistía, no van a conseguir que los delincuentes renuncien a su proyecto, ni que haya cordura, ni entendimiento cívico y racional, ni concordia por la parte separatista que sin motivo sensato justificado renuncian y desprecian al resto de España; y el presidente del gobierno lo sabe, pero le tiene sin cuidado, ya que a él lo único que le interesaba eran los 7 votos del prófugo separatista, para poder seguir gobernando; ya que a este tramposo y fullero presidente, tan solo le importa seguir en el poder; pero como digo, mismo con este negocio político acordado entre este fullero presidente, y el prófugo separatista, va a ser que, de paz y concordia, nada, ya que el prófugo delincuente y sus mas allegados a él en su proyecto de separación de Cataluña de España, prometieron a sus seguidores separatistas, no parar de trabajar hasta conseguir ser, una Cataluña libre y separada de España dentro de una Republica Catalana; y esos líderes guiados por el prófugo delincuente mismo con todas las concesiones que le ha concedido este traidor presidente del gobierno de España no pueden echar marcha atrás, porque si los líderes del separatismo fallaran a sus promesas dadas, todos sus seguidores al verse engañados y traicionados, provocarían muchos, y mui grandes disturbios en Cataluña; así pues y en estas condiciones los líderes separatistas Catalanes no van cejar en su empeño, y ellos mismos han dicho que, nunca van tener otra mejor ocasión; así pues por mucho que diga el fullero presidente y los suyos socialistas y comunistas de que durante su gobierno ha habido y a seguir habiendo paz y armonía entre Cataluña y el resto de España, no selo cree ni el, y el presidente del gobierno no tiene motivo alguno para presumir y sacar pecho, porque los separatistas Catalanes cada día, le están ganando la partida a España, y al Estado Español, por culpa de este tramposo fullero presidente que, con su gran ambición, y su incompetencia como mandatario está degradando España; pues desde que comenzó su mandato en estos cuatro años y pico, con su estrategia política bananera y cuasi mafiosa, nos ha mentido y humillado a todos los Españoles de bien, y nuestro país se inclinado y puesto de rodillas ante un líder separatista delincuente, y prófugo de la justicia Española, y este será, otro capítulo mas de tantos vergonzosos capítulos de España; y lo que es también mui grave y me duele en el alma decirlo, en todo esto también tiene una gran parte de culpa de la justicia Española que como máxima entidad de un pueblo, ha podido y ha debido evitar todo este mal que este gobierno de coalición socialista comunista está cometiendo en nuestro país; pues la justicia que según creo yo no debiera haber nada ni nadie por encima de ella, ha permitido que, este mal gobierno se imponga a ella, y como ya he dicho porque es lo que me dicta mi racionalidad, sobre la justicia nunca debe haber nada, ni gobiernos, ni el Rey, ni el papa de Roma, pues estamos en el siglo XXI, y no en la edad media que en España duro, hasta la Dictadura Franquista. Yo particular mente, sin ninguna carrera ni tito alguno, y como simple ciudadano de a pie, con todo lo que está pasando, me siento impotente, muy cabreado y ofendido como español, y desde ayer mucho mas.

Ayer 16 de Noviembre de este 2023 de nuevo fue proclamado como presidente del gobierno este fullero tramposo y traidor el socialista sin dignidad ni honor y además traidor, porque no va a continuar en el poder gracias a todos los votos de los Españoles de bien, sino que va a poder seguir en el poder gobernando España, por un prófugo separatista que este fullero presidente sabe mui bien que ese prófugo de la justicia odia a España y pretende romperla y dividirla y eso, es tanto delito o mas que, el del prófugo separatista; pero hagamos un pequeño repaso sobre todos los pasos dados, para llegar hasta aquí.

Hace cuatro meses se celebraron las elecciones generales, el partido popular de centro derecha moderada, las ganó a todos los demás partidos, el solo, contra todos los demás partidos del gobierno, y de las demás izquierdas; pero mismo así, le faltaron tan solo 20 votos para la mayoría absoluta, y por lo tanto no pudo formar gobierno, ante esta situación, el fullero tramposo socialista planeo como siempre, una nueva maligna aunque legal jugada, pues guiado por su gran ambición, y sin importarle como siempre, la dignidad y el honor decidió buscar los apoyos de todas las demás izquierdas, y de los separatistas Catalanes, los Nacionalistas Vascos, y los del partido Vasco amigo y defensor de los terroristas Vascos, o sea, todos los partidos que desprecian a España; y al precio que ellos pusieran, y consiguió con el apoyo de todos esos grupos formar gobierno, o sea este tramposo presidente, con tal de ganar, prefería buscar los apoyos en los enemigos de España que pretenden romperla, y al precio que, ellos le pusieran, en estas condiciones, los Españoles legales, tenemos todo el derecho a llamarle traidor este presidente porque siempre había dicho tanto el, como sus ministros y ministras que, a los separatistas jamás les concederían ninguna petición que estuviera fuera de la Constitución, pero ante la necesidad de votos para poder seguir gobernando todos traicionaron su a su palabra, luego después de esto, ¿Cómo se puede confiar en quienes con tanta hipocresía y mentiras faltan a su palabra, que implica, una ofensa para la población Española, y un vergonzoso descredito para fuera de España; y encima los mas beneficiados, son los separatistas que quieren dividir España y volver a la edad media cuando España estaba compuesta por muchos Reinados, cuando España fue el primer País Europeo en el que tos los Reinos se unieron para formar una sola Nación, Nación que mas de 500 años unos insensatos descerebrados pretenden romper; el caso es que ayer jueves, este traidor mentiroso fullero, fue investido de nuevo como presidente del gobierno, al oír el resultados de los votos cantados por la presidenta de la cámara del partido socialista, el congreso de los diputados estalló en un jubiloso grito de alegría por parte de todas las izquierdas, y todos y todas se fundieron en, felicitaciones besos y abrazos; mientras yo en casa viendo el maldito cuadro en el televisor pensaba, pero cómo es posible que esté ocurriendo esto en mi País; pero en España después de 45 años de Democracia, todavía, todo puede ocurrir, y de nuevo sentí vergüenza; y todo por culpa de estas nuevas izquierdas comunistas que aparecieron hace 10 años y que le vinieron muy bien a este tramposo fullero líder de los también fulleros nuevos socialistas, que han pisoteado todo lo acordado por el bien de España en la transición; y con la nueva ola de los separatistas de Cataluña, y los nacionalistas Vascos, que con las nuevas izquierdas radicales Republicanas, vieron que, tenían mucha mas posibilidad de llevar a cabo, sus ambiciones separatistas; han aprovechado bien la oportunidad, hace 7 años o sea, en 2017 el gobierno autonómico Catalán, y provocaron un golpe de Estado, y desde entonces, y a pesar de su gran delito, por culpa de este fullero presidente del gobierno de nuestro País, le están ganando el pulso a España; pero al fullero presidente del gobierno, con tal de poder seguir gobernando, el honor y la dignidad de nuestro País, le importa un bledo, ese honor y dignidad que él no tiene, porque no le importa, porque si los tuviera y le importara no les habría concedido a estos separatistas tantos beneficios como les ha concedido, y les sigue concediendo, y mucho menos aun la amnistía, cosa que nunca ocurriría en ningún país civilizado, porque cuando se da una amnistía los delitos desaparecen y es como si no hubieran existido; y esta barbaridad política, nunca se habría producido gobernando el partido popular; porque como dijo el líder del PP, en el cara a cara con el fullero…Yo no gobierno, porque no me vendo, ni vendo a España; mientras que el fullero presidente del gobierno de España, sea vendido él y con él a España miserable mente y a un alto precio, a unos delincuentes separatistas que pretenden romper España. Otro detalle ofensivo para toda persona con sentido común, es el siguiente, el fullero líder de estos socialistas de ahora junto con sus socios comunistas por fin consiguió aunque a un mui alto precio los siete votos que dependían del prófugo líder separatista, y que gracias a esos 7 votos envenenados este fullero va a poder seguir gobernando en nuestro País y junto a él, todos y todas banda de insensatos socialistas y comunistas gritan de alegría celebrando el haber conseguido esos 7 votos abrazándose y besándose unos a otros locos de alegría, y sin importarles un bledo, el todos ellos y ellas, hayan sido comprados y siguen en manos de un descerebrado prófugo huido de la justicia Española; ¿ a dónde ha quedado, el orgullo, la dignidad, y el honor de los de mi generación y de nuestros padres y abuelos y bisabuelos?. Toda esta gente de las izquierdas socialistas, comunistas y separatistas con su malvada política, han creado una mui peligrosa tormenta política y social, que van a aportar malas consecuencias que ya se están empezando a notar, y todo por culpa de lo que han provocado todos estos grupos de descerebrados creadores de discordias, desestabilidad y de odios, como en otros tiempos, entre los Españoles.

Yo por mi parte como simple observador ciudadano de a pie, tan solo deseo, y que sea lo mas pronto posible que, este fullero y de nuevo, inmerecida mente presidente del gobierno, con todo el mal que está haciendo al País, me gustaría que este indigno presidente acabara mas pronto que tarde, como el acabó con el prudente anterior presidente del PP, Mariano Rajoy, y digo lo de injusta mente, porque el aquella moción de censura en que fue derrocado, fue gracias a los apoyos al fullero, de los separatistas que pretenden romper España, pues es un gran canallada que, se elimine a un sensato y buen Español, por insensatos anti Españoles; así pues deseo que este fullero presidente de alguna manera un día se encuentre la oportunidad de este fullero presidente se vea obligado a salir por la puerta de atrás, y así se cumpla aquello de que, el que a hierro mata, a hierro muere. Yo por mi parte, me gustaría seguir esta crónica tortuosa que ha sucedido en los últimos años, y que está sucediendo, y que va a seguir sucediendo, sucediendo, y sobre todo, por lo que acaba de ocurrir por este indeseable de nuevo presidente del gobierno; este individuo inmoral y ambicioso, y sobre todo, incompetente e irresponsable en su cargo que para nada se merece porque como ya he dicho, los altos cargos en todas las instituciones han de ser, por méritos propios, y no tramposos y nocivos para la sociedad, yo bastante cabreado de ver todo esto y que esté sucediendo en mi País, había decidido, que este fuera mi último libro sobre la España Real, dejando para el final unos apuntes que también me duelen; porque aunque los protagonistas vean justos y defiendan y lo consideren progresista, y por tanto bueno y de avance positivo para nuestra sociedad; yo por mi pate y a mis 84 años de edad, como posible mente me consideren un troglodita de la edad de piedra, mismo así, pienso que, todo lo que voy a decir para este final, y es que, al contrario que en lo de progresista, todo lo que está haciendo este gobierno de coalición socialista comunista vendido a los deseos del separatismo, todo es maligno y perjudicial y desestabilizador, que envenena como una plaga maligna y destruyendo el concepto de sociedad cívica y racional? Veamos.

Yo vine a este maravilloso Mundo en nuestra maravillosa España en el año 1939 año en el que terminó la destructiva guerra civil española; con las terribles circunstancias dela pos guerra, ya desde pequeño tuve la noción de, como era el Mundo en el que estaba viviendo y padeciendo; así pues ya desde pequeño y ya de adolescente en toda la posguerra, mi escuela fue, la enseñanza de la miseria, el hambre y de toda clase de necesidades, en mi vida cotidiana en la que por necesidad en la casa de mis padres comencé a trabajar a los 10 años de edad otros vecinos ya habían comenzado a trabajar a los 8 años de edad; yo a mis diez años observando todo lo que me rodeaba; la confirmación en la iglesia, la primera comunión con el corto pantalón remandado, el sistema casi esclavista en el trabajo haciendo trabajos muy duros doce y catorce horas diarias por siete miserables pesetas a la semana, el ambiente en donde me veía, y con mi pobre cultura de analfabeto y sin noción de casi nada pero confirmado y bautizado, yo me sentí ateo, de esta palabra y su significado me entere muchos años después, yo ateo, cuando en mi alrededor aparte del trabajo, todo era misas y novenas procesiones y rosarios, pues yo nunca supe si había algún ateo como yo en mi pueblo, con esto que estoy contando y con mis reflexiones cuando era crio provocadas por el entorno en el que vivía y aprendía, no creo que yo tenga nada de troglodita de la edad de piedra, ni por todo lo que estoy denunciando en estos libros ni por lo que aún me queda por denunciar sobre lo que estoy viendo en una gran parte de esta nueva sociedad descarriada. A los 24 años de edad año en el que me casé en Canadá de emigrante, como siempre me había gustado leer para seguir aprendiendo me compre la biblia cristiana, pues siempre he tenido por principio de que si no conoces un tema no hables de él, la biblia la ley con interés y mismo sabiendo que, en ese libro sagrado y a encontrar muchos cuentos, y la biblia me dio la razón sobre mi ateísmo, mas cuento que Calleja. Este ejemplo de la biblia como otros tantos ejemplos de vivencias y cosas de la historia que ciertas personas escribieron y escriben, cosas que se consideran verdades, pero que nada tienen que ver con la realidad de la historia que cuentan pero siempre hay mucha gente que las cree como verdades, desde siempre, pero mas lamentable ahora en nuestro País España hay en todos los temas y sobre todo en algunos partidos políticos que están convencidos de que su ideología es la única y la mejor para el pueblo y eso es fanatismo como en lo religioso, porque fanatismo ideológico y religioso es lo mismo, y en los tiempos en que vivimos, el fanatismo ideológico, es mucho mas nocivo y peor que el religioso. Pero veamos un poco el historial tanto de las ideologías políticas como de las religiosas.

La ideología religiosa nació por necesidad una necesidad muy distinta a las de las ideologías políticas. Hubo en tiempos muy lejanos en el que la gente en este caso, en el pueblo Judío en el que en la sociedad posible mente fuera un tanto desorientada descontrolada y anárquica; historia, mitología o cuento, el antiguo testamento de la biblia Cristiana no dice el caso de Sodoma y Gomorra, en donde las personas Vivian en una continua orgia y desenfreno; pero un día una persona sabia o varias personas a la vez decidieron que había que terminar con aquel salvajismo descontrolado, se inventaron la historia de Abraham, historia o cuento, y con Abraham, apareció por primera vez el personaje de Yahvé, un Dios supuesta mente hubo antes, hubo antes, el creador del Mundo que después no le gustó y por lo visto aquel Dios creador era un chapucero ya que después de acabar su obra, la extermino con el diluvio universal, pero la historia o leyenda ideología Judea Cristiana y su líder Yahvé el hacedor del Mundo y de todo, o sea el Dios Cristiano aunque inventado por el pueblo Judío, por cierto, un Dios el del antiguo testamento, muy cruel vengativo y caprichoso, pero en aquellos tiempos fue un Dios necesario para dominar, controlar y meterle miedo a la gente para que gente se comportara mas humana mente, y cuando en algún lugar o familia ocurría una desgracia natural los representantes de Dios decían, esto, es un castigo de Dios que os castigado por algo malo que habéis hasta lejanos, pero después y a cualquier persona incluidos las gentes mas importantes, e incluso los Reyes, s el representante de la iglesia para el pueblo, y los papas a los Reyes, amenazaban con la excomunión con lo cual los amenazados sabían que iban derechos al infierno, y no había castigo peor para las personas; en suma aquel invento de Dios tal y como estaban las cosas en aquellos tiempos fue muy necesario para humanizar y civilizar un poco a la sociedad, pues aquel Dios con su severidad y sus terribles castigos los hombres lo temieron y en cierta forma el hombre y la mujer avanzaron mas civilizada mente. Después en el nuevo testamento eliminaron los expertos de la ideología religiosa las salvajadas del Yahvé, y pusieron en su lugar a su supuesto hijo el enviado Jesucristo, y este era mui distinto al padre cruel y caprichoso que tan solo infundía el mido, pero que también con él, continuo hasta hoy la ideología religiosa; se podría agregar mucho mas sobre esta ideología que desde que empezó a andar y predicar por el Mundo, ha hecho mucho mal, t mucho bien, aunque Carlos Marx fundador de la ideología comunista la religión era el opio del pueblo, si, en sus tiempos y su ideología la religión cristiana era el opio de pueblo, pero en estos tiempos el opio del pueblo ya no es la ideología cristiana, sino mas bien otras ideologías políticas incluida la que el invento, o sea la ideología comunista, porque veamos un poco la doctrina y el historial de algunas ideologías políticas. La ideología política comunista, desde instalación en la vida política de Rusia, supuso muchos millones de asesinatos de gentes inocentes, por el mero hecho de rechazar el sistema comunista. La ideología delos nazi, en Alemania, su ideología causó muchos miles de asesinatos de inocentes. La ideología política Fascista se Italia y de España aunque en menos cantidad de asesinatos de inocentes los delitos criminales son los mismos. La ideología religiosa en estos tiempos modernos para muchos seguidores hace mucho mas el bien que el mal, mientras que ahora en estos tiempos modernos, las ideologías políticas, los nuevos comunista y nazi, y los fascistas, siguen siendo mui dañinos y desestabilizadores para la sociedad, y de ay que estos escritos lamentable mente, yo les vengo acusando de, descerebrados, la ideología cristiana ha evolucionado y corregido en su discurso, mientras que las ideologías políticas que acabo de citar no han aprendido nana del pasado, luego no han evolucionado, ni corregido, y eso, no es ni, cívico ni civilizado ni racional; y con vuestros actos, lo venís demostrando en esta última década, cuando con vuestra nueva aparición, a beis estado envenenando a la sociedad; pero sigamos un poco mas con el tema.

En el gobierno del socialista Rodríguez Zapatero, socialista este de la izquierda radical que impuso una ley, con la cual retiraba la autoridad de los padres y de los maestros a los críos en general; esta insensata y poco racional ley, provocó muchos problemas a los padres y a los maestros para poder educar a los críos, pues tanto los niños como las niñas se agarraron a esta insensata ley, y abusando de ella provocaron muchos problemas tanto en la familia como en la escuela; dicha ley decía que, jamás, y por el motivo que fuera, se podía maltratar ni castigar y menos aún pegar ni tan siquiera una bofetada a un niño ni una niña, con el ignorante argumento de que si se mal trataba a los críos les traumatizaría, para toda la vida; y yo me pregunto, que clase de mentalidad tiene una gran parte de la sociedad de ahora, porque tanto antes como ahora, tanto los críos como las crías si se les permite perder la autoridad y respeto tanto a los padres como a los maestros se creen, que tienen el derecho a hacer siempre lo que les venga en gana, y tanto antes como ahora, siempre ha habido y sigue habiendo muchos críos y crías y adolescentes que, se han merecido una reprimenda, un castigo e incluso un par de bofetadas; y yo digo todo esto con conocimiento de causa, y las experiencias vividas a lo largo de mi larga vida como padre, abuelo y visa vuelo, toda la vida los hijos y las hijas y sobre todo yo mismo hemos sido castigados por nuestros padres porque nos lo hemos merecido, y esto, nunca ha causado un trauma, pues era su deber el corregirnos, es un gran error consentirle todo a los hijos y menos aún encima de consentirlos y de mimarlos y encima premiarlos con algún capricho, pues esto hace que se hagan unos irresponsables y que tienen derecho a todo; se están dando muchos casos en que los hijos se convierten en unos tiranos contra los padres y si no se les atiende como ellos quieren, los padres si no se puede al negarse; el hijo o la hija amenazan con irse de casa y ese chantaje como ocurre tan a menudo en muchas familias, las padres sufren mas ante la amenaza y aunque no se lo merezca, complacen al hijo o la hija; este presidente del gobierno socialista Rodríguez zapatero y los que lo apoyan para poner este insensato sistema de educación de retirarle la autoridad a los padres y a los maestros sobre los críos, debieran de saber que, en general ningún padre castiga o le da una bofetada a su hijo o hija por capricho; la prioridad en las escuelas para los niños y las niñas vallan creciendo haciéndose responsables, la prioridad en los estudios primarios y en el instituto, es educarlos en la disciplina el orden y el respeto para después ser mas cívicos, responsables, y racionales. Después de insensato sistema de educar en las escuelas que desde hace tiempo se están viendo los resultados contra producentes para nuestra sociedad, hace también unos años para infectar y contaminar aún mas nuestra sociedad aparecieron en la escena política un grupo de ignorantes profesores de universidad de ideología comunista que como digo en su ignorancia venían convencidos de que iban a cambiar el mundo el mundo Occidental de España, cuando España antes nunca había estado mejor que ahora ya que ha evolucionado, mientras que estos supuestos salva Patrias no quieren ver que los que no han evolucionado son ellos, esclavos fanáticos de su ideología que ya caducó a donde nació; a continuación y un poco mas tarde apareció un líder del partido socialista que ya sabemos que no era un político, ni un hombre legal por todo lo acontecido desde que apareció como secretario general del partido socialista, por lo que ye e explicado aquí en este libro y en algún otro libro anterior que por su culpa i su insensatez por no querer apoyar con cuatro votos al partido ganador de las elecciones generales, se encerró en su no, es no, de no prestarle cuatro votos estuvo España atascada y sin gobierno metida en un laberinto de muy difícil salida, y ante esta tozudez y falta de sensatez, o por envidia de no haber ganado en las elecciones, sus mismos compañeros lo separaron del cargo de secretario general, y los compañeros socialistas le prestaron a Rajoy del partido popular ganador en las elecciones los pocos votos que le habían faltado para poder formar gobierno; esto esta mui claro que, enfurecido mucho al líder socialista relevado de su cargo, y comenzó a tramar su venganza, con malas arte como era su estilo entre cuatro aspirantes a secretario general del partido el con los apoyos de los menos moderados del partido socialista consiguió de nuevo su puesto de secretario general, y a partir de ahí, comenzaron a salir las cosas en su favor como él lo tenía programado, en la agenda de su mente vengativa; había visto que como líder de partido moderado nunca vencería, y se radicalizó aún más de lo que era, y posible mente pensó que, si no ganaba en las próximas elecciones generales pactaría con el diablo si fuera necesario, pasaba el tiempo, y todo iba sucediendo como el tenia bien gravado en su mente paso a paso, empro de la venganza. Varias veces dijo muy convencido de que nunca pactaría con el grupo de los comunistas, y pactó, que nunca haría nada fuera de la Constitución, y de nuevo mintió, y como en su ambición de conseguir llegar al poder sin el mínimo pudor ni escrúpulos y como tenía proyectado en su mente aunque antes lo negara, pactó con todos los enemigos de España y de la Monarquía, pues además de con los comunistas radicales, pactó con todos los separatistas, e incluso non los del grupo Vasco los amigos y defensores de los terroristas; a continuación se declaró feminista con el solo fin de conseguir el voto femenino; concedió subsidios para todos los jóvenes también en busca de sus votos, mismo sabiendo que, la mayoría de ellos nunca les habían gustado los estudios, y tampoco se habían ocupado en aprender un oficio pero eso al líder socialista bien poco le importaba, pues lo importante era arañar votos; y a los separatistas con los que había dicho que nunca concedería nada fuera de la Constitución, les ha ido concediendo todo lo que estos les ha ido exigiendo con todos estos apoyos e incluso sucios tratos de venta con los que está empeñado y ha ido pagando a plazos, subió al poder, satisfizo su ambición de poder, y entre mentiras y cambios e palabras sin el menor honor ni dignidad, y a salto de mata, ha cumplido toda la legislatura en el poder; pero como el poder es muy atractivo y dulce cuando el que lo ostenta es un mentiroso irresponsable e incompetente, y como este líder político es tan goloso sea empeñado en seguir degustando la dulce exquisitez del poder, y con el mismo proyecto que tenía en su agenda desde el principio antes de comenzar la venganza; y con los mismos socios y cómplices de viaje y mismo de haber aumentado el precio de los separatistas, hace una semana aún mas fullero que al principio ha conseguido el segundo mandato para una segunda legislatura; aunque yo tengo la impresión de que, esto no va a ser tan dulce para él y creo que se le va a amargar y no la va a completar; pues la tormenta que ha estado amenazando a España en todo esta pasada legislatura se está volviendo mas borrascosa, y le va a caer encima a él, y sin paraguas que lo proteja; y esto no lo digo, porque me gustaría que así sucediera, lo digo porque como ya lo dije mas atrás los hechos lo barruntan; pues los hechos de la primera legislatura demuestran que este gobierno y su legislatura ha sido el mas nocivo para España desde la llegada de la Democracia, y esta nueva legislatura con el mismo jefe de gobierno, va a ser mas pedregosa, y borrascosa.

El parlamento de España que es el templo del pueblo, y todos los miembros que lo componen se supone que sus deberes de todos es, trabajar por España y los Españoles; pero este nuestro parlamento lo componen socialistas y comunistas radicales y menos radicales pero no moderados como antes, y hay también dos partidos separatistas catalanes uno e ello de izquierdas y el otro de derecha, dos partidos Vascos, el partido nacionalista Vasco, y el partido también Vasco de los amigos y defensores y de los terrorista de ETA, y están, el partido popular de centro derecha moderado, y el partido de la derecha radical, y algunos pequeños partidos regionales; ya dije al principio de este libro que, con ese coctel toxico de partidos de ideologías y de intereses particulares y de partido, el congreso se iba a convertir en un gallinero, pero del cacareo del principio, el congreso se ha convertido en una cruda guerra verbal ofensora e insultante de unos contra otros, y así, ni se hace política ni se hace país, todos tienen su parte de culpa, paro el máximo responsable y máximo culpable es, el irresponsable e incompetente jefe del gobierno que, junto con su gobierno de coalición se socialistas y comunista que todos están de parte y defiende, a los separatistas que pretenden romper España; porque toda esta gente que componen el gobierno de las izquierdas que predican y nos ofrecen la igualdad y el progreso, como falsos e hipócritas que son, y nos lo de muestran cada día, en verdad, lo único que les interesa es ocupar los sillones del poder, e imponernos sus ideologías malévolas y destructivas, como comunistas, como los nuevos descarriados socialistas. Posible mente en estos mis escritos, yo puedo resultar repetitivo, pero lo creo necesario para que no se olvide.

Los nuevos revolucionarios comunistas que a pesar de su grandes títulos universitarios son unos ignorantes en lo referido a la vida real, y cuando aparecieron hace casi una década por sus discursos parcia que estábamos en el siglo IXX o a principios del siglo XX, con su carácter e ideología revolucionaria comunista, dijeron que, había que instalar una guillotina en la puerta del sol de Madrid, que había que quemar las iglesias como en el 36, que había que quitarle las riquezas a los ricos y repartirlas entre los obreros y los pobres, defendieron y han seguido defendiendo, las demandas de los separatistas, incluso su líder el coletas desde lo alto de una tarima en una plaza de Barcelona junto a la alcaldesa Ana Cola u, el coletas líder de los comunistas gritó, viva Cataluña libre; mientras que por su lado, el fullero líder de los socialista por ser el mas protagonista y con mucho mas recorrido en el gobierno ya conocemos toda clase de pirulas que ha hecho, y que sigue haciendo, pero pirulos muy graves y delictivas.

Yo siempre he sido de izquierdas desde que empecé a trabajar a los 10 años de edad, y tengo muchas historias en defensa de mis compañeros obreros, y también muchas decepciones; desde la presidencia del gobierno del socialista Rodríguez Zapatero y después con la aparición de este fullero socialista ambicioso, tramposo, y embustero y además traidor a España por buscar ayuda para poder gobernar, con los que pretenden romper España; estoy asqueado de las izquierdas del color que sean, ya que son varios grupos y cuál de ellos, el mas maligno; por lo tanto no me gustan ni sus ideas por insensatas y retrogradas por un lado, y perversas malignas e indecentes, como no me gusta tampoco su sistema de educación en las escuelas por insensata, y también indecente; pues como ya he dicho en varias ocasiones en vez de educar ante todo en inculcar a los críos en la disciplina el orden y el respeto, les educan en los derechos de toda índole que, no en las obligaciones; y para colmo de los males irracionales, le retiran la autoridad a los padres y a los maestros sobre los críos; como también las feministas radicales del gobierno aconsejan en las escuelas impartir en los niños y niñas las clases de sexo, a la vez que a los adultos sobre todo a las adolescentes y mayores las adoctrinan al sexo libre, y que como mujer libre y que su cuerpo es suyo y puede hacer con él lo que le apetezca porque forma parte de su libertad, en suma, el sexo libre como los animales; incluso estas feministas radicales y libertinas, como tienen la sesera un tanto atrofiada e irracional y mismo siendo ministras del gobierno en su falta de racionalidad se atreven a decirnos que, los hijos no pertenecen a los padres, o sea como en los Países comunistas en donde los niños desde mui pequeños pertenecen al Estado, aunque mirándolo por otro lado en esto de que los niños no pertenecen a los padres en cierto modo tienen razón, porque hay muchos niños en sus casas con sus familias, que son, fruto de los cuernos, y que en mucho casos dan pie a la aparición de la violencia machista; las cosas son como son, la realidad es la que es, y no hay que contarla a medias; lo que también es verdad que, a causa de nuestra falta de cultura y por lo tanto de civismo y racionalidad, en Nuestro País, aún existe el clásico macho Ibérico y al sentirse ofendido emplea su salvajismo y piensa que el sí puede engañar a su mujer o pareja, pero que ella no tiene ese mismo derecho, cuando lo sensato sería en vez de abusar de la fuerza, tragarse el sapo, emplear el sentido común no ofenderse por que él ha ofendido a ella también, y por lo tanto no tiene ningún derecho a hacer daño, y unirse a la gran cantidad de matrimonios o de parejas rotas con el agravio que esto conlleva a los hijos, pero, es la cultura de estos tiempos en decadencia cívica y moral de nuestra sociedad moderna y demasiado libertina e irresponsable, y todo debido, a la mala educación y ejemplo en general de la educación recibida, y a esto se la llama desde todas las izquierdas gobernantes progresistas, cuando el progreso es, una cosa muy distinta. Gobierno del progreso que tanto repiten y predican, tanto el gobierno y sus seguidores de las izquierdas responsables de la educación y de el adoctrinamiento y que a causa de este progresismo ideológico, y que ya desde la escuela se está educando mui mal; pues como ya he dicho y repito educan a los pequeños en cosas poco importantes e incluso innecesarias a ciertas edades, como por ejemplo en el tema del sexo, en vez de empezar a educarlos en la disciplina, el orden, y el respeto; y cuando son mas mayores los siguen educando sobre todo en exigir derechos, pero no tanto en las obligaciones, de ahí que por no importarles nada a tantos jóvenes y no tan jóvenes ni los estudios ni aprender un oficio haya tantas personas maduras activas que, se acomodan a vivir de los padres, y de subvenciones del gobierno sobre todo para ganarse los votos, cuando el gobierno sabe mui bien que, faltan trabajadores en todos los oficios, pero los responsables de la educación de un pueblo, tiene que educar a la gente en que antes de comer hay que sembrar, e incluso por su falta de responsabilidad mucha gente que tiene un trabajo debido a esa tan extendida irresponsabilidad cuando ve la ocasión se escaquea, y falta días al trabajo, e incluso hacen trampas fingiendo alguna enfermedad, y para rematar, hay una gran cantidad de trabajadores que, prefieren estar cobrando el paro que trabajar; ante todo esto que está demasiado generalizado porque no está bien controlado por los inspectores del trabajo otra irresponsabilidad mas; ante todo esto yo, como trabajador desde los 10 años de edad, siento vergüenza ajena y mucha rabia de ver, tanta irresponsabilidad en mi País, tanto dentro de la política como en, la sociedad en general; nota, sobre los empresarios no he dicho nada, porque son los que crean los puestos de trabajo y aquí me quedo?. Una nota mas, sobre este gobierno de coalición socialista comunista llamado progresista; progresista y progreso fue, lo que hace 45 años hicieron todos los políticos de España las izquierdas y las derechas que se pusieron de acuerdo y plasmaron y firmaron la TRANSICION, lo mas culto, sabio y sensato y racional que nunca antes se había hecho en España, y que a partir de aquella vendita transición, las puertas que estaban cerradas en Europa, se abrieron para los Españoles ya en Democracia, y nos emitieron como socios de la Unión Europea, con pleno derecho, y con lo cual en nuestro País comenzó el progreso; así pues la TRANSICION, si fue progresista y sana, no como la de esta gobierno que en todos sus actos, es una vergüenza.

Toda esta gente de las izquierdas no es ni mucho menos en política, lo mas adecuado para gobernar en España, esta gente que predica la igualdad con el reparto de las riquezas que poseen los las tienen, con lo falsos e hipócritas que son, y mismo sabiendo que eso es imposible en el sistema en el que vivimos pero lo predican y lo ofrecen al pueblo pero sobre todo porque buscan los mas votos posible, ya que en verdad lo único que les interesan es solo el poder y los sillones, y esto lo están demostrando con sus actos todos los días, pero una buena parte de la población parece ser que no quiere verlo; pues dato mas, para que intenten verlo mejor; durante todos estos últimos años, el gobierno y todas las izquierdas han hurgado y abierto la herida de la guerra civil Española, que ya había curado y cicatrizado con la transición, con lo cual han dividido de nuevo a la sociedad española; por lo tanto repito, estas izquierdas son una plaga maligna para nuestro país. Todos los componentes de este gobierno en cada uno de sus actos políticos están demostrando ser unos cínicos hipócritas, faltos de honor y de dignidad; veamos.

Ayer 21 de noviembre, juraron o prometieron cumplir ante la Constitución ante el Rey, estos nuevos cargos para el nuevo gobierno de coalición de nuevo con los comunistas, como es bien sabido, estos comunistas siempre han despreciado y atacado, a la Monarquía y al Rey, y ahora prometen cumplir con la Constitución que lleva consigo cumplirla y esta conlleva la Monarquía parlamentaria, y ese juramento o promesa por parte de los comunistas quiere decir que, renuncian a sus principios e ideales; ¿pero y por qué? Pues con tal de ser ministros y ministras en sus altos cargos sus lujosos despachos, y sus sillones, a eso yo le llamo, interés personal, sin honor ni dignidad.

Pensaba dar por zanjado este libro de la España Real 8, que va, sobre crónica opinión y denuncia, pero tal y como están las cosas en la política y lo turbulenta que se presenta en esta nueva etapa de este el mismo gobierno de coalición y con los mismos indeseables compañeros de viaje o sea los que pretenden romper España y por culpa de esta también indeseable y fullero presidente del gobierno, he decidido que voy a seguir tomando nota, a la vez que iré exponiendo alguna que otra opinión, como por ejemplo esta. Siempre he dicho que, nuestra Democracia es muy pobre e inmadura, y yo en absoluto estoy de acuerdo, veamos; muy a menudo oímos decir tanto a los políticos como a los periodistas y mucha mas gente; que vivimos en una Democracia muy avanzada y consolidada, pero parece ser que, nadie ve que a nuestra Democracia se la está ultrajando a cado momento; la Democracia lleva consigo, el derecho a la libertad de expresión, pero estamos viendo que también se abusa mucho de la libertad de expresión, pues partiendo de que, en España se educa muy mal, ya lo he dicho y repetido en estas páginas, y se educa mal sobre todo en las escuelas públicas, pues tanto en las privada como en las privadas católicas se educa mucho mejor, y eso debiera de darle vergüenza a los políticos, pero sigamos con la libertad de expresión que sobre todo en las izquierdas tanto en las calles como en los espectáculos hacen y dicen verdaderas barbaridades, como por ejemplo uno de los abusos barbaros que mas me han impactado a mi, fue ver por la tele un grupo de salvajes artistas e intelectuales tanto hombres como mujeres, pasear una procesión por las calles de Madrid, y sobre los hombros de los porteadores del trono, la imagen de la vulva de la virgen maría, y esta barbaridad del derecho a la expresión tano verbal como en persona, y sobre todo protagonizada por supuesta mente gente culta, no se puede decir que, nuestra Democracia sea avanza ni en general la educación tan poco, pues desde la escuela, desde el principio de la Democracia, no sea sabido enseñar, el verdadero sentido de la Democracia, pues este sistema de gobierno se inventó para avanzar en la sociedad haciéndola mas culta y civilizada, cosa que, no está ocurriendo en, nuestro País; y sobre la libertad de expresión en una sociedad culta y civilizada, si la persona es, verdadera mente culta y civilizada jamás cometería esas barbaridades y abusos ni esos abusos salvajes abusando de la libertad de expresión; yo como ya he dicho en estas páginas soy desde que era un crio, ateo convencido, un ciudadano de a pie y sin ninguna clase de estudios ni diplomas de carrera, y jamás me atrevería a, faltarle el respeto ni herir los sentimientos de los creyentes. A mi personal mente, desde que acabó la Dictadura Franquista, y comenzó la Democracia siento mucha pena y rabia a la vez, de que en estos 45 años de Democracia no sea sabido educar en el verdadero sentido de la Democracia, y se está empleando esta, para ultrajarla, y para abusar ultrajando también, y envileciendo la libertad de expresión; y debido a esto, es por lo que he dicho al principio que nuestra Democracia es pobre e inmadura, de ahí que en general y por su comportamiento nuestra sociedad no está lo avanzada que debiera estar, en todos los sentidos, pues en las cosas mas esenciales para la buena y sensata ciudadanía se está fallando, y va muy por detrás de, las cosas menos sensatas y mas perjudiciales para la sociedad; de ahí que, debido a todos esto ejemplos que e ido denunciando en este libro, y repito, sobre todo por culpa de esta nuevas y desestabilizadoras izquierdas, de nuevo España está en un laberinto de difícil salida; y digo lo de nuevo laberinto, porque en los primeros sesenta del pasado siglo XX estando yo de migrante en Francia compre un libro en Francés que se titula…El laberinto Español, y que todavía lo tengo; otro defecto imperdonable de la sociedad Española, y este es que no le gusta leer, pues no lo cree importante. Pero sigamos con el principio de la nueva legislatura, que se presenta muy borrascosa, y que por lo tanto, me da la impresión de que esta recién estrenada legislatura, y tal como está el patio no creo que vaya a ser muy larga.

En esta continuación de mi octavo libro sobre la España Real, lo voy a seguir escribiendo porque esta cuarta semana del mes de Noviembre el fullero y flamante otra vez presidente del gobierno, como de costumbre y con malas artes, ha comenzado su segunda legislatura, y como no?, la ha comenzado con mal pie, pues si su diplomacia política durante la primera legislatura ha sido muy mala para España, esta legislatura, la ha comenzado peor, por falso, e incompetente; pues de momento y comenzando con la guerra entre Israel y los palestinos, contra el ejército terrorista de jamás, en la franja de Gaza, el insensato e incompetente presidente de España en su turno de presidente de la Unión Europea, ha visitado al gobierno de Israel, y a continuación también ha visitado al jefe de la autoridad Palestina, a este jefe de la autoridad Palestina, ni tan siquiera merece molestarse en visitarlo, ya que también es culpable de todo lo que está ocurriendo, pues el cómo palestino y enemigo del pueblo de Israel a lenta a los terroristas, y, como todos los lideres adoctrinan al pueblo a odiar a los judíos. En todos los años en que los terroristas de ETA ha estado asesinando en España, casi todo el pueblo Español ha estado contra ese terrorismo, pero tanto en palestina como en casi todo el mudo Islamista no están contra Jamás, ni contra los demás grupos terroristas, islámicos, muy por el contrario celebran los atentados y protegen a los terroristas, como por ejemplo ahora mismo los palestino de Gaza está protegiendo a los de jamás; además esta guerra como todas las anteriores no las comenzado nuca Israel, pues los Israelíes siempre se defienden, después de haber sido atacados, y todo esto debiera de saberlo el presidente del gobierno de España al visitar al presidente del gobierno de Israel, al que en su incompetencia del presidente de España, sea permitido reprocharle el que está matando en gaza a mucha gente inocente; en todas las malditas guerras muere mucha gente inocente, pero no hay que olvidar, que mas culpable es el que la provoca, y esta vez, una vez mas esta guerra la han provocado los terroristas de jamás, que en agradecimiento a la posición y sus palabras de reproche al presidente de Israel, los terroristas de jamás han felicitado al presidente del gobierno de España al igual que todas las izquierdas tanto de su gobierno como sus seguidores; un presidente de un País y al mismo tiempo representante de la Unión Europea tiene el deber y el tacto de medir las palabras que dice y como las dice, pero el presidente del gobierno de España, por incompetente no se merece el honorable puesto que ocupa en la política. Como tengo tiempo y ganas mientras vallan ocurriendo mas calamidades en la incívica e insensata política española voy a seguir un poco mas con ente tema.

Los partidos políticos de las izquierdas y de las derechas cuando son insensatos y poco civilizados se llevan muy mal y son enemigos, pues lo mismo pasa desde siempre entre Oriente y Occidente, y lo que está sucediendo ahora en Palestina es igual, aunque aquí es mucho peor, porque se junta la política y la religión, como tiempo atrás en Europa, los Palestinos son orientales y los Israelitas son, Orientales ancestrales, pero de cultura moderna Occidental, por eso me voy a extender un poco mas en contar sobre el odio ancestral y el rechazo entre estos dos pueblos, los israelitas, y los palestinos islamistas. Sobré todo lo que está pasando en esa zona del Mundo, todo ha empezado hace unas semanas.

Los terroristas de Hamás que controlan y gobiernan en la franja de Gaza, entraron en una zona de Israel, en un Kibutz, y como bestias salvajes comenzaron a asesinar a mas de mil personas hombres, mujeres, ancianos y niños a los que incluso degollaron, y violando a mujeres destrozando viviendas y secuestraron a mas de cien personas; la mayoría de los asesinados eran jóvenes que celebraban una fiesta por la por la PAZ, y como siempre, y acto seguido Israel puso su potente maquinaria de guerra en marcha con todo su derecho a defenderse, y como no a vengarse comenzó por aire a atacar la franja de gaza, y después entró en la franja con los tanques, con la idea de acabar para siempre con los terroristas de Hamás, en la franja a causa de los ataques continuos por parte de Israel están muriendo muchos civiles y lo peor, muchos niños inocentes, pero así sucede en todas las malditas guerras, en esta situación hay mucha gente en el Mundo en contra de los ataques de Israel, y acusándolos de que Israel lleva muchos años despropiando tierras y atacando a los Palestinos. Aquí en España todas las izquierdas están a favor de los Palestinos, incluso el presidente del gobierno como ya he dicho mas atrás en estas páginas le ha reprochado de alguna manera al presidente de Israel, pero estas izquierdas Españolas que forman parte del gobierno ya conocemos catecismo ideológico, pues también en la cobarde invasión de Rusia a Ucrania está de parte de Rusia; pero sigamos, en la guerra como fuera de la guerra matar inocentes y sobre todo los niños es el peor y salvaje crimen que se puede cometer, pero aparte de esto, toda esta gente que acusa a Israel de que arrebata tierras y ataca a los Palestinos debiera de conocer un poco la historia.

La gente debiera de saber que, hace muchos siglos antes de Cristo, Palestina era el pueblo de Israel, y Jerusalén era su capital con su templo consagrado a su Dios Yahvé, por aquellos tiempos antiguos no existían los Musulmanes, ni los Islamistas, ni los pueblos Árabes, pues la gran mayoría de todos esos pueblos se componían de pueblos nómadas y tribus, pero, al igual que los Fenicios, los Egipcios y los Griegos y los Persas y algunos mas la tierra llamada hoy Palestina al igual que los otro era la Nación de los Judíos, la historia conoce los nombres de los Reyes y Faraones de aquellos pueblos antiguos y que la nación de Israel convivio con ellos, y que los primeros Reyas del pueblo judío fueron, Saúl, David y Salomón y muchos mas; la Nación Judía era mucho mas pequeña que todas las otras, y mismo así, era codiciada las otras; salvo el reinado de David y de su hijo Salomón que fue fuerte y famosa el resto de la historia de este pueblo fue de lo mas desdichado pues todos demás Reinos vecinos la vencieron y la esclavizaron. Uno de esos pueblos fue Egipto, que esclavizó al pueblo Judío durante varios siglos, otro pueblo fue Babilonia con el Rey Nabucodonosor, que desterró a los judión durante setenta años hasta que pudieron volver de nuevo a su patria de Palestina; después apareció el imperio Romano, y el pueblo judío no aceptaba su sumisión a Roma, y le dio mucha guerra a los Romanos; en el año 70 después de cristo, los Romanos cansados de la resistencia Judía arrasaron Jerusalén, destrozaron el templo y se llevaron todos los tesoros a Roma y desterraron al pueblo Judío; expulsado de su pueblo, ya sin su pueblo ni identidad al ser un pueblo errante, se dispersaron por el mundo en donde por lo general siempre fueron mal recibidos y maltratados, Vivian como mal podían fuera de los pueblos en guetos como apestados, en muchos sitios mas cristianos los maltrataban y los culpaban de haber matado a cristo, a veces si aparecía un niño muerto culpaban de la muerte a los Judíos, y si el agua de un pozo estaba envenenada culpaban a los judíos. Nadie se puede imaginar sino lo ha sufrido, la clase de vida amarga y de sufrimiento durante tantos siglos, en España por ejemplo, como los Judíos demostraron ser, mas cultos, mas sabios y mucho mas competentes que los Españoles, los Reyes, y todas las personas que, formaban parte de la Realeza y de las clases poderosas ponían a su servicio a los judíos como secretarios y de mas puestos importantes como consejeros por ejemplos y gestores de las finanzas, esto molestaba mucho a los Españoles y se quejaban de que los señores les daban los puestos de trabajo antes que a ellos los Españoles, pero era porque los españoles, eran unos vagos incompetentes que Vivian del cuento y de los enchufes por amiguismo; y a pesar de que los judíos no eran invasores como los Musulmanes, sino que eran simples refugiados, pero entre que algunos de ellos trabajaban para los señores y los Españoles no, y encima los Judíos no eran cristianos entra las quejas de muchos vividores Españoles y el gran apoyo del clero, expulsaron a los Judíos de España que eran buenos trabajadores inteligentes y competentes y refugiados que no tenían Patria, todo el que no se convertía al cristianismo que fue la gran mayoría fueron expulsados; igual les paso a los moros, peo estos no eran refugiados, estos eran invasores que se apoderaron de nuestra tierra Española por la fuerza, a golpe de espada; aquella expulsión de los judíos fue un gran error de los Reyes Católicos, porque el pueblo judío en general era el pueblo mas preparado del Mundo; al salir los judíos de España buscaron refugio en todos los Países del Magreb, y a Turquía, el Sultán Turco mas inteligente que los reyes católicos, les dio la bienvenida a los judíos exclamando, estos ignorantes Españoles no saben lo que se han perdido, y yo aprendí que el Sultán de Turquía tenía razón, porque yo en años de emigrante de toda la década de los sesenta del pasado siglo XX trabajé mucho para los judíos tanto en Canadá como en Nueva York, y entre otras cosas aprendí que, al País en donde se instalaban los judíos, ese País prosperaba. Pero antes que esto, y tantos siglos antes y después has la primera mitad del siglo XX salvo raras excepciones de unos pocos judíos que triunfaban por méritos propios, el resto de ellos seguían siendo apátridas, sin su añorado pueblo perdido hacia tantos siglos, y no había día que no soñaran con el regreso a su pueblo, era tanto el favor y la esperanza que tenían que, al final de todas sus plegarias las terminaban diciendo…El año que viene en Jerusalén; pero no sabían que, todavía les tocaría lo peor.

Casi a la mitad del siglo XX, cuando los Nazi de Hitler se hicieron los amos de Alemania en su agenda bélica uno de los capítulos era la exterminación del pueblo judío buscarlos por todo el Mundo llevarlos a Alemania y así lo hizo el peor criminal de la historia moderna y sus secuaces, entre seis, y siete millones de judíos mataron en los campos de concentración la mayoría en las cámaras de gas, hombres mujeres y niños, y niños, dos millones de niños. Los pocos súper vivientes que fueron salvados por los americanos y los rusos, mismo después de tantos siglos de sufrimiento y después de la barbaridad del holocausto, no tenían donde ir, y la mayoría de los Países no querían acogerlos, y siguieron siendo despreciados, mismo aun después de haber sufrido la exterminación casi del pueblo judío en el holocausto, los judíos que quedaron dos millones que eran como población extendida por mas de medio Mundo, muchos quisieron volver a su antigua tierra de Palestina pero nadie les quería ayudar, incluso los Ingleses de quien dependía el protectorado de Palestina como estaban en favor de los Palestinos y debido a sus negocios e intereses con los Países Árabes no los dejaban entrar en Palestina su antiguo País. Por entonces había desde primeros del siglo XX varias familias judías instaladas en Palestina que habían ido llegando poco a poco gracias a la ayuda económica cedida por un tal Rochil, un banquero muy rico, y a la vez, primer ministro de Inglaterra, aquellos nuevos colonos gracias al dinero cedido por este primer ministro compraban garantes parcelas de tierra que los Palestinos se las vendían encantados, en esas parcelas los nuevos colonos judíos las convertían en cooperativas, o kibutz, especie de grandes cortijos o haciendas tierras desérticas que pronto los judíos convirtieron en campos de labranza y hermosas vegas; donde todos los miembros de las familias las trabajaban y los trabajos como los frutos del trabajo era de todos pues allí no había patrones ni empresarios pues todos y todas eran los dueños que empezaban tanto hombres como mujeres retirando a mano las piedras de los estériles campos, los labran y los sembraban y como el agua para los riegos era muy escasa inventaron el riego a goteo, en resumen, el desierto de toda la vida lo convirtieron en vergel que incluso a medida que aquello florecía y producía, contrataban a muchos Palestinos a los que les pagaban un salario cosa que antes nunca habían tenido, incluso los judíos tenían centros de salud en donde también atendían a las familias Palestinas gratis; mismo así, desde el principio los judíos trabajaban en sus campos tierras que habían pagado esas mismas tierras que muy antigua mente habían sido su País, y ahora mismo de haberlas pagado y eran de nuevo suyas mientras la trabajaba, lo hacían con la escopeta a las espaldas ya que muy a menudo eran atacados por los Árabes que como cada vez llegaban mas colonos los Árabes habían jurado expulsarlos. A sí estaba la cosa cuando lo que quedaba del pueblo judío despúes del holocausto, y mismo en contra de los Árabes y de los Ingleses como a pasar de todo casi ningún País los quería se las fueron apañando y cada vez, entraban mas judíos errantes en palestina que iban siendo muy bien recibidos por los primeros colonos, y conforme iban llegando mas a la tierra su tierra ancestral con la que tanto había soñado durante tantos siglos la cosa se agravó mucho mas, y la liga Árabe, estaba decidida a no consentirlo, y siguió en su empeño de en expulsar a todos los judíos al mar.

Desde los pocos primeros colonos que se instalaron en Palestrita, hasta la llegada de los que fueron acudiendo a su antigua tierra después de del holocausto en la segunda guerra mundial hasta el punto fue creciendo la colonia del pueblo judío que, llegó a los setecientos mil, y todo se complicó mucho mas en Palestina, los judíos estaban y con razón de que tenían derecho e formar un pequeño País en Palestina y lo reclamaba sin cesar en las Naciones Unidas; por aquellos días de 1947 los Ingleses estaban haciendo los preparativos para abandonar Palestina, y una vez los Ingleses fuera la cosa iba a empeorar, los judíos eran muy pocos, y estaban rodeados de Países Árabes que pronto iban a atacar a los judíos y como tenían prometido echarlos al mar, y ante este dilema y mismo dejando a los judíos solos pero con el derecho a defenderse, las naciones unidas decidieron votar y si la votación salía positiva le concederían a los judíos el derecho a tener en Palestina su pequeña Nación, y así ocurrió, los judíos se volvieron locos de alegría pues después de tantos siglos sin su Patria por fin tenían de nuevo su Patria a la que llamaron Israel, y se juraron mismo si estaban en una gran desventaja les atacara quien les atacara no iban a permitir dejarse vencer y quedarse de nuevo sin Patria y errantes como habían estado durante dos mil años. El mismo día que los ingleses abandonaron palestina la pequeña recién nacida Nación de Israel los pueblos Árabes del norte, del sur y del este la atacaron, pero el pequeño pueblo judío pensando que sería su última oportunidad si eran vencidos aquello les dio la fortaleza junto con y su amarga experiencia de tantos siglos los armo de valor y aquella primera batalla la ganaron apenas sin armas, como David a Goliat. Esa primera gran batalla contra tanto enemigo por todos los lados mucho mas fuerte y mucho mejor armado que estaban decididos y seguros de que la iban a ganar y expulsar a los judíos al mar, pero la historia se repitió, y lo mismo que muchos siglos antes David con su simple honda venció a los hititas, ahora David Bengurion jefe de los judíos apenas sin armas venció al Goliat de los musulmanes de Palestina; pero pronto habría mas batallas, y los judíos lo sabían, pero también sabían que, no podían perder de nuevo su pequeña Patria. Ben Gurion, decidió buscar ayuda a los judíos de los Estados Unidos, pero Golda Meyer se empeñó en ir ella, para hablar con sus desconocidos camaradas judíos, la valiente mujer recorrió las principales capitales Americanas implorando ayuda, sin vuestra ayuda de nuevo vamos a perder nuestro País, pues los Árabes son muchos y están bien armados y son demasiados Países contra nosotros solos, cuando la valiente mujer regresó a Jerusalén Ben Gurion la recibió contento pero pensando que traería con ella poco dinero, pero cuando vio la cantidad de millones de dólares que traía con ella, se puso loco de contento, y empezó a meditar para estar preparados para el próximo ataque; rápida mente mando a hombres de confianza a Checo es lo baquía a comprar muchas armas incluso algún avión, cuando los Árabes atacaron de nuevo los judíos también los vencieron, no recuerdo bien, estaba yo en Canadá en la década de los sesenta del pasado siglo XX cuando se libró la guerra de los seis días, y no recuerdo si fue en aquella guerra o antes o después, al ganar de nuevo en que batalla como los judíos tenían un País tan pequeño para poder defenderlo ocuparon mas territorios, incluida la franja de gaza. Creo recordar que fue en el año dos mil cinco, los judíos devolvieron la franja de gaza a los palestinos con la condijo de que al estar tan cerca los palestinos se comprometían a no atentar contra los judíos, pero los amos de la franja de gaza que son los terroristas de ha, más, faltaron a su palabra, porque todos los millones de dinero que entraba en la franja de ayuda internacional lo gastaban los terrorista a fabricar tules por toda la franja llenarlos con depósitos de armas incluso debajo de colegios y de hospitales e incluso debajo de parques infantiles; y cuando los terroristas creyeron llegado el momento, salieron muchos terroristas por un de los túneles entraron en una zona de Israel y ya sabemos la gran salvajada que cometieron asesinando a sangre fría mas de mil personas de todas las edades violando mujeres y degollando niños destrozando los Kibutz, y raptando a mas de cien personas como rehenes; cuando el presidente de Israel supo de lo sucedido, yo recuerdo muy bien las primeras palabras que dijo y que son estas, habéis abierto las puertas del infierno, y los judíos lo están cumpliendo. Es muy triste y lamentable y duele el alma cuando las bombas asesinan a niños inocentes, ¿pero quienes han provocado esto? Está claro que los terroristas de Ha mas, otra cosa que está clara, es que, en todos los encuentros bélicos entre Palestinos e Israelíes, nunca los judíos han empezado los primeros. Como ya dije mas atrás, la tierra de Palestina hace mas de tres mil años era la Nación de los judíos y Jerusalén era su capital, por entonces no existían los Musulmanes Islamistas pues esto no empezaros a existir hasta 500 años después con la aparición del profeta Mahoma en la península arábiga, solo a partir de la presencia de este profeta en el Mundo Árabe, y a partir de él, la religión Mahometana y surgió, lo Musulmán y el islamismo. Lo que no es comprensible es que, estos dos pueblos el Musulmán y el judío aunque el judaísmo en Palestina sea muchos siglos mas antiguo que el pueblo Musulmán, sean tan enemigos pues ambos dos pueblos son Semitas o sea de la misma raza, y se odian a muerte, mismo siendo hermanos y según la historia Bíblica y la del Corán ambos dos pueblos descienden de Abrahán, pues Abraham era el padre de Ismael y al separase expulsado por su padre por culpa se Sara su mujer, Ismael, fundó la tribu de los Ismaelitas, y Agar la madre de Ismael fundadora de los agarenos tribus estas árabes que creo aún existen todavía, y si esta ascendencia es verdad y al ser judíos y Musulmanes semitas de la misma rama, no entiendo él porque tato odio y enemistad entre ambos pueblos; los Musulmanes debieran de saber qué hace muchos siglos muchos siglos antes de que existiera el mundo Musulmán, Palestina era la tierra y la Nación de los Judíos, y que por lo tanto tienen derecho a ella, ya que los judíos no abandonaron Palestina Jerusalén y su gran templo divino por capricho pues fueron expulsados por la brutalidad del imperio Romano, y se vieron obligados durante muchos siglos a ser errantes por el mundo despreciados y mal tratados, y ya en la época moderna los Nazi de Hitler, decidieron la exterminación del pueblo judío que, sufrió el crimen mas grande de la historia, el holocausto, y mismo después de sufrir la exterminación de holocausto, la mayoría de los países los rechazaba, cuando lo lógico y humana hubiera sido, fraternizarse los palestinos con los judíos y haberlos acogido y unirse los dos pueblos hermanos y convivir en la misma Nación Palestina, y los Palestinos habrían salido muy beneficiados juntos en el mismo País, o bien el País dividido en dos Naciones hermanas, pero porque no ha sucedido nada de esto, por culpa de las ideologías y de las religiones, y por culpa de esto, los pueblos y sus habitantes son los que pagan las consecuencias; yo espero que llegue el día en que la gente no se deje influenciar ni arrastrar por los Imanes, ni por los Ayatolá, ni por los Rabinos, todos ellos fanáticos religiosos que están anclados aun en los tiempos oscuros y malignos de muchos siglos atrás. Por desgracia en este nuestro mundo hay aún muchos pueblos poco evolucionados y que incluso aún algunos se inclinan mas por la guerra que por la PAZ y la unidas aun dentro de sus autonomías pero unidas, y en cuanto a las religiones la gente creyente no tiene necesidad de consejeros intermediarios de sus respectivos Dioses, la religión es privada y a de ejercerse en la privacidad, y sobre todo intentar que los que se tienen como enemigos procurar convertirlos en amigos. Yo por ejemplo soy ateo convencido y no tengo ninguna necesidad de ningún Dios ni de intermediarios religiosos, pero pienso que la especie humana que nos distinguimos de los animales salvajes, la obligación de toda persona dotada de humanidad, de sentido común y racionalidad su obligación es, desear, desterrar el odio y la discordia y buscar la concordia, la unión, y la PAZ; aquí pongo fin a este apartado que me he visto obligado a anotar sobre lo que está ocurriendo en Palestina y el porqué, y una vez contado sigo con la crónica discordante insensata e irracional que está ocurriendo en mi País España, veamos. Este problemático y anormal caso sobre la amnistía, que ha aprobado, y está defendiendo como pago uno mas, a los separatistas para que gracias a ellos el, pueda seguir gobernando, y mismo sabiendo que estos separatistas su sola meta es, pretender romper España, el caso está provocando otro motivo mas guerra dialéctica, y mucha tormenta borrascosa tanto en la política como en la sociedad, con lo cual, también es muy perjudicial para España; y todo como no, creado de nuevo por, la gran e insaciable ambición de este fullero presidente descerebrado que por siete votos malditos de los separatistas que le está ganando la jugada al maldito presidente, y poniendo el prófugo separatista las condiciones, cosa que sería imposible en cualquier País Europeo al ser todos, mucho mas serios civilizados y mas decentes que el nuestro. Como vemos, en mi País, al seguir todavía diferente a los demás Países mas civilizados, siguen ocurriendo cosas mas propias de cualquier País bananero Suramericano que, que de un País serio y avanzado; yo por mi parte como estoy viviendo y viendo estas cosas surrealistas que ocurren en mi País España reflexiono sobre estos temas políticos insensatos, imprudentes que crean este clima tan borrascoso e inclusive peligroso, reflexiono y me viene a la mente que, todo esto sea podido evitar, pero no sea evitado por cobardía e hipocresía, o sea, lo de siempre; veamos mi exposición ya que si hubiera mas sensatez en España ya desde el principio se podría haber evitado, y fue también por culpa de este fullero y tramposo presidente y que ya creo haberlo anotado en este libro, pero el motivo de mi reflexión es el siguiente. La comunidad autónoma de

Castilla la Mancha, es una gran región gobernada por el socialista García Paje, este presidente socialista crítico y le lleva la contraria por no estar de acuerdo con todo lo insensato que está haciendo su jefe presidente del gobierno, relacionado con el negocio y el precio que está llevando a cabo con los separatistas y con los amigos y defensores de los terroristas, y si critica tanto, y no está en absoluto de acuerdo con todo el mal que está haciendo su jefe a España por culpa de su jefe, y para colmo su jefe, el presidente del gobierno de España, sumiso, y aceptando las normas y los pagos exigidos por un delincuente prófugo huido de la justicia española, y todo por 7 malditos votos para que el ambicioso presidente pueda seguir gobernando, así las cosas, mi reflexión es, ¿porque si el presidente socialista Manchego, él y sus diputados mas allegados a la hora de votar no se abstienen y así, su jefe no puede salir elegido de nuevo presidente del gobierno?, ¿Por qué que es antes, lo mas justo y sensato para España y no postrarla humillada ante un delincuente prófugo que su sola intención es intentar romperla y dividida, o seguir gobernando tanto en Madrid como en Castilla la Mancha, si honor ni dignidad?, Pues estos dos presidentes socialistas han optado por lo primero, ¿pero y todo porque?, pues por seguir en sus sillones de mandatarios, y para que no pueda gobernar el partido popular de centro derecha, que fue el partido que había ganado las elecciones a todas las izquierdas juntas, y porque todas las izquierdas que se han olvidado de la transición, y siguen con el rencor contra las derechas por haber ganado la guerra civil Española, y sin tener la humildad ni el valor de asumir que, si en la guerra los Fascistas de las derechas fueron malos perversos y criminales, todas las izquierdas Republicanas, socialistas comunistas anarquistas y sobre todo comunistas en ningún caso fueron mejores, ya que todos, tanto izquierdas como derechas y el clero, todos fueron culpables de la provocación de la terrible guerra civil Española, de 1936 a 1939 año en que yo nací, y ahora 84 años después en el congreso de los diputados y en Democracia para que pudiera salir de nuevo presidente del gobierno y gracias a los votos de los que pretenden romper España y que a cambio de esos 7 votos de los separatistas este fullero aspirante a seguir gobernando, sea comprometido a pagar muy caro a los separatistas un precio muy alto, e incluso ilegal que sigue humillando y perjudicando mucho a España incluida la amnistía para el prófugo y todos los demás delincuentes separatistas; y si se sabía todo esto, ¿Por qué en el congreso de los diputados a la hora de votar todas las izquierdas y los separatistas en favor del SI, para que este fullero tramposo siguiera poniendo a España a merced de las exigencias de los separatistas, el presidente socialista de Castilla la mancha que tanto ha estado criticando a su jefe por todo el mal que está haciendo, para que no pueda seguir gobernando, porque él y sus compañeros socialistas mas allegados no se abstuvieron para que no siga gobernando?, los socialistas hace seis años, ya lo echaron de su cargo de secretario general del partido porque estaba cometiendo una insensata, y todo lo que está haciendo en estos cinco años es mucho mas grave. Claro que hay muchas cosas en la política que, por intereses personales y demás triquiñuelas, prefieren inclinarse mas hacia lo malo mismo si esto es perjudicial en general, que inclinarse hacia lo bueno por el bien general. Pero sigamos siguiendo el rastro de estos políticos que por intereses tienden mas hacia lo malo en general que hacia lo bueno.

Antes de ayer sábado 2 de Diciembre de este 2023 se reunieron en la neutral Suiza el representante del fullero presidente del gobierno de España con el líder separatista Catalán el prófugo de la justicia Española, y que mismo siendo un prófuga delincuente, y que mismo siendo un prófugo delincuente, es el que sigue manejando la batuta de las sucias negociaciones lo cual sigue siendo muy vergonzoso para España, pero esto le importa mui poco, o nada a este fullero y tramposo presidente, pues este prófugo delincuente es el que sigue poniendo las condiciones del sucio negocio que llevan entre manos el fullero y él; y ahora en estas negociaciones, el prófugo delincuente impone la presencia de un mediador extranjero, y con su erogante postura ya que sigue teniendo la sartén por el mango, sigue humillando a España y a los Españoles, y todo por culpa de este ambicioso fullero que sigue sediento de poder aunque tenga que rebajarse ante un prófugo delincuente separatista, que pretende romper España, y como tal se comporta y actúa; porque un representante de España en nombre del gobierno español, con un prófugo delincuente separatista catalán y un mediador en un País neutral, eso es como si se tratara de un encuentro privado entre dos Naciones, lo cual nos sigue demostrando y ofendiendo que, una comunidad autónoma española la Catalana, le está venciendo el pulso a España por culpa de un ambicioso fullero y tramposo carente por completo de honor y de dignidad que como ya he dicho, bien poco le importa a él, ni Cataluña ni España ni los Españoles, pues tan solo se importa el. Esta es, una mas de las estampas surrealistas de producción Española; en esta entrevista en el extranjero entre otras cosas que se desconocen, han acordado de seguir las conversaciones para el próximo mes de enero. Cada semana que pasa la borrasca que ataca tanto a la política como a gran parte de la ciudadanía se va convirtiéndose mas, en un tornado, y estamos a principio de la legislatura.

Ayer 6 de Diciembre, fue el 45 aniversario de la Constitución Española, y que por cierto, de nuevo se convirtió en, una nueva estampa insultante protagonizada por los políticos y políticas de las izquierdas que están gobernando en nuestro País; porque todos y todas deberíamos de saber que, la Constitución es la clave civilizada de todos y de todas, cosa que parece ser ignorada por una buena parte de nuestra sociedad, porque algunos cizañaros y cizañeras desestabilizadores y desestabilizadoras y con estas me refiero a las feministas radicales, todos y todas de las izquierdas, siguiendo su catecismo ideológico y libertino irracional son mas propensos a la inestabilidad y a la discordia que a, sensatez de la estabilidad; y digo todo esto como otro ejemplo por lo siguiente. A la celebración del día de la Constitución que junto con la transición que ambas dos cosas es lo mas grande y bueno que nunca se haya hecho en España por la concordia y la estabilidad por el bien de toda nuestra sociedad, a la cita de la gran fiesta de tan importante acontecimiento no asistieron los de siempre, los separatistas Catalanes y Vascos ni ese partido Vasco defensores de los terroristas que al igual que los Catalanes separatistas a pesar de que gracias a la Democracia todos ocupan sus escaños en las cortes, todos y todas dicen que, España les importa una mierda, y por lo tanto, hacen lo posible para romperla, pues bien a pesar de todo esto, todas las izquierdas antes mencionadas tanto socialistas como comunistas, están de parte de toda esta gente que atentan contra la Constitución y contra la transición, y a la Monarquía y sin respetar tampoco a la mayoría de Catalanes y ve vascos que no son separatistas ni amigos y defensores de los terroristas; todo esto que acabo de exponer, me da derecho a exponerlo denunciarlo, el que todos los grupos y gentes son unos desestabilizadores que solo hacen que sembrar la cizaña, de ahí que yo venga repitiendo en estas páginas que, todos son, una maldita plaga maligna, mas propia de otros tiempos lejanos que, de este siglo XXI, y todo por culpa de unos líderes que no cesan de predicar que se preocupan y quieren hacer lo mejor para el pueblo, cuando en realidad y con sus actos demuestran que, el pueblo no les importa nada, ya que el pueblo tan solo desea concordia armonía tranquilidad y PAZ y toda esta gente por intereses personales e ideológicos, está haciendo todo lo contrario; todos estos líderes que tienen la difícil oportunidad, debido a que ocupan los puestos que les permiten la oportunidad de entregarse en cuerpo y alma para aprovechar el tiempo que pueden estar gobernando, para entregarse a trabajar por el bien general del pueblo y tratar de intentar unir y mejorar la sociedad, la mayoría de los líderes de ahora, están haciendo lo contrario pues lo estamos viendo cada día, y cada día con sus actos estamos viendo que, lo que mas les interesa es el poder y no el pueblo, pero estos líderes de ahora como son unos insensatos que desprecian la vendita transición de sus antecesores, y que por lo visto se creen mas inteligentes y mas capaces que aquellos, en su insensatez y su irracionalidad, abrieron la herida que sus antecesores habían curado y al abrirla de nuevo, han provocado la discordia, la inestabilidad en la ciudadanía, y facilitado el volver el rencor, y con él la división de los Pueblos de España, división en la que poco a poco se va avanzando mas, por culpa de este fullero presidente del gobierno que va cediendo cada vez mas, muchas competencias incluso anti Constitucionales a los separatistas de cuyo jefe el prófugo el fullero presidente es rehén, voluntaria mente, por el solo hecho, de poder seguir gobernando, y siempre bajo el chantaje del prófugo aprovechándose este, de la ambición del presidente de la Nación; de ahí que, la guerra verbal entre las izquierdas y las derechas y los separatistas en el gallinero del congreso de los diputados, se haya extendido mucho mas tanto en los medios de comunicación, como en la calle; mientras que, como si todo le resbalara, el fullero presidente del gobierno dice y repite muy a manudo que, está llegando a acuerdos con el prófugo separatista por el bien de la concordia y el entendimiento por el bien de la sociedad Española; claro, y es por eso que, le va concediendo el prófugo todo lo que este le está exigiendo tantos privilegios para Cataluña y favoritismos incluso anti Construccionales para el prófugo y todos los de su banda de delincuentes incluida la amnistía, y a todo esto el fullero presidente le llama y pregona conseguir la concordia entendimiento y estabilidad entre la sociedad, y los ciudadanos; ¿hay que tener geta, cara dura y poca vergüenza? A lo que hay que agregar, su total falta de honor, y de dignidad de hombre. Pero volvamos a la celebración del día de la fiesta de la Constitución; en el discurso se la presidenta del senado que es del partido del gobierno, discursos que como siempre no guarda relación lo que se dice con lo que se hace después, ya que la palabra es una cosa, y los hechos son otros, el caso es que en ese discurso se reflejaba un remanso de paz y de concordia, y mientras la presidenta del congreso, yo viendo la tele, me daba la impresión de que estaba hablando en la escuela dirigiéndose a los discípulos, pues todo lo que decía, estaba relacionado con la Constitución, hablaba a los diputados y diputadas y demás personal, como si fueran niños y niñas cuando todos y todas son adultos y conocen y saben lo que significa la Constitución, como también saben muy bien tanto los del gobierno y todos los demás que, a menudo y por conveniencia se saltan la Constitución a la torera, y el propio presidente del gobierno el primero, con la gravedad que eso conlleva, y todos y todas componentes del gobierno o no, lo saben, pero con todo lo que está pasando esto es imperdonable porque tanto la presidenta del congreso que estaba dando la lección sobre la constitución, saben que los mandamientos de la Constitución, todos y todas empezando por el presidente del gobierno tienen la obligación de cumplirlos, y nunca violarlos, pero esto es, como los diez mandamientos de Moisés que, ni los que se consideran cristianos no los cumplen, ya que se violan a cada momento, o sea que, aunque la presidenta del parlamento diera su obligado discurso sobre los mandamientos de la Constitución a los primeros que tienen la obligación de cumplirlos y estos la escuchaban con atención incluido el presidente del gobierno sabiendo el muy bien que no puede lanzar la primera piedra, ya que se mueve entre la mentira y la hipocresía que es, su medio de hacer política, por lo tanto y en estas condiciones y acciones de este fullero presidente del gobierno, la guerra y batallas verbales que están ocurriendo en el ofendido congreso de los diputados convertido en un gallinero, es tan bochornoso y tormentoso que sea extendido a los medios de comunicación y a la callen, y esto no presagia nada bueno. Y es por todo esto que vengo denunciando en este escrito sobre la epidemia venenosa infectada por algunos políticos que están gobernando y que sea instalado en nuestra sociedad, y que no pasa día, en que la gente de bien, veamos tantos motivos que nos avergüenzan, al ver estas estampas dañinas que se producen tan a menudo en nuestro país.

Mismo ayer 12 de Diciembre en el congreso de los diputados, se produjo una nueva estampa vergonzosa y humillante para España y para los ciudadanos sensatos; fue, otro nuevo caso humillante para todos a causa del caso de la amnistía, sucedió eta nueva humillación cuando este fullero presidente del gobierno anuncio a la cámara que, iba a conceder la amnistía a los delincuentes separatistas Catalanes, e incluido el prófugo; y eso, como digo se produjo ayer, el fullero presidente sabia de ante mana que tenía asegurado el sí, pues contaba a su favor con todas las izquierdas, y con todos los Vascos, incluidos los amigos y defensores de los terroristas de ETA, esta amnistía recién aprobada fue a cuenta de la deuda que tiene el presidente del gobierno con los separatistas que está a merced de, y al servicio del prófugo líder de los separatistas y que es el que da las cartas y con ventaja, en esta especie de sucio negocio político, como antes nunca se había visto en España; pero el colmo de este mercadeo indecente e inmoral por parte de este indecente presidente del gobierno de España que dice a menudo que, todas estas concesiones y privilegios que está entregando a los separatistas incluida la amnistía es para que reine la convivencia entre España y la comunidad Catalana, cuando él sabe muy bien que, los separatistas no cesan de repetir que nunca van a renunciar a seguir intentando separarse de España y agrega que a ellos España les importa una mierda; y si el presidente del gobierno sabe esto muy bien igual que lo sabe toda España, y el sigue obsequiando con privilegios a los delincuentes separatistas, es porque como ya he dicho algunas veces en este escrito, porque a este fullero presidente ni le importa Cataluña, ni le importa España, pues tan solo le importa seguir en el poder .

Veamos ahora otro detalle de lo incompetente que es en todos los sentidos tanto políticos y en lo que se refiere a su falta de tacto, y en lo referente a la falta de sensatez. Este fullero tramposo e impresentable presidente del gobierno de España, después de su visita a Israel para reprocharle al presidente de este País las muertes de inocentes que está produciendo en la franja de gaza, pues después de este reproche al Estado de Israel cuando el mismo está haciendo tanto mal a España, e ignorando que para reprocharle los posibles delitos a un presidente de una Nación, el mismo ha de estar por completo limpio de todo delito, cosa que él no lo está, con todos los delitos que está cometiendo contra España y contra la Constitución, dejando atrás que, aunque no sean delitos de sangre, no dejan de ser delitos, y muy graves, viniendo de un presidente de una Nación; aparte de que los delitos que está cometiendo el presidente del gobierno de Israel son por culpa de los que los han provocado porque si no hubieran sido provocados tan salvaje mente por los terroristas de ha más, los de Israel no se habrían visto obligados a atacar y buscar venganza contra esos salvajes asesinos que tienen su guarida en la franja de Gaza; pero aparte de todo esto, el caso es que, al reprocharle el presidente de España al presidente Israel, los terroristas de ha mas, han felicitado al presidente del gobierno de España, que por otra parte también tiene negocios y convenios con el grupo político Español amigos y defensores de los terroristas Españoles de ETA, con los que dijo antes que con ellos nunca pactaría; por estas cosas y muchas mas, este fullero presidente del gobierno de España no está en condiciones de reprocharle a nadie, ya que él no está limpio de nada y por lo tanto, no puede tirar la primera piedra. Aparte de no estar limpio faltas y de ser autor de tantas cosas malignas que está cometiendo contra España, este fullero presidente tiene la desfachatez de decir en los medios y en público que, desde que él está gobernando entre Cataluña y el resto de España hay mucho mejor entendimiento, armonía y estabilidad, y mejor convivencia, sabiendo el muy bien que, los fanáticos e insensatos separatistas de Cataluña su concepto es que son mui superiores al resto de los Españoles y por tanto nos desprecian y según dicen, les importamos una mierda, y de ay, su insensata idea de, querer separarse de España. Y sin importarles nada el que mas de la mitad de la sociedad Española se sienten también españoles; ahora veamos otro signo del eterno odio y rechazo de todas las insensatas y quiméricas izquierdas, y de los fanáticos insensatos separatistas contra las derechas. Esta tercera semana del mes de Enero de 2024 se está corriendo la noticia en todos los medios sobre, todo de las izquierdas acusando de graves delitos al anterior gobierno del partido popular de Mariano Rajoy, acusando a este, y a su ministerio del interior de espiar y pinchar el teléfono del actual presidente separatista del gobierno la región autonómica de Cataluña, que también es uno de los líderes del separatismo catalán, o sea, los separatistas llenan muchos años negociando en secreto y de algunas maneras atentando contra España; o sea los separatistas han estado haciendo negocios y trampas contra los gobiernos de España, incluyendo en esas trampas haciendo negocios sucios relacionados con el separatismo con el dinero de todos los españoles, y otras muchas cosas que aún no han sido penalizadas; mientras que ellos los separatistas están acusando pidiendo cuentas al gobierno del partido popular de que ellos espiaban a los separatistas, lo cual los separatistas los acusan de haber cometido mui graves delitos; pero acaso no saben estos fanáticos y locos desestabilizadores separatistas que, todo gobierno competente y sensato tiene la obligación de hacer todo lo que crea conveniente contra toda trama que atente contra España; los verdaderos delitos graves son los que han cometido los separatistas hace siete años haciendo un referéndum ilegal, en Cataluña, saltarse la Constitución, dando un golpe secesionista, y proclamar una república Catalana siempre he dicho que, toda esta indeseable gente, comunistas y separatistas, tan solo ven la paja en el ojo ajeno pero no la viga en el suyo.

Toda esta gente perversa tanto los comunistas como los separatistas en su irracionalidad tienen dos varas de medir, una de las varas es la que manejan ellos a su antojo irracional, y la otra vara la utilizan para juzgar y atacar a todo aquel que no comulga con ellos, ya que toda esta gente todos ellos son, tan fanáticos de su catecismo religioso ideológico y fanático que, son los únicos poseedores de la única verdad; cuan la verdad es que en realidad son todos unos ignorantes que caminan por la senda equivocada y no por el camino Real que conduce a la realidad de la vida, y la realidad de la vida en general es la que tenemos en estos tiempos, y que nunca ante ha sido mejor, pero eso, hay que tener sensatez, y sentido común para asimilarlo, los sueños con buena o mala fe sueños son; nuestra sociedad como sociedad es mui compleja, ay gustos para todo pero no todos tenemos los mismos gustos es to todos los sentidos como tampoco nadie piensa igual, ni cree igual, y al estar así establecido y partiendo de que nunca antes nuestra sociedad ha vivido mejor que ahora, como mínimo tratemos de conservarlo, porque si, en verdad se pueden mejorar muchas cosas, pero sin alborotarnos, unidos en los que bueno para todos en general con armonía y sentido común e intentar que nunca volvamos para atrás, y conservar lo que tenemos, y repudiar a todo aquel que, intente estropearlo o cambiarlo; porque una de las graves faltas que tenemos en general en nuestra sociedad, sea de la clase social a la que pertenezcamos es, que no sabemos apreciar lo que tenemos, no hay que esperar a que el maná nos caiga del cielo, ni esperar nada bueno que nos ofrecen las izquierdas supuestas salvadoras de los pueblos con su doctrina demagogia y su populismo a ignorantes y perezosos, pasotas, envidiosos e irresponsables que prefieren los derechos antes que las obligaciones; pero sigamos con la actualidad.

El recién pasado 10 de enero de este 2024, o sea hace ocho días, en el congreso de los diputados y en presencia de todos los partidos políticos, en el orden del día era, aprobar o no tres decretos del gobierno, uno de ellos, no fue aprobado por el no, de la parte de los comunistas que ya no están en el gobierno, para fastidiar a la parte que aún sigue formando parte del gobierno; o sea, una rabieta infantil contra la también comunista y ministra del trabajo que y ex compañera, que hace cuatro días eran todas compañeras, pero ahora son enemigas pero esto, es largo de contar y estamos en la actualidad. Los otro dos decretos, mui importantes por cierto, en los que este fullero presidente del gobierno se juega mucho, pero que con su malvada estrategia política y su total falta de escrúpulos, de honradez y de moral, esos dos decretos tuvieron la aprobación y los síes, gracias a la abstención de sus socios los separatistas con los que el presidente está en deuda porque gracias a ellos sigue gobernando, y bien poco le importa a este fullero presidente que, esos socios atenten contra España, se salten por alto la Constitución Española y sigan empeñados en hacer todo lo posible por romper España, y el presidente del gobierno de España en cierta manera les está ayudando concediéndoles todo lo que ellos le exigen con tal de poder seguir gobernando ya que el seguir gobernando o no, está en manos del prófugo líder separatista, y las exigencias de este prófugo cada vez son mas fuertes y el chantaje mas exigente y el presidente sigue cediendo cueste lo que cueste en perjuicio de honorabilidad de España pero el fullero presidente hasta ahora no lea negado nada para poder seguir en el poder como si de, una República bananera se tratara para vergüenza de España y de los Españoles de bien. Ya se han pasado ocho días de la aprobación de los dos decretos en favor del fullero presidente, y voy a esperar unos días mas para ver si algún día tanto el Rey como la justicia toman cartas en el asunto; el Rey como sabemos no puede entrar en política, pero es el árbitro de la Nación, y aunque no pueda entrar en política, como árbitro, de la Nación cuando se está atentando contra España, tanto el Rey como los jueces tienen la obligación y está obligados a intervenir con la ley y la Constitución en la mano deben de intervenir y acabar con esta locura antes de que llegue a mas; yo por mi pate y mi larga edad por mi tranquilidad y la tranquilidad de mi País, lo estoy esperando.

Como vengo diciendo en estos libros y con todo lo que he pasado, vivido y aprendido, como ya he dicho, tan solo hay dos cosas en las que confío y tengo mi fe y siempre he puesto mi esperanza, y estas dos cosas o entidades son, los médicos y los jueces, pero en estos tiempos tan revueltos en la política y que repercuten tan negativa mente en nuestra sociedad, como ciudadano de a pie, que deberían y tienen la obligación de hacer por el bien de España mucho mas de lo que están haciendo; pues los jueces españoles están viendo que este presidente del gobierno aunque ya antes en varias ocasiones ha negado en conceder ciertos privilegios e incluso perdonar prófugo líder de los separatistas, muchos de los delitos, cometidos contra España, pero este fullero presidente del gobierno por intereses particulares hasta ahora, le está concediendo al prófugo todo lo que está exigiendo, por carecer de escrúpulos, sin moral ni ética, sin honor, y sin dignidad de hombre; y al carecer de todo esto junto con su gran ambición del poder, ha permitido que el líder prófugo sea el que maneje la batuta que dirige la gobernabilidad de España, ya que en sus manos esta, la gobernabilidad de España; y este prófugo delincuente como sabe el poder que tiene, es insaciable en exigir cada vez mas beneficios para el y los suyos, y hasta ahora está consiguiendo del Sátrapa presidente del gobierno parar por las deudas que tiene contraídas con el prófugo; es tal el chantaje que le está haciendo el prófugo delincuente al fullero presidente del gobierno que ultima mente como ya sabemos incluso le ha exigido la amnistía para él y toda su banda de delincuentes que no son ni carteristas ni ladrones de comercios, pues ni mas ni menos mercenarios que han atentado contra España, y siguen empeñados en romperla, y para colmo, no está, solos, pues cuentan además de vendido presidente y todo su gobierno, también los apoyos de todas las izquierdas mas los Nacionalistas Vascos, y también los Vascos amigos y defensores de los terroristas de ETA; y hay mas, el fullero presidente del gobierno que como sabemos antes siempre y siendo presidente se había negado a concederle al prófugo varios privilegios y sobre todo la amnistía, pues se la ha concedido el y aprobada por todas las izquierdas y los otros grupos ya mencionados; y por lo visto, aquí no queda la cosa porque según se comenta en los medios el prófugo va a seguir exigiendo un referéndum en Cataluña; y como dicen los Italianos, qui va piano va lontano, o sea, quien va poco a poco llega lejos. Ahora, también sea comenzado a oír que, en los graves atentados de Cataluña, también se produjeron actos de terrorismo, y hay quienes dicen que no, y hay quienes dicen que sí, y que hay pruebas, pero lo que sí está claro, es que hay muchos casos de terrorismo y no necesaria mente con muertes de por medio, pues en Cataluña fue terrorismo todos los días durante mas de una semana, prender fuego en las grandes avenidas y en las plazas, en los comercios, y en el mobiliario urbano, el terrorismo también es, cerrar con fuego las autovías paralizando todo el tráfico tanto de privados como de mercancías necesaria para el día, terrorismo es, paralizar el transporte ferroviario, tomar al asalto y paralizar el aeropuerto y la torre de control, como terrorismo es, en un edificio tener secuestrados a un grupo de personas hasta que de madrugada pudieron escapar por la azotea, como terrorismo es, estar fabricando explosivos en un local vacío, y todo esto y mucho mas que sea ido descubriendo después controlado y ordenado por el gobierno autónomo separatista de Cataluña, y durante los disturbios callejeros se destrozaron coches de la policía nacional, y dos líderes principales con altavoces en las manos subidos al techo de uno de los coches gritando dando órdenes, apretar, apretar, mientras la policía autonómica de Cataluña tenían órdenes de los jefes de no cooperar con la policía Nacional que por el contrario la chusma de vándalos salvajes les lanzaba andanadas de adoquines arrancados de las calles a la vez que los insultaba gritándoles invasores, o sea, el colmo llamarles invasores como si Cataluña fuera otro País cualquiera y la policía estaba cumpliendo con su deber en su País una de las comunidades de España una comunidad la catalana que, los líderes separatistas encabezados por el prófugo que huyó de la justicia Española estaba haciendo tratos con Putin el presidente de Rusia para que este lo apoyara para poder separar a Cataluña de España. Y después de todo que fue mui grave mas todo lo que desconocemos, y si nadie lo remedia todos los culpables de aquellos hechos insensatos e irracionales y todos los seguidores posible mente se van a ver libres de todo delito, primero ya fueron indultados después de unos pos años en la cárcel, y ahora serán según ha aprobado es te fullero presidente del gobierno, serán amnistiados y premiados con mucho favoritismo, y mismo así, les parece poco, e incluso injusto, porque después de todo, ellos se consideran aun los ofendidos inocentes, y los demás Españoles los usurpadores atacantes; y ahora y por culpa de este fullero presidente del gobierno se están vengando porque están ganando la partida al Estado Español y por lo tanto tienen la sartén por el mango, y del líder prófugo depende el que haya gobierno o no; mas humillación y vergüenza para los Españoles de buena fe, es imposible de soportar.

Este día 23 de enero de 2324 acaba de enterarme de que el tribunal constitucional está compuesto por 7 miembros puestos por la izquierda o sea por el gobierno, y 4 de ellos puestos por el partido de la oposición el PP, o sea, siete de las izquierdas, y cuatro de las derechas, y mee llevado un mazazo mui gordo que mea dolido mucho, pues como he dicho en alguno de estos ocho libros sobre la España Real, mi fe y mi esperanza tan solo la tengo puesta en los médicos y los jueces, como también he dicho que, por encima de los jueces no hay nadie, ni el presidente de los gobiernos, ni el Rey, ni el papa de Roma, y pensando en lo racional, también he dicho y así lo siento que, los jueces no han de tener, ni ideología política ni religiosa, ya que las ideologías influyen de alguna manera en los jueces a la hora de juzgar y eso no es ni justo ni racional, y los jueces han de poner toda su entrega a hacer justicia, y conceder el perdón o dictar condena en toda la clase de causas es, tan solo competencia de los jueces y nunca de los políticos, zapatero a tus zapatos. En el caso que nos ocupa sobre la amnistía, por lo visto, ahora tiene que pasar el caso a la Unión Europea en donde se dictara un sí, o un no; pero el problema es que cuando se dicte el sí, o el no, el mal ya está hecho, por desgracia y vergüenza para España. Esta gran desgracia y vergüenza nadie ha hecho nada por evitarlo, para des honor de nuestro País, y provocado tan solo por intereses personales de líderes políticos insensatos e irracionales, empezando por el presidente del gobierno de nuestro País, un gobierno de coalición de este partido socialista bastardo asociado con los comunistas nocivos y desestabilizadores, y populistas, ambos dos partidos asociados y defensores de los también desestabilizadores separatistas de Cataluña, también de los Nacionalistas Vascos, y del grupo también Vasco amigos y defensores de los terroristas de ETA, que entre todos juntos todos estos partidos que por diferentes motivos desprecian a España y que se aprovechan y abusan cada día de la libertad que nos brinda la Democracia y violan la Constitución, y olvidan, y desprecian todo lo acordado por el bien general de España acordado por todos los partidos en la transición; en suma que toda esta gente de las izquierdas junto con los separatistas desde hace una década le están haciendo mucho mal a España en todos los sentidos, y lo mas grave es que todos están convencidos de que son los poseedores de que sus ideologías son la verdad y la razón, aunque para mi personal mente, lo que mas me duele es que es que la mayor parte de la población española sabe todo el mal que está haciendo toda esta gente y que muchos de ellos y ellas en el congreso de los diputados se permiten decir, a nosotros España nos importa una mierda, y dodo esto me duele mucho al igual que pienso que todo lo que está pasando también debe de dolerle a la mayor parte de la ciudadanía, y lo de los demás no lo sé, pero a mí me duele mucho el que nadie esté haciendo nada por evitarlo, ni el árbitro del pueblo que es el Rey, pero aunque no tenga competencias en la política, pero creo que si tiene la obligación de intervenir cuando se está atacando, insultando y humillando a España; y aparte del Rey también están los jueces para hacer justicia, pero tampoco los jueces están haciendo nada, y la justicia entre tantas cosas que no deben de permitir, menos aún debieran de estar permitiendo que, un prófugo de la justicia sea el que maneje lar riendas del gobierno de España con su socio de negocios políticos el presidente del gobierno, que el trato entre los dos es, tú me concedes es a mi, y yo te concedo esto a ti; demostrando así, que tampoco a ellos dos, España les importa una mierda. Con todo esto que se está cocinando contra la Democracia y contra la Constitución, mas contra lo acordado en la transición, que crea discordia y e inestabilidad en suma contra España; la España única y grandiosa y todos los pueblos que la componen desde la reconquista creadora de tantas estampas surrealistas que le estamos mostrando al mundo, dando lugar a que fuera de nuestras fronteras, muchos Países aun , nos consideran un País atrasado y exótico, y a veces tienen razón porque seguimos creando estampas vergonzosas surrealistas aun ahora en la actualidad; y todo porque no hemos sido capaces de en estos últimos 45 años de aprender y ni asimilar, el verdadero sentido de la Democracia, ni tampoco aprovechar en el buen y mejor sentido, la libertad que nos brinda la Democracia; porque si se hubiera educado desde el principio en el verdadero sentido de la Democracia no se estaría abusando y ultrajando tanto de ella, y estas dos últimas generaciones serian mas cultas mejor preparadas mas responsables y mas avanzadas en todos los sentidos de la vida.

Con mucho dolor y tristeza acabo aquí este octavo y último libro de la España real, que va de, crónica opinión y denuncia, y lo acabo, porque no soporto mas todo lo que está ocurriendo en mi País, por culpa de este gobierno ilegal, que con todo lo que estoy soportando y sufriendo a mi larga edad, me expongo a que cualquier día me dé un ataque al corazón; y digo lo de gobierno ilegal porque no está gobernando por méritos propios, ni gracias a los apoyos en las urnas, de la mayoría de los votantes de partidos Constitucionalistas que respetan la unidad de España y los sagrados acuerdos de la Constitución y de la transición; sino que por el contrario gobierna con los apoyos de los grupos que pretenden romper España, y que ya lo han intentado y siguen insistiendo en que seguirán intentándolo hasta separarse de España y crear la Republica Catalana por lo tanto esos votos enemigos de España no son válidos, y el sentido común dice que es una insensatez y una provocación para el Estado Español que solo puede atraer y lo estamos viendo, la discordia y el enfrentamiento peligroso en nuestra sociedad, y seguir creando mas divisiones y odios entre la ciudadanía como ya ocurrió en tiempos pasados. Así pues con todo esto que en estos momentos se está produciendo sembrando la discordia la inestabilidad y el odio de nuevo entre la población, a causa de este ambicioso e insensato presidente del gobierno, fullero y mentiroso sin escrúpulos ni moral, sin honor ni dignidad de hombre, que por mas que lo diga la ley política de los votos no se merece en absoluto, estar gobernando España, y como esos votos y apoyos son ilegales, este gobierno de coalición de este socialismo bastardo de ahora, y estos socios comunistas radicales de ahora anti sistema y populista, to esta gente mas todos y todas que lo defienden, aprueban, y están de su parte, y que lo aplauden y los votan, yo al verlos por televisión y predicar su catecismo ideológico, y todo lo maligno que está produciendo en nuestra sociedad, me dan náuseas y como noto que me perjudican en mi viejo organismo y en mis sentimientos, con este, mi último libro considero que he cumplido con creces como ciudadano de a pie con mi obligación, y como me siento impotente ante todo lo que está ocurriendo en mi País, y no puedo hacer nada por evitarlo, he decidido, no torturarme mas y e optado por centrarme en vivir en tranquilidad y en paz, o al menos intentarlo, y que el resto del mundo siga su destino, con la esperanza de que algún día impere la cordura y la sensatez y a la hora de votar, saber separar la cizaña de la mies y haya una mejor cosecha en una sociedad mas sensata, mas responsable y mas cívica, mas culta y civilizada, 23 de Enero, de 2024